SCHWARZES MEER
EUXEINOS PONTOS
Apollonia
Axios
Hebros
Byzantion
BOSPOROS
PROPONTIS
HELLESPONTOS
Philippoi
Abdera
Pella
Thessalonike
Stageira
Thasos
Haliakmon
Pydna
Chalkidike
Athos
Samothrake
Sestos
Lampsakos
Kyzikos
Nikaia
Poteidaia
Mende
Prousa
Olympos
Lemnos
Larisa
Pherai
Pharsalos
Phthia
Skopelos
Alonnissos
Lesbo
Pergamon
Artemision
ÄGÄISCHES MEER
Mytilene
ASIA
Thermopylai
Euboia
Skyros
Arginousai
Parnassos
Delphoi
Chalkis
Eretria
Phokaia
Sardeis
Thebai
Smyrna
Chios
PELOPONNESOS
Marathon
Klazomenai
Eleusis
Athenai
Kolophon
Korinthos
Megara
Peiraieus
Andros
Maiandros
Nemea
Laureion
Ephesos
Mykenai
Salamis
Samos
Aigina
Priene
Argos
Sunion
Keos
Miletos
Alpheios
Epidauros
Ikaria
Mykonos
Delos
Didyma
Sparte
Hydra
Naxos
Paros
Halikarnassos
Pylos
Eurotas
Siphnos
Kos
Melos
Ios
Thera
Rhodos
Kythera
Lindos
Karpathos
KRETE
Knossos

lt

ΚΑΙΡΟΣ
KAIROS neu

Griechisches Unterrichtswerk

Band 2

Herausgegeben von
Andreas Weileder und Markus Heber

Bearbeitet von dem Autorenteam
Thorsten Gatzky, Markus Heber, Rüdiger Hobohm,
Herbert Meyerhöfer, Georg Ott, Petra Singer,
Günter Vogel und Andreas Weileder
unter der Mitarbeit von Ira Christopoulou

C.C.BUCHNER

ΚΑΙΡΟΣ
KAIROS neu

Griechisches Unterrichtswerk – Band 2

Herausgegeben von Andreas Weileder und Markus Heber
Band 2 wurde bearbeitet von dem Autorenteam Thorsten Gatzky, Markus Heber, Rüdiger Hobohm, Herbert Meyerhöfer, Georg Ott, Petra Singer, Günter Vogel und Andreas Weileder unter der Mitarbeit von Ira Christopoulou

1. Auflage, 2. Druck 2015

Alle Drucke dieser Auflage sind, weil untereinander unverändert, nebeneinander benutzbar.

Dieses Werk folgt der reformierten Rechtschreibung und Zeichensetzung. Ausnahmen bilden Texte, bei denen künstlerische, philologische oder lizenzrechtliche Gründe einer Änderung entgegenstehen.

Redaktion: Barbara Szlagor
Layout und Satz: Rüdiger Hobohm, Eichstätt; i.motion gmbh, Bamberg, creo Druck und Medienservice GmbH, Bamberg
Druck und Bindung: PHOENIX PRINT GmbH

www.ccbuchner.de

ISBN 978-3-7661-**4832**-2

Vorwort der Herausgeber

Der zweite Band des Lehrwerks **Kairos neu** setzt Aufbau und Darbietungsformen des ersten überarbeiteten Bandes fort. Die Neubearbeitung hat das Ziel, das vorhandene Lehrwerk stofflich zu verschlanken und systematischer zu gestalten. Durch eine deutliche Reduktion der metasprachlichen Erläuterungen und eine prägnantere graphische Aufbereitung des Wortschatz- und Grammatikteils soll dem Lernenden ein vereinfachter Zugriff mit höherer Nachhaltigkeit ermöglicht werden. Der Grammatikstoff des zweiten Bandes wurde zu 40 Lektionen zusammengefasst, sodass sich insgesamt **90 Lektionen** ergeben. Gekürzt wurde gemäß einer am Institut für Schulpädagogik und Bildungsforschung München erarbeiteten Statistik hauptsächlich im Bereich der Verben.

Die bewährte Struktur der Einzellektionen wurde beibehalten. Für die Behandlung einer Lektion sind, wie es die im Wortschatz- und Grammatikteil vorgenommene Gliederung in A und B nahelegt, weiterhin in der Regel zwei Unterrichtsstunden vorgesehen. Darüber hinaus bleibt es natürlich stets dem Ermessen der Griechischlehrkraft vor Ort überlassen, in begründten Einzelfällen von diesem Schema abzuweichen. Innerhalb einer Lektion bieten jeweils thematisch zusammenhängende **Einführungssätze (E-Sätze)** in zwei der Aufgliederung in A und B entsprechenden Textblöcken die Möglichkeit, den neuen Stoff darzustellen.

Dieser kann im Anschluss daran mittels eines reichhaltigen, ebenfalls der Zweiteilung in A (eingekreiste Ziffern) und B (farbig gedruckte Ziffern) angepassten **Übungsmaterials** vertieft werden. Wiederholt eingestreute kleine Neugriechisch-Einheiten bieten jeweils punktuelle Einblicke in das kontinuierliche Fortleben der griechischen Sprache. Ihre Behandlung ist fakultativ.

Zur weiteren Vertiefung, Ergänzung und Rekapitulation größerer Zusammenhänge dienen regelmäßige **Wiederholungseinheiten (W)**. Außerdem sind am Ende des Grammatikteils neben Formentabellen und Stammformenreihen nochmals wichtige grammatische Erscheinungen (in Band 2: Modi und Kasuslehre) in **Übersichten** zusammengefasst, welche die Nachhaltigkeit des Erlernten systematisch strukturiert zu sichern helfen. Alle vorgeschlagenen Übungen und Zusammenfassungen verstehen sich dabei als fakultatives Angebot, über Art und Umfang ihrer Behandlung entscheidet die Lehrkraft vor Ort.

Im Zentrum jeder Lektion steht ein inhaltlich geschlossener, sprachlich schwerpunktmäßig dem neuen Stoff gewidmeter **Lektionstext (L-Stück)**. In diesen Texten wird der **Weg durch die Welt der Griechen** fortgesetzt. Die Lernenden gelangen über Nordgriechenland, Kleinasien, den Orient und Afrika, die Magna Graecia und die ägäische Inselwelt nach Athen, ins blühende Zentrum der geistig-kulturellen Entwicklung Griechenlands und damit Europas. Zur Vertiefung und Variation sind allen Lektionen **V-Stücke** beigegeben, die die Thematik der L-Stücke erweitern und sich besonders für die Stellung der Hausaufgabe eignen.

In Anbindung an die jeweilige Region werden in altersgemäßer Gestaltung Themen wie Mythologie und Geschichte, Alltagsleben und politisches Denken, Philosophie, Religion, Wissenschaft und Kunst aufgegriffen. Diese Vielfalt soll zum Nachdenken anregen und zu einem mosaikartigen, facettenreichen Gesamtbild griechischer – und damit europäischer – Kultur beitragen. Ein ähnliches Ziel verfolgen das reichhaltige **Bild- und Textmaterial** zu den einzelnen Lektionen sowie Bild- und Textseiten zu den griechischen Landschaften oder zu einzelnen Aspekten griechischer Kultur. Der ersten Begegnung mit Originaltexten dienen die ab der zweiten Hälfte dieses Bandes stärker vertretenen Übungen, die Originalzitate aus Philosophie, Dichtung, Geschichtsschreibung und Neuem Testament anbieten.

Durch die prägnantere Darstellung und die behutsame Kürzung bietet das überarbeitete Lehrwerk eine sichere Grundlage für die Originallektüre griechischer Texte.

Inhalt

Thessalien – Makedonien

Kleinasien

ΘΕΣΣΑΛΙΑ – ΜΑΚΕΔΟΝΙΑ
THESSALIEN - MAKEDONIEN

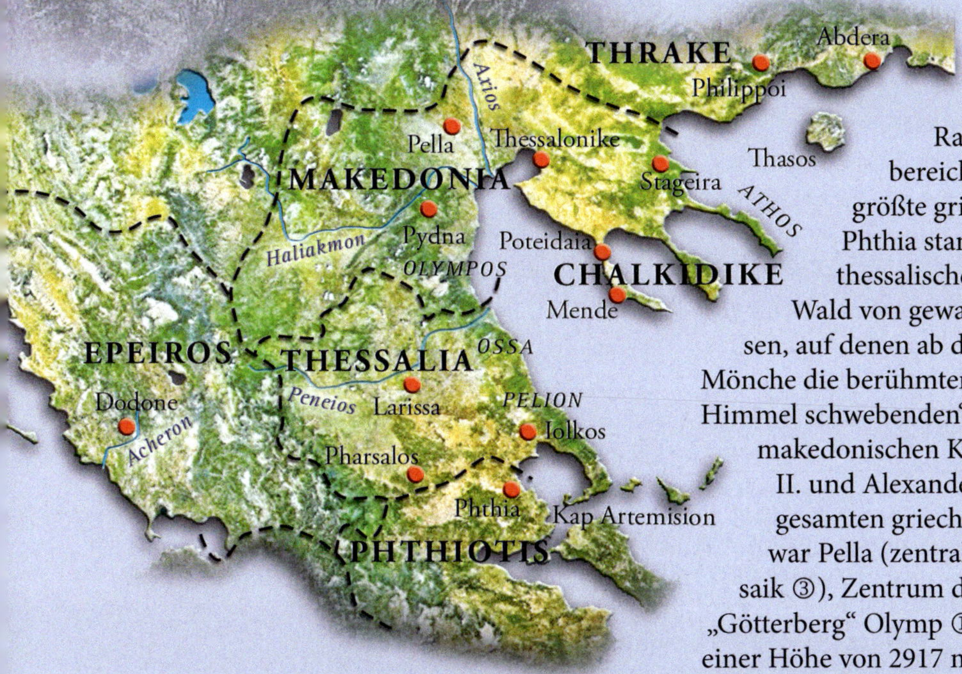

In der Antike blieben die Landschaften Nordgriechenlands lange Zeit am Rande des griechischen Kernbereichs, wenn auch Achilleus, der größte griechische Held vor Troja, aus Phthia stammt. Aus der fruchtbaren thessalischen Tiefebene erhebt sich ein Wald von gewaltigen nadelförmigen Felsen, auf denen ab dem 14. Jahrhundert n. Chr. Mönche die berühmten „Meteora"-Klöster (die „am Himmel schwebenden") gründeten ④. Zentrum des makedonischen Königshauses, das unter Philipp II. und Alexander dem Großen die Macht im gesamten griechischen Mutterland übernahm, war Pella (zentraler Hof des Palasts mit Mosaik ③), Zentrum der griechischen Religion der „Götterberg" Olymp ①, der sich majestätisch bis zu einer Höhe von 2917 m über das Meer erhebt. Makedoniens Hauptstadt ist heute die zweitgrößte Stadt Griechenlands: Thessaloniki mit dem sogenannten „Weißen Turm" ② aus dem 15. Jahrhundert.

51 Die Hellenen bekommen ihren Namen

Hellen war mythischer König des kleinen Landes Phthiotis. Seine Söhne waren Doros und Aiolos, seine Enkel Ion und Achaios. (Was fällt dir beim Lesen dieser Namen auf?)

Ἐν χρόνῳ παλαιτάτῳ ἡ νῦν Ἑλλὰς λεγομένη χώρα πάνυ ἀδύνατος καὶ ἀσθενὴς ἦν. Οἱ γὰρ ἐκεῖ ἄνθρωποι ἐνέμοντο μόνον τὰ ἴδια, κοινῇ δὲ ἐξηργάζοντο οὐδέν. Ἔδει μὲν αὐτοὺς κήδεσθαι τῶν κωμῶν καὶ τῶν ἀγρῶν, ἠναγκάζοντο δὲ πολλάκις φυγεῖν τοὺς πολεμίους καὶ ἀπολιπεῖν αὐτοῖς τὰ κτήματα ἅτε οὐκ ἔχοντες οὔτε τείχη ἐπιτήδεια οὔτε στρατὸν συχνόν. Τέλος δὲ πάντες ἂν ἠφανίσθησαν, εἰ μὴ Ἕλλην καὶ οἱ παῖδες αὐτοῦ ἴσχυσαν ἐν τῇ Φθιώτιδι καὶ ἀπέτρεψαν πάντας τοὺς προσερχομένους ἐπ᾽ ὠφελίᾳ τῶν περιοικούντων[1]. Πρῶτον μὲν μόνον οἱ τῷ Ἕλληνι συνόντες Ἕλληνες ὠνομάσθησαν, ἔπειτα δὲ τὸ τοῦ εὐεργέτου ὄνομα καὶ ἅπασιν ἐξενίκησεν[2]. Καὶ οἱ νῦν οὐκ ἂν ἐλέγοντο Ἕλληνες, εἰ μὴ δι-έμενέ (!) πως ἡ μνήμη ἡ τῶν ὑφ᾽ Ἕλληνος πάλαι πεπραγμένων.

1) οἱ περι-οικοῦντες: die Nachbarn
2) ἐξ-ενίκησεν (mit Dativ): er, sie, es setzte sich durch bei/für

E Ἡ Ἀρετὴ τῷ Ἡρακλεῖ εἶπεν·

1. „Εἰ ἐμὲ μὴ θεραπεύεις, δυστυχὴς εἶ.
2. Εἰ δ᾽ ἐμοὶ πείσῃ, ἔργα ἄριστα ἐξεργάσῃ.“
3. Ταῦτ᾽ ἀκούσας ὁ Ἡρακλῆς ἐπείσθη· εἰ δὲ ὑπήκουσε τῇ Κακίᾳ, ἐγένετο ἂν καταγέλαστος.
4. Οἱ νῦν ἄνθρωποι αὐτὸν οὐκ ἂν ἐθαύμαζον.

5. Ἐξῆν τὸν Ἡρακλέα μήποτε θαυμασθήσεσθαι.
6. Καὶ τοῦ ὀνόματος αὐτοῦ οἱ ἄνθρωποι ὀλίγου (δεῖν) ἐπελάθοντο.
7. Ἀλλ᾽ οὐκ ἐπελάθοντο τοῦ Ἡρακλέους τοῖς τῆς Ἀρετῆς λόγοις ὑπακούσαντος.

Für uns heißt Griechenland heute Hellas, die griechischen Briefmarken haben den Aufdruck „ΕΛΛΗΝΙΚΗ ΔΗΜΟΚΡΑΤΙΑ“ – aber es gibt in Griechenland noch ein weiteres Wort für „Griechentum“, nämlich „ΡΩΜΙΟΣΥΝΗ“ – Romiossini. Dieser Begriff kommt von Romaioi, den Bürgern des östlichen Teils des römischen Weltreiches. Er bezeichnet alles im griechischen Leben und in der griechischen Eigenart, was nicht klassisch, was nicht „hellenisch“ ist: Er bestimmt das Wesen der Griechen, ihre Geschichte, ihr Brauchtum, ihre Identität und äußert sich z.B. im Glauben der orthodoxen Kirche, in Bräuchen, in Volksliedern und -tänzen. Hellenismos, die Berufung auf die klassische Antike, und Romiossini verschmelzen manchmal im griechischen Selbstverständnis, manchmal bekämpfen sie sich auch. Mikis Theodorakis hat 1966 im Liederzyklus „Romiossini“ Gedichttexte von Yannis Ritsos vertont – ein einzigartiger Hymnus auf die griechische Identität nach und seit der Antike.

1 Übersetze die folgenden Sätze und mache dir den Sinnunterschied bewusst:

a) Εἰ οἱ ἄνθρωποι κοινῇ ἐργάζονται, πάντες εὖ πράττουσιν.
b) Εἰ οἱ ἄνθρωποι κοινῇ ἠργάζοντο, πάντες εὖ ἂν ἔπραττον.
c) Εἰ οἱ ἄνθρωποι κοινῇ ἠργάσαντο, πάντες εὖ ἂν ἔπραξαν.

Welcher Satz beurteilt die Menschen eher optimistisch? Weshalb? In welcher unterschiedlichen Situation könnten die Sätze a), b) und c) jeweils gesprochen sein?

2 Übersetze:

a) ἐπαίδευον ἄν – ἐπαίδευσα ἄν – οὐκ ἂν ἀπήλλαττες – οὐκ ἂν ἀπήλλαξας b) ἔβαλλεν ἄν – ἔβαλεν ἄν – οὐκ ἂν ἐβουλευόμεθα – οὐκ ἂν ἐβουλευσάμεθα c) ἐτάττεσθε ἄν – ἐτάχθητε ἄν – ᾐσθάνοντο ἄν – ᾔσθοντο ἄν

3 Zur Erinnerung: Im Imperfekt Aktiv sowie im starken Aorist Aktiv lauten die Formen der 1. Person Singular und der 3. Person Plural gleich.
Welche unterschiedliche Bedeutung können also die folgenden Sätze haben:

Εἰ τοὺς φίλους εἶδον, οὐκ ἂν ἔφυγον.
Ὀλίγου ἔπεσον.
Οὐκ ἔχαιρον, ὅτι χρήματα οὐκ ἐλάμβανον.

Erkläre das neugriechische Wort ασθενοφόρο (Krankenwagen) aus dem Altgriechischen.

Admetos, König von Thessalien, ist ein besonderer Freund des Gottes Apollon. Dieser vermehrt Admetos' Besitz und hilft ihm, die von vielen Männern begehrte Alkestis für sich zu gewinnen. Leider vergisst Admetos vor seiner Hochzeit das übliche Opfer an Artemis. Apollon bemüht sich nun, die tödliche Rache seiner Schwester zu verhindern:

Ἀπόλλων συν-ῆλθε (!) ταῖς Μοίραις, ἵνα εὐμενεῖς ὦσι καὶ φείδωνται τοῦ βασιλέως. Αὗται δ' ἐπείσθησαν, ἀλλ' ἔδει ἄλλον τινὰ ἑκόντα τὸν θάνατον ἑλέσθαι ἀντὶ τοῦ Ἀδμήτου, ὅπως καὶ ἡ Ἄρτεμις διαλλάττηται. Ὁ οὖν Ἄδμητος πρῶτον μὲν παρεκελεύετο ἑξῆς τοῖς οἰκέταις καὶ τοῖς ἑταίροις ὑπὲρ αὐτοῦ κατ-ελθεῖν (!) εἰς Ἅιδου, ἀλλὰ πάντες ἀνένευσαν[1]. Εἶτα δὲ μόγις προσελθὼν καὶ τοῖς γονεῦσιν· „Τί λέγω; Πῶς ἄρχωμαι;" ἔφη, „Σώσατέ με, τὸν παῖδα, ἵνα θαυμάζησθε καὶ ἡ μνήμη ὑμῶν ἀρίστη ᾖ." Ἀλλὰ καὶ ἐκεῖνοι ἤδη ἐγγὺς τοῦ τάφου ὄντες ἀπ-έπεμψαν (!) αὐτὸν φάσκοντες· „Οὐ δῆτα ἡμᾶς πείσεις, παῖ ἄθλιε, ἐπεὶ ἀμήχανα καὶ ἀνόσια κελεύεις. Ἀπολαύωμεν τῆς ζωῆς βραχείας οὔσης."
Τότε δὲ Ἄλκηστις, γυνὴ ἅμα καλλίστη καὶ πιστοτάτη, εἵλετο ἀποθανεῖν, μὴ διαφθείρηται ὁ ἀνήρ.

1) ἀνα-νεύω: ich winke ab, sage nein

Wie das Ende der Geschichte aussieht, erfährst du in 52 V „Ende gut – alles gut".

E Φιλόσοφός τις ἔγραψεν·

1. „Ὀρεγώμεθα σωφροσύνης καὶ δικαιοσύνης (!).
2. Μὴ δεχώμεθα ἀδικίαν τε καὶ ἀ-νομίαν (!).
3. Φυλάττωμεν ἀεὶ τὴν εἰρήνην. Διὰ τί πολέμου ἀρχώμεθα;
4. Οἱ μὲν γὰρ θεοὶ τὸν νοῦν τοῖς ἀνθρώποις παρεῖχον, ἵνα τὰ δίκαια γιγνώσκωσι καὶ τὰ ἀγαθὰ πράττωσι καὶ ἀλλήλοις φίλοι ὦσιν.
5. Τοὺς δὲ νέους δεῖ μανθάνειν, τί ἐστι ἀγαθόν, ὅπως καλῶς πολιτεύωνται καὶ τὰ πρέποντα βουλεύωνται.
6. Τυγχάνουσιν οὖν παιδείας, μὴ αὐτοὺς τὰ δίκαια λανθάνῃ."

1 Verflixte Endung -ῃ – Finde jeweils den Irrläufer:

a) τύχῃ, ῥώμῃ, τέχνῃ, τάττῃ
b) αἰσθάνῃ, γράφῃ, μέμφῃ, ὀργίζῃ
c) κρίνῃ, ἀμύνῃ, νίκῃ, ἐθίζῃ
d) πείθῃ, φυλάττῃ, παύῃ, κόρῃ

2 Eine Menge Formen im Konjunktiv. Bestimme sie. Denke dir vor jeder ein ἵνα und übersetze sie dann. Die Anfangsbuchstaben der Formen, die auch Indikativ sein können, ergeben den Namen des Vaters von Admetos.

προσερχώμεθα, φέρωνται, μαίνηται, φυλάττῃ, καταλύωσιν, ἐκπλήττηται, ἐπιτηδεύω, δουλεύῃς, ᾖς, ἄγησθε, ῥίπτω, ἐξετάζῃς, ὦσιν, ἤδῃ, ἱδρύωνται, μένωσιν, ἐγκωμιάζωμεν, σπείρω, καταλέγητε, ἀπῶμεν

3 Überlegungen der Alkestis:

Τίσιν εὔχωμαι τῶν θεῶν; Τίσιν εὐχαῖς εὐφραίνω τὰς Μοίρας; Τί πράττω, ἵνα σῴζω τὸν Ἄδμητον; Τίνα τρόπον διαλλάττωμεν τὴν ὀργιζομένην Ἄρτεμιν; Πῶς χαριζώμεθα πᾶσι τοῖς θεοῖς, ἵνα μὴ διαφθείρωσι τὸν ἄνδρα μου;
Ἆρα φεύγω τὸν θάνατον ἢ μή; Ἆρα ὁ βίος μοι βιωτός („lebenswert") ἐστι τοῦ Ἀδμήτου ἀποθανόντος; Βεβούλευμαι. Ἐθέλω ἀποθανεῖν, ὅπως ὁ Ἄδμητος περιγίγνηται.

Herkules führt Alkestis zurück zu Admet, Fresko, ca. 300-350 n. Chr. (Rom, Katakomben an der Via Latina)

53 Ein Weltherrscher wird geboren

Μὴ νομίζετε πάντα τὰ περὶ τοῦ βίου καὶ τῶν ἠθῶν ἀνδρῶν λαμπρῶν γεγραμμένα βέβαια εἶναι. Καὶ δὴ καὶ μὴ πιστεύσητε τῷ Πλουτάρχῳ γράφοντι περὶ τῆς τοῦ Ἀλεξάνδρου γενεᾶς. Γράφει γὰρ περιττὰ καὶ θαυμάσια, ἵνα σκεψώμεθα τὸ μέγεθος αὐτοῦ καὶ παράδειγμα λάβωμεν. Ἐγένετο ὁ Ἀλέξανδρος κατὰ τὸν Πλούταρχον ἐν τῇ αὐτῇ ἡμέρᾳ, ἐν ᾗ ὁ ναὸς ὁ τῆς Ἀρτέμιδος ὁ ἐν τῇ Ἐφέσῳ πυρὶ ἐπρήσθη[1]. Εἰσίν, οἳ εἰκάζουσιν ταῦτα γενέσθαι, ἵνα βλεφθῇ ἡ μέλλουσα συμφορὰ τῆς Ἀσίας καὶ ἐκπλαγῶσι πάντες οἱ ἐκεῖ.

Πρὸς δὲ τούτοις ὁ Φίλιππος ἐδέξατο τὴν τοῦ υἱοῦ γενεὰν ἅμα τρισὶ νίκαις. Καὶ οἱ μάντεις ἐκήρυξαν τοῦτο τὸ σημεῖον πεμφθῆναι, ἵνα πάντες μάθωσι τὸν Ἀλέξανδρον ἀ-νίκη-τον (!) ἐσόμενον.

1) ἐπρήσθη: (er wurde niedergebrannt), er brannte nieder

E Mahnungen: 1. Ἀλέξανδρος τοῖς στρατιώταις· Μὴ κάμητε γυμναζόμενοι, ἵνα μὴ χείρονες τῶν ἐναντίων γένησθε.

2. Σωκράτης τοῖς δικασταῖς· Μὴ βουλεύσησθε ἀνοσίως.
3. Περικλῆς τοῖς Ἀθηναίοις· Μὴ φύγητε μήτε τοὺς παρόντας μήτε τοὺς μέλλοντας κινδύνους.
4. Ἰησοῦς ἀνθρώπῳ τινί· Μὴ φονεύσῃς, μὴ κλέψῃς, μὴ ψευδο-μαρτυρήσῃς (!).
5. Μενέλαος τῷ Ἀγαμέμνονι „Δεῖ τὴν Ἰφιγένειαν θῦσαι, ὅπως μὴ ὁ στόλος κωλυθῇ τοῦ πλοῦ."
6. Πρίαμος τῷ Ἕκτορι „Μὴ μένε πρὸ τῆς πόλεως, ἵνα μὴ ὑπ' Ἀχιλλέως φονευθῇς."
7. Πλάτων τοῖς φίλοις· Μὴ παύσησθε διαλεγόμενοι, ὅπως ἀπαλλαγῶμεν ἀ-μαθίας (!).

1 Formen des Konjunktivs Aorist und des Indikativs Futur sind leicht verwechselbar. Bestimme folgende Formen und übersetze. Die Anfangsbuchstaben der Formen im Konjunktiv Aorist ergeben den Namen der Mutter Alexanders.

ἀναγκάσεις, ὀνομάσῃ, ἄρξομεν, βλάψετε, λύσωμεν, ὑβρίσωσιν, διαλεξόμεθα, μάθω, πάθῃς, ἰσχύσητε, θρέψει, φυλάξουσιν, κρύψεις, ἀγάγω, συλλέξωμεν

2 Im Königspalast steht die Geburt bevor. König Philipp befiehlt den Priestern:

a) Μὴ ἐπιλάθησθε τῇ Εἰλειθυίᾳ θῦσαι.
b) Μὴ ταύτην τὴν βοῦν θύσητε, οὐ γὰρ καλή ἐστιν.
c) Κίνδυνός ἐστιν, μὴ (hier: dass) ἡ θεὰ τὸ τέκνον καὶ τὴν μητέρα βλάψῃ.
d) Λάβετε οὖν τήνδε τὴν βοῦν καὶ θύσατε.
e) Μὴ παύσησθε εὐχόμενοι τοῖσδε τοῖς λόγοις·
f) Ὦ Εἰλείθυια, μὴ λίπῃς τόνδε τὸν οἶκον.
g) Ἐπίκουρος τοῦ τεκεῖν γενοῦ.

3 Der frühgriechische Dichter Tyrtaios fordert die spartanische Jugend zur Tapferkeit im Kampf auf:
Μὴ φυγῆς (!) αἰσχρῆς ἄρχετε μηδὲ φόβου,
τοὺς δὲ παλαιοτέρους ... μὴ καταλείποντες φεύγετε.
Weshalb verwendet der Dichter den verneinten Imperativ Präsens und nicht Konjunktiv Aorist mit μή?

4 König Philipp befiehlt nach der Geburt Alexanders: Φυλάττετε τὸ παιδίον, ἵνα μὴ ἁρπασθῇ μηδ' ὑβρισθῇ. Μεταπέμψασθε τὰς ἀρίστας τίτθας (Ammen), ἵνα εὖ καὶ καλῶς τραφῇ τε καὶ παιδευθῇ. Μὴ ταραχθῆτε τοῖς τῶν πολεμίων λόγοις. Εὔχετε τοῖς θεοῖς, ἵνα κακῶν ἀπαλλαγῶμεν καὶ κακοὶ δαίμονες (!) ἀποτραπῶσιν.

Versuche, den Satz „Πιστεύω στο θεό." neugriechisch „richtig" zu lesen und zu übersetzen.

Alexander auf einem römischen Mosaik der Kaiserzeit nach einem griechischen Gemälde des 4. Jh.s von Philoxenos (Pompeji, Casa del Fauno)

Eine Therapie gegen Kopfschmerzen

54

Nach seiner Rückkehr vom Feldzug gegen Poteidaia auf der Chalkidike trifft Sokrates in einer Palaistra auf den jungen Charmides (Χαρμίδης, -ου). Als dieser nach einem Heilmittel gegen seine häufigen Kopfschmerzen sucht, erinnert sich Sokrates an einen Ratschlag thrakischer Ärzte:

Ὦ Χαρμίδη, ἐὰν ἐθέλῃς ἕπεσθαι τοῖς τῶν Θρᾳκῶν ἰατρῶν λόγοις, ῥᾴδιον ἔσται ἀπολῦσαί σε τοῦ τῆς κεφαλῆς ἄλγους. Λέγουσι δέ, ὅτι, ὡς οὐκ ἔστι τοὺς ὀφθαλμοὺς ἰᾶσθαι[1] χωρὶς τῆς κεφαλῆς καὶ τῶν ἄλλων τοῦ σώματος μερῶν, οὕτω καὶ τὸ σῶμα ὑγιείας οὐ τυγχάνει χωρὶς τῆς ψυχῆς. Ἀλλ' ὅστις ἂν βούληται ἐπιμέλειαν ποιεῖσθαι[2] τοῦ σώματος ἢ μέρους τινὸς αὐτοῦ, δεῖ φροντίζειν καὶ τῆς ψυχῆς. Ἐὰν γὰρ τὸ ὅλον μὴ καλῶς ἔχῃ, πάντως ἀδύνατόν ἐστι τὸ μέρος εὖ ἔχειν. Ἐὰν οὖν βούλῃ ὑγιᾶ ποιεῖν[3] τὴν κεφαλήν, χρὴ ὡς βέλτιστα θεραπεύειν τὴν ψυχήν. Θεραπεύεται δὲ τοῖς λόγοις τοῖς καλοῖς, οἳ σωφροσύνην πορίζουσιν αὐτῇ καὶ ὑγίειαν τῷ σώματι καὶ τῇ κεφαλῇ.

1) ἰᾶσθαι: (zu) heilen
2) ποιεῖσθαι: hier: (zu) treffen (wörtl.: für sich machen)
3) ποιεῖν: (zu) machen

E 1. Σωκράτης τοῖς Ἀθηναίοις· Ἐὰν ἐμὲ διαφθείρητε, οὐκ ἐμὲ μᾶλλον βλάψετε ἢ ὑμᾶς αὐτούς.
2. Σωκράτης ἀντι-λέγων (!) τινί· Ἐὰν ὁ ἄ-δικος (ungerecht) μὴ τυγχάνῃ δίκης, οὐδαμῶς ἔσται μακάριος.
3. Ἐὰν δὲ κολάζηται, ἀπαλλάττεται τῆς ἀδικίας.

4. Ὃς ἂν ἄ-δικα (!) πράττων μὴ παύηται μηδὲ κολάζηται, δυστυχής ἐστιν ἅτε τὴν ἑαυτοῦ ψυχὴν βλάπτων.
5. Ὥστε πολλάκις ἄνθρωποι δυστυχεῖς εἰσιν, οὓς ἂν οἱ πολλοὶ μακαρίους νομίσωσιν.
6. Φεῦγε τούτους, οἳ ἂν ἄ-δικοι (!) ὦσιν.

1 Volle Konzentration: Kannst du alle folgenden Formen genau bestimmen?

a) ἄγῃ (3) – ἠγάγομεν – ἤχθη – ἀχθῶμεν
b) παρασκευάσῃς – παρεσκευάζου – παρεσκευάσθη – παρασκευασθῇ
c) θαυμάσατε – ἐθαυμάσατε – θαυμασθῆτε – ἐθαυμάζετε
d) ἀπολύσω (2) – ἀπέλυσαν – ἀπολυθῶ – ἀπελύθησαν
e) ἀπαλλάξεις – ἀπαλλαγῇ – ἀπηλλάττου – ἀπηλλάγης
f) θάψεις – ἐτάφη – ἔθαπτον (2) – ταφῶσιν

2 Betrachte die beiden Sätze im Vergleich!

a) Ἐὰν τοῦτο λέγῃς, ψεύσῃ.
b) Ἐὰν τοῦτο λέγῃς, ψεύδῃ.

Obwohl sich beide Sätze nur durch **einen** Buchstaben unterscheiden, enthalten sie verschiedene Aussagen. Welcher von beiden macht eine Aussage über eine eventuell eintretende Situation („Eventualis")?

Übersetze, wobei du dir den genauen Sinn überlegst:

Ἐὰν τοὺς φίλους ἀτιμάσῃς, οὔ σε ἀσπάσονται.
Ἐὰν τοὺς φίλους ἀτιμάσῃς, οὐδαμῶς σε ἀσπάζονται.

3 Achtung! Das Griechische stellt Relativsätze im Eventualis oder Iterativ gerne voraus.

a) Ὃς ἂν τοῦ τῆς κεφαλῆς ἄλγους ἀπολύεσθαι βούληται, καὶ τὴν ψυχὴν θεραπεύειν δεῖ.
b) Οἳ ἂν ἄ-δικα (!) πράξωσι, τούτους χρὴ κολάζειν.
c) Ὃς ἂν μὴ τοὺς νόμους φυλάξῃ, τιμωρίας ἄξιός ἐστιν.
d) Ὃ ἂν συμβουλεύσῃς, τοῦτο πράξομεν.

Aus der Apologie des Sokrates (29D)

Ich werde nicht aufhören der Wahrheit nachzuforschen und euch zu mahnen und aufzuklären und jedem von euch, mit dem mich der Zufall zusammenführt, in meiner gewohnten Weise ins Gewissen reden: Wie, mein Bester, du, ein Athener, Bürger der größten und durch Geistesbildung und Macht hervorragendsten Stadt, schämst dich nicht, für möglichste Füllung deines Geldbeutels zu sorgen und auf Ruhm und Ehre zu sinnen, aber um Einsicht, Wahrheit und möglichste Besserung deiner Seele kümmerst du dich nicht und machst dir darüber keine Sorge? ... Ich werde es an Vorwürfen nicht fehlen lassen, dass er das Schätzenswerteste am geringsten achtet und das Wertlose höher.

(übers. von Otto Apelt)

W11 Die Makedonen kommen!

Während Philipp II. von Makedonien (359-336), ein glänzender Feldherr und Staatsmann, die Grundlagen für das zukünftige Weltreich seines Sohnes Alexander schafft, bilden sich in Athen zwei gegensätzliche politische Richtungen heraus, deren eine der Redner Isokrates vertritt: Er erhofft von Philipp die politische Einigung Griechenlands, während sein entschiedener Gegner, Demosthenes, die Griechen zum Kampf gegen den makedonischen „Usurpator“ aufruft, der schließlich in der Schlacht von Chaironeia (338) Athen und den Hellenischen Bund entscheidend besiegt. Dabei ist das Bild, das Demosthenes von seinem großen Feind Philipp in berühmt gewordenen Reden („Philippika“) entwirft, nicht gerade durch Fairness gekennzeichnet:

Ἐλπίζω, ὦ ἄνδρες Ἀθηναῖοι, ἐὰν τὴν ἀλήθειαν περὶ τῶν Φιλίππου πραγμάτων[1] μετὰ παρρησίας[2] λέγω, μηδεμίαν μοι διὰ τοῦτο παρ᾽ ὑμῶν ὀργὴν ἔσεσθαι. Ὑμεῖς γὰρ οἴεσθε τὴν παρρησίαν[2] οὕτω πᾶσι τοῖς ἐν τῇ πόλει πρέπειν, ὥστε καὶ τοῖς ξένοις καὶ τοῖς δούλοις αὐτῆς μετεδώκατε[3]. Εἰ οὖν τὰ ἀληθῆ χωρὶς κολακείας[4] βούλεσθε ἀκούειν, πρὸς ὑμᾶς λέγω. Φίλιππος δόξης ὀρέγεται καὶ τοιαῦτα κατεργάσασθαι ἐθέλει, οἷα μηδεὶς ἄλλος Μακεδόνων βασιλεὺς κατηργάσατο. Εἰ δέ τις ἀνήρ ἐστιν ἔμπειρος πολέμου καὶ ἀγώνων ἐν τοῖς στρατηγοῖς αὐτοῦ, τὸν τοιοῦτον φιλο-τιμίᾳ (!) ἐκβάλλει βουλόμενος πάντα τὰ ἔργα δοκεῖν[5] αὐτοῦ εἶναι. Εἰ δέ τις σώφρων ἢ δίκαιός ἐστιν μηδὲ τὴν ἀκρασίαν[6] τοῦ βίου καὶ μέθην[7] αὐτοῦ φέρειν βούλεται, καὶ τοῦτον ἐκβάλλει. Λέγουσι δὴ εἶναι περὶ[8] αὐτὸν μόνον κακοὺς ἀνθρώπους. Οὗτος ὁ ἀνὴρ τῷ ὄντι πολλὰ ἔβλαψε τὴν Ἑλλάδα. Ἡμεῖς δὲ οἱ Ἕλληνες καίπερ ταῦτα μαθόντες καὶ ἀκούσαντες οὔτ᾽ ἐπέμψαμεν ἀγγέλους περὶ τούτων πρὸς ἀλλήλους οὔτε μέχρι[9] ταύτης τῆς ἡμέρας οἷοί τ᾽ ἦμεν τι τῶν δεόντων[10] κατεργάσασθαι.

1) τὰ πράγματα, -άτων: die Angelegenheiten, Geschäfte
2) ἡ παρ-ρησία, -ας: die Redefreiheit
3) μετ-εδώκατε (m. Gen.): ihr habt (an etwas) Anteil gegeben
4) ἡ κολακεία, -ας: die Schmeichelei
5) δοκεῖν (Inf.): den Anschein erwecken
6) ἡ ἀ-κρασία, -ας: die Maßlosigkeit, Zügellosigkeit
7) ἡ μέθη, -ης: die Trunksucht
8) περί (m. Akk.): um herum
9) μέχρι (m. Gen.): bis zu
10) τὰ δέοντα (von δεῖ): das Notwendige

Demosthenes betrieb ab ca. 350 mit seinen Reden eine leidenschaftliche Politik für die Freiheit der griechischen Städte und gegen den Machtzuwachs des Makedonenkönigs Philipp II. Als 338 die Griechen bei Chaironeia unterlagen, kam Athen glimpflich davon. Aber im Jahre 323, nach dem Tod Alexanders, fand ein Aufstand gegen die Makedonen statt, der jedoch niedergeschlagen wurde; Demosthenes wurde zum Tod verurteilt, entkam aber in einen Poseidontempel, in dem er, als dieser von Häschern umstellt war, Gift nahm.
42 Jahre später „*erwies ihm das Volk die verdiente Ehre, errichtete ein bronzenes Standbild und beschloss, dass ... auf die Basis der Statue die berühmte Inschrift gesetzt werden sollte: Wenn Du, Demosthenes, ebenso viel Macht wie Einsicht besessen hättest, dann hätte kein makedonischer Ares jemals die Griechen beherrscht.*“ (Plut. Dem. 30,5)
Diese Statue wurde in der Nähe des hochheiligen Zwölfgötteraltars auf der Agora aufgestellt – eine gewaltige Demonstration für die athenische Unabhängigkeit und gegen die Makedonen.
Zur Abbildung rechts: In entschlossener, angespannter und von energischem Willen geprägter Haltung hält der Redner seinen Kopf gesenkt. Er trägt keine Tunika unter seinem Himation, das er auf einfache Weise angelegt hat. Ohne Prunk, nur konzentriert auf die reine Gewalt seiner Worte hatte er wirken wollen.

Demosthenes, röm. Kopie nach einer griechischen Statue des Polyeuktes, um 280 v. Chr. (Rom, Vatikanische Museen)

1 Eine **Geschichte aus Thrakien:**

Ὀρφεύς, ὁ θαυμάσιος ἐκ τῆς Θρᾴκης ἀοιδός (Sänger), ὑπὸ πάντων τῶν ἀνθρώπων κάλλιστα ᾄδων ἐθαυμάσθη. Δυνατὸς γὰρ ἦν τῷ τῶν μελῶν κάλλει οὐ μόνον ἀνθρώπους καὶ θηρία καὶ δένδρα, ἀλλὰ καὶ λίθους κινεῖν (bewegen). Μετ᾽ οὖν τῆς γυναικὸς αὐτοῦ Εὐρυδίκης μακρᾶς ζωῆς ἀπέλαυσεν ἄν, εἰ μὴ αὕτη ὑπ᾽ ὄφιδος (ἡ ὄφις, -ιδος: die Schlange) ἀπέθανεν. Ὁ δ᾽ Ὀρφεὺς ἅτε τῆς Εὐρυδίκης αὐτῷ πιστοτάτης καὶ φιλτάτης οὔσης θρασέως προσῆλθεν εἰς Ἅιδου, ἵνα τὴν γυναῖκα ἀπ-άγων (!) σώσῃ. Καὶ μὴν οἷός τ᾽ ἦν τὴν Περσεφόνην διαλλάξαι, ὥστε αὐτὴ τὴν Εὐρυδίκην ἀπέλυσεν, ἀλλ᾽ ἐκέλευσε τὸν Ὀρφέα μὴ μεταστρέψαι (μεταστρέφω: ich drehe, wende um) τὸ πρόσωπον πρὸς τὴν γυναῖκα ἑπομένην αὐτῷ. Οὗτος δὲ μετέστρεψε τὴν κεφαλὴν ὑπὸ φιλίας (!) τε καὶ ἐπιμελείας, ὥστε ἡ Εὐρυδίκη πάλιν κατ-ῆλθεν (!) εἰς Ἅιδου. Οὕτως οὖν ὁ Ὀρφεὺς ἀθλιώτατος πάντων τῶν ἀνθρώπων ἐγένετο.

2 Zum oben angeführten Text passen **thematisch** folgende Sätze. Wer könnte Sie gesagt haben und an welcher Stelle des Textes könnten Sie eingefügt werden – aber Vorsicht: die Sätze sind durcheinander geraten.

a) „Εἰ αὐτῆς μοι ἑπομένης ᾐσθανόμην, οὐκ ἂν κακῶς εἶχον ὑπὸ φόβου."
b) „Ἐὰν τὴν φωνήν μου ἀκούῃς, τὴν εἰς Ἅιδου ὁδόν μοι οὐ μέμψῃ."
c) „Τὸν Ἅιδην λείπων πορεύου πρὸ τῆς γυναικὸς ἡγεμὼν ὤν. Ἐν τῇ ὁδῷ μὴ βλέψῃς πρὸς τὴν Εὐρυδίκην."
d) „Εἰ μὴ πρὸς τὴν Εὐρυδίκην ἔβλεψα, αὐτὴν ἔτι καὶ νῦν ἂν εἶχον."
e) „Σπεύδωμεν πρὸς τοὺς γάμους αὐτοῦ."

Hermes mit Orpheus und Eurydike, griech. Relief, um 420 v. Chr. (Neapel, Museo Nazionale Archeologico)

3 **Erkläre** die fettgedruckten **Wörter** folgender Zeitungsausschnitte aus ihren **griechischen Wurzeln:**

a) **Paradigmatisch** für **psychische** Grenzbereiche **analysiert** der Autor die Fähigkeit zu **mantischen** Praktiken.
b) Eine erste Untersuchung der Schädelverletzungen konnte die Gefahr einer **Enzephalopathie** nicht ausschließen. Wegen der extremen Fieberschübe wurden dem Patienten **Antipyretika** verabreicht.
c) In Ostafrika nimmt die Population der **Anopheles**mücke, die Malaria überträgt, wieder zu.

4 Das **Adjektiv** εὐ-μεν-ής zeigt vor dem Ausgang -ής die beiden Bestandteile εὐ- und μεν-.
εὐ- ist die Wurzel des alten Adjektivs ἐύς: gut, schön (davon wird dann das Adverb εὖ gebildet); μεν- ist der Wortstock des Substantivs τὸ μέν-ος: der Wille, die Absicht (verwandt mit deutsch mein-en und englisch *mean*: beabsichtigen; meinen). εὐ-μεν-ής, -ές bedeutet dann: guten Willen, gute Absicht habend = gut-willig, wohl-wollend, freundlich.
Erschließe nach diesem Muster die Bedeutungen der folgenden Adjektive:
εὐκλεὴς ῥήτωρ – εὐτειχὴς πόλις – εὔοπλος στρατιώτης – εὐήθης παῖς – εὐόφθαλμος παρθένος – εὔιππος χώρα – εὐγενὴς νεανίας – εὔφωνοι Μοῦσαι – εὔτεκνος μήτηρ – εὐστέφανος Ἀφροδίτη – εὔνομος πολιτεία – εὐπρόσωπος κόρη – εὐμήχανος Ὀδυσσεύς – εὔβουλοι πολῖται – εὐμεγέθης ποταμός – εὔκρηνος Ἀρκαδία – εὔδοξος ἀθλητής

5 Welches der jeweiligen Wörter passt **inhaltlich** nicht?

a) τὸ μαντεῖον – ἡ ἱέρεια – ὁ χρησμός – τὸ μέρος
b) πορίζω – κομίζω – φάσκω – παρέχω
c) οἴχομαι – ἥκω – διαλλάττω – προσέρχομαι
d) μανθάνω – ἀπολαύω – φροντίζω – σπουδάζω
e) εἴκοσιν – ἑκατόν – εἰκάζουσιν – χίλιοι
f) εἶτα – κοινῇ – τότε – ὕστερον

Konj. Präs.	Konj. Aor.
γράφω	γράψω
γράφεις	γράψεις
γράφει	γράψει
γράφουμε	γράψουμε
γράφετε	γράψετε
γράφουν(ε)	γράψουν(ε)

Im Neugriechischen sind die Formen des **Konjunktivs** im **Präsens** identisch mit den Indikativformen (vgl. Neugriechisch II). Der **Konjunktiv Aorist** wird mit dem Aoriststamm **ohne Augment** (vgl. Neugriechisch V) und den Endungen des Indikativs Präsens gebildet. Der Unterschied zwischen den beiden Formen liegt in ihrer **Aspektbedeutung** (linear/punktuell). Die **Verneinung** lautet (wie im Altgriechischen) **μη(ν)**.

Konj. Präsens:
linearer Aspekt (Wiederholung, Dauer, Verlauf):
Θέλω να γράφω γράμματα. –
Ich will (immer wieder / längere Zeit / egal, ob ich damit fertig werde oder nicht) Briefe schreiben.

Konj. Aorist:
punktueller Aspekt (Abgeschlossenheit, Einmaligkeit):
Θέλω να γράψω ένα γράμμα. –
Ich will (jetzt) einen Brief schreiben (und diesen auch fertigbekommen).

Häufig dient der Konjunktiv (zusammen mit dem Wort **να**) zur Umschreibung eines **Infinitivs**, der im Neugriechischen generell fehlt:

Θέλω να έχω υγεία. – *Ich will gesund sein.*
Θέλω να έ**χεις** υγεία. – ***Ich** will, **dass du** gesund bist.*
(Subjektswechsel, daher Übersetzung mit dass-Satz)

Die **regelmäßige** Aoriststamm-Endung ist – wie im Altgriechischen beim schwachen Aorist – ein σ. Dabei gilt (vgl. L24/25):

T-Laut + σ = σ P-Laut + σ = ψ K-Laut + σ = ξ

Verben auf -εύω und -αύω gehören zu den P-Stämmen, da man αυ wie „af" oder „aw" und ευ wie „ef" oder „ew" ausspricht:

παύω *(ich höre auf, beende)* → να πάψω
δουλεύω *(ich arbeite)* → να δουλέψω

Die **unregelmäßigen** Formen des starken Aorists werden in Neugriechisch X behandelt.

A Bildet mit den unten genannten Wendungen (angegeben ist jeweils die 1. Person Konj. Präsens/Aorist; ihr dürft aber gern auch andere Personen benutzen) Sätze mit der Einleitung:

a) (Δε) θέλω,-εις,-ει,-ουμε,-ετε,-ουν(ε) να
b) (Δεν) πρέπει να: es ist (nicht) nötig, dass // ich, du, er, sie, es, wir, ihr, sie (die Person richtet sich nach dem να-Satz!) muss/musst/müssen (nicht)

1) διαβάζω / διαβάσω (lesen) ένα βιβλίο / βιβλία / μία εφημερίδα (eine Zeitung) / εφημερίδες (Zeitungen) / ένα περιοδικό (eine Zeitschrift) / περιοδικά
2) γράφω / γράψω ένα γράμμα (einen Brief) / γράμματα (Briefe)
3) μαθαίνω / μάθω (lernen) μαθηματικά / φυσική / χημεία / ιστορία / γερμανικά / λατινικά / αγγλικά / ελληνικά / γαλλικά
4) αγοράζω / αγοράσω (kaufen, einkaufen) ... (hier könnt ihr verschiedene Dinge im Akk. einsetzen!)

Natürlich könnt ihr auch einen Dialog daraus machen und auf Fragen bejahend oder verneinend antworten:

- Θέλεις να ...; / Πρέπει να ...;
- Ναι, θέλω να ... / Όχι, δε θέλω να ... / Ναι, πρέπει να ... / Όχι, δεν πρέπει να ...

Die Meteora-Klöster bei Kalambaka in Thessalien gehören zum UNESCO-Weltkulturerbe.

①

ΑΣΙΑ
KLEINASIEN

Schon im 2. Jahrtausend v. Chr., in mykenischer Zeit, begannen die Griechen, über ihr Mutterland hinauszugreifen. Als Ziel solcher Expansion bot sich zunächst die östliche Gegenküste der Ägäis an. In diesen Zusammenhang gehört vielleicht auch die Sage vom Trojanischen Krieg, aus dem die Schale des Sosias-Malers eine Szene darstellt: Achilleus verbindet den verwundeten Patroklos ③. Aiolier, Ionier und Dorer besiedelten von Norden nach Süden die Küste, von der entscheidende kulturelle Impulse auf das Mutterland ausgehen sollten. Priene (Münze aus dem 3. Jahrhundert v. Chr. ①, Buleuterion ④) war Zentrum des Ionischen Bundes, Milet Geburtsort der Philosophie, Halikarnassos Heimat des Historikers Herodot. In der Großstadt Ephesos befand sich der gigantische Tempel der Artemis (Illustration②). In römischer Zeit war die Stadt durch großartige Bauten wie die sog. Celsus-Bibliothek ⑤ berühmt, der Apostel Paulus begründete dort eine der ersten großen christlichen Gemeinden.

②

③

④

⑤

55 Eine Majestätsbeleidigung

Der Hellespont trennt Europa von Asien. Zwischen den antiken Städten Sestos und Abydos ist er gerade einen guten Kilometer breit. An dieser Stelle ließ der Perserkönig Xerxes im Jahr 480 v. Chr. eine Brücke für das gewaltige Heer schlagen, mit dem er Griechenland unterwerfen wollte. Dabei ereignete sich Folgendes:

Ἡνίκα οἱ τέκτονες ἔζευξαν[1] τὸν Ἑλλήσποντον, μέγας χειμὼν διέλυσε πάντα τὰ ἔργα. Ὁ δὲ Ξέρξης εἰς χαλεπὴν ὀργὴν ἐμπεσὼν ἐκέλευσεν κολάσαι τὸν πόντον λόγοις καὶ ἔργοις. Ἐπέμφθησαν οὖν κήρυκες, ἵνα εἴπωσιν· „Ὦ πικρὸν ὕδωρ, εἴης ἄ-τιμον (!) καὶ κακῶς ἀκούοις ὑπὸ πάντων τῶν ἀνθρώπων. Μηδείς σοι εὐσεβὴς καὶ δίκαιος ὢν ἔτι θύοι, ἐπεὶ τὸν βασιλέα ἔβλαψας καίπερ οὐδὲν πρὸς ἐκείνου ἄδικον παθόν. Κολάζοιο λαμβάνον στίγματα[2] ἀλγεινὰ καὶ τριακοσίας πληγάς[3]. Φέροις καὶ τούσδε τοὺς δεσμούς· σημαίνουσι γὰρ Ξέρξην καρτερὸν δεσπότην σου ὄντα. Εἰ γὰρ σύμπαντες οἱ ὑβρίζοντες ὡσαύτως κατέχοιντο. Εἴθε ὀδύροιντο καὶ κλαίοιεν.“ Πρὸς δὲ τούτοις ὁ Ξέρξης ἐκέλευσεν ἀποτεμεῖν (!) τῶν τεκτόνων τὰς κεφαλάς, ὁμοῦ δὲ προσέταξεν ἄλλοις ζεῦξαι[1] τὸν Ἑλλήσποντον. – Τίς οὐκ ἂν μέμφοιτο τοιαύτην ὕβριν;

1) ἔζευξα (Aor.): hier: ich überbrückte
2) τὸ στίγμα, -ατος: hier: das Brandmal
3) ἡ πληγή, -ῆς: der Hieb, Schlag

E

1. Οἰδίπους πρὸς Θήβας ἐλθὼν καὶ τὴν Σφίγγα ἰδὼν ἐβουλεύσατο τάδε·
2. „Σῴζοιμι τοὺς Θηβαίους ἐκ τούτου τοῦ κινδύνου.
3. Μὴ εἴην ἥττων τῆς Σφιγγός.
4. Εἴθε τοῦτο τὸ θηρίον μὴ σοφώτερον εἴη ἐμοῦ.
5. Εἰ γὰρ λύοιμι τὸ αἴνιγμα (Rätsel).

6. Φυλαττοίμην τὴν τῆς Σφιγγὸς μηχανήν.
7. Μήτε ἐγὼ διαφθειροίμην μήτε ἄλλοι Θηβαῖοι φονεύοιντο.
8. Εἰ τὸ αἴνιγμα λύοιμι, τὸ θηρίον λείποι ἂν τὰς Θήβας καὶ οἱ Θηβαῖοι χαίροιεν ἂν τῇ σωτηρίᾳ.“
9. Τίς οὐκ ἂν θαυμάζοι τὴν Οἰδίποδος σοφίαν;

Die Hybris des Perserkönigs Xerxes
Herodot 7,10:
Artabanos, einer der persischen Großen, warnt im Kriegsrat Xerxes, gegen das vermeintlich schwache Griechenland zu ziehen:
„Du siehst, wie der Blitzstrahl der Gottheit die höchsten Geschöpfe trifft, die sich prunkend überheben, während die kleinen den Neid der Gottheit nicht reizen. Du siehst, wie der Gott seine Blitze immer gegen die höchsten Häuser und die höchsten Bäume schleudert. Alles Große pflegt die Gottheit in den Staub zu werfen! Ebenso erliegt auch ein großes Heer einem kleinen, wenn die neidische Gottheit Schrecken im Heere verbreitet oder Blitze schleudert, so dass es elend zugrunde geht. Denn Gott duldet nicht, dass ein Wesen stolz ist, außer ihm selbst.“ *(übers. von A. Horneffer)*

1 Finde die im Wortgitter verborgenen 17 Optativformen und gib ihre Lage an:

	a	b	c	d	e	f	g	h	i	j
1	ς	ι	ε	ἵ	η	ς	ἄ	θ	ἀ	ν
2	ι	ο	ι	ν	ἰ	ι	ρ	ύ	π	ε
3	ο	γ	μ	ε	σ	ο	χ	ο	ε	ι
4	ρ	ἄ	ι	ι	χ	κ	ο	ι	ῖ	ο
5	έ	λ	ο	ο	ύ	ώ	ι	μ	ε	ύ
6	φ	ε	ύ	γ	ο	ι	μ	ε	ν	α
7	ε	ί	α	ἄ	ι	δ	ι	ν	ρ	λ
8	ἶ	π	π	ρ	ά	τ	τ	ο	ι	ο
9	τ	ο	ἢ	ν	η	ί	ε	ρ	α	π
10	ε	ι	μ	ι	ο	ύ	λ	ο	π	ἀ

Optativ von: 1. er führt 2. sie verlässt 3. wir fliehen 4. ihr seid 5. ich beende nicht 6. sie haben Genuss 7. er handelt 8. ich helfe 9. wir opfern 10. du verfolgst 11. ich herrsche 12. du bist 13. er ist stark 14. ich erlöse 15. du trägst 16. sie führen durch 17. sie sind fern

2 Unterscheide genau die Modi:

a) Εἰ κινδυνεύετε, φυλάττομεν ὑμᾶς.
b) Εἰ κινδυνεύσετε, φυλάξομεν ὑμᾶς.
c) Εἰ ἐκινδυνεύσατε, ἐφυλάξαμεν ἂν ὑμᾶς.
d) Εἰ ἐκινδυνεύετε, ἐφυλάττομεν ἂν ὑμᾶς.
e) Φυλάττοιμεν ὑμᾶς.
f) Εἰ κινδυνεύοιτε, φυλάττοιμεν ἂν ὑμᾶς.

Ehekrach in Troia

56

Im zehnten Jahr der Belagerung Troias traten nach langen, verlustreichen Kämpfen endlich die beiden Rivalen um Helena, Menelaos und Paris, in direktem Zweikampf gegeneinander an. Den Sieg errang eindeutig Menelaos, Paris hätte nicht überlebt, wäre er nicht von Aphrodite gerettet und nach Troia gebracht worden. Dort muss er sich – schon wieder recht gut erholt – Helenas erwehren, die ihn mit Vorwürfen überschüttet:

ΕΛ· „Δαιμόνιε, καλὸς μὲν ἂν εἴης καὶ ἀνδρὶ ἐοικώς, ᾧ κλέος παρέχουσι οἱ ἀθάνατοι. Ἀλλ᾽ οὐκ ἔν-εστί (!) σοι οὔτε δίκη οὔτε αἰδώς· οὐ γὰρ αἰσχύνῃ τοὺς Τρῶας σοῦ ἕνεκα πόνους μυρίους καὶ ἄλγη ἔχοντας. Ἐξ-έλθοις (!) οὖν εἰς τὸ πεδίον λαβὼν ἀσπίδα καὶ δόρυ, ἵνα μάχῃ αὖθις τῷ Μενελάῳ. Ἀλλὰ τοῦτό σοι θάνατος ἔσται· πολὺ γὰρ κρείττων ἐστὶ Μενέλαός σου χερσίν τε καὶ ὅπλοις. – Χαρίσαιντό μοι οἱ θεοί· ἀπαγάγοιεν καὶ πέμψειάν με εἰς οἶκον ἀνδρὸς ἀμείνονος."

ΠΑ· „Μή μοι ὀνειδίσειας, ὦ γύναι. Νῦν μὲν ὁ Μενέλαος τῇ τῆς Ἀθηνᾶς βοηθείᾳ νίκην ἔχει, ἄλλοτε δὲ κομισθείη ἐκ τῆς μάχης ὑπ᾽ ἐμοῦ δαμείς[1]. – Ἀλλ᾽ εἴθε παύσαιο χαλεπαίνουσα· τερψώμεθα ἔρωτι τοῖς βροτοῖς τοτὲ μὲν πικρῷ, τοτὲ δὲ γλυκεῖ."

1) δαμείς, -εῖσα, -έν (Aor.): bezwungen, besiegt

E Odysseus ist auf einem Floß unterwegs:

1. „Εἴθε μηκέτι ὁ Ποσειδῶν με βλάψειεν (βλάψαι), ἀλλὰ κολάσειεν (κολάσαι) τοὺς ἀνέμους.
2. Εἰ γὰρ ἴδοιμι τὴν τοῦ ἐπανελθεῖν ἡμέραν καὶ πρὸς τὴν Ἰθάκην ἔλθοιμι.
3. Δέξαιτό με Πηνελόπη, ἡ γυνή μου.
4. Μὴ συλλεγεῖεν ἄλλοι ἄνδρες εἰς τὴν Ἰθάκην, ἵνα τὴν γυναῖκά μου λάβωσιν.
5. Μὴ ἡ Πηνελόπη ὑπ᾽ ἀνδρῶν τινων ὑβρισθείη."
6. Ὀδυσσέως ταῦτα πρὸς ἑαυτὸν λογιζομένου ἡ σχεδία (Floß) μεγάλῳ ἀνέμῳ διαφθείρεται.
7. „Περιγενοίμην καὶ τούτου τοῦ κινδύνου. Τίς γὰρ πάσχοι ἂν πλείονα ἄλγη ἐμοῦ;"

1 Übersetze folgende Optative Aorist. Dabei ergeben die griechischen Anfangsbuchstaben der Singularformen den, der in Troia immer zu Helena gehalten hat.
τέκοιμεν – ἀναγκάσαιτε – βασιλεύσαιεν – πάθοι – βάλοιεν – ῥίψειας – ἔλθοιεν – εἴποιτε – ἴδοιμι – γράψειαν – ἀπαλλάξειεν – μάθοις – ὀνομάσαιτε – ὁρίσαιμεν – ὀνειδίσαις – σώσαιεν – σπουδάσαι

2 Lauter Formen mit ἄν. Unterscheide:
ἐπέτρεψεν ἄν – προσέλθοιτε ἄν – ἐκήδετο ἄν – προσῆλθεν ἄν – εἵλεσθε ἄν – διαλλάττοιο ἄν – αἴσθοιτο ἄν – πιστεύσειεν ἄν – εἰκάζοιεν ἄν

3 Hektor betet für seinen Sohn:
„Ζεῦ ἄλλοι τε θεοί, ὅδε ὁ ἐμὸς παῖς γένοιτο πατρὶ ὅμοιος (gleich). Γένοιτο ἀγαθὸς μάχην καὶ ἄρξειεν ῥώμῃ τε καὶ γνώμῃ τῶν Τρώων. Καί ποτέ τις εἴποι· „Ὅδε πολλῷ ἀμείνων πατρός."
Φέροιτο ἐκ πολέμου τὰς τῶν ἀποθανόντων ἐναντίων ἀσπίδας, καὶ τέρψαιτο ἡ μήτηρ αὐτοῦ."

Wie lautet die deutsche Entsprechung zu dem neugriechischen Ausdruck „πρώτη βοήθεια"?

Helena und Paris, Andromache und Hektor – zwei sehr unterschiedliche Paare in Homers Ilias (Vasenbild um 540 v. Chr; Martin-von-Wagner-Museum, Würzburg)

57 Streit um die Waffen des Achill

Kurz vor der Eroberung Troias ist Achilleus, der größte Held der Griechen, gefallen. Bei der Verteilung von dessen Nachlass erhebt Aias, der Achilleus' Leichnam unter großen Gefahren geborgen hat, Anspruch auf die wertvollen Waffen. Doch er hat mit Odysseus einen nicht zu unterschätzenden Konkurrenten:

Ὁ μὲν Αἴας ἔφασκεν, ὅτι πρέποι ἐπι-κρίνειν (!) τὰ ὅπλα αὐτῷ κρατίστῳ ὄντι. Ὅμως δὲ ὁ Ὀδυσσεὺς ἐδέξατο τὸ γέρας[1] πείσας τοὺς δικαστάς. Πολυ-μήχανος (!) γὰρ ὢν κατὰ φρένα καὶ φιλότιμος ἔσφαλλε φίλους τε καὶ ἐναντίους, εἰ ὀρέγοιτο κέρδους τινός.

Τότε δὲ ὁ Αἴας εἵλκυσε ξίφος ὀξύ, ἵνα κατεργάσαιτο αὐτόν, ἀλλ' ἐνέπεσεν εἰς ἄτην πληγεὶς ὑπὸ τῆς Ἀθηνᾶς. Μαινόμενος οὖν ἐδίωξεν πρόβατά τινα καὶ ἐφόνευσε πάντα οἰόμενος αὐτὰ τοὺς τῶν Ἀχαιῶν ἀρίστους εἶναι. Ὀψὲ[2] δ' ἀνέλαβε αὐτόν[3], καὶ ὡς ᾔσθετο καταγέλαστος γενόμενος, ἐβουλεύσατο ἀποκτείνειν αὐτόν.

Εἴ τις σπουδάζοι περὶ τῶν τοῦ Σοφοκλέους λόγων, μανθάνοι ἂν τούσδε, οἷς ὁ Αἴας ἠσπάσατο τὸν παῖδα·

„Ὦ παῖ, γένοιο πατρὸς εὐτυχέστερος,
τὰ δ' ἄλλ' ὅμοιος· καὶ γένοι' ἂν οὐ κακός."

1) τὸ γέρας, -αος: das (Ehr-)Geschenk, die Ehrengabe
2) ὀψέ: (zu) spät
3) ἀνα-λαμβάνω ἐμαυτόν: hier: ich komme wieder zur Besinnung

E Penelope spricht mit dem heimgekehrten Odysseus:

1. „Εἰ ἄνδρες τινές με πιέσαιεν, καρτερὰ ἦν ἅτε σὲ μνημονεύουσα.
2. Οὗτοι οἱ ἄνδρες ἐχθροὶ ἦσαν, οἵ με λαβεῖν βούλοιντο.
3. Οὐδεὶς ἐν τῇ οἰκίᾳ με ἐφύλαξεν ἄν, εἰ ἀνήρ τίς με ἠνάγκασεν εἰς γάμον.

4. Δικαίως τούτους τοὺς ἄνδρας ἐφόνευσας, ὅτι ἄδικοι ἦσαν.
5. Ἀλλὰ καὶ δούλους τινὰς ἐφόνευσας, ὅτι ἄ-πιστοι (!) εἶεν.
6. Εἰσίν, οἳ ἄ-πιστοι (!) ἦσαν, οἷον ὁ τῶν αἰγῶν ποιμήν (Hirte) – καὶ ἐκολάσθησαν δίκῃ.
7. Τοῦ δὲ κήρυκος ἐφείσω – οὐκ ἂν ἐκήρυξεν γάρ, εἰ μὴ ἠναγκάσθη."

1 Übersetze folgende Sätze und erkläre die spezielle Art des Konditionalsatzes:

a) Εἰ τοῦτο πράττεις, θαυμάζω σε.
b) Ἐὰν τοῦτο πράττῃς, θαυμάζω σε.
c) Εἰ τοῦτο πράττοις, θαυμάζοιμι ἄν σε.
d) Εἰ τοῦτο ἔπραξας, ἐθαύμασα ἄν σε.
e) Εἰ τοῦτο πράξαις, ἐθαύμαζόν σε.
f) Εἰ τοῦτο ἔπραττες, ἐθαύμαζον ἄν σε.

2 Achte bei der Übersetzung folgender Szene besonders auf die Konditionalsätze:

a) Ὁ πατὴρ λέγει τοῖς παισίν· b) „Εἰ ἐργάζεσθε καὶ μανθάνειν σπουδάζετε, χαίρω. c) Εἰ δὲ μὴ ἐργάζεσθε, ζημίας ἄξιοί ἐστε. d) Ἐὰν μανθάνειν σπουδάζητε, ἐγκωμιασθήσεσθε. e) Ἐὰν μὴ μανθάνητέ τινα τῶν τοῦ διδασκάλου (ὁ διδάσκαλος der Lehrer) λόγων, ὑμᾶς διαλέγεσθαί μοι χρή. f) Εἰ εὖ ἐργάζοισθε καὶ φιλότιμοι εἶτε, ὑμᾶς πολλοῖς δώροις εὐφραίνοιμι ἄν."

3 Unterscheide:

Ἀχιλλεὺς Ἀγαμέμνονα ἐχθρὸν ἐνόμιζεν, ὅτι αἰσχρὸς ἦν.

Ἀχιλλεὺς Ἀγαμέμνονα ἐχθρὸν ἐνόμιζεν, ὅτι αἰσχρὸς εἴη.

Aias mit dem Leichnam des Achilleus, Krater, um 570 v. Chr. (Florenz, Museo Archeologico)

Die Stadt Pergamon entwickelte sich unter dem Herrschergeschlecht der Attaliden ab dem 3. Jahrhundert v. Chr. zu einer blühenden Kulturmetropole. Neben der zweitgrößten Bibliothek der damaligen Welt, einem beeindruckenden Theater und einer angesehenen Ärzteschule ist vor allem der um 170 v. Chr. von Eumenes II. in Auftrag gegebene Pergamonaltar bekannt, der sich heute in dem nach ihm benannten Museum in Berlin befindet.

Ὁπότε οἱ ἄνθρωποι προσέρχοιντο τούτῳ τῷ ἱερῷ, ἔβλεπον πρὸς τὰς λαμπρὰς εἰκόνας, αἷς περιείχετο[1]. Ἐγίγνωσκον τοὺς Ὀλυμπίους θεοὺς ἀμυνομένους τοὺς Γίγαντας, τοὺς ἰσχυροὺς καὶ ἀγρίους υἱοὺς τῆς Γῆς. Μέγας δὲ κίνδυνος ἦν, μὴ[2] ἐκεῖνοι κακῶς ἐκβάλωσι τοὺς Ὀλυμπίους, μέχρι οὗ ὁ Ἡρακλῆς καρτερὸς σύμμαχος ἐγένετο τούτοις. Ὡς τάχιστα γὰρ τὰ βέλη ἔβαλεν, ἥττους ἦσαν οἱ Γίγαντες.
Ταῦτα δὴ πάντα φανερὰ ἐγίγνετο τοῖς ἀνθρώποις, πρὶν αὐτοὺς ἐλθεῖν εἰς τὰ εἴσω. Ἐκεῖ δ' ἐν τῇ αὐλῇ[3] ηὕρισκον οὐ μόνον τὸν τοῦ Διὸς βωμόν, ἀλλὰ καὶ ἐκτυπώματα[4] ἀπεικάζοντα τὸν τοῦ Τηλέφου βίον. – Καὶ ἐν τῷ νῦν χρόνῳ πολλοὶ οὐκ ἐθέλουσι λιπεῖν τὸ ἱερόν, πρὶν ἂν μάθωσι τὸν τούτου τοῦ ἥρωος μῦθον.

1) περι-έχω: ich umfasse, umgebe
2) μή: hier: dass
3) ἡ αὐλή, -ῆς: der Hof (die Aula!)
4) τὸ ἐκ-τύπωμα, -ατος: das Relief, der Figurenfries

E
1. Οἱ Ἀχαιοί, ὅτε τὸν ἵππον ἵδρυσαν, τὸ τῆς Τροίας πεδίον ἔλιπον.
2. Ὡς τάχιστα οἱ Τρῶες τὸν ἵππον εἶδον, πρὸς αὐτὸν ἦλθον λέγοντες·
3. „Σπουδάζωμεν περὶ τοῦδε τοῦ ἵππου, μέχρι οὗ ἐντὸς τοῦ χωρίου ἐστίν."
4. Οἱ ἐν τῷ ἵππῳ κρυπτόμενοι Ἀχαιοὶ ἐκαθίζοντο μὲν σιγῇ, ἐν ᾧ οἱ Τρῶες τὸν ἵππον εἷλκυον.
5. Ἡνίκα δὲ ὁ ἵππος ἐν τῷ χωρίῳ ἦν, οἱ Ἀχαιοὶ εἶπον·
6. „Ὁπότε Τρώων τινῶν λεγόντων ἀκούοιμεν, ἐξεπληττόμεθα.
7. Ἀλλ' ἀφ' οὗ τοὺς φύλακας (!) οὐκέτι ἀκούομεν, ἀπηλλάγμεθα φόβου.
8. Λίπωμεν τὸν ἵππον, πρὶν φύλακάς τινας ἐπανελθεῖν."
9. Οἱ Ἀχαιοὶ οὐ πρότερον ἐπαύσαντο μαχόμενοι, πρὶν πᾶσαν τὴν Τροίαν διέλυσαν.
10. Ὁπόταν τὰ τούτου τοῦ πολέμου πάθη ἀκούωμεν, πάντα πόλεμον δεινὸν νομίζομεν.

1 Eine Szene aus Homers „Ilias": Agamemnon weigert sich, die Tochter des Apollon-Priesters Chryses, die er erbeutet hat, dem Vater zurückzugeben. Zusätzlich beleidigt er den Alten mit harten Worten. Da sendet der Gott eine Seuche über das Heer der Achaier, woraufhin Achilleus eine Versammlung des Heeres einberuft.
a) Ἐπεὶ πάντες οἱ Ἀχαιοὶ συν-ῆλθον (!), ἐκαθίζοντο. b) Ὡς τάχιστα σιγὴ ἐγένετο, Ἀχιλλεὺς εἶπε τοῖς παροῦσιν· c) „Οὐκ ἂν ἀπαλλάττοι ἡμᾶς ὁ Ἀπόλλων τῶν κακῶν, ἕως οὐ παυόμεθα ἀτιμάζοντες τὸν ἱερέα (Akk. von ὁ ἱερεύς, -έως: der Priester) αὐτοῦ. d) Ἀφ' οὗ οὖν Ἀγαμέμνων τὴν τοῦ ἱερέως θυγατέρα οὐκ ἀπολύειν ἐθέλει, διαφθειρόμεθα φοβερᾷ νόσῳ. e) Ὁπόταν γὰρ οἱ ἄνθρωποι μὴ πείθωνται τοῖς θεοῖς, πάσχουσι κακὰ ὑπ' αὐτῶν." f) Ἀγαμέμνων δὲ εἰς δεινὴν ὀργὴν ἔπεσεν, ὅτε τούτων τῶν λόγων ἤκουσεν. g) Ὁ θεὸς δὴ οὐκ ἐπαύσατο διαφθείρων τοὺς Ἀχαιούς, πρὶν Ἀγαμέμνων ἀπέλυσε τὴν κόρην.

Rekonstruktion des Pergamonaltars mit den Resten des 120 m langen Figurenfrieses, auf dem die Gigantomachie dargestellt war (Berlin, Pergamonmuseum)

Ein komischer Kauz

Die Wiege der europäischen Philosophie stand in Ionien. Eine ganz besondere Rolle spielte dabei Thales aus Milet, den du bisher in der Schule eher als Mathematiker kennen gelernt hast.

Θαλῆς ὁ Μιλήσιος πρῶτος ἐφιλοσόφει. Ἐζήτει δὴ τὰ τῆς φύσεως. Μάλιστα δ᾽ ἐβούλετο εὑρεῖν, τί ἐστιν ἀρχὴ τῶν ὄντων. Καὶ ἐδόκει αὐτῷ σκοποῦντι ταύτην εἶναι τὸ ὕδωρ. Εἶτα καὶ δυνατὸς ἐγένετο προ-ειπεῖν (!) ἔκ-λειψίν[1] τινα τοῦ ἡλίου. Καὶ ἔφασκεν τὸν λίθον[2] ψυχὴν ἔχειν, ὅτι σίδηρον κινεῖ.

Ἀλλὰ καίπερ εὐδοκιμῶν διὰ τὴν ἐπιστήμην γέλωτα παρεῖχεν[3] τοῖς τότε· λέγεται γὰρ πεσεῖν εἰς φρέαρ[4] τι θεωρῶν τὰ μετέωρα. Ἔνιοι καὶ ἐπεκάλουν αὐτῷ λέγοντες· „Διὰ τί οὐχ ὁμιλεῖς ἀνθρώποις, ἀλλὰ διάγεις μόνος ὤν; Διὰ τί ἀμελεῖς καὶ ἡμῶν, τῶν συμ-πολιτευομένων (!); Διὰ τί οὐκ ἐθέλεις γαμεῖν γυναῖκα; Ἆρ᾽ οὐ νοεῖς, ὅτι σε ἂν καλοῖμεν ἄνδρα καταγέλαστον, εἰ μὴ παύσαιο ἄτοπα ποιῶν;"

Ἀκούομεν δὲ τὸν Θαλῆν οὐ φροντίσαντα τῶν τοιούτων λόγων.

1) ἡ ἔκ-λειψις, -εως: die Finsternis
2) ὁ λίθος, -ου: hier: der Magnet(stein)
3) γέλωτα παρέχω: ich gebe Anlass zu Gelächter
4) τὸ φρέαρ, -ατος: der Brunnen

E 1. Ὅμηρος μὲν ποιεῖ δύο ἔπη (!), ἄλλοι δὲ ποιηταὶ ἐκ τούτων τῶν μύθων πολλὰς τραγῳδίας (!) ποιοῦσιν.
2. Σκοπῶμεν οὖν τὴν τοῦ Σοφοκλέους τραγῳδίαν, ἣ „Φιλοκτήτης" ἐπι-γέγραπται (!).
3. Αὕτη ἡ τραγῳδία κινοίη ἂν τὴν καρδίαν καὶ ὑμῶν.
4. Φιλοκτήτης, ὃν οἱ Ἀχαιοὶ νόσῳ δεινῇ πιεζόμενον ἐν νήσῳ ἐρήμῃ ἔλιπον, τῷ Ὀδυσσεῖ ἐπικαλεῖ·
5. „Σκόπει τὰ ἄλγη μου. Οὐ μόνον σὺ ἠμέλεις ἐμοῦ, ἀλλὰ καὶ πάντες οἱ Ἀχαιοὶ ἐμοῦ ἠμέλουν.
6. Μόγις τὸν βίον διῆγον θηρία τινὰ τῷ τόξῳ διώκειν ζητῶν.
7. Φύγε – εἰ δὲ μή, δοκοίη ἂν ἐμοὶ σὲ τῷδε τῷ τόξῳ φονεῦσαι.
8. Τοῦτο ποιῶν εὐδοκιμοίην ἄν."

1 Du findest hier unkontrahierte und kontrahierte Formen; ordne sie einander zu und übersetze sie:

a) ποιέειν – ποιέωμεν – ποιέομεν – ποιέοιμεν ἄν – ποιέουσιν – ποιέεις – ποιεοίη ἄν – ποιέω – ποιέετε – ποιέοιεν ἄν

b) ποιεῖς – ποιοίη ἄν – ποιοῦσιν – ποιοῦμεν – ποιῶμεν – ποιοῖμεν ἄν – ποιεῖν – ποιεῖτε (2) – ποιοῖεν ἄν – ποιῶ (2)

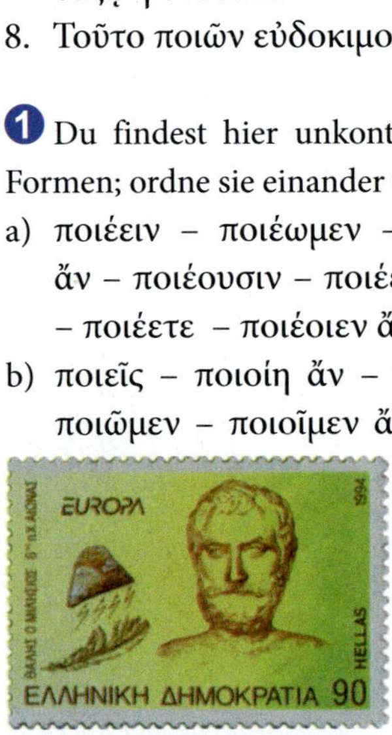

Thales auf einer Briefmarke der griechischen Post von 1994

2 Finde die im Wortgitter verborgenen 18 Formen der Verba contracta auf -έω und gib ihre Lage an.

1. ihr ruft herbei 2. wir prüften 3. Leute, die bewegen 4. du bist berühmt 5. ich nenne 6. denke! 7. du suchst 8. hoffentlich dichtet er 9. untersuchen 10. (damit) du beabsichtigst 11. einer, der vernachlässigt 12. (damit) ihr heiratet 13. er ruft 14. einer, der bewegt 15. (damit) er denkt 16. ich scheine 17. sie waren Zuschauer 18. ich denke

	a	b	c	d	e	f	g	h	i	j
1	ἐ	σ	κ	ο	π	ο	ῦ	μ	ε	ν
2	π	ο	ι	ο	ί	η	σ	α	κ	ό
3	ι	ἐ	θ	ε	ώ	ρ	ο	υ	ν	ε
4	κ	ι	ν	ο	ῦ	ν	τ	ε	ς	ι
5	α	ῆ	ο	ν	ν	ῖ	ε	τ	η	ζ
6	λ	ἀ	μ	ε	λ	ῶ	ν	ῆ	δ	η
7	ε	κ	ι	ν	ῶ	ν	ο	μ	ο	τ
8	ῖ	ν	ο	ῶ	λ	ς	ῇ	α	κ	ε
9	τ	ῖ	ε	λ	α	κ	ς	γ	ῶ	ῖ
10	ε	ὐ	δ	ο	κ	ι	μ	ε	ῖ	ς

3 Aussage oder Befehl? Übersetze genau:

a) Ἡ μὲν μήτηρ καλεῖ· „Μηδὲν ἄγαν ποίει. Νόει καὶ σκόπει." b) Καὶ ὁ πατὴρ κελεύει· „Μὴ ἀμέλει τῶν τῆς μητρὸς λόγων. Φιλοσόφει καὶ μὴ ἴσθι κακός." c) Ὁ δὲ υἱὸς ἀποκρίνεται· „Ὑμεῖς ἀεὶ ἐμοὶ ἐπικαλεῖτε. Ποιεῖτε τὰ ὑμῶν αὐτῶν."

Ephesos beheimatete um 500 v. Chr. einen Philosophen, der gar nicht so recht zum blühenden, lebensfrohen Charakter dieser Stadt passte: Heraklit, der schon von seinen Zeitgenossen „der Dunkle“ (ὁ σκοτεινός) genannt wurde.

Ὅστις ἂν ἐπιμελῆται τῆς τῶν καλουμένων φυσικῶν[1] φιλοσοφίας, προθυμεῖται μαθεῖν καὶ τὰ ὑφ' Ἡρακλείτου γεγραμμένα. Ἀλλ' ἡγοῖτο ἂν αὐτὰ χαλεπὰ καὶ ἀ-σαφῆ (!). Αἰτία δὲ τούτου ἂν εἴη, ὅτι ὁ Ἡράκλειτος οὐδαμῶς ἐσπού-δαζεν διδάσκειν τοὺς ἄλλους, οἳ κατεφρονοῦντο ὑπ' αὐτοῦ· ᾤετο γὰρ αὐτοὺς οὐ μετέχειν οὔτε σοφίας οὔτε νοῦ, ἃ περὶ πλείστου ἐποιεῖτο. Εἶπε δή· „Εἰ καὶ κοινόν ἐστι τὸ φρονεῖν, οὐκ αἰδεῖσθε τὸν λόγον καὶ ὁ κάλλιστος κόσμος φαίνεται ὑμῖν σάρμα εἰκῆ κεχυμένον[2].“ Οὕτω δὲ ἠγανάκτει τῇ τῶν Ἐφεσίων ἀ-μαθίᾳ (!), ὥστε τὴν πόλιν ἀπέλιπεν προαιρούμενος βίον ἁπλοῦν[3] ἐν τόπῳ ἐρήμῳ. Τέλος δὲ δεινῇ νόσῳ ἠναγκάσθη ἐπανελθεῖν εἰς τὴν Ἔφεσον, ἀλλ' ἀφικόμενος ἠπίστει τοῖς τῶν ἰατρῶν βουλεύμασιν ὡς κενοῖς οὖσιν. Εὐλαβούμενος δ' αὐτοὺς ἀπέθανε μόνος ὢν τρόπῳ θαυμασίῳ.

1) ὁ φυσικός, -οῦ hier: der Naturphilosoph
2) σάρμα εἰκῆ κεχυμένον: ein planlos hingeschütteter Misthaufen
3) ἁπλοῦς, -ῆ, -οῦν: einfach

E
1. Οἱ πρῶτοι φιλόσοφοι τὴν τῶν ὄντων ἀρχὴν ζητοῦσιν. Ἡ τῶν ὄντων ἀρχὴ ὑπὸ τῶν πρώτων φιλοσόφων ζητεῖται.
2. Ἐπιμελοῦνται γὰρ τῶν τῆς φύσεως, οἷον Θαλῆς καὶ Ἡράκλειτος. Ὁ μὲν τὴν ἀρχὴν ὕδωρ εἶναι ἡγεῖται, ὁ δὲ πῦρ.
3. Μὴ τούτους περὶ ὀλίγου ποιώμεθα ὡς τὴν ἀρχήν τε καὶ τὴν ἀλήθειαν οὐχ εὑρόντας.
4. Ἡ περὶ τὴν ἀρχὴν ἀλήθεια ζητοῖτ' ἂν ἔτι καὶ νῦν.
5. Ἡ γὰρ ἀρχὴ καίπερ ὑπὸ πολλῶν ζητουμένη οὔπω δήλη ἐστίν.
6. Πολλοὶ οὖν τῶν τὰ ὄντα φρονούντων καὶ ἡγοῦντο καὶ ἡγοῦνται τὴν ἀρχὴν θεὸν εἶναι.

1 Mehr Indikative oder Optative? Übersetze die Formen: ζητοῖο ἄν – ἐπιμελεῖται – ἡγούμεθα – εἴθε μὴ καταφρονοῖτο – προθυμοῦνται – ἐπικαλῇ – ἀμελεῖσθε – ἀπεκρινόμεθα, ὅτε καλοίμεθα.

2 Setze eine Inhaltsangabe des Anfangs der Ilias aus folgenden Teilen zusammen und übersetze sie:
1. Ἀγαμέμνων ἡγεῖται 2. Καταφρονεῖ 3. Περὶ πλείστου γὰρ ποιεῖται 4. Οὐκ αἰδεῖται 5. Προθυμεῖται 6. Οἱ Ἀγαμέμνονος κήρυκες ἀφικνοῦνται 7. Ἀγανακτεῖ μὲν Ἀχιλλεύς 8. Εὐλαβεῖται δὲ
a) μὴ τὸν Ἀγαμέμνονα φονεῦσαι. b) πρὸς τὴν Ἀχιλλέως σκηνήν. c) τὴν Βρισηίδα ἐκ τῆς τοῦ Ἀχιλλέως σκηνῆς ἀπαγαγεῖν. d) τὴν Βρισηίδα, τὴν τοῦ Ἀχιλλέως κόρην. e) τὴν ἑαυτοῦ τιμήν. f) τῆς τοῦ Ἀχιλλέως τιμῆς. g) τοῦ εἰς Τροίαν στόλου. h) τῷ Ἀγαμέμνονι.

3 Mehr Präsens oder Imperfekt? Übersetze die Formen: ἐπεμελεῖσθε – ἡγοῦντο – αἰδοῦμαι – προῃρούμην – ἀφικνεῖτο – εὐλαβῇ – ἠπιστοῦμεν – προεθύμου – ἀγανακτεῖ – ἐφρόνει

4 Finde den Irrläufer:
a) ἀπιστῶ – αἰδεῖται – ἡγεῖσθε – προθυμούμεθα
b) ἐπιμελοίμην ἄν – εὐλαβοῖσθε ἄν – ἀφικνοῖντο ἄν – ἡγούμην ἄν
c) φρόνει – καταφρονεῖ – εὐλαβοῦ – προαιρεῖσθε
d) ἡγούμενοι – ἀγανακτοῦντας – ἀμελεῖν – γαμούντων

Heraklit, der weinende Philosoph, Ölgemälde von Peter Paul Rubens, um 1638 (Madrid, Prado)

Die Geburt des Philosophierens aus dem Geist des Staunens

„Wegen des Staunens begannen die Menschen am Anfang zu philosophieren, nachdem sie sich zunächst über die naheliegenden erstaunlichen Dinge gewundert hatten, dann aber allmählich voranschreitend sich auch über größere Zusammenhänge ihres Nichtwissens bewusst geworden waren, wie z.B. über die Phasen des Mondes, die Erscheinungen der Sonne und der Gestirne und über die Entstehung des Alls.“ (Aristoteles)

Die Vorsokratiker des 6. Jahrhunderts v. Chr.

1. Milet oder der Sonnenaufgang des Philosophierens als Frage nach dem „Urstoff“:

Wo heute im verträumten türkischen Städtchen Balad noch die Reste eines römischen Theaters (2. Jhdt. n. Chr.) von vergangener Größe zeugen, hat sich in der Antike Weltgeschichte ereignet:

Die sogenannte **„Milesische Schule“ (Thales, Anaximander, Anaximenes)** wendet sich von mythischen Welterklärungsversuchen ab und unternimmt das Wagnis, die Natur (φύσις) auf dem Weg des rationalen Denkens aus sich selbst, d.h. „physikalisch“ zu erklären.

- Was ist der Urstoff / Uranfang aller Dinge?
- Welchen ewigen Gesetzen gehorchen alle Vorgänge der Natur?
- Welche Stellung nimmt die Erde im Universum ein?

2. Götterdämmerung:

Xenophanes von Kolophon

Xenophanes ist der Meinung, dass die Götter des Mythos, wie sie in den homerischen Epen dargestellt sind, nur Vorstellungen der Menschen seien, wodurch sich ihre „anthropomorphe“ Gestalt erkläre: „Wenn die Ochsen und Rosse und Löwen Hände hätten oder malen könnten und Werke bilden wie die Menschen, so würden die Rosse rossähnliche, die Ochsen ochsenähnliche Göttergestalten malen und solche Körper bilden, wie jede Art gerade selbst ihre Form hätte“. Dem stellt Xenophanes eine neue, vergeistigte Gottesvorstellung gegenüber:

„Ein einziger Gott (existiert), ... weder an Gestalt den Sterblichen ähnlich noch an Gedanken, ... ohne Mühe erschüttert er alles mit des Geistes Denkkraft“

3. Philosophie als Ringen um Erkenntnis dessen, „was die Welt im Innersten zusammenhält“

Pythagoras von Samos: Zahl und Harmonie als Schlüssel des Kosmos

Parmenides von Elea: Was ist das eigentlich, was wir das „Seiende“ nennen?

Heraklit von Ephesos:

„πάντα ῥεῖ“ („alles fließt“) als Weltformel – Wandel der Dinge nach Maßgabe einer „Weltvernunft“ (λόγος)

Leukipp / Demokrit aus Abdera:

„A-tome“ als kleinste, nicht weiter teilbare Bestandteile aller Dinge

Die „anthropologische Wende“ des Philosophierens im 5. Jahrhundert v. Chr.

Die Philosophie wendet sich von der Erforschung der φύσις ab und **dem Menschen** mit ganz neuartigen Fragestellungen zu.

- Was kann der Mensch erkennen?
- Wie lebt er in Gemeinschaft?
- Worin besteht das Glück?

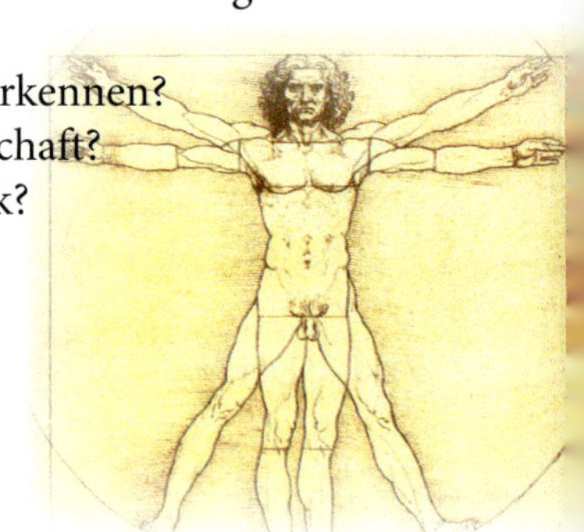

Die Renaissance des 15./16. Jahrhunderts kehrt zu diesen „Fragen nach dem Menschen“ zurück. Hier die berühmte Proportionsstudie („homo ad circulum“) des Leonardo da Vinci (1492).

Sokrates antwortet:

„Ich weiß, dass ich nichts weiß“, d.h. ich bin mir der Begrenztheit meines Wissens bewusst. Es bedarf deshalb des vernünftigen Dialoges mit anderen, um der Erkenntnis der Wahrheit ein Stück näher zu kommen. Sein Lebensziel war: „Strebe nach Erkenntnis des ethisch Guten und handle gemäß dieser Erkenntnis als Ziel und höchstes Glück des Lebens!“

Die großen Systementwürfe des 4. Jahrhunderts v. Chr.: Platon und Aristoteles

Platon und seine Schule („Akademie“)

Er entwickelt die sog. „Ideenlehre“. Die sichtbare Welt sei nur ein „Abbild“ einer höheren, wahrhaft „seienden“ Welt von „Urbildern“ = „IDEEN“; auf der Grundlage der Ideenlehre konstruiert er den Entwurf eines Idealstaates, in dem die Philosophen die Führung innehaben.

Aristoteles und seine Schule („Peripatos“)

Obwohl er Schüler Platons ist, gibt er dessen Ideenlehre auf und wendet sich der Erforschung der sichtbaren Welt zu; er entwickelt ein System der wissenschaftlichen Erforschung und Beschreibung der gesamten Wirklichkeit, eingeteilt in genau definierte Disziplinen wie Geographie, Physik, Biologie, Politik, aber auch „Metaphysik“, Logik und Poetik. Seine Schule wird dadurch zum Ausgangspunkt aller späteren systematischen Forschung und Wissenschaft.

Die Philosophenschule von Athen, Gemälde von Raffael, ca.1510 (Rom, Vatikanische Museen)
In der Mitte Platon, der mit der Hand nach oben (Ideen!) weist, daneben sein Schüler Aristoteles mit einem Werk der Ethik; weiter links im Bild in langer brauner Kutte Sokrates, wie immer im Gespräch; im Vordergrund links in mathematischer Betrachtung Pythagoras, rechts daneben, auf einen Marmorblock gestützt, der grüblerische Heraklit. In der Mitte der Treppe Diogenes als Sinnbild der Bedürfnislosigkeit.

1. Man sagt, mit dem Erwachen des philosophischen Denkens habe die griechische Kultur den „Schritt vom Mythos zum Logos“ vollzogen. Überlege dir, was damit gemeint ist.
2. Der Historiker Herodot berichtet, Thales von Milet habe der ionischen Bevölkerung Kleinasiens die Sonnenfinsternis des 28. Mai 585 v. Chr. vorhergesagt. Während die nichtgriechischen Völker der Lyder und Meder erschrocken eine gerade stattfindende Schlacht abbrachen, sollen die Ionier mit Gelassenheit auf das Ereignis reagiert haben. Finde den Grund für die unterschiedlichen Reaktionen der Volksstämme heraus.
3. Versuche, die genaue Bedeutung des Begriffs „φιλο-σοφία“ aus einer Untersuchung seiner Wortbestandteile herauszufinden.
4. Weshalb bezeichnen sich noch heute so viele wissenschaftlichen Disziplinen mit griechischen Namen (Psychologie, Philologie, Kybernetik u.ä.)?
5. Welche Fragestellungen der griechischen Philosophie erscheinen dir auch heute noch aktuell?

W12 Der Apostel Paulus in Ephesos

In der Apostelgeschichte findet sich in etwa folgender Bericht über den Aufenthalt des Apostels Paulus in Ephesos:

Παῦλος ἐλθὼν εἰς Ἔφεσον ἐπαρρησιάζετο[1] διαλεγόμενος καὶ πείθων περὶ τῆς βασιλείας τοῦ θεοῦ. Ὡς δέ τινες ἠπίστουν καὶ τῇ νέᾳ ὁδῷ ἐπεκάλουν, οὐκέτι προεθυμεῖτο διδάσκειν ἐν τῇ συναγωγῇ (!), ἀλλ᾽ ἐδόκει αὐτῷ διαλέγεσθαι ἔν τινι σχολῇ[2]. Τοῦτο δὲ ἐγένετο δύο ἐνιαυτούς καὶ πάντες οἱ κατοικοῦντες[3] τὴν Ἀσίαν ἤκουσαν τὸν λόγον τοῦ κυρίου, Ἰουδαῖοί τε καὶ Ἕλληνες. Ἔργα θαυμάσια ὁ θεὸς ἐποίει διὰ τῶν χειρῶν Παύλου. Τοῦτο δ᾽ ἐθεώρουν πάντες, Ἰουδαῖοί τε καὶ Ἕλληνες, καὶ ἐπέπεσεν (!) φόβος ἐπὶ πάντας αὐτούς, καὶ τὸ ὄνομα τοῦ κυρίου Ἰησοῦ περὶ πλείστου ἐποιοῦντο.

Ἐγένετο δὲ κατὰ τὸν καιρὸν ἐκεῖνον τάραχος (!) οὐκ ὀλίγος. Δημήτριος γάρ τις ὀνόματι, ἀργυροκόπος[4], ποιῶν ναοὺς ἀργυροῦς[5] Ἀρτέμιδος, παρείχετο ἑαυτῷ καὶ ἄλλοις δημιουργοῖς οὐκ ὀλίγον κέρδος. Τούτους ἀθροίσας εἶπεν· „Ἄνδρες, νοεῖτε, ὅτι ἡμεῖς τούτους τοὺς ναοὺς ποιοῦντες πλούσιοί ἐσμεν, καὶ θεωρεῖτε καὶ ἀκούετε, ὅτι οὐ μόνον Ἐφέσου[6], ἀλλὰ σχεδὸν ἐν πάσῃ τῇ Ἀσίᾳ ὁ Παῦλος οὗτος ἔπεισεν τοὺς πολλοὺς λέγων, ὅτι οὐκ εἰσὶν θεοὶ οἱ διὰ χειρῶν γιγνόμενοι. Οὕτως οὐ μόνον τὸ ἡμέτερον ἔργον κινδυνεύει ἀμελεῖσθαι, ἀλλὰ καὶ καταφρονεῖσθαι τὸ τῆς μεγάλης θεᾶς Ἀρτέμιδος ἱερόν, ἣν ὅλη ἡ Ἀσία καὶ ἡ οἰκουμένη[3] γῆ σέβεται. Αἰδεῖσθε μὲν τὴν Ἄρτεμιν, εὐλαβεῖσθε δὲ τὸν Παῦλον.“ Ἀκούσαντες δὲ ἠγανάκτουν τε καὶ ἐκάλουν· „Μεγάλη ἡ Ἄρτεμις Ἐφεσίων.“

1) παρ-ρησιάζομαι: ich rede (ganz) offen
2) ἡ σχολή, -ῆς: der Lehrsaal
3) οἰκέω, κατ-οικέω: ich bewohne
4) ὁ ἀργυρο-κόπος, -ου: der Silberschmied
5) ἀργυροῦς (<ἀργύρεος): Adjektiv zu τὸ ἀργύριον
6) Ἐφέσου: in Ephesos (Genitiv der Ortsangabe)

Wie diese Unruhe sich weiterentwickelt, kannst du in der Apostelgeschichte Kap. 19, 29ff. nachlesen.

Welche Argumente bringt Demetrios, um Stimmung gegen Paulus zu machen?

Rekonstruktion des Artemistempels von Ephesos, der in der Antike als eines der sieben Weltwunder galt. Rechts: Überlebensgroße Statue der Artemis Ephesia (2,92 m) aus der 1. Hälfte des 2. Jh.s n. Chr. (Selcuk, Ephesus Archeological Museum)

1 Ordne folgende **mediale Formen** nach Indikativ, Konjunktiv und Optativ von der 1. Person Singular zur 3. Person Plural und gib ihre Bedeutung an:
αἰσθανοίμην – ἀποκρίνεσθε – ἅπτοιο – διαλλαττώμεθα – ἐξεργάζῃ – ἐπανέρχοισθε – ἐπιλανθάνησθε – ἕποιτο – ἐργάζοιντο – παραγίγνονται – παύῃ – περιγίγνηται – προσέρχομαι – πυνθάνωνται – σεβόμεθα – σκεπτοίμεθα – φείδεται – ψεύδωμαι

2 Übersetze und erkläre jeweils den **Optativ**:
a) Αἴας τὸν Ὀδυσσέα φονεῦσαι ἐβουλεύσατο, ὅτι αὐτὸν ὑβρίσειεν· b) „Εἰ ὁ Ὀδυσσεὺς λέγοι, ἐψεύδετο καὶ ἔσφαλλεν τοὺς ἀκούοντας. c) Ἀχιλλέως ἀποθανόντος ἔγωγε ἄριστος τῶν Ἀχαιῶν ἂν εἴην, οὐχ ὅδε ὁ κακοῦργος. d) Εἰ τοῦτον τὸν κακοῦργον κατεργασαίμην, παρὰ τῶν Ἀχαιῶν τιμῆς μεγάλης τύχοιμι ἄν."

Odysseus und der Schatten des Aias, von Johann Heinrich Füssli, 1804 (Richard L. Feigen, New York)

Ist es nach dieser an Homer angelehnten Darstellung bei der Wiederbegegnung in der Unterwelt zur Versöhnung gekommen?

3 Wörterschlange

Wenn du sie löst, kannst du hoffentlich deinen Kopf bei einem Unwetter in Sicherheit bringen.
χειμών – ἀδύνατος – χαλεπός – βέλος – πρόβατον – εὐσεβής – ποιεῖν – χειμών – ἀποκτείνειν – ἡνίκα – δοκεῖν – ἀπεικάζειν – κάλει – ἀγανακτεῖ – βοήθεια – ἐγείρεσθαι – ἐγγύς – τότε μέν ... τότε δέ – ἔρως – τοτέ – ἄγριος – γάμει – πεδίον – φιλότιμος – πάντως – ξίφος – μέρος – διαλύετε – ἡγοῦ – φρονεῖ – νόει – ἐπιμελεῖσθε – ἡγεῖσθαι – ἄγριος – κεφαλή

4 Finde die im **Wortgitter** verborgenen 12 Formen der Verba contracta auf -έω und gib ihre Lage an.
1) du ärgerst dich 2) ihr kommt an 3) sie besuchen 4) nehmt euch in Acht! 5) ich verachte 6) denkenden (Frauen) (Dat.) 7) vernachlässigt zu werden 8) hoffentlich ziehst du vor! 9) (damit) sie misstraut 10) du kümmertest dich 11) Gedachtes 12) wir führten/führen

	a	b	c	d	e	f	g	h	i	j
1	ε	θ	σ	ῖ	ε	β	α	λ	ὐ	ε
2	θ	ε	ω	ρ	ο	ῦ	σ	ι	ν	ἀ
3	σ	ο	ῖ	ο	ρ	ι	α	ο	ρ	π
4	ῖ	ἐ	π	ε	μ	έ	λ	ο	υ	ι
5	ε	ἡ	γ	ο	ύ	μ	ε	θ	α	σ
6	ν	ο	ν	ε	μ	ύ	ο	ο	ν	τ
7	κ	α	τ	α	φ	ρ	ο	ν	ῶ	ῇ
8	ι	α	θ	σ	ῖ	ε	λ	ε	μ	ἀ
9	φ	ρ	ο	ν	ο	ύ	σ	α	ι	ς
10	ἀ	γ	α	ν	α	κ	τ	ε	ῖ	ς

5 Finde aus den alphabetisch geordneten und vollständig klein geschriebenen Wortbestandteilen die umschriebenen **Fremdwörter** heraus und erkläre sie aus ihren griechischen Wurzeln:
ade – am – bro – da – eo – ge – ge – he – ho – kro – lo – men – met – mi – mo – mö – my – nie – no – onym – oxy – phä – poe – ri – rie – ro – sia – skop – theo – tik – tion
1) unzählig große Menge 2) Speise der Götter 3) ähnlich lautendes Wort 4) Dichtkunst 5) Vergrößerungsgerät 6) rein abstrakte Betrachtungsweise 7) Klima- und Wetterforscher 8) chemische Vereinigung eines Stoffes mit Sauerstoff 9) Vormachtstellung 10) Erscheinung

6 Nimm zu folgenden **Texten** über das Verhältnis von Mensch und Gott Stellung:
a) Τοῖς θεοῖς εὐχόμενος, ἐὰν μή τι ποιῇς καὐτός (= καὶ αὐτός), μάτην εὔξῃ. (nach Aisopos)
b) Θεὸς συνεργὸς (= σύμμαχος) πάντα ποιεῖ ῥᾳδίως. (aus den Sprüchen Menanders)
c) Οὐκ ἔστιν ἀνδρὶ ἀγαθῷ κακὸν οὐδέν, οὐδὲ ἀμελεῖται ὑπὸ θεῶν τὰ τούτου πράγματα (Angelegenheiten). (Verteidigungsrede des Sokrates)

Folgende **unregelmäßige Verbformen** sind im Neugriechischen sehr häufig (sicher könnt ihr manche aus dem Altgriechischen ableiten):

Präsens	Bedeutung	Ind. Aor.	Konj. Aor.
βλέπω	ich sehe	είδα	να δω
βρίσκω	ich finde	βρήκα	να βρω
δίνω	ich gebe	έδωσα	να δώσω
έρχομαι	ich komme	ήρθα	να έρθω
καταλαβαίνω	ich verstehe	κατάλαβα	να καταλάβω
μαθαίνω	ich lerne	έμαθα	να μάθω
παίρνω	ich nehme, bekomme	πήρα	να πάρω
πέφτω	ich falle	έπεσα	να πέσω
πηγαίνω/πάω	ich gehe	πήγα	να πάω
φεύγω	ich fahre weg, reise ab, fliehe	έφυγα	να φύγω

Konjugation von πάω:
πάω, πας, πάει, πάμε, πάτε, πάνε

Jetzt könnt ihr z.B. Dialoge nach dem Muster bilden:
Πού θέλεις να πας (για) διακοπές; – *Wo willst du Urlaub machen?*
Θέλω να πάω (για) διακοπές στο/στη(ν)....

zu den Ländern vgl. Ngr. IV A2

Denkbar wäre bei diesem Dialog natürlich auch eine Antwort im **Futur**. Dieses wird im Neugriechischen mit dem Wort **θα + Konjunktiv** (Präsens oder Aorist, je nach Aspektbedeutung der Aussage) gebildet:
Θα πάω/πάμε (για) διακοπές στο/στη(ν) .... – *Wir werden Urlaub in ... machen.*
Στις διακοπές θα είμαστε στο/στη[ν] .... – *In den Ferien werden wir in ... sein.*

Wichtige **weitere Verwendungen des Konjunktivs** sind an den altgriechischen Deliberativ, Hortativ und Prohibitiv angelehnt:

- Der Konjunktiv in (überlegenden) **Fragen**:
  Τι να κάνω/κάνουμε; — Was soll ich/sollen wir tun?
  Να του γράψω ένα γράμμα; — Soll ich ihm einen Brief schreiben?
- Der Konjunktiv als (verneinter) **Befehl**:
  Να (μην) το κάνεις! — Tu das (nicht)! Du sollst das (nicht) tun!
  Να πάτε δεξιά/αριστερά! — Geht/Gehen Sie rechts/links!
- Der Konjunktiv als **Aufforderung** (oft eingeleitet mit ας oder έλα):
  Ας/Έλα (να) πάμε στο θέατρο! — Lass uns ins Theater gehen!
  Ας περιμένουμε (λίγο)! — Lass uns (ein wenig, kurz) warten!

Im Neugriechischen dient der Konjunktiv auch bei bejahten Aussagen als abgeschwächter Imperativ.

A Schlagt euch Unternehmungen vor (Muster Ας/ Έλα (να) πάμε στο θέατρο!). Mögliche Ziele: στο στάδιο / στον κινηματογράφο: ins Kino / στη βιβλιοθήκη / στο σχολείο: in die Schule / στο σπίτι: nach Hause / στο καφέ : ins Café / στην ταβέρνα / στην πλαζ: zum Strand / στο[ν]/στη[ν] ... + Name im Akkusativ = zu ...
Mögliche Antworten: Ναι, ευχαρίστως. Ja, gerne.
Όχι, δε θέλω. Nein, ich mag nicht.

Das Hagia-Sophia-Moschee-Museum in Istanbul war vom 6. Jh. bis zur Eroberung durch die Türken (1453) die Hauptkirche der orthodoxen Christenheit.

ΑΝΑΤΟΛΑΙ – ΛΙΒΥΗ
ORIENT - AFRIKA

Mit dem Eroberungszug Alexanders, der ihn bis nach Indien führte, erfuhr die griechische Kultur eine Verbreitung bis in die Randgebiete der damals bekannten Welt: Das Zeitalter des „Hellenismus" wurde eingeläutet. Nach Unterwerfung der phoinikischen Städte eroberte Alexander Ägypten, besuchte in der Oase Siwa ① das Heiligtum des Gottes Amun, das ihn als Pharao und als Gott bestätigte, und gründete im Nildelta Alexandria, das später als Kulturstadt und Sitz der größten antiken Bibliothek (②: die heutige Bibliothek) Ruhm erlangte. Berenike von Kyrene ③, Gattin Ptolemaios' III., ging als selbstbewusste Frau in die hellenistische Literatur ein; die ihrem Mann gewidmete Locke ziert noch heute als Sternbild den Nachthimmel. Vom Sieg Alexanders über das Perserreich vermitteln die Ruinen der Hauptstadt Persepolis ④ eine Vorstellung.

④

①

②

③

61 Ein Welteroberer am Wendepunkt

Alexander der Große steht mit seinen Truppen am Fluss Hyphasis (heute Beas) im nordindischen Pandschab.

Ἀλέξανδρος ᾔσθετο πολλοὺς στρατιώτας ἕπεσθαι ὀκνοῦντας. Τοὺς οὖν ἡγεμόνας τῶν τάξεων[1] ἀθροίσας ἔλεξε τάδε·

„Συνείλοχα ὑμᾶς, ὦ ἄνδρες, οὐχ ὡς ὀνειδιῶν τοῖς στρατιώταις τὴν ἀθυμίαν[2], ἀλλ᾽ ὡς σπουδασόμενος περὶ σωτηρίας καὶ λογιούμενος μεθ᾽ ὑμῶν τὰ μέλλοντα.

Οἱ βάρβαροι ἀπὸ τοῦ νῦν νομιοῦσι τοὺς Μακεδόνας ἀνικήτους[3] εἶναι· διὸ ἡμᾶς πόρρω πορευομένους οὐκέτι ὑβριοῦσιν. Τίς γὰρ προθύμως ἀγωνιεῖται πρὸς πολλῷ κρείττονας; Οἱ μὲν αὐτῶν ἄρα ὑμῖν χαριοῦνται ἑκόντες καὶ ποριοῦσι χρήματα οὐ φαῦλα, οἱ δὲ φεύξονται καταλείποντες ὑμῖν τὴν χώραν ἐρήμην.

Οὐκέτι πολλή ἐστιν ἡ λοιπὴ ὁδὸς μέχρι ποταμοῦ Γάγγου καὶ τῆς ἑῴας[4] θαλάττης, ὅθεν οἱ Μακεδόνες, ἐὰν βούλωνται, ναυσὶν ταχέως τε καὶ ἀσφαλῶς οἴκαδε ἄξονται.

Καὶ ἐκ τῆς ἐμοὶ ὑπαρχούσης λείας[5] ὑμεῖς πάντες κομιεῖσθε, ὅσον ἕκαστος ἐλπίζει. Ταῦτα ὑμῖν συγχωρῶ."

1) ἡ τάξις, -εως: hier: die Heeresabteilung
2) ἡ ἀ-θυμία, -ας: die Mutlosigkeit
3) ἀ-νίκητος, -ον: unbesiegbar
4) ἑῷος, -α, -ον: östlich, Ost-
5) ἡ λεία, -ας: die (Kriegs-)Beute

E Gedanken eines athenischen Teilnehmers vor den Wettkämpfen in Olympia:

1. Πρὸς ποίους ἐναντίους ἀγωνιοῦμαι;
2. Ἆρα οἱ Ἀθηναῖοί με οἴκαδε ἐπανελθόντα μέγαν νομιοῦσιν;
3. Ἐλπίζω τὸν στέφανον εἰς Ἀθήνας κομιεῖν.
4. Ἐὰν μὴ κάμω γυμναζόμενος, πάντες οἱ ἐναντίοι ὑπ᾽ ἐμοῦ ἄρξονται.
5. Ἐλπίζω τοὺς πολλοὺς ἐμὲ μετὰ τοὺς ἀγῶνας θαυμάσεσθαι.
6. Σπουδάσομαι οὖν περὶ τῆς νίκης ὡς πολλῶν τιμῶν ἀπολαυσόμενος.

Michael Wood unternahm im Auftrag der BBC den Alexanderzug mit einem Filmteam nochmals; in seinem Buch „Auf den Spuren Alexanders des Großen" berichtet er:

„Doch den Soldaten reichte es. Sie hatten jetzt 70 Tage unter dem Monsunregen und der Hitze gelitten. Unter solchen Bedingungen geht die Ausrüstung kaputt, die Waffen rosten und man wird tagsüber niemals trocken; die Malaria ist eine Plage; mit Durchfall ist ständig zu rechnen; überall gibt es Schlangen, die von den Fluten auf höher gelegenes Gelände getrieben werden. Die Zahl der Soldaten, die an den verschiedenen Krankheiten starben, muss viel höher gewesen sein als die Zahl derer, die auf dem Schlachtfeld ihr Leben verloren. Die griechischen Ärzte hatten sich inzwischen das Geheimnis zu Eigen gemacht, wie man aus der Chinarinde Chinin destilliert, um die Malaria-Anfälle zu bekämpfen. Sie hatten von den Indern auch Gegengifte gegen Schlangenbisse bekommen (viele, die auf der Erde schliefen, waren an Schlangenbissen gestorben, und die Todesfälle waren so zahlreich, dass sich viele Soldaten lieber in Hängematten legten). Doch an den Ufern des Beas war überall im Lager lautes Murren zu vernehmen, bis sich die Unzufriedenheit schließlich gefährlich zuspitzte. Meuterei lag in der Luft. ..."

1 Welche der unten angegebenen Formen sind solche des Futurs? Suche sie heraus und übersetze sie dann:
ἐθιεῖ, ἔθει, ὀνειδιεῖν,ποριεῖς, ποιεῖς, βλαβείς, ὀργιῇ, ὀργῇ, γράψωμεν, βλάψομεν, λογιούμεθα, ἡγούμεθα, καθίζεσθαι, ὕβρεις, ὑβριεῖς

2 Aktiv oder Passiv im Deutschen? Übersetze:
ἀκούσεσθε τοὺς λόγους, τὸ τέκνον ὑπὸ τῆς μητρὸς θρέψεται, ἀρξόμεθα ὑπὸ τῶν πολεμίων, φυλάξομαι τοὺς ἐναντίους / ὑπὸ τῶν φίλων, ἁρπάσονται τὰ ὅπλα, διώξῃ τοὺς φεύγοντας

3 Übersetze (Kannst du Wortschatz 59 + 60 noch?):
Ὁ Θαλῆς πρῶτος τῆς φιλοσοφίας ἐπεμελεῖτο. Διὸ τὰ τῆς φύσεως σκοπῶν καὶ ζητῶν διῆγεν. Τὸ δὲ ὕδωρ ἀρχὴν τῶν ὄντων εἶναι ἡγεῖτο. Τότε μὲν ἔνιοι ἠγανάκτουν αὐτῷ ὡς τῆς πολιτείας ἀμελοῦντι, νῦν δὲ πολλοὶ αὐτὸν περὶ πολλοῦ ποιοῦνται.

Im Wortschatz 61 findest du eine Reihe von Wörtern, die ins Neugriechische übernommen wurden. Sprich sie „richtig" aus und nenne ihre Bedeutung:
πρόθυμος, φαύλος, ευθύς, αναπαύομαι, συμπόσιο

Trotz Neuschnees will Alexander zu Beginn des Frühlings 327 v. Chr. in der Sogdiane (dem heutigen Tadschikistan) eine Festung auf einem rings steil abfallenden Felsen erobern, wohin sich viele, darunter auch die Familie seines erbitterten Gegners Oxyartes, geflüchtet haben – ein Fall für die Spezialeinheit der etwa 300 makedonischen „Gebirgsjäger".

Ἀρριανὸς ὁ ἱστορικὸς (!) διηγεῖται·
„Οἱ τριακόσιοι Μακεδόνες δεινότατα τολμῶντες τὴν πέτραν καταλαβεῖν πειρῶνται. Τελευτᾷ δὲ ἡ μάχη ὧδε· οἱ βάρβαροι ἡττώμενοι ἐπιτρέπουσιν ἑαυτοὺς τοῖς νικῶσιν. Ἔνθα δὴ λαμβάνονται καὶ ἡ γυνὴ ἡ Ὀξυάρτου καὶ οἱ παῖδες. Καὶ ἦν Ὀξυάρτῃ παῖς παρθένος ἐν ὥρᾳ γάμου, Ῥωξάνη ὄνομα, ἣν καλλίστην τῶν Ἀσιανῶν γυναικῶν ἔλεγον οἱ σὺν Ἀλεξάνδρῳ στρατεύσαντες – μετά γε τὴν Δαρείου γυναῖκα. Ὡς τάχιστα τὴν Ῥωξάνην ὁρᾷ Ἀλέξανδρος, ἐρᾷ ἄρα αὐτῆς· ἐρῶν δὲ ἀπέχεται ὕβρεως καὶ τιμᾷ τὴν παῖδα καὶ δὴ καὶ γαμεῖ αὐτὴν καίπερ αἰχμάλωτον[1] οὖσαν. Τοῦτο δὲ τὸ ἔργον οὐδεὶς ἂν ἐπιτιμῴη τῷ βασιλεῖ."
Κατὰ δὲ Πλούταρχον εἰς ἔρωτα ἐνέπεσεν Ἀλέξανδρος παρὰ συμπόσιον θεώμενος Ῥωξάνην ἔν τινι χορῷ.

1) αἰχμ-άλωτος, -ον: kriegsgefangen

E
1. Ἔτι καὶ νῦν οἱ ἄνθρωποι τὸν Ἀλέξανδρον τιμῶσιν, ὅτι ἀεὶ μέγιστα ἐτόλμα καὶ πλείστους ἐναντίους ἐνίκα.
2. Ἔνιοι δὲ τῶν Μακεδόνων τότε τῷ Ἀλεξάνδρῳ ἐπετίμων ὡς ἄγαν πολλὰ τολμῶντι.
3. Ὅτε γὰρ μέγαν κίνδυνον ὁρῴη, πάντα τολμᾶν οὐκ ὤκνει.
4. Ὁ γὰρ Ἀλέξανδρος ὅλην τὴν γῆν λαμβάνειν ἐπειρᾶτο.
5. Τέλος δὲ νόσου ἡττώμενος τὸν βίον ἐτελεύτα.

1 Ordne die Formen zu der angegebenen Kette:
ἐτίμα → Präsens → Konjunktiv → Optativ → Plural → Imperfekt Aktiv → 1. Person Singular → Präsens → Konjunktiv → Infinitiv Präsens Aktiv → Partizip Präsens Aktiv Nominativ Singular maskulin → Akkusativ Singular
τιμῴη, ἐτίμων, τιμᾷ, τιμῷεν, τιμῶ, τιμᾷ, τιμῶντα, ἐτίμων, τιμᾶν, τιμῶ, τιμῶν

2 Übersetze: τελευτᾶν, ὁρῶν, ἐπετίμων (2), ἐρᾶτε (3), νικῷμεν, τολμῶντες, σίγα

3 Ordne die Formen zu der angegebenen Kette:
ἐτιμᾶσθε → Singular → Präsens → Plural → Konjunktiv → 3. Person → Optativ → 2. Person Singular Imperativ Präsens Medium/Passiv → Plural → Infinitiv Präsens Medium/Passiv → Partizip Präsens Medium/Passiv Genitiv Singular feminin
τιμῶνται, τιμωμένης, τιμᾷ, τιμᾶσθε, ἐτιμῶ, τιμᾶσθε, τιμᾶσθαι, τιμᾶσθε, τιμῶ, τιμῷντο

4 Kannst du dich mit den Aussagen der folgenden Menander-Sprüche einverstanden erklären?
a) Μὴ πάντα πειρῶ πᾶσι πιστεύειν ἀεί.
b) Μὴ πρὸς τὸ κέρδος πανταχοῦ πειρῶ βλέπειν.
c) Νικᾷ γὰρ αἰεὶ (= ἀεὶ) διαβολὴ τὰ κρείττονα.

Was bedeutet der folgende neugriechische Satz?
Απέχω από το αλκοόλ.

Wie sah eine persische Prinzessin wohl aus? Links Farah Diba, 1967-80 Kaiserin von Persien, rechts Porträt einer persischen Adligen aus Persepolis um 360 v.Chr. (Arch. Museum, Teheran)

63 Buddhistische Weltflucht

Der Theologe Bardesanes (154-222) aus dem syrischen Edessa kam 218 mit einer indischen Delegation in Kontakt, die auf dem Weg nach Rom war. Was er dabei erfuhr, legte er in einem Buch „Über die Inder" nieder, aus dem nur wenige Fragmente erhalten sind. Darunter ist ein Bericht über die Buddhisten, die er Σαμαναῖοι nennt, nach dem indischen Wort „Samana" für „Bettelmönch". Davon leiten manche Forscher unser Wort „Schamane" ab.

Βαρδησάνης ὁ Ἐδεσσαῖος περὶ τῶν ἐν τῇ Ἰνδικῇ Σαμαναίων δηλοῖ ἡμῖν τάδε·

Τοῖς Σαμαναίοις ἡ δίαιτά ἐστι τοιαύτη· Ἔξω πόλεων βιοῦσι μάλιστα περὶ τοῦ θείου διαλεγόμενοι. Εἰσὶ δ' ἀ-γύναιοι (!) καὶ οὐ ζηλοῦσιν οὔτε κτήματα οὔτε δόξαν, ἵνα μὴ δουλῶνται μήτε φόβοις μήτε ἐπιθυμίαις μήτε ἡδοναῖς. Οἴκους δ' ἔχουσιν, οἳ ὑπὸ τοῦ βασιλέως οἰκοδομοῦνται· ὁ δ' ἐνίοτε ἀξιοῖ πυνθάνεσθαι αὐτῶν, πῶς ἂν κατορθοίη τὰ τῆς πόλεως. Τῷ δὲ θανάτῳ οὐδαμῶς ἐναντιοῦνται· τὸν γὰρ τοῦ βιοῦν χρόνον ὥσπερ ἀναγκαίαν λειτουργίαν[1] ἄκοντες ὑπομένουσιν· ἥδονται οὖν ἐλευθεροῦντες τὴν ψυχὴν τοῦ σώματος. Διὸ πολλάκις καίπερ οὐδενὸς κακοῦ αὐτοὺς κατέχοντος τελευτῶσι τὸν βίον αὐτοί. Ἔστιν δ' οὐδεὶς ὁ κωλύων, καὶ πάντες αὐτοὺς πυρὶ ἀποθνῄσκοντας οὐκ ὀδύρονται, ἀλλ' εὐδαιμονίζουσιν[2].

1) ἡ λειτουργία, -ας: der Dienst, die Pflicht
2) εὐ-δαιμονίζω: ich preise glücklich

Buddhastatue aus Indien in griechischem Gewand, 1. Jh. v. Chr. (Museum, Neu Delhi)

E Aias versucht, die Waffen des Achill für sich zu gewinnen (vgl. Lektion 57):

1. Ὁ μὲν Αἴας τοῖς δικασταῖς ἐδήλου τάδε·
2. „Ἀξιῶ τὰ τοῦ τεθνηκότος Ἀχιλλέως ὅπλα δέξασθαι. Νομίζω γὰρ πάντας τοὺς Ἕλληνας ἅτε ζηλοῦντας ἐμὲ τῶν μεγίστων τιμῶν ἀξιοῦν."
3. Ὁ δ' Ὀδυσσεὺς αὐτῷ ἐναντιούμενος εἶπεν·
4. „Ἔγωγε ὑπὸ τῶν Ἑλλήνων μάλιστα ζηλοίμην ἂν ἅτε ποικίλος ὤν. Ἀεὶ γὰρ οἱ πλεῖστοί τε καὶ μέγιστοι ἐναντίοι τῇ ἐμῇ σοφίᾳ ἐδουλοῦντο."
5. Ὑπὸ τῶν δικαστῶν Ὀδυσσεὺς τῆς νίκης ἀξιοῦται.

1 Setze zu den genannten Formen zusammen: zeige – hoffentlich zeigt er – sie leben – etwas, das lebt – sie eiferten nach – lasst uns nacheifern – zum Sklaven machen – ich machte zum Sklaven – er hält für würdig – (damit) er für würdig hält
ἀ / ἀ / βι / βι / δη / δή / δου/ δού / ἐ / ἐ / ζη / ζή / η / λοί / λου / λουν / λουν / λοῦν / λῶ / μεν / ξι / ξι / οῖ / οῖ / οῦ / οῦν / σιν

2 Finde den Irrläufer:

a) δηλοῦμεν – βιοῖς – ἀξιοῦτε – ἐλευθεροῦσιν
b) ἐναντιοῦται – κατορθούμεθα – δουλοῦσθε – ζηλῶ
c) βιοῦν – βιοῦτε – βίον – βιῶν
d) ὁρῶσιν – ζηλοῖ – νικᾷ – ἐρῶμεν
e) δοῦλοι – δούλοις – δουλοῖς – δούλους
f) ἠναντιούμην – ζηλοῦται – ἠλευθέρου – κατώρθους
g) σιγῷεν – κατορθοίην – ἐλευθεροῖς – τολμῷμεν

3 Ordne die Formen zu der angegebenen Kette:
ζηλοῦμεν → Passiv → Optativ → Aktiv → 3. Person → Imperfekt → Passiv → Konjunktiv Präsens → Singular → Partizip Präsens Nominativ Singular maskulin → Aktiv
ἐζηλοῦντο – ζηλῶν – ζηλοίμεθα – ζηλῶνται – ζηλούμεθα – ζηλοῖμεν – ἐζήλουν – ζηλούμενος – ζηλοῖεν – ζηλῶται

4 Gedanken über den Unterschied zwischen Mensch und Tier (nach Aristoteles):
Λόγον ἄνθρωπος μόνον τῶν ζῴων ἔχει. Τῆς μὲν οὖν φωνῆς καὶ τὰ ἄλλα ζῷα μετέχει, ὁ δὲ λόγος οἷός τέ ἐστι δηλοῦν τὸ ἀγαθὸν καὶ τὸ κακόν, τὸ δίκαιον καὶ τὸ ἄδικον.

In der Sahara, etwa 400 km von der Mittelmeerküste landeinwärts, liegt die Oase Siwa. Dort befand sich in der Antike ein berühmtes Orakel-Heiligtum des ägyptischen Gottes Amun, den die Griechen mit Zeus gleichsetzten und Ammon nannten. Im Jahre 331 v. Chr. besuchte Alexander mit wenigen Begleitern das Orakel.

Ἀλέξανδρος παρ᾿ Ἄμμωνα εἰς Λιβύην ὥρμησεν ὡς χρησόμενος τῷ θεῷ. Ἦν δὲ ἐρήμη ἡ ὁδὸς καὶ πλήρης ψάμμου[1]. Ἀλλὰ θαυμάσιοι ὑετοὶ[2] τὸ διψῆν[3] ἐκώλυον. Σήματα δ᾿ οὐκ ἦν κατὰ τὴν ὁδόν· οὔτε γὰρ που ὄρος ἦν ἰδεῖν οὔτε δένδρον. Πεπλανημένου δὴ τοῦ στρατοῦ δύο δράκοντες ἐγένοντο ἡγεμόνες τῆς εἰς τὸ μαντεῖον ὁδοῦ.
Ἐνταῦθα ὁ βασιλεὺς ἐπύθετο περὶ τῶν Φίλιππον τὸν πατέρα φονευσάντων, ὅσοι ἔτι ζῷεν, καὶ περὶ τῆς ἑαυτοῦ γενεᾶς, πῶς ἐγεννήθη. Ἐδήλωσεν δὴ αὐτῷ ὁ προφήτης[4] τοὺς φονέας (!) θανάτῳ ἐζημιῶσθαι ἅπαντας. Εἶτα δὲ ἐβόησεν· „Ὦ παῖ, πάντα, ὅσα ἐν ταῖς πράξεσιν ἤδη κατώρθωκας καὶ ἔτι κατορθώσεις, ἡγοῦ τεκμήρια θείου γένους."
Ὁ οὖν Ἀλέξανδρος ἡδόμενος τοῖς χρησμοῖς καὶ τιμήσας τὸν θεὸν ἀναθήμασιν[5] εἰς Αἴγυπτον ἐπανῆλθεν.

1) ἡ ψάμμος, -ου: der Sand
2) ὁ ὑετός, -οῦ: der Regen(fall)
3) διψήω: ich habe Durst
4) ὁ προ-φήτης, -ου: der Wahrsager; Orakeldeuter
5) τὸ ἀνά-θημα, -ατος: das Weihgeschenk

E
1. Ὀδυσσεὺς σὺν τοῖς ἑταίροις ἓν ἔτος ἐν τῇ τῆς Κίρκης νήσῳ εὖ ἔζη.
2. Ἀλλ᾿ ὅμως ὁ Ὀδυσσεὺς εἶπεν· „Τίς μοι τὴν οἴκαδε ὁδὸν, χρῴη ἄν;"
3. Ἡ δὲ Κίρκη, „Δεῖ σε", ἔφη, „τῷ Τειρεσίᾳ ἐν Ἅιδου χρῆσθαι."

4. Ὁ οὖν Ὀδυσσεὺς ἐτόλμησεν εἰς Ἅιδου ὁρμῆσαι.
5. Ἐκεῖ δ᾿ ὁ Τειρεσίας ἠξιώθη τὴν ὁδὸν δηλῶσαι.
6. „Τοὺς Τρῶας νικήσας καὶ τόπους πολλοὺς ἤδη θεωρήσας εἰς Ἅιδου ἦλθες.
7. Σοὶ τὰ μέλλοντα χρήσω.
8. Πολλοὶ μὲν ἑταῖροι ἤδη τετελευτήκασιν, πολλοὶ δὲ τελευτήσουσιν, σὺ δὲ μόνος βιώσῃ."

1 Perikles lobt die athenische Verfassung (nach Thukydides): Ἡμεῖς οἱ Ἀθηναῖοι χρώμεθα πολιτείᾳ οὐ ζηλούσῃ (ζηλόω: (hier:) ich ahme nach) τοὺς τῶν πλησίον νόμους, παράδειγμα δὲ μᾶλλον αὐτοὶ ὄντες ἢ ζηλοῦντες ἑτέρους. Καὶ ἡ ἡμετέρα πολιτεία ὄνομα δημοκρατία καλεῖται.

2 Übersetze: ἐφρονήσαμεν – τὸ ποιηθέν – ἐπιμεμέλημαι – ὁ νικήσας – τετιμήκασιν – ἐθεάσασθε – κατορθώσαιμι – ἐλευθερώσει – ἐναντιώσῃ

3 Plutarch berichtet, der ägyptische Oberpriester des Ammon-Heiligtums in der Oase Siwa habe, obwohl des Griechischen kaum mächtig, aus Freundlichkeit Alexander mit „ὦ παιδίος" (anstatt des richtigen „ὦ παιδίον") begrüßt. Alexander habe sich aber über diese fehlerhafte Anrede trotzdem sehr gefreut. Warum wohl?

Das Ammon-Orakel
Über den Ablauf der Orakelbefragung schreibt der Archäologe Klaus Kuhlmann: „Vorher liefen sicher sämtliche Zeremonien ab, die beim Besuch des Heiligtums üblich waren, mit Weihrauch, Litaneien und Trommeln. Dann entfernten sich die Priester diskret, und die Türen zu den inneren Räumen des Tempels wurden geschlossen. Es durfte ja beim Orakelsuchenden nicht der Eindruck entstehen, daß da etwas nicht mit rechten Dingen zugeht ... Man muß sich dazu auch die Atmosphäre vorstellen, die Dunkelheit, nur ein wenig erleuchtet durch die Öffnung in der Wand und das immer brennende Öllämpchen. Nun mußten die Priester aber in Erfahrung bringen, was da drinnen gefragt wurde. Deshalb stiegen ein oder zwei Leute – vier Ohren hören besser als zwei – in den Raum über dem Allerheiligsten, legten sich mit dem Ohr auf den hölzernen Boden und versuchten zu verstehen, was da unten gesprochen wurde. Technisch gesehen ist das kein Problem. Es sind ja nur zwei Meter Abstand, und die Schallwellen gehen nach oben." *So konnte dann später der Orakeldeuter* (προφήτης) *in Aktion treten.*

65 Die Schrift – Gedächtnisstärkung oder bloße Erinnerungsstütze?

Platon erzählt in einem Mythos von der Einführung der ägyptischen Schrift, einer Erfindung des Gottes Theuth.

Ὁ Θεὺθ ἄξιός ἐστι θαυμάσαι· δεινὸς γὰρ ἦν καινὰ εὑρεῖν οἷον ἀριθμὸν καὶ γεωμετρίαν καὶ ἀστρονομίαν καὶ δὴ καὶ γράμματα. Ταύτας οὖν τὰς τέχνας ἑξῆς τῷ βασιλεῖ ἔφραζεν. Ἐπειδὴ δὲ ἐπὶ τοῖς γράμμασιν ἦν, „Καὶ τοῦτο τὸ μάθημα“ ἔφη „ὑμῖν ἐπιτρέψω χρῆσθαι αὐτῷ· ἱκανὸν γάρ ἐστι τοὺς Αἰγυπτίους σοφωτέρους ποιήσειν καὶ μνημονικωτέρους[1]· μνήμης γάρ, ὡς ἔπος εἰπεῖν, φάρμακόν ἐστιν.“ Ὁ δὲ βασιλεύς· „Ἄλλος μὲν δυνατός ἐστι τίκτειν τέχνην, ἄλλος δὲ κρίνειν, τίνα ὠφελίαν ἢ βλάβην ἔχει. Νῦν σὺ γραμμάτων ὢν πατὴρ τοὐναντίον τοῦ ἀληθοῦς εἶπες· ἔγωγε ἀρνοῦμαι μὴ τὰ γράμματα συμφέρειν τοῖς ἀνθρώποις· ἐν γὰρ τῶν μαθόντων ψυχαῖς λήθην[2] παρέχει ἀμελετησίᾳ[3] μνήμης. Οὔκουν μνήμης φάρμακον, ἀλλὰ βοήθειαν πρὸς ὑπόμνησιν[4] ηὗρες.“

1) μνημονικός, -ή, -όν: ein gutes Gedächtnis besitzend, gedächtnisstark
2) ἡ λήθη, -ης: das Vergessen, die Vergesslichkeit
3) ἡ ἀ-μελετησία, -ας: die Vernachlässigung, mangelnde Übung
4) ἡ ὑπό-μνησις, -εως: die Erinnerung

E
1. Τὰ ὑπ᾽ Ἀλεξάνδρου πραχθέντα ἄξια θαυμάζειν ἦν.
2. Οἱ γὰρ θεοὶ αὐτῷ παρεῖχον λαμπρὰς νίκας λαβεῖν.
3. Ἔνιοι μὲν αὐτὸν ὡς ἔπος εἰπεῖν θεὸν ἡγοῦντο.
4. Ἄλλοι δὲ ἠμφεσβήτουν μὴ τὸν Ἀλέξανδρον θεῖον εἶναι.
5. Ἀλλ᾽ οὐδεὶς ἠρνεῖτο μὴ οὐ αὐτὸν καλὸν κἀγαθὸν γενέσθαι.
6. Ὁ γὰρ Ἀλέξανδρος οὐκ ἔφυγεν μὴ οὐ τοῖς κρατίστοις ἐναντίοις μάχεσθαι.

1 Übersetze:

a) Τοῦτο ῥᾴδιον μαθεῖν ἐστιν, ὡς ἐμοὶ δοκεῖν.
b) Αὕτη ἡ γυνὴ καλὴ εἰσ-ορᾶν (!) ἐστιν.
c) Οἱ Ἀθηναῖοι τῷ Σόλωνι καινὴν πολιτείαν ἐπ-έτρεψαν κατα-σκευάσαι.

Theuth (auch Thot), ibisköpfiger Gott des Mondes, der Schreibkunst und der Wissenschaften, auf einem Papyrus, um 1285 v. Chr. (Papyrus Hunefer, London, British Museum)

2 Wie lauten die folgenden Ausdrücke „ausgeschrieben“ (ohne Krasis)?
ταὐτά – τἄδικα – κἀκεῖνος – κοὐδείς – κἄν – ὡς ἐγᾦμαι – χὠ θεός (Warum muss hier wohl ein χ stehen?)

3 Sokrates wendet sich am Anfang seiner Verteidigungsrede an die Athener und verwahrt sich gegen die ungerechtfertigten Vorwürfe der Ankläger:
Ἀληθές γε, ὡς ἔπος εἰπεῖν, οὐδὲν εἶπον. Ἔλεγον γάρ, ὡς χρὴ ὑμᾶς εὐλαβεῖσθαι μὴ ὑπ᾽ ἐμοῦ ἐξαπατηθῆναι (ἐξαπατάω: ich täusche, hintergehe gänzlich) ὡς δεινοῦ ὄντος λέγειν.

4 Ordne die Buchstaben und übersetze die sich ergebenden Wörter (Tipp: Sie sind alle aus Lektion 65.):
νὒκοου, εδξςιό, ββάηλ, πἔσο, ντἐνίοας, ἀεῖππον, ρνμαἀέοι, ἀβημτέφωισ, λοἄμέλςν ... λοδέἄλς

5 Die geläufigen deutschen Wörter „Grammatik“ und „Mathematik“ sind aus dem Griechischen abgeleitet. Was bedeuten sie wörtlich?

ΑΠΑΓΟΡΕΥΕΤΑΙ Η ΕΙΣΟΔΟΣ
Worauf weist in Griechenland ein solches Schild hin?

In Ägypten herrschte nach dem Tode Alexanders des Großen die von dessen General Ptolemaios begründete Dynastie der Ptolemaier. Ptolemaios III. Euergetes heiratete 246 v. Chr. Berenike, die Königin der libyschen Küstenstadt Kyrene. Gleich nach der Hochzeit musste der König nach Syrien in den Krieg ziehen. Wie reagierte die frisch Vermählte?

Βερενίκη χρόνον τινὰ ὑπὸ λύπης συνεχῶς ἔκλαυσεν. Ἀλλὰ πολλῶν δακρύων χυθέντων πᾶσι τοῖς θεοῖς ηὔξατο ὧδε· „Ἆρ᾽ ὁ ἀδελφός[1] μου ἀρκέσει εἰς τοὺς κινδύνους; Δέομαι ὑμῶν βοηθείας. Ἐὰν σώσητε αὐτόν, ἀναθήσω[2] ὑμῖν πλόκαμον[3] ἐκ τῆς ἐμῆς κόμης[4].“
Τοῦ δὲ βασιλέως σωθέντος ἡ βασίλισσα (!) τὴν εὐχὴν ἐτέλεσεν· ἔτεμεν ἄρα πλόκαμον καὶ προσ-ήνεγκε (!) τοῖς θεοῖς.
Τῇ δ᾽ αὐτῇ νυκτὶ ὁ πλόκαμος ἐκ τοῦ ναοῦ ἠφάνιστο, καὶ μέγα δέος ἔλαβε πάντας. Τότε δὴ Κόνων, μαθηματικὸς καὶ ἀστρονόμος τοῦ βασιλέως, νέον ἄστρον εὑρὼν ἔτυχεν. Τοῦτο οὖν ὡς Πτολεμαίῳ χαριούμενος ἐκάλεσε „Πλόκαμον Βερενίκης“ (οὕτω κέκληται μέχρι τοῦδε). Καὶ Καλλίμαχος ὁ ποιητὴς ἐπαινεσόμενος τὴν βασίλισσαν (!) ἐποίησε θαυμάσιον ἐλεγεῖον[5], ἐν ᾧ ὁ πλόκαμος αὐτὸς διηγεῖται, τίνι τρόπῳ ἀπὸ τοῦ βωμοῦ ὑπὸ Ζεφύρου ἁρπασθεὶς καὶ ἄστρον γενόμενος εἰς οὐρανὸν ἀφίκετο.

1) in Ägypten zärtliche Bezeichnung für den Ehemann
2) ἀνα-θήσω: ich werde weihen
3) ὁ πλόκαμος, -ου: die Locke
4) ἡ κόμη, -ης: das (Kopf-)Haar
5) τὸ ἐλεγεῖον, -ου: die Elegie, das Gedicht

E
1. Τῷ δεκάτῳ ἔτει τῷ τοῦ στόλου οἱ στρατιῶται πολλάκις Ἀλεξάνδρου ἐδέοντο εἰς τὴν Εὐρώπην ἐπανελθεῖν.
2. Ἔλεγον· „Πολλὰς μὲν χώρας ἐτέμομεν καὶ ἐκαύσαμεν. Πολλοὺς δὲ ἑταίρους ἤδη ἐκλαύσαμεν. Οὐκέτι μέλλομεν ἄλλους τινὰς κλαύσεσθαι.“
3. Ἀλέξανδρος· „Ἐν βραχεῖ ναυσὶν οἴκαδε πλεύσεσθε.
4. Ἀλλὰ δεῖ ὑμᾶς ἀρκέσειν εἰς τὸ πορεύεσθαι μέχρι τῆς θαλάττης.
5. Ἐκεῖ ὑμῖν τελῶ μέγαν μισθόν.
6. Καὶ οἱ ἐπίγονοι (die Nachkommen) ἐπαινέσονται τὰ ἔργα ὑμῶν καὶ καλοῦσιν ὑμᾶς καλοὺς κἀγαθούς.“

1 Welche Form passt zu der angegebenen Übersetzung? Wie müssen die anderen Formen übersetzt werden?
er wird weinen: κλαίεται, καύσει, κλαύσεται, καυθήσεται – sie segelten (Imperf.): ἔπλεον, πλέουσιν, πλέων, πλείων – du hast verbrannt (Aor.): ἔκλαυσας, ἐκάθαιρες, ἔκαιες, καύσας, ἔκαυσας – hoffentlich laufen wir: θεοῖς, θεώμεθα, θέοιμεν, θέομεν, ἐθέομεν

2 Übersetze folgende Zeitangaben:
ἑσπέρας, τοῦ λοιποῦ χρόνου, ταύτης τῆς ἡμέρας, τῷ πέμπτῳ ἔτει, μετ᾽ οὐ πολὺν χρόνον, ἐν εἰρήνῃ, χειμῶνος, (τοῖς) Διονυσίοις

3 Übersetze:
Ὁ Ὀδυσσεὺς πολὺν ἤδη χρόνον πεπλανημένος εἰς τὰς Σειρῆνας ἀφίκετο. Αὗται μὲν καλῶς ᾄδουσαι ἤρκεσαν τοὺς παρα-πλέοντας (!) γοητεύειν (zu verzaubern). Ὀδυσσεὺς δὲ αὐτὰς ἡδείας ἀκοῦσαι παρ-έπλευσεν (!).
Πηνελόπη δέ, ἡ γυνὴ αὐτοῦ, καίπερ λύπῃ τε καὶ ἄλγεσι πιεζομένη οὔποτε Ὀδυσσέως ἐπελάθετο. Ἔτι καὶ νῦν ἐπαινεῖται, ὅτι πλέον ἢ εἴκοσιν ἔτη τῷ ἀνδρὶ πιστὴ ἦν.

Was möchte jemand jeweils wissen, wenn er ein Kind fragt:
Τι γελάς / κλαις, παιδί μου;

Berenike II. (272-221 v. Chr.), Bronzebüste (Neapel, Museo Nazionale Archeologico)

Alexanderfeldzüge

Die Massenhochzeit von Susa

Ende Februar des Jahres 324 war Alexander wieder in Susa. Inzwischen waren etwas über sechs Jahre vergangen, seit er es verlassen hatte, um gen Osten aufzubrechen. Bald wuchs unter den Offizieren und gemeinen Soldaten die Unzufriedenheit. Die zunehmende Orientalisierung ließ Unruhe aufkommen: Die neuen persischen Brigaden wurden bevorzugt behandelt; das persische Protokoll und die persische Kleidung spielten eine immer größere Rolle; und Alexanders Verhalten wurde immer despotischer. <...> All dies fand seinen Höhepunkt in der glanzvollen Feier einer Massenhochzeit in der großen Empfangshalle von Susa, bei der zwischen 80 und 100 makedonische Offiziere persische oder medische Frauen heirateten – nach persischer Gepflogenheit. Alexander und Hephaistion ehelichten die Töchter des Dareios, die, nachdem sie im königlichen Zelt in Issos gefangen genommen worden waren, mittlerweile eine griechische Erziehung genossen hatten. Tausende gemeiner Soldaten wurden ebenfalls gezwungen, den Sprung in die Ehe zu wagen, ein, wie man sagte, bewusster Versuch, die beiden Völker einander näher zu bringen.

(M. Wood, Auf den Spuren Alexanders des Großen, Stuttgart 2002, S. 218)

Erläutere die Vor- und Nachteile dieses Vorgehens Alexanders.

Definition des Hellenismus

Der von dem deutschen Historiker Johann Gustav Droysen (1808-1884) eingeführte Begriff Hellenismus bezeichnet die Epoche, die vom Eroberungszug Alexanders (letztes Drittel des 4. Jh.s v. Chr.) bis zum Ende der Nachfolgestaaten des Alexanderreiches durch die Römer (1. Jh. v. Chr.) reicht. In dieser Zeit breitete sich die griechische Sprache und Kultur auf dem Boden des ehemaligen Alexanderreiches aus. Dadurch wurden die Bewohner der östlichen Mittelmeerwelt und Vorderasiens gleichsam zu „Griechen" gemacht. Zentren der griechischen Kultur mit Gymnasion, Theater, Marktplatz, Säulenhallen und Tempeln sind die Städte, unter denen Pergamon und Alexandria herausragen.

In der Zeit des Hellenismus entwickeln sich vor allem die Einzelwissenschaften: Philologie, Mathematik (Archimedes, Euklid), Astronomie (Aristarch), Geographie (Eratosthenes) und Medizin (Erasistratos, Herophilos). Zahlreiche wissenschaftliche Erkenntnisse wurden technisch nutzbar gemacht (archimedische Schraube, Kriegsmaschinen, Automaten des Heron).

Erkundige dich über die angeführten antiken Wissenschaftler und ihre Leistungen und präsentiere die Ergebnisse deinen Mitschülern.

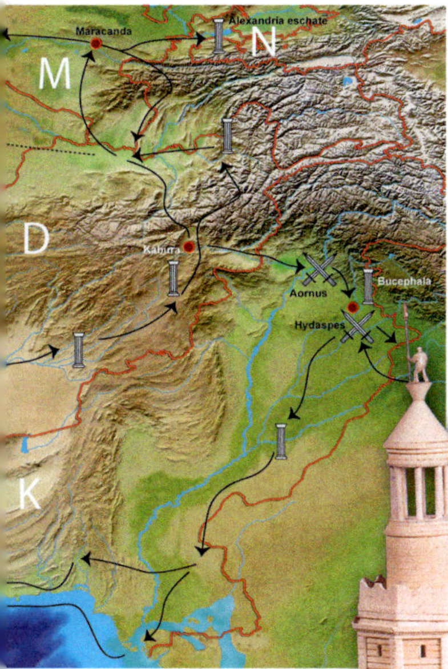

Hier findest du alphabetisch geordnet die modernen Länder, durch die Alexander zog. Ordne sie den Buchstaben richtig zu.
Afghanistan, Ägypten, Griechenland, Irak, Iran, Israel, Libanon, Pakistan, Palästina, Syrien, Tadschikistan, Türkei, Turkmenistan, Usbekistan

Modell des Leuchtturms auf Pharos

Städtegründungen

Als Alexander hierher kam und die glückliche Lage erkannte, beschloss er, am Hafen eine Stadt zu bauen. Ihre Lage ist in vielerlei Hinsicht überaus günstig. Zum einen ist da Pharos, eine längliche Insel vor dem Festland, mit dem zusammen sie einen doppelmündigen Hafen bildet. Der Hafen ist somit auf natürliche Weise gesichert, außerdem so tief, dass auch das größte Schiff anlegen kann.
Der Wohlstand der Stadt ist vor allem darin begründet, dass von ganz Ägypten allein dieser Platz zu beidem geschaffen ist: zum Seehandel, wegen der guten Hafenverhältnisse, und zum Binnenhandel, da der Nil alles zum Mareotis-See südlich Alexandrias transportiert und somit alles an einem Platz zusammenführt, der nun der größte Handelsplatz der Welt ist.
Bemerkenswert ist aber auch das milde Klima der Stadt. Andere an Seen gelegene Städte haben in der Hitze des Sommers eine schwere und erstickende Luft. Die Bewohner Alexandrias hingegen verleben den Sommer sehr angenehm.
(Strabon, Geographica 17,1)

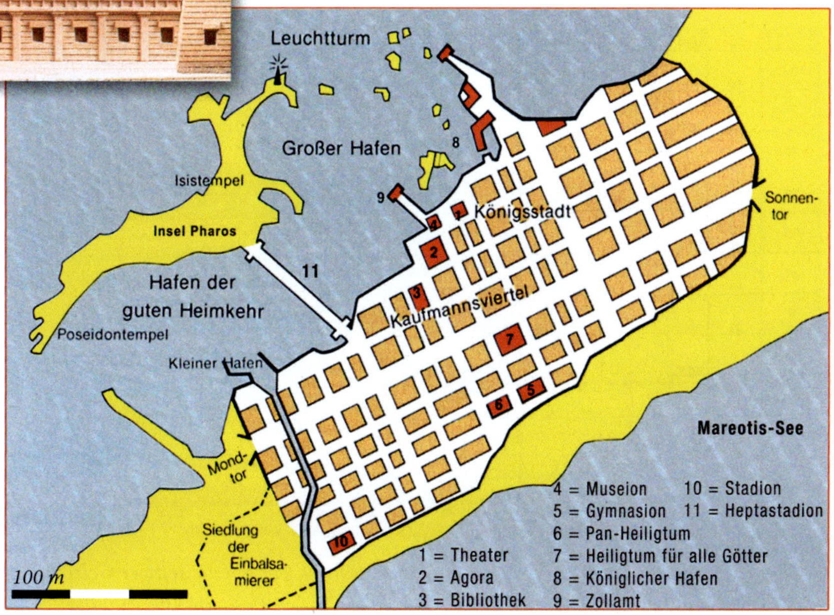

Hero von Alexandrien war um etwa 100 v. Chr. der Erfinder von Maschinen und Automaten, die mit Dampf oder heißer Luft arbeiteten. Außer einer Dampfmaschine gab es auch ein System zur „automatischen" Öffnung und Schließung von Türen.

Urwaldtrommeln und Gorillas

Um 500 v. Chr. unternahm der Karthager Hanno mit 60 Schiffen zu je 50 Ruderern, dazu angeblich 30 000 Leuten und einigen unterwegs an Bord genommenen Dolmetschern eine Expedition von Karthago über Gibraltar und dann entlang der afrikanischen Westküste bis zum Äquator. Sein punisch abgefasster und als Inschrift in einem Tempel aufbewahrter Bericht wurde 250 Jahre später ins Griechische übersetzt. Hier der Schluss des Textes:

Ἐπλεύσαμεν ἡμέρας πέντε παρὰ γῆν, ἕως ἤλθομεν εἰς μέγαν κόλπον[1]. Ἐν δὲ τούτῳ νῆσος ἦν μεγάλη, ἐν ᾗ ἡμέρας μὲν οὐδὲν εἴδομεν εἰ μὴ δένδρα, νυκτὸς δὲ πυρά τε πολλὰ καιόμενα· καὶ ἠκούσθησαν φωναὶ μυρίαι καὶ τυμπάνων[2] πάταγος[3]. Φόβος οὖν ἔλαβεν ἡμᾶς, καὶ οἱ μάντεις ἐκέλευον ἐκ-λείπειν (!) τὴν νῆσον.

Ἐκ δὲ ταύτης ὁρμήσαντες ἀφικόμεθα τῇ τρίτῃ ἡμέρᾳ εἰς κόλπον[1], ἐν ᾧ νῆσος ἦν ἐοικυῖα τῇ πρώτῃ, ἀλλὰ πλήρης ἀνθρώπων ἀγρίων. Πολὺ δὲ πλείους ἦσαν γυναῖκες, δασεῖαι[4] τὰ σώματα, ἃς οἱ ἑρμηνεῖς[5] ἐκάλεσαν Γορίλλας. Διώκοντες δὲ ἄνδρας μὲν λαβεῖν οὐχ οἷοί τε ἦμεν, ἀλλὰ πάντες ἔφυγον λίθοις ἀμυνόμενοι· γυναῖκας δὲ τρεῖς ἐλάβομεν, αἳ δάκνουσαι[6] τοὺς ἄγοντας οὐκ ἤθελον ἕπεσθαι. Σφάξαντες[7] μέντοι αὐτὰς εἰς Καρχηδόνα ἐκομίσαμεν τὰς δοράς[8]. Οὐ γὰρ ἔτι ἐπλεύσαμεν πόρρω ἅτε σίτων δεόμενοι.

1) ὁ κόλπος, -ου: die Bucht
2) τὸ τύμπανον, -ου: die Trommel
3) ὁ πάταγος, -ου: der Lärm
4) δασύς, -εῖα, -ύ: dicht behaart
5) ὁ ἑρμηνεύς, -εως: der Dolmetscher
6) δάκνω: ich beiße
7) σφάττω: ich schlachte, töte
8) ἡ δορά, -ᾶς: die Haut, das Fell

1 Der W-Text bietet das wenig veränderte, nur leicht gekürzte Original. Ein moderner Kritiker bescheinigt ihm eine „schwunglose Nüchternheit". Zeige an einigen Merkmalen des Stils, dass dieses Urteil durchaus vertretbar ist!

2 Handelt es sich bei den „Gorillas" wohl um die noch heute so genannten, erst in der Mitte des 19. Jahrhunderts „entdeckten" Menschenaffen oder um Menschen? Was spricht für das eine, was für das andere?

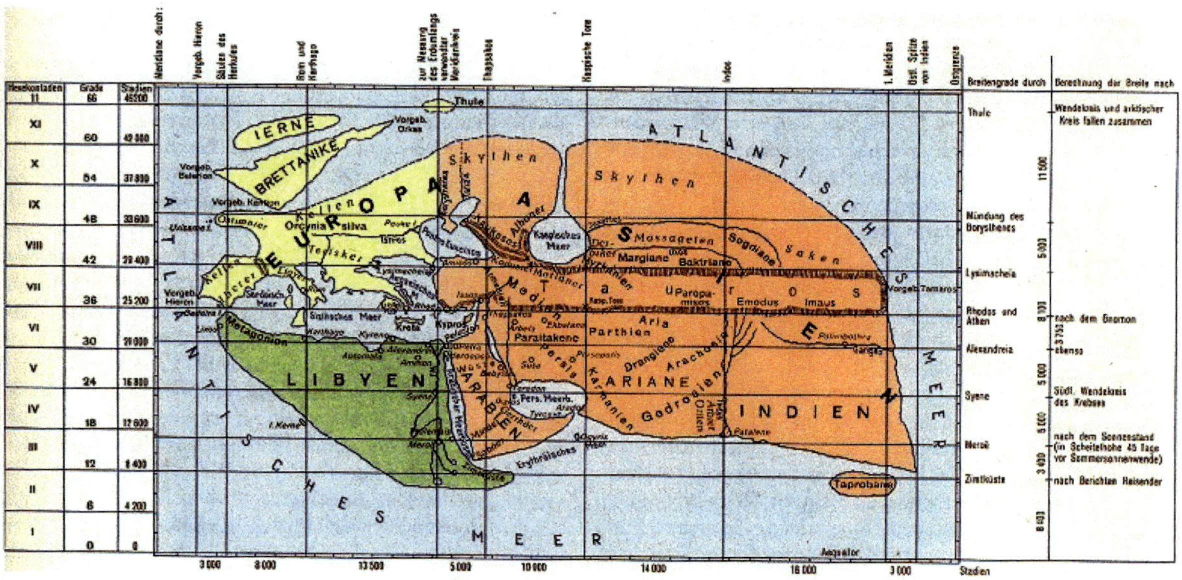

Weltkarte des Eratosthenes, Rekonstruktion. Eratosthenes war ein vielseitiger Gelehrter des 3. Jh.s v. Chr.; als Geograf sah er seine Hauptaufgabe in der Erstellung möglichst exakter Karten, die auch auf mathematischen Berechnungen (vgl. das Koordinatensystem in der Karte) beruhen.

1 Suche die **richtige(n) Übersetzung(en)**. Ordne dann die unten stehenden Formen den falschen Übersetzungen zu:
a) ἐβόησας du hast gelebt – du schriest (Aor.) – schreien (Aor.) – einer, der schrie (Aor.) – b) δηλώσω ich werde zum Sklaven machen – ich werde zeigen – (damit) ich zeige (Aor.) – (damit) ich zum Sklaven mache (Aor.) – c) ζημιοῦσιν sie eifern nach – sie suchen – sie leben – sie bestrafen – d) ἡγησάμην ich glaubte (Aor.) – ich führte (Aor.) – einer, der sich freut (Part. Präs.) – Feldherr – e) χρῇ du befragst das Orakel – er gibt ein Orakel – du gebrauchst – es ist nötig
ζῶσιν, δουλώσω, ἡγεμών, βεβίωκας, ζηλοῦσιν, βοήσας, βοῆσαι, ζητοῦσιν, χρή, ἡδόμενος

2 Suche das **Gegenteil** zu:
τελευτάω – νικάω – σιγάω – δηλόω – βιόω – ἐλευθερόω – ἐναντιόομαι – ἐπαινέω – δεξιός – νύξ – βλάβη

3 δηλόω = ich mache klar (δῆλος), zeige; ἐλευθερόω = ich mache frei (ἐλεύθερος), befreie. Erschließe nach diesem Muster die Bedeutung der folgenden in Klammer stehenden **Verben**. Die Beispielsätze können dir dabei helfen.
a) (βεβαιόω) Ὁ τύραννος τὴν ἀρχὴν βεβαιῶσαι ἐβούλετο. b) (γυμνόω) Οἱ ἀθληταὶ πρὸ τοῦ ἀγῶνος ἐγυμνοῦντο. c) (ἐρημόω) Τῶν Περσῶν προσερχομένων οἱ Ἀθηναῖοι τὴν πόλιν ἠρήμωσαν. d) (πληρόω) Οὐκ ἔξεστι πάσας τὰς ἐπιθυμίας πληροῦν. e) (σεμνόω) Οἱ Πέρσαι τὰ Κύρῳ πεπραγμένα σεμνοῦν εἰώθεσαν. f) (τυφλόω) Ὀδυσσεὺς ἕνα τῶν Κυκλώπων ἐτύφλωσεν. g) (φανερόω) Τὰ ἀληθῆ πᾶσιν ἐφανερώθη.

4 Erschließe die deutsche Bedeutung der folgenden griechischen **Substantive** mithilfe des jeweils verwandten Verbs:
ἡ τόλμα, -ης – ἡ καῦσις, -εως – ἡ πεῖρα, -ας – ὁ γέλως, -ωτος – ἡ διήγησις, -εως – τὸ τέλος, -ους – ἡ ἧττα, -ης – ἡ δέησις, -εως – ὁ ζῆλος, -ου – ἡ πλάνη, -ης – ἡ δίψα, -ης – ἡ βοή, βοῆς

5 Ein bisschen **Botanik**: Welcher deutsche Pflanzenname entspricht welchem botanischen Fachbegriff?
1) Angelica (Abb.) 2) Glycyrrhiza
3) Gymnospermae 4) Haematomma
5) Halodendron 6) Leontodon
a) Blutaugenflechte b) Engelwurz
c) Löwenzahn d) Nacktsamer
e) Salzstrauch h) Süßholz (Lakritze)

6 Übersetze die folgenden Sätze, nachdem du die jeweilige **Krasis** aufgelöst hast:
a) Εἰπὲ πᾶν τἀληθές.
b) Τἄδικ᾽ εὐλαβεῖσθαι δεῖ.
c) Χοἱ μικροὶ λόγοι σφάλλουσι καὶ κατορθοῦσιν ἀνθρώπους.
d) Δηλωθήσεται ταῦτα, κἂν ἐγὼ κρύπτω.
e) Τἄξω πράττειν μέλει τὠνδρί, τῇ γυναικὶ τἄνδον.
f) Σπεῦδε, χὠ θεὸς ἐπίκουρός σοι ἔσται.

7 Einige **Bibel-Zitate**:
a) Der Apostel Paulus im Brief an die Gemeinde in Rom: Μὴ νικῶ ὑπὸ τοῦ κακοῦ, ἀλλὰ νίκα ἐν τῷ ἀγαθῷ τὸ κακόν.
b) Der Evangelist Lukas über Frauen am leeren Grab Jesu: Καὶ γυναῖκές τινες μὴ εὑροῦσαι τὸ σῶμα αὐτοῦ ἦλθον λέγουσαι ὀπτασίαν (Vision, Erscheinung) ἀγγέλων ἑωρακέναι, οἳ λέγουσιν αὐτὸν ζῆν.
c) Jesus spricht zu Martha, die um ihren verstorbenen Bruder Lazarus trauert: „Ἐγώ εἰμι ἡ ἀνάστασις (Auferstehung) καὶ ἡ ζωή· ὁ πιστεύων εἰς ἐμέ, κἂν ἀποθάνῃ, ζήσεται, καὶ πᾶς ὁ ζῶν καὶ πιστεύων εἰς ἐμὲ οὐκ ἀποθανεῖται (Futur zu ἀποθνῄσκει)."

8 Finde den **Irrläufer**:
a) ἔκαυσας – ἐπλεύσατε – ἐκλαύσαμεν – ἐκαύθην
b) τολμῶμεν – σιγᾶτε – δηλῶσιν – ἐπιτιμᾶτε
c) ἐλευθεροῖ – βιοίην – δηλοῖμεν – ζηλοῖεν
d) ἠξίωσα – ἐπῃνέσαμεν – γελάσεται – ὥρμησας

Im Neugriechischen ist die Konjugation der Verba auf -άω, -έω, -όω und -ήω stark vereinfacht. Es gibt nur noch zwei Schemata, eines auf -άω und eines auf -έω; die regelmäßigen For- men lauten:

Weitere wichtige Verben (von denen ihr einige kennt bzw. erschließen könnt) sind z.B. αγαπάω (ich liebe), βοηθάω (ich helfe), διψάω (ich habe Durst), πεινάω (ich habe Hunger), πονάω (ich tue jdm. weh, ich habe Schmerzen) und χαλάω (ich mache kaputt, gehe kaputt).

Präsens (-άω)	Präsens (-έω)
μιλάω/μιλώ (ich spreche)	κινώ (ich bewege)
μιλάς	κινείς
μιλάει/μιλά	κινεί
μιλάμε	κινούμε
μιλάτε	κινείτε
μιλάνε/μιλούν	κινούν

Ind. Aorist (-άω): μίλησα (usw.); Ind. Aorist (-έω): κίνησα usw. (vgl. Neugriechisch V)

Konj. Aorist (-άω): να μιλήσω (usw.); Konj. Aorist (-έω): να κινήσω usw. (vgl. Neugriechisch IX)

„Ich liebe dich." heißt auf Griechisch: Σ' αγαπώ.

A 1. Erweitert nun die Wendungen / den Dialog aus Neugriechisch IX um μπορώ ... να ...! (ich kann ...).

Sprachen:
αγγλικά, γαλλικά (Französisch), γερμανικά, ιταλικά, ισπανικά, νορβηγικά, πολωνικά, ρουμανικά, ρωσικά, σουηδικά, τουρκικά, φιλλανδικά

2. Ganz wichtig ist natürlich auch die Frage, ob man eine bestimmte Sprache (z. B. Griechisch) beherrscht:

- Μιλάς ελληνικά;
- Ναι, μιλώ λίγο (ein wenig) / καλά (gut) / πολύ καλά (sehr gut).
  Όχι, δε μιλάω (καθόλου) ελληνικά. Nein, ich spreche (gar) kein Griechisch.

Bildet weitere Dialoge, indem ihr nach Kenntnissen in anderen Sprachen fragt.

Am Schluss des Neugriechischlehrgangs sollen jetzt noch einige Verben stehen, die in der Alltagssprache häufig verwendet werden:
Die altgriechischen Verben τρώγω (ich esse) und λέγω haben im Neugriechischen ihr γ (das sogenannte „intervokalische γ") verloren und sind nur noch in kürzeren, zusammengezogenen Formen gebräuchlich. Auch ακούω, κλαίω, καίω werden mit Kurzformen konjugiert – das in Neugriechisch X genannte πάω (πας, πάει, πάμε, πάτε, πάνε) gehört übrigens ebenfalls zu diesen Verben; hier eine Liste der Formen im Präsens:

Einige der Verben gehören zu den unregelmäßigen (vgl. das Altgriechische):
καίω, έκαψα, να κάψω
(zu dem „ψ"
vgl. Neugriechisch X)
κλαίω, έκλαψα, να κλάψω
λέω, είπα, να πω (Imperativ Aor.: πες! πέστε oder πείτε!)
τρώω, έφαγα, να φάω
dazu noch die Formen von πίνω:
πίνω, ήπια, να πιω

ακούω, ακούς, ακούει, ακούμε, ακούτε, ακούνε
καίω, καις, καίει, καίμε, καίτε, καίνε
κλαίω, κλαις, κλαίει, κλαίμε, κλαίτε, κλαίνε
λέω, λες, λέει, λέμε, λέτε, λένε
τρώω, τρως, τρώει, τρώμε, τρώτε, τρώνε

Merkt euch dazu die Floskel:
Θέλω να σου πω κάτι. Ich will dir etwas sagen.

A 1. In Lektion 21 wurde in der Neugriechischübung bereits der Dialog:
Πώς σε (σας) λένε; – Με λένε .... vorgestellt. Wiederholt diesen Dialog nochmals untereinander!

Vokabeln für die Antworten findet ihr in Neugriechisch II und IV (Band 1).

2. Ihr könnt nun auch verschiedene Fragen stellen, z.B.:
Τι τρως/τρώτε; – Τι έφαγες/φάγατε; – Τι πίνεις/πίνετε; – Τι ήπιες/ήπιατε; – Τι θέλεις να φας/πιείς; – Τι θέλετε να φάτε/πιείτε;

ΜΕΓΑΛΗ ΕΛΛΑΣ
MAGNA GRAECIA

Magna Graecia, „Großgriechenland", nannte man in der Antike Italiens Süden und Sizilien. Die reichen wirtschaftlichen Ressourcen dieser fruchtbaren Landstriche ließen auch ein reiches kulturelles Leben mit prächtigen Tempeln (②: Segesta), Kunstwerken von klassischer Schönheit wie den „Jüngling in der Tunika" ③, vielleicht ein Wagenlenker, der vermutlich aus Selinunt stammt, oder feine Handwerksarbeiten wie den Ohrring ④ aus Goldblech aus Tarent entstehen. In den Steinbrüchen von Syrakus (hier: der Eingang, das sog. „Ohr des Dionysios" ⑤) mussten viele Athener nach der Niederlage im Peloponnesischen Krieg Sklavenarbeit unter schrecklichen Bedingungen leisten. In Kroton und Elea befanden sich Zentren griechischer Philosophie, aus Poseidonia („Paestum" in römischer Zeit), berühmt durch seine Tempel, stammt das Bild des eleganten Turmspringers ①.

67 Regen aus heiterem Himmel

Im Jahre 706 v. Chr. brach eine Gruppe von Lakedaimoniern, hauptsächlich wohl Söhne ohne ererbten Landbesitz, unter Führung eines gewissen Phalanthos zur Gründung einer Kolonie von Sparta auf. Um dieses Ereignis rankt sich die folgende Legende:

Φαλάνθῳ Σπάρτην λείψειν μέλλοντι ἤγγειλέ τις ἐκ Δελφῶν χρησμὸν τόνδε· Αἰσθόμενος ὑετοῦ[1] ὑπ᾽ αἴθρας[2] κτήσῃ χώραν καὶ πόλιν. Ταῦτα δ᾽ οὐ περὶ πολλοῦ ποιούμενος πλεῦσαι ἐκέλευσεν εἰς τὴν Ἰταλίαν. Οἱ δὲ Λακεδαιμόνιοι οὐχ οἷοί τε ἦσαν οὔτε τινὰ λαβεῖν τῶν πόλεων οὔτ᾽ ἐποικῆσαι[3] ἔν τινι χώρᾳ· οἱ γὰρ βάρβαροι ἰσχυρῶς ἠμύναντο. Τότε δὴ ὁ Φάλανθος τὸν χρησμὸν ἐμνημόνευσε· νομίζων οὖν τὸν θεὸν ἀδύνατα σημῆναι ἀπεφήνατο γνώμην ὧδε· „Οὐδὲν περανοῦμεν. Χώραν οὔποτε νεμούμεθα.“
Καὶ ἡ γυνὴ αὐτοῦ ἑώρα τὴν τοῦ ἀνδρὸς ἀ-θυμίαν (!). Εὐμενῶς οὖν τὴν κεφαλὴν αὐτοῦ εἰς τὰ γόνατα τὰ αὑτῆς εἰσέθετο[4] καὶ κλαίουσα τὴν συμφορὰν ὠδύρατο. Θερμοῖς δὲ δακρύοις βρέχει[5] τὴν τοῦ Φαλάνθου κεφαλὴν – καὶ γιγνώσκει, ἃ ὁ ἐν Δελφοῖς θεὸς ἀληθῶς ἔφηνεν· ὄνομα γὰρ ἦν Αἴθρα τῇ γυναικί, καὶ οὕτως ὁ θεὸς τὸν χρησμὸν ἐπέρανεν. Ἔλαβε γὰρ Φάλανθος ὀλίγῳ ὕστερον Τάραντα τὴν πόλιν.

1) ὁ ὑετός, -οῦ: der Regen
2) ἡ αἴθρα, -ας: der heitere Himmel
3) ἐπ-οικέω: ich lasse mich als Siedler nieder
4) εἰσ-έθετο (Aorist): er, sie, es legte hin(ein)
5) βρέχω: ich befeuchte, mache nass

E 1. Μακεδών τις· „Χρὴ τὸν βασιλέα τὸ πορεύεσθαι σημαίνειν. Ἐνταῦθα γὰρ ἤδη πολὺν χρόνον μένομεν. Οὐκέτι μέλλω ἐνταῦθα μενεῖν. Πότε ὁ βασιλεὺς σημανεῖ;

2. Διὰ τί ὁ βασιλεὺς οὔπω ἐσήμηνεν;“
3. Τί ἐγεγόνει; – Ἀλέξανδρος ἐν ποταμῷ τινι νηξάμενος (νήχομαι: ich schwimme) σημεῖα δεινῆς νόσου ἔφηνεν.
4. Φίλιππος δέ, ὁ ἰατρὸς αὐτοῦ, ἐπηγγείλατο αὐτῷ ὄλεθρον ἀμυνεῖν· σῶμα γὰρ Ἀλεξάνδρου φαρμάκῳ καθῆραι ἐβούλετο.
5. Ἀλλὰ τότε Παρμενίων, ὁ πιστότατος τῶν τοῦ βασιλέως ἑταίρων, Ἀλεξάνδρῳ ἐπιστολῇ ἀπεφήνατο τάδε·

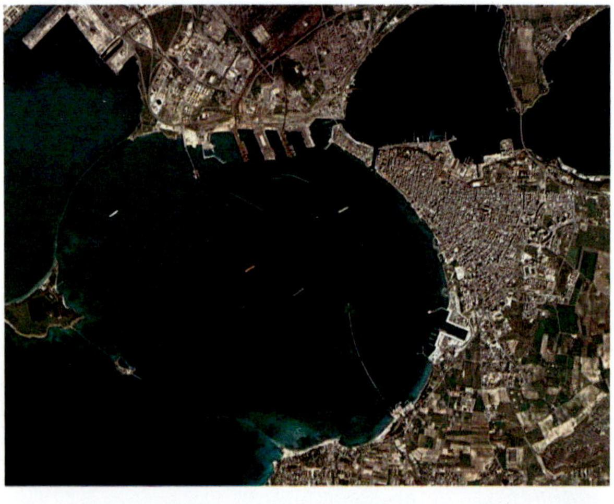

6. „Μὴ πιστεύσῃς Φιλίππῳ. Ἤγγειλαν γάρ τινες, ὅτι οἱ πολέμιοι αὐτῷ πολὺ ἀργύριον ἐτέλεσαν, ἵνα σε κατεργάσηται.“
7. Ὅμως Ἀλέξανδρος Φιλίππῳ ἐπίστευσε καὶ ἐν βραχεῖ ὑγίανεν.

1 Welche der folgenden Wörter sind Futurformen?
a) φανεῖς b) γονεῖς c) κινοῦμεν d) κρινοῦμεν e) ἀγγέλῳ f) ἀγγελῶ g) ἀγγέλλων h) ἀγγέλων i) ἀγγελῶν j) ὀδύρονται k) ὀδύρωνται l) ὀδυροῦνται

2 Übersetze: a) Πότε ἀποφανῇ τὴν γνώμην; b) Τίς τὰ γεγονότα ἤγγειλεν; c) Ἆρ᾽ οὐ καθαρεῖτε τοὺς θρόνους ὕδατι; d) Οἱ οἰκέται τὸ ἔργον ταχέως ἐπέραναν. e) Ἐλπίζω σὲ ἀρετὴν φανεῖν.

Versuche den Inhalt der kurzen Szene beim Arzt zu erfassen.
- Κύριε Μπάουερ, τι έχετε, πού πονάτε;
- Το κεφάλι μου, το πόδι, το χέρι και το γόνατο (= altgr. τὸ γόνυ) πονάει.

Ein idealer Platz für eine Kolonie: Das alte Stadtzentrum von Tarent liegt auf einer schmalen Landzunge. (Google)

Pythagoras aus Samos gründete in der 2. Hälfte des 6. Jahrhunderts v. Chr. im unteritalischen Kroton eine Philosophenschule oder, besser gesagt, einen religiösen Orden, in dem er fast kultische Verehrung genoss. Die Pythagoreer versuchten, nach strengen ethischen Grundsätzen zu leben, zu denen auch unbedingte Freundestreue gehörte, die es selbst in Todesgefahr und gegenüber einem Tyrannen wie Dionysios von Syrakus zu bewahren galt.

Φιντίας τις Πυθαγόρειος Διονυσίῳ πολίτας ὑβρίζοντι ἐπιβεβουλευκέναι ἐνομίζετο. Ταύτης οὖν τῆς ὑποψίας[1] τῷ τυράννῳ ἀγγελθείσης ὁ ὑποπτευόμενος ἐπὶ θάνατον ἄγεσθαι ἔμελλεν. Ἠιτήσατο δὲ παρὰ τοῦ δυνάστου (καὶ ἐδέξατο) χρόνον[2] τινά, ἵνα οἴκοι τὰ ἴδια πράξῃ. Ἔλεξε γάρ· „Περανθῆναι χρή, ἃ τῷ πατρὶ ἀποθνῄσκοντι ἐπήγγελμαι· ποιήσω τὸν τῆς ἀδελφῆς (!) γάμον. Ἐγγυητὴς[3] δὲ τοῦ θανάτου ἔσται ἑκὼν εἷς τῶν φίλων μου, ὀνόματι Δάμων, Πυθαγόρειος φιλόσοφος."

Τοῦ χρόνου[2] τελευτῶντος πᾶς ὁ δῆμος συν-ῆλθε (!) καραδοκῶν[4], εἰ Φιντίας φυλάξει τὴν πίστιν. Τοῦ δὲ Δάμωνος ἤδη ἀπαγομένου πρὸς τὴν ἀνάγκην ὁ φίλος αὐτοῦ σπεύδων ἀφίκετο ἐπὶ τῆς ἐσχάτης τοῦ χρόνου ῥοπῆς[5].

Οὕτως ὑπ' ἀμφοτέρων θαυμαστῆς πίστεως πεφασμένης Διονύσιος τῆς τιμωρίας ἀπέλυσεν Φιντίαν ὡς ἀδικίας κεκαθαρμένον. Καὶ παρεκελεύσατο τοῖς ἀνδράσι τρίτον ἑαυτὸν εἰς τὴν φιλίαν προσλαβέσθαι (!). Οἱ δὲ τοῦτο οὐκ ἐδέξαντο, ἵνα μὴ μιανθείη φιλία ἐσθλή.

1) ἡ ὑπ-οψία, -ας: der Verdacht
2) ὁ χρόνος, -ου: auch: die Frist
3) ὁ ἐγ-γυητής, -οῦ (m. Gen.): der Bürge, Garant (für)
4) καρα-δοκέω, εἰ: ich bin gespannt, ob
5) ἡ ῥοπή, -ῆς: der (entscheidende) Augenblick

E

1. Χρησμὸς τῷ βασιλεῖ ἠγγέλθη.
2. Τῷ μὲν χρησμῷ κακὰ σημανθῆναι ἐδόκει.
3. Ὁ δὲ βασιλεὺς ἤλπισε τὸν ἀγγελθέντα χρησμὸν μὴ περανθήσεσθαι.
4. Ἀλλ' ἐνόμισεν, ὅτι οἱ θεοὶ τῶν βροτῶν σοφίᾳ καὶ δυνάμει (δύναμις: Macht) ὑπερέχοιεν.

5. Ὁ βασιλεὺς ἐσκέπτετο τάδε·
6. Τί ὁ χρησμὸς πέφαγκεν;
7. Τί σεσήμανται ὑπὸ τοῦ ἐν Δελφοῖς θεοῦ;
8. Τίνα γνώμην ἀποπεφασμένοι εἰσὶν οἱ ἐμοὶ σύμβουλοι (die Ratgeber);
9. Ἆρα κινδυνεύσω μεγάλους κινδύνους;

1 Welche der folgenden Wörter sind Formen von Verba liquida? Bestimme diese Formen:
κάθηται – καθαρθείς – φανθήσεσθαι – φανεραῖς – σημείῳ – σημανθείη – σήματα – πειράσονται – περανθήσονται – ἀγγέλοις – ἀγγελθῆναι

2 Übersetze die folgenden Zitate.
a) Παῦλος ἀπόστολος ἔγραψε τοῖς Ῥωμαίοις τάδε· Ὃ ἐπήγγελται θεός, δυνατός ἐστι καὶ ποιῆσαι. b) Πλάτων ἐν διαλόγῳ τινὶ λέγει, ὅτι ἀνθρώπου ἀποθανόντος ἡ ψυχὴ ἐπιθυμίαις καὶ ἡδοναῖς μεμιασμένη τοῦ σώματος ἀπαλλάττεται. c) Ἀριστοτέλης ὁ φιλόσοφος τὴν γνώμην ἀποπέφανται ὧδε· Ἄνθρωπος φύσει πολιτικὸν ζῷον.

3 Übersetze folgende Ausdrücke in gutes Deutsch.
a) τὸν ἐναντίον τῇ ἀσπίδι γιγνώσκειν – τοὺς πολεμίους οὐ τῷ ἀριθμῷ, ἀλλὰ τῇ ἀρετῇ κρίνειν – τοῖς νῦν εἰκάζειν, οἷα τὰ πρὸ τοῦ ἦν – πάντων ῥώμῃ ὑπερέχειν – γνώμῃ σφάλλεσθαι – πόλις ὀνόματι (= ὄνομα) Κρότων – φύσει οὐδεὶς δοῦλός ἐστιν – πρᾶξις λόγῳ μὲν ἀγαθή, ἔργῳ δὲ κακή
b) μέγα πάθος πάσχειν – πᾶσαν ἐπιμέλειαν ἐπιμελεῖσθαι – αἰσχρὰν δουλείαν δουλεύειν – μεγίστους ἀγῶνας ἀγωνίζεσθαι – καλὸν πλοῦν πλεῖν – καλὰς πράξεις πράττειν – ἐργάζεσθαι ἔργον καλόν – ἄρχειν δικαίαν ἀρχήν – μεγάλας ἡδονὰς ἥδεσθαι – γλυκὺν ὕπνον καθεύδειν

69 Philosophen-Vertreibung

Pythagoras und seine Jünger nahmen in den Stadtstaaten Unteritaliens und Siziliens mit antidemokratischen Tendenzen starken Einfluss auf die Politik. Die Folgen dieses Verhaltens kommen auch im folgenden Text zum Ausdruck.

Κύλων, ἀνὴρ Κροτωνιάτης, γένει καὶ δόξῃ καὶ πλούτῳ τῶν πολιτῶν ὑπερέχων βίαιος[1] ἦν τὸ ἦθος καὶ τυραννικός (!). Πυθαγόρειος δὲ γενέσθαι αἰτῶν διὰ τούτους τοὺς τρόπους ἀπεδοκιμάσθη[2] ὑπ᾽ αὐτοῦ τοῦ Πυθαγόρου.

Κύλων μέντοι ἀδίκως κεκρίσθαι καὶ διαβεβλῆσθαι οἰόμενος μετὰ φίλων πόλεμον ἤγειρεν πρὸς τοὺς Πυθαγορείους. Πάσης οὖν τῆς πόλεως εἰς στάσιν ἐμπεσούσης ὁ μὲν Πυθαγόρας γέρων ἤδη ὢν ὑπὸ τῶν ἐπιτηδείων ἀπεστάλη εἰς τὸ Μεταπόντιον κἀκεῖ, ὡς δοκεῖ, τὸν βίον ἐτελεύτησεν· οὐκ ὀλίγοι δὲ τῶν ἑταίρων ἐκβεβλημένοι ἐσπάρησαν[3] καθ᾽ Ἑλλάδα.

Οἱ δὲ τελευταῖοι τῶν ἐν Κρότωνι Πυθαγορείων ἐν τῇ Μίλωνος τοῦ ἀθλητοῦ (!) οἰκίᾳ συνελέγησαν βουλευσόμενοι περὶ τῶν πραγμάτων. Ἀλλ᾽ οἱ τοῦ Κύλωνος πάντως διαφθεροῦντες τοὺς ἐχθροὺς τὴν οἰκίαν ἔκαυσαν· οὕτως ἀπέκτειναν σύμπαντας τῶν ἔνδον πλὴν δυοῖν.

1) βίαιος, -α, -ον: gewalttätig
2) ἀπο-δοκιμάζω: ich weise zurück
3) ἐσπάρησαν: zu σπείρω

E Bellerophontes kommt mit einer Botschaft seines Königs Proitos zum Lykierkönig Iobates:

1. Ὁ Βελλεροφόντης τῷ Ἰοβάτῃ ἐπιστολὴν ὤρεξεν, ἐν ᾗ ὑπὸ Προίτου διεβλήθη τοῖσδε τοῖς λόγοις·
2. „Ὦ βασιλεῦ, πρὸς σὲ Βελλεροφόντης ὑπ᾽ ἐμοῦ ἀπεστάλη. Ἀπόκτεινον αὐτόν. Ὑπὸ γὰρ αὐτοῦ διέφθαρται (διαφθείρω hier: ich verführe) ἡ γυνή μου."
3. Διὸ Ἰοβάτης Βελλεροφόντην ἀπέστειλεν ὡς τὴν Χίμαιραν, δράκοντα δεινόν, διαφθεροῦντα. Ἤλπισε γὰρ τὴν Χίμαιραν Βελλεροφόντην ἀποκτενεῖν.
4. Ἀλλὰ Προῖτος ἐσφάλη. Ὁ γὰρ ἀδίκως κεκριμένος ἀνὴρ τὴν Χίμαιραν ἐνίκησεν· τὸ ἑαυτοῦ τόξον ἔτεινεν καὶ τὸν δράκοντα ἀπέκτεινεν.
5. Εἶτα δ᾽ Ἰοβάτης Βελλεροφόντην οὐκέτι κακοῦργον ἔκρινεν, ἀλλ᾽ αὐτῷ τιμὴν ἔνειμεν.

1 Ergänze die fehlenden Buchstaben:

a) sie zerstörten (Aor.): _ ιέ _ θ _ ι _ _ ν
b) er wurde weggeschickt (Aor.): ἀ _ ε _ _ άλ _
c) einer, der tötete (Aor.): _ π _ κτ _ _ ν _ _
d) du wirst ausstreuen: _ _ ε _ _ ῖς
e) ihr dehntet (Aor.): _ τ _ _ ν _ _ ε
f) sie sind geworfen worden: βεβ _ _ μέ _οι εἰ _ ί _

2 Irrläufer gesucht!

a) κρῖναι, ἀποστεῖλαι, ἐγεῖραι, κλίνασαι
b) νεμῶ, τείνω, κρίνω, ὁρῶ
c) ἐσφάλησαν, ἐβλήθησαν, ἐτίμησαν, διεφθάρησαν

3 Analysiere die „Baukastenbestandteile" der folgenden griechischen Verbformen und übersetze. Nenne auch die lexikalische Grundform.

a) ἔσφηλαν καὶ διέβαλον (τοὺς ἐναντίους)
b) ἀποσταλησόμενος (κῆρυξ)
c) διαφθαρείς (ἂν ὑπὸ τῶν κρειττόνων)
d) (οἱ τὸν τύραννον) ἀπεκτονότες

4 Welche Auffassung vom diesseitigen Leben hatten die Pythagoreer?
Οἱ Πυθαγόρειοι τὸ σῶμα σῆμα ψυχῆς ἔλεγον.

Pythagoras und Aristoteles an der gotischen Fassade der Kathedrale von Chartres, nach 1194

Der Tyrann und der Philosoph

Nach dem Tode des Sokrates (399 v. Chr.) hielt sich Platon über zehn Jahre in Unteritalien und Sizilien auf. Er gewann den jungen Dion als begabten Schüler und glühenden Bewunderer. Dessen Schwager Dionysios I., den Tyrannen von Syrakus, traf er im Jahre 388 v. Chr.

Ἔν τινι συμποσίῳ πολλὰ περὶ ἀρετῆς ἐρρήθη. Διονύσιος μὲν ἤρετο, τίς εἴη ἀνδρεῖος, Πλάτων δὲ πρὸς τὸ ἐρωτηθὲν οὕτως ἀπεκρίνατο· „Πάντες μᾶλλόν μοι δοκοῦσιν ἀνδρεῖοι εἶναι ἢ οἱ τύραννοι.“
Εἶτα δὲ περὶ δικαιοσύνης διελθὼν ὁ φιλόσοφος ἐδίδαξεν· „Μακάριος μὲν ὁ τῶν δικαίων βίος, ἄθλιος δὲ ὁ τῶν ἀδίκων.“
Τέλος δὲ Διονύσιος χαλεπήνας ἠρώτησε Πλάτωνα, τί βουλόμενος εἰς Σικελίαν ἔλθοι. Τοῦ δὲ εἰπόντος ἀγαθὸν ἄνδρα ζητεῖν, ὁ τύραννος· „Ἀλλὰ φανερὸς εἶ“ ἔφη „τοιοῦτον οὔπω εὑρών.“
Πλάτων οὖν τὴν τοῦ τυράννου ὀργὴν φοβούμενος καὶ ἀπορῶν, ποῖ τράποιτο, Δίωνος συμβουλεύοντος εἰς τὸν λιμένα ἔδραμεν. Ἐκεῖθεν[1] ἀπο-πλεῦσαι (!) ἐβούλετο ἐπὶ τῆς νεώς, ἣ πρεσβευτήν τινα Λακεδαιμονίων εἰς τὴν Ἑλλάδα κομιεῖν ἔμελλεν. Διονύσιος μέντοι τὸν Σπαρτιάτην ἔπειθεν ἀποκτεῖναι τὸν φιλόσοφον κατὰ πλοῦν, εἰ δὲ μή, πάντως εἰς δουλείαν ἀγαγεῖν.

1) ἐκεῖθεν: von dort

E 1. Οἱ Ὀδυσσέως ἑταῖροί ποτε ἐν Θρινακίᾳ νήσῳ βοῦς τινας λαμπροὺς ηὗρον· τότε δ' Ὀδυσσέα ἤροντο·
2. „Ἆρ' ἔξεστιν ἡμῖν τούτους τοὺς βοῦς ἀποκτεῖναι καὶ φαγεῖν;"
3. Αὐτοῖς ὑπ' Ὀδυσσέως ἐρρήθη· „Μὴ φάγητε τοὺς βοῦς. Τοῦ γὰρ Ἡλίου ἱεροί εἰσιν.“
4. Ἀλλὰ οἱ ἑταῖροι τοὺς βοῦς ἐδηδόκασιν καίπερ Ὀδυσσέως τοῦτο ἀπειπόντος.
5. Ἥλιος δὲ ταῦτα τὰ πράγματα ἑωρακὼς πρὸς Δία ἔδραμεν καὶ ὀργιζόμενος εἶπεν·
6. „Οἱ Ὀδυσσέως ἑταῖροι εἰς Θρινακίαν ἐληλύθασιν. Πάντες οἱ ἐμοὶ βόες ὑπ' αὐτῶν ἐδηδεσμένοι εἰσίν. Ἐλπίζω αὐτοὺς μὴ οἴκαδε ἐλεύσεσθαι.“
7. Ὕστερον οὖν Ζεὺς τὴν Ὀδυσσέως ναῦν κατέλυσεν· πάντες μὲν οἱ ἑταῖροι ἀπέθανον, Ὀδυσσεὺς δὲ μόνος εἰς Ὠγυγίαν νῆσον ἦλθεν.

Der Sachbuchautor Diogenes Laertios („Leben und Lehre der Philosophen“; erschienen um 220 n. Chr.) schreibt über das Schicksal Platons auf der Rückreise von Sizilien Folgendes: (Dionysios) übergab Platon dem gerade anwesenden spartanischen Gesandten Pollis zum Verkauf in die Sklaverei. Und der nahm ihn mit nach Aigina, wo er ihn verkaufte. Danach verurteilte ihn (Platon) Charmandros nach einem dort geltenden Gesetz zum Tode, wonach jeder Athener, der die Insel betrat, ohne Prozeß sterben solle. Nach anderen wurde Platon vor die Volksversammlung gebracht und ausgefragt, sagte aber nichts und war bereit, alles auf sich zu nehmen. Sie verurteilten ihn aber nicht zum Tode, doch sollte er wie ein Kriegsgefangener verkauft werden. Der zufällig anwesende Annikeris von Kyrene kaufte ihn dann für 20 (oder 30) Minen frei und brachte ihn zu seinen Freunden nach Athen zurück, die Annikeris sofort das Geld erstatteten; doch der verweigerte die Annahme mit der Bemerkung, nicht nur sie seien würdig, sich für Platon einzusetzen.

(Diog. Laert. III 19f., übers. von F. Jürß)

1 Korrigiere die Übersetzungsfehler: ἐρήσομαι: ich werde gefragt werden – ἐροῦ: du fragtest (Aor.) – εἴρηκεν: sie haben gesagt – τὰ ῥηθέντα: das, was gegessen wurde – ἔδεσθαι: gegessen (zu) werden

2 Ergänze die fehlende(n) Form(en):
a) ἀγορεύω – ? – εἶπον – εἴρηκα – ? – ἐρρήθην – ?
b) ὀφθήσομαι – ? – ἑώραμαι – ? – εἶδον – ? – ὁράω
c) ἔρχονται – ἐλεύσονται – τρέχουσιν – ?

3 Setze das richtige Präfix (δι-, καθ-, παρ-) in die Lücken und übersetze: a) Οἱ θεοὶ ἐξ Ὀλύμπου τὰ ἐν Τροίᾳ γιγνόμενα _εώρων. b) Ὁ Σωκράτης πολλάκις περὶ δικαιοσύνης _ῆλθεν. c) Οὐκ ὀλίγοι τὰ μὲν _ εληλυθότα ἐπαινοῦσιν, τὰ δὲ μέλλοντα φοβοῦνται.

71 Katastrophe in Sizilien

Während des Peloponnesischen Krieges war im Spätsommer 413 v. Chr. das athenische Heer unter Nikias nach erfolgloser Belagerung von Syrakus auf dem Marsch nach Süden, bedrängt von den Syrakusanern und den peloponnesischen Bundesgenossen der Lakedaimonier unter Führung des Spartiaten Gylippos. Auch der Versuch eines heimlichen nächtlichen Aufbruchs, um sich mit Syrakus-Gegnern im Inneren der Insel zu vereinigen, schlug fehl.

Νικίας, ἐπεὶ ἡμέρα ἐγένετο, τὸν στρατὸν πόρρω ἦγεν. Οἱ δὲ Συρακόσιοι καὶ οἱ σύμμαχοι βάλλοντες ἐπίεζον τοὺς Ἀθηναίους. Οἱ δὲ διψῶντες καὶ φοβούμενοι, μὴ πάντως διαφθαρεῖεν, ἔσπευσαν πρὸς τὸν Ἀσσίναρον ποταμόν· ᾤοντο γὰρ συνοίσειν, ἐὰν διαβαίνωσιν αὐτόν.

Ὡς δὲ ἐκεῖ ἀφίκοντο, δρόμῳ εἰς τὸ ὕδωρ εἰσ-ῆλθον (!) οὐδενὶ κόσμῳ· ἕκαστος γὰρ ἐσπούδασεν, ὅπως αὐτὸς πρῶτος τὴν διάβασιν[1] ποιησάμενος σωθήσεται. Ἀθρόοι οὖν χωροῦντες ἀλλήλους κατεπάτησαν[2]· οἱ μὲν τοῖς ἰδίοις δόρασιν εὐθὺς ἀνῃρέθησαν, οἱ δὲ σὺν τοῖς σκεύεσι τῷ ῥῷ[3] ἀπ-ηνέχθησαν (!).

Ἐκ τῆς ἑτέρας ὄχθης[4] ὑψηλῆς οὔσης οἱ Συρακόσιοι ἔβαλλον τοὺς Ἀθηναίους πίνοντας καὶ ταραττομένους. Οἵ τε Πελοποννήσιοι εἰς τὸν ποταμὸν εἰσ-δραμόντες (!) τοὺς ἐκεῖ καθεῖλον. Καὶ τὸ ὕδωρ εὐθὺς διέφθαρτο, ἀλλ᾽ ὅμως ἐπίνετο καίπερ ᾐματωμένον[5].

1) ἡ διά-βασις, -εως: das Überschreiten, der Übergang
2) κατα-πατέω: ich trample nieder
3) ὁ ῥοῦς, τοῦ ῥοῦ: die Strömung
4) ἡ ὄχθη, -ης: das Flussufer
5) αἱματόω: ich bespritze/vermische mit Blut

E

1. Τροίας αἱρεθείσης οἱ Ἕλληνες τοὺς Τρῶας τὰ ἀγαθὰ ἀφείλοντο. Καὶ πολλοὶ Τρῶες ὑπὸ τῶν Ἑλλήνων ἀνῃρέθησαν.
2. Ἀλλ᾽ ὁ Αἰνείας πολὺν χρόνον δρόμῳ διὰ ὁδῶν ἐνεχθεὶς σὺν τῷ πατρὶ καὶ τῷ υἱῷ ἐκ Τροίας ἐξ-έφυγεν.
3. Ὕστερον δ᾽ ἤλπισε ναῦς αὐτοὺς ἀσφαλῶς διὰ θαλάττης εἰς ἄλλην γῆν οἴσειν.
4. Διὸ ἐσπούδασε, ὅπως ναῦς παρασκευασθήσεται.
5. Κίνδυνος μὲν ἦν, μὴ διαφθείρωνται ἀνὰ πόντον πλέοντες. Τέλος δὲ πατρὸς ἀποθανόντος Αἰνείας σὺν υἱῷ εἰς Λάτιον ἀφίκετο.

1 Ordne den Formen die richtigen Übersetzungen zu; zwei Übersetzungen bleiben übrig. Wie lauten die entsprechenden griechischen Formen (Tipp: Leite sie aus den gegebenen Formen ab.)?

ἑλέσθαι – οἴσῃ – διενεγκεῖν – ἀνῄρηκα – ἀφελώμεθα

sich unterscheiden (Präs.) – lasst uns wegnehmen (Aor.) – sich unterscheiden (Aor.) – wählen (Aor.) – ich habe beseitigt, zerstört, getötet, geweissagt – du wirst für dich (weg)tragen (Med.) – er wird tragen, bringen

2 Welche Bedeutung von ἀναιρέω passt?

a) Δύο καὶ τριάκοντα πόλεις ἀνῄρηκεν Φίλιππος. b) Σωκράτης· Ἀνεῖλεν ἡ Πυθία μηδένα σοφώτερον εἶναι ἐμοῦ. c) Ἤγοντο καὶ ἕτεροι κακοῦργοι δύο σὺν αὐτῷ (= Ἰησοῦ Χριστῷ) ἀναιρεθῆναι.

3 Übersetze:

Σόλωνι ἔμελεν, ὅπως ἡ πολιτεία σωθήσεται. Διὸ καινοὺς νόμους ἔγραψεν· ἐδεδοίκει γάρ, μὴ ἡ πολιτεία διαφθαρείη.

Ἔπειτα δέκα ἔτη ἀπὸ τῆς πόλεως ἀπῆν φοβούμενος, μὴ οὐχ οἱ πολῖται τοὺς καινοὺς νόμους σώσειαν. Οἱ γὰρ πολῖται Σόλωνι ἐπηγγελμένοι ἦσαν τοὺς νόμους μὴ καταλύσειν ἅμα αὐτοῦ ἀπ᾽ Ἀθηνῶν ἀπόντος.

Die Steinbrüche bei Syrakus; hier erlitten die besiegten Athener ein hartes Sklavenschicksal.

Der Naturphilosoph Empedokles zog als „Guru“ und Wunderheiler durch die Lande. Einmal heilte er eine von den Ärzten schon aufgegebene Frau und traf sich danach am Fuße des Ätna mit achtzig Freunden, darunter sein Lieblingsjünger Pausanias, zu Opfer und Mahl, nach dem sich alle unter Bäumen zum Schlafen niederlegten ...

Ἡμέρας γενομένης Ἐμπεδοκλῆς ἠφάνιστο. Εἷς δὲ τῶν οἰκετῶν διηγήσατο· „Νυκτὸς ἤκουσα φωνῆς οὐ πολὺ ἀπεχούσης, ἣ ἐκάλεσεν Ἐμπεδοκλέα· ὀλίγον ἐπισχὼν εἶδον φῶς οὐράνιον[1], πρὸς ὃ βλέψας οὐκ ἠνεσχόμην· φόβος τοῦ σήματός με κατέσχεν.“ Οἱ οὖν οἰκέται ἤροντο, εἰ τὸν φιλόσοφον ζητήσαιεν. Ἀλλὰ Παυσανίας αὐτοὺς ἐπέσχε μὴ τοῦτο ποιῆσαι λέγων· „Τοῦ ἐξετάσαι ἀποσχέσθαι πρέπει· Ἐμπεδοκλῆς γὰρ γέγονε θεός.“

Ἄλλοι φάσκουσι τάδε· Ἐμπεδοκλῆς τῆς θυσίας (!) μετασχὼν ἐπὶ τὸν Αἴτνης κρατῆρα παραγενόμενος ἐν-ήλατο[2] καὶ ἠφανίσθη, ἵνα σποῖτο αὐτῷ ἡ δόξα τοῦ θεὸν γεγονέναι. Ὕστερον μέντοι μία τῶν κρηπίδων[3] αὐτοῦ ἐκ τοῦ κρατῆρος ἐξ-ερρίφη (!)· χαλκαῖς[4] γὰρ κρηπῖσιν εἰώθει χρήσασθαι.

Τούτοις δ᾽ ἐναντιοῦνταί τινες λέγοντες Ἐμπεδοκλέα ἀποδημῆσαι εἰς Πελοπόννησον καὶ οὐκ ἐπανελθεῖν. Διὸ ἄ-δηλόν (!) ἐστιν, πότερον ἐν τῷ Αἴτνης κρατῆρι ἢ ἐν Πελοποννήσῳ ἐτελεύτησεν ὁ φιλόσοφος.

1) οὐράνιος, -α, -ον: Adjektiv zu οὐρανός
2) ἐν-άλλομαι: ich springe hinein
3) ἡ κρηπίς, -ῖδος: der Stiefel
4) χαλκοῦς (<χάλκεος), -ῆ, -οῦν: bronzen, kupfern

E

1. Οἱ μὲν Ἀλεξάνδρου στρατιῶται οὐκ εἶχον φόβον πολεμίων. Τὸ δὲ τῶν πολεμίων δέος συνήνεγκεν αὐτοῖς.
2. Πρὸς δὲ τούτοις δῆλόν ἐστιν, ὅτι Ἀλέξανδρος πάντων τῶν τότε ἡγεμόνων πολεμικῇ (!) τέχνῃ ὑπερέσχεν. Καὶ οἱ Μακεδόνες πολλοὺς καὶ δεινοὺς πόνους ῥᾳδίως ἠνέσχοντο.
3. Οἱ δὲ Μακεδόνες κινδύνων οὐκ ἀποσχέσθαι λέγονται. Διὸ Ἀλέξανδρος ἤλπιζε αὐτοὺς ἀεὶ πάντα ἀνέξεσθαι/ἀνασχήσεσθαι καὶ δὴ καὶ τοὺς ἐσχάτους τῶν βαρβάρων καθέξειν.
4. Πολλάκις Ἀλέξανδρος πρὸ τῆς μάχης ὤκνει· „Πότερον ἐνθάδε τοὺς πολεμίους μένωμεν ἢ αὐτοῖς ἐπερχώμεθα; Οὐ γιγνώσκω, εἰ ἄμεινόν ἐστιν αὐτίκα τῆς μάχης ἄρξαι ἢ ὀλίγον ἐπισχεῖν.“
5. Πρῶτον μὲν οἱ στρατιῶται Ἀλεξάνδρῳ ἑκόντες ἕσποντο, ὕστερον δ᾽ αὐτῷ οὐκέτι σπέσθαι ἐβούλοντο.

1 Welche Übersetzungsmöglichkeiten gibt es bei den folgenden Ausdrücken:
φόβος θανάτου, νίκη τῶν βαρβάρων, ἐπιθυμία τῆς σοφίας, μνήμη τῶν κακῶν, ὑγιείας φάρμακον, ἡ τῶν παιδῶν ἐπιμέλεια, τὸ τῆς θαλάττης κράτος ἔχειν, αἱ τῶν τυράννων ὕβρεις, αἰδὼς τῶν γονέων

2 Finde den Irrläufer:
a) ἕψεται – σχήσω – ἀφέξονται – προσέσχες
b) ἠνεσχόμην – ἔσχεν – ἀπείχεσθε – ἑσπόμεθα
c) ἔσχηκας – ἕξεις – ἀνέχῃ – ἔσχον
d) σχεῖν – σχοῖμεν – σποῖσθε – ἀπόσχοιο
e) σπόμενοι – ἐπισχοῦσαι – ἀποσχόντων – σπέσθαι

3 Übersetze: a) Πότερον εὐτυχὴς ἢ δυστυχὴς εἶ;
b) Λέγε μοι, εἴτε ἐψεύσω εἴτε τὴν ἀλήθειαν εἶπες.

Blick in die Krater des Ätna

73 Hebel, Spiegel und die Liebe zur Geometrie

Archimedes aus Syrakus (um 287-212) verbesserte als Mathematiker z.B. den Näherungswert für die Kreiszahl π und wies die Unendlichkeit des Zahlensystems nach; als Physiker bewies er u. a. das Hebelgesetz und entdeckte das nach ihm benannte Gesetz des Auftriebs; und als Techniker erfand er die „archimedische Schraube“, ein Gerät zum Hochpumpen von Wasser.

Ἀρχιμήδης τοὺς τῆς φύσεως νόμους σκεψάμενος ἄλλα τε καὶ τάδε ἔγραψεν· „Τῇ μικροτάτῃ δυνάμει τὸ μέγιστον βάρος[1] κινῆσαι δυνατόν ἐστιν.“ Καὶ εἶπεν· „Εἰ γῆν ἑτέραν εἶχον, ἐκίνησα ἂν ταύτην μεταβὰς εἰς ἐκείνην.“

Ἄλλοτε στόλου πολεμίων προσερχομένου τὰς ἡλίου ἀκτῖνας[2] κατόπτροις[3] συν-αγαγὼν (!) ἐπὶ τὰς ναῦς προσσχεῖν καὶ τὰ ἱστία[4] καῦσαι λέγεται. Ἀλλ᾽ ἐμίσησε τὰ ἀποβάντα· ᾐδεῖτο γὰρ τῇ φυσικῇ (!) χρώμενος εἰς τὸ διαφθείρειν.

Ἀπέθανε δὲ ὧδε· ἔτυχε σκοπῶν τι διάγραμμα[5], καὶ δεῦρο τὸν νοῦν προσεσχηκὼς οὐκ ᾔσθετο τῆς πόλεως ὑπὸ τῶν Ῥωμαίων αἱρουμένης. Στρατιώτης οὖν Ῥωμαῖος ἐξαπίνης πλησίον αὐτοῦ στὰς ἐκέλευσεν ἀκολουθεῖν πρὸς τὸν στρατηγόν. Ἀρχιμήδης μέντοι οὐκ ἀπέδρα οὐδ᾽ ἀποβῆναι ἐβούλετο πρὶν τελέσαι τὸ πρόβλημα (!). Εἶτα δὲ συνέβη τὸν στρατιώτην οὐκ ἐπισχόντα τὴν ὀργὴν ξίφει αὐτὸν ἀνελεῖν.

1) τὸ βάρος, ους: die Last
2) ἡ ἀκτίς, -ῖνος: der Strahl
3) τὸ κάτ-οπτρον, -ου: der Spiegel
4) τὸ ἱστίον, -ου: das Segel
5) τὸ διά-γραμμα, -ατος: die Zeichnung

E

1. Σωκράτης εἰς τὸ δικαστήριον (!) ἔβη καὶ πρὸ τῶν δικαστῶν ἔστη.
2. Ἔπειτα ἀπελογήσατο (ἀπολογέομαι: ich verteidige mich) οὐδαμῶς φοβούμενος τὰ ἀποβησόμενα.
3. Καὶ μὴν συμβέβηκεν αὐτὸν ὑπὸ τῶν Ἀθηναίων ἀναιρεθῆναι ὡς τοὺς τῆς πόλεως νόμους παραβάντα.
4. Σωκράτης ἐκ τοῦ δεσμωτηρίου (τὸ δεσμωτήριον: das Gefängnis) οὐκ ἀπέδρα καίπερ τῶν φίλων αὐτῷ ἀποβῆναι παρακελευσαμένων.
5. Τῶν φίλων ἐρρύη τὰ δάκρυα πολλά, ὡς εἶδον Σωκράτη πίνοντα τὸ φάρμακον.

Archimedes-Test in Kalkriese gelungen – 500 Besucher spiegeln Segel in Brand

Die Sonne ließ sich lange bitten, doch nach gut einer Stunde, um 14.06 Uhr, schallen laute Jubelrufe über das Gelände der Varusschlacht im Osnabrücker Land: Das Segel brennt. Den 500 teilnehmenden Besuchern war es gelungen, mit 500 Spiegeln das Sonnenlicht zu bündeln und damit ein 50 Meter entferntes, 4 x 5,5 m großes Segel in Brand zu setzen. Geduldig hatten die Teilnehmer jeden kleinen Sonnenstrahl genutzt, die Spiegel immer wieder ausgerichtet und den Lichtpunkt auf das Segel konzentriert. Mit den 45 x 45 cm großen Kristallglasspiegeln in den Händen bildeten sie einen Hohlspiegel von 108 Grad. Das auf den Brennpunkt des Parabolspiegels ausgerichtete Sonnenlicht ließ den schwarzen Leinenstoff in Sekunden in Flammen aufgehen. *(Pressemitteilung des Museums und Parks Kalkriese vom 15.09.2002, aus der Website des Museums)*

1 Welche Form passt zur angegebenen Übersetzung? Wie müssen die anderen Formen übersetzt werden?

(damit) sie weggehen (Aor.): ἀποβαίνουσιν – ἀποβῶσιν – ἀποβαῖεν – ἀποβᾶσιν

du wirst gehen: βήσῃ – βῇς – βάσης – ἔβης

ich war hinübergegangen: μετέβην – μετεβεβήκει – μεταβέβηκεν – μετεβεβήκειν

hoffentlich ereignet es sich (Aor.): συμβαίνοι – συνέβη – συμβαίη – συμβῆναι

stell dich hin! (Aor.): στάντι – στάσις – στῆθι

2 Ordne die Formen zu der angegebenen Kette:
er floss (Aor.) → Pl. → Inf. → Part. Nom. Sg. m. → Pl. → entsprechende Form von ἀποδιδράσκω → 2. Pers. Sg. Ind. Akt. → Konj. → Imperativ 2. Pers. Pl. → Indikativ:
ῥυῆναι, ἀποδράντες, ἐρρύησαν, ἀπέδρατε, ἀπέδρας, ῥυέντες, ἀποδρᾷς, ῥυείς, ἀπόδρατε, ἐρρύη

3 Erschließe die Bedeutung folgender Komposita:
ἀντιπέμπω, ἀπολαμβάνω, διαπλέω, εἰσοράω, ἔνειμι, ἐξέρχομαι, ἐπιτρέχω, μεταφέρω, περιδέω, προνοέω, προσκαλέω, συνεργάζομαι, ὑπερτείνω

In der griechischen Religion spielte sich der Kult zunächst im Freien ab: In einem umzäunten Heiligtum wurde an einem Altar den Göttern geopfert. Die Gottheit, vertreten durch das Kultbild einer Götterstatue, sollte das Opfer sehen und annehmen. Später wurde das Kultbild in einem eigenen Gebäude untergebracht. Diese älteste Form des griechischen Tempels, der Antentempel, bestand aus einem Hauptraum und einer Vorhalle, die von zwei Säulen getragen wurde. Als Anten bezeichnet man die vorspringenden Seitenwände der Vorhalle.

Mit den Götterstatuen wuchsen ab dem 7. Jh. auch die Tempel, wobei sich in archaischer Zeit die maßgebende Form herausbildete: ein schmales, langes Bauwerk aus Stein (meist Marmor), in dem sich in der Cella das Kultbild befand, das durch eine Tür auf den Altar „blicken“ konnte. Da ein Tempel kein Versammlungsort war, wurde auf sein Inneres kein Wert gelegt, dagegen umso mehr auf das Äußere. Die typische Tempelform wurde der Peripteros, bei dem eine durchgehende Säulenreihe den gemauerten Innenraum (Naos) umgab. Aus einer langgestreckten Tempelform entwickelte sich die klassische Idealform mit dem Säulenverhältnis 1n : 2n + 1.

Grundriss des Apollotempels in Syrakus

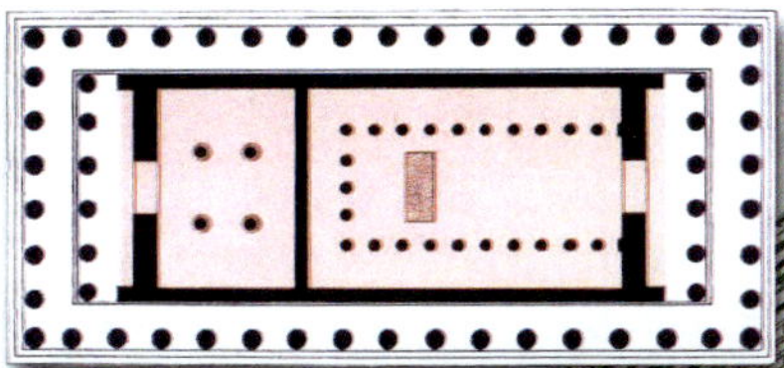

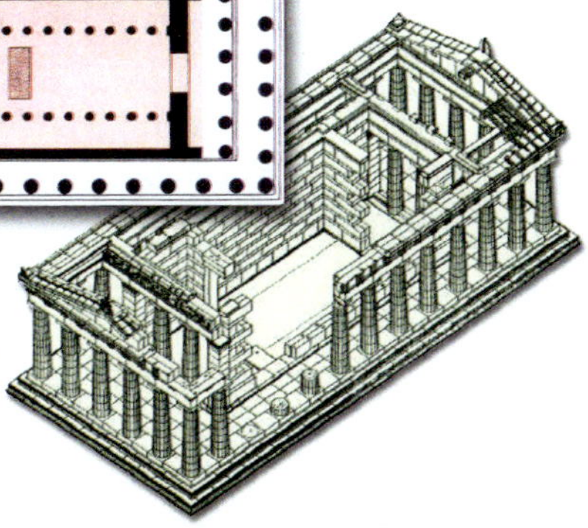

Rekonstruktion

Der nicht fertiggestellte Tempel in Segesta, dessen Zweck nicht geklärt ist.

Die dorische Ordnung

Dieser älteste Stil entstand ab dem Ende des 7. Jh.s Erkennungszeichen ist das Kapitell („Kopf“ der Säule): Auf einem gerundeten Wulst (Echinus) liegt eine schmucklose Platte (Abakus). Die Säulen wirken kraftvoll, fast plump; sie werden von unten her erst etwas umfangreicher, um nach oben hin wieder abzunehmen.

Der Poseidontempel in Paestum

Die so entstehende „Schwellung“ nennt man Entasis. Auf den Säulen lasten schwere Quader, die Architrave. Darüber befindet sich der Fries, bei dem sich Metopen (Reliefplatten) und Triglyphen (Platten mit dreifacher senkrechter Einkerbung) abwechseln. Dorische Tempel finden sich vor allem auf der Peloponnes, in Sizilien und Unteritalien.

Am Westgiebel des Parthenontempels in Athen lassen sich auf den Metopen noch immer Figuren erkennen.

Der Parthenontempel in Athen

Ionisches Kapitell vom Artemistempel in Metapontion

Tempel der Athena Nike auf der Akropolis in Athen

Die ionische Ordnung

Im 6. Jh. bildete sich im ionischen Raum (Kleinasien und ägäische Inseln) ein im Vergleich zum dorischen verspielterer und „eleganterer“ Stil heraus: Die Säulen sind schlanker und weisen tiefere Einkerbungen (Kanneluren) auf. Die Kapitelle werden von Voluten, Ornamenten, die gedrehten Blättern ähneln, geschmückt. Auch über den Säulen gibt es mehr Schmuckelemente, z.B. Friese mit Pflanzenmotiven.

Säulenbasis der Propyläen in Athen

Säulenkapitell der Tholos in Epidauros

Die korinthische Ordnung
Erst ab dem 4. Jh. findet sich dieser Stil, für den die einen Kelch aus sich nach außen biegenden Akanthos-Blättern bildenden Kapitelle typisch sind. Säulen und Gebälk ähneln den ionischen.

Der Zeustempel in Athen

Du kannst die einzelnen Säulenordnungen sehr leicht an den Kapitellen unterscheiden: Im bedeutendsten architektonischen Kunstwerk der griechischen Klassik, der Akropolis in Athen, sind Elemente der dorischen und ionischen Ordnung vereinigt: Der Athena-Nike-Tempel und das Erechtheion zeigen die ionische, der Parthenon die dorische Säulenordnung, die Propyläen sogar beide.

Quiz:
Die Lösungsbuchstaben ergeben einen Gegenstand, der in keinem Tempel fehlen durfte.

1. Wie viele Säulen muss die Längsseite eines klassisch proportionierten Tempels haben, wenn an der Schmalseite acht Säulen stehen?
α) 17 ε) 15 ι) 21

2. Welche Säulenordnung hat der Tempel der Athena Nike auf der Akropolis?
β) dorisch γ) ionisch δ) korinthisch

3. Wo befand sich in einem Heiligtum der Altar?
η) in der Cella α) vor dem Tempel
ο) zwischen den Säulen der Längsseite

4. Wie nennt man die Platten, die sich im Fries zwischen den einzelnen Metopen befinden?
θ) Hieroglyphen κ) Triklinien λ) Triglyphen

5. Welche Säulenordnung sehen wir am Concordiatempel in Agrigent (Akragas)?

ζ) korinthisch μ) dorisch ν) ionisch

6. Wie nennt man die rillenförmigen Einkerbungen in einer Säule?
υ) Kapitelle ω) Metopen
α) Kanneluren

W14 Schlimmer geht's nimmer!

Der griechische Liebesroman hatte ein festes Schema: Am Anfang wird ein Liebes- oder Ehepaar getrennt, die beiden Partner müssen zahlreiche Gefahren für Leib und Leben, aber auch für die unbedingt einzuhaltende Treue bestehen und werden am Schluss wieder vereint. Gegen Ende des Romans „Ephesische Geschichten" eines gewissen Xenophon (2. Jahrhundert n. Chr.) wird die Heldin Anthia, immer noch von ihrem Ehemann Habrokomes getrennt, in Tarent an einen Bordellbetreiber verkauft, der sie herausputzt und an ihren Arbeitsplatz bringt. Kann die junge Frau sich (und der Autor sie) aus dieser Horrorsituation befreien?

Ἀνθία πρὸ τοῦ οἰκήματος[1] ἔστη, καὶ πλῆθος ἀνδρῶν τὸ κάλλος αὐτῆς θαυμαζόντων συν-έρρει (!). Οἱ μὲν πολλοὶ ἐβούλοντο συνεῖναι αὐτῇ. Ἡ δ᾽ ἐν ἀμηχάνῳ κακῷ οὖσα ηὗρεν τέχνην ἀποφυγῆς[2]· ἔπεσε γὰρ εἰς γῆν καὶ τετακυῖα τὸ σῶμα ἐῴκει τοῖς τὴν ἱερὰν νόσον[3] κάμνουσιν. Οἱ μὲν ἄνδρες τῆς ἐπιθυμίας ἀποσχόμενοι σεμνῶς ἐθεράπευον τὴν κόρην. Ὁ δὲ πορνοβόσκος[4] ἤγαγεν αὐτὴν εἰς τὴν οἰκίαν καὶ τὴν αἰτίαν τῆς νόσου ἐπύθετο.

Ἡ δέ „Πρότερον" ἔφη „διηγήσασθαί σοι ἔδει τὰ συμβάντα, ἀλλ᾽ ἀπ-έκρυπτον (!) αἰδουμένη. Παῖς ἔτι οὖσα νυκτὸς ἐν ἑορτῇ πλανωμένη ἧκον πρός τινα τάφον ἀνδρὸς ὀλίγου πρότερον ἀποθανόντος· κἀνταῦθά τις ἀνέθορεν[5] ἐκ τοῦ τάφου καί με κατέσχεν· ἐγὼ δ᾽ ἐπειρώμην ἀπο-φεύγειν (!) φοβουμένη, μή μ᾽ ἀποκτείνῃ· ὁ δ᾽ ἄνθρωπος ἦν ἰδεῖν μὲν φοβερός, φωνὴν δ᾽ εἶχεν δεινήν· καὶ τέλος ἡμέρας ἤδη γιγνομένης ἔπληξέ μου τὸ στῆθος[6] λέγων νόσον ἐμ-βεβληκέναι (!). Δέομαί σου, δέσποτα· μή μοι χαλεπήνῃς."

Ἀκούσας ὁ πορνοβόσκος[4] ἠγανάκτει μέν, συγγνώμην δ᾽ εἶχεν αὐτῇ ὡς οὐχ ἑκούσῃ ταῦτα πασχούσῃ.

1) τὸ οἴκημα, -ατος: das Bordell
2) ἡ ἀπο-φυγή, -ῆς: das Entkommen
3) ἱερὰ νόσος: gemeint ist die Epilepsie.
4) ὁ πορνο-βόσκος, -ου: der Bordellbetreiber
5) ἀν-έθορον (Aor.): ich sprang auf
6) τὸ στῆθος, -ους: die Brust

1 Stelle dir vor, die in W 14 geschilderte Szene soll in eine moderne Telenovela eingebaut werden. Was kann deiner Meinung nach unverändert übernommen werden? Welche Einzelheiten müssten angepasst werden?

2 Die erste Begegnung wird im Roman so geschildert: *„Dort (beim Fest der Artemis) sehen sie einander; Anthia wird von Habrokomes gefesselt, und Habrokomes vom Eros besiegt; unverwandt schaute er das Mädchen an, wollte den Blick abwenden und konnte nicht … Auch Anthia fühlte sich liebeskrank, mit weit geöffneten Augen des Habrokomes einfließende Schönheit trinkend und schon auch den jungfräulichen Anstand verachtend; denn sie entblößte Teile des Körpers, soweit sie durfte, damit Habrokomes sie sähe." (übers. von J. G. Krabinger)*
Gibt Tiepolo alles, was im Text beschrieben ist, wieder?

Die Begegnung von Anthia und Abrokomes beim Fest der Diana, Gemälde von Giovanni Battista Tiepolo, um 1750 (Venedig, Galleria dell' Accademia)

1 Analysiere die „**Baukastenbestandteile**" der folgenden griechischen Verbformen und übersetze. Nenne auch die lexikalische Grundform (1. Person Singular Präsens Indikativ Aktiv).

a) ἀποκρίναιτο (ἄν)
b) ἐπηγγείλω (ὦ φίλε)
c) (οἱ ἀγροὶ) διαφθαρήσονται
d) τετακὼς (τὸ τόξον)
e) (ἵνα μὴ) διαβληθῶμεν
f) ἐγρηγορέναι (δεῖ)
g) (ἀπὸ τοῦ ὄρους) κατοψόμεθα
h) (ὁ θρόνος) ἀπενήνεκται
i) (οὐκ ἂν) ἀνάσχοισθε
j) μετάβηθι (εἰς ἄλλον τόπον)

2 Ein bisschen **Zoologie**, genauer: In-sekt-enkunde (En-tomo-logie; erkläre den Begriff!): Welche deutsche Insektenbezeichnung entspricht welchem Fachbegriff? Zwei deutsche Bezeichnungen sind überzählig.

1. Chrỵsopa 2. Cleptes 3. Lạmpyris 4. Necrọphorus 5. Tachydrọmia 6. Xiphỵdria

a) Diebswespe b) Goldauge (Abb.)
c) Leuchtkäfer d) Rennfliege
e) Schwertwespe f) Silberfischchen
g) Stinklaus h) Totengräber (Käfer)

3 Vier **Wortfamilien**: Prüfe dich, ob du die bereits gelernten Wörter (Normaldruck) noch beherrschst, und versuche, die noch nicht gelernten (Fettdruck) zu erschließen.

πείθω / ἡ πειθώ, -οῦς / πέποιθα / πείθομαι / **ἀ-πειθὴς** (δοῦλος) / **ἀ-πειθέω** / **ἀ-πειθία, -ας** / πιστός, -ή, -όν / **ἄ-πιστος, -ον** / **ἡ ἀ-πιστία, -ας** / πιστεύω / ἡ πίστις, -εως

ἡ δίκη / ὁ δικαστής, -οῦ / **τὸ δικαστήριον, -ου** / **δικάζω** / δίκαιος, -α, -ον / ἡ δικαιοσύνη, -ης / ἄ-δικος, -ον / ἡ ἀδικία, -ας / **ἀ-δικέω**

μανθάνω / τὸ μάθημα, -ατος / **ἡ μάθησις, -εως** / **ὁ μαθητής, -οῦ** / **ἀ-μαθής, -ές** / **ἡ ἀ-μαθία, -ας**

δέδοικα / τὸ δέος, -ους / **ἀ-δεής, -ές** / **ἡ ἄ-δεια, -ας** / δειλός, -ή,-όν / **ἡ δειλία, -ας** / δεινός, -ή, -όν / **ἡ δεινότης, -ητος**

4 Versuche herauszufinden, worum es sich bei dem folgenden **weltberühmten Satz** handelt. Die Wurzel γον-/γων- bedeutet „Ecke, Winkel" (vgl. τὸ γόνυ) und ἡ πλευρά „die Rippe, Seite".

Ἐν τοῖς ὀρθογονίοις τριγώνοις τὸ ἀπὸ τῆς τὴν ὀρθὴν γωνίαν ὑποτεινούσης πλευρᾶς τετράγωνον ἴσον ἐστὶ τοῖς ἀπὸ τῶν τὴν ὀρθὴν γωνίαν περιεχουσῶν πλευρῶν τετραγώνοις.

5 Der römische Kaiser **Marcus Aurelius** (121-180) schrieb während seiner Feldzüge in seinen letzten Lebensjahren „Betrachtungen an sich selbst" (Τὰ εἰς ἑαυτόν). Darin bilanziert er sein Leben in unnachahmlicher Kürze und Prägnanz durch einen Vergleich mit einer Seefahrt:

Ἐνέβης, ἔπλευσας, κατήχθης· ἔκβηθι.

κατ-άγομαι: ich laufe in den Hafen ein, lande

6 Vier Textstellen aus dem **Neuen Testament**

a) Jesus zum Pharisäer Nikodemos: Οὐ γὰρ ἀπέστειλεν ὁ θεὸς τὸν υἱὸν εἰς τὸν κόσμον, ἵνα κρίνῃ τὸν κόσμον, ἀλλ' ἵνα σωθῇ ὁ κόσμος δι' αὐτοῦ. Ὁ πιστεύων εἰς αὐτὸν οὐ κρίνεται· ὁ μὴ πιστεύων ἤδη κέκριται, ὅτι μὴ πεπίστευκεν εἰς τὸ ὄνομα τοῦ μονο-γενοῦς (!) υἱοῦ τοῦ θεοῦ.

b) Jesus zu seinen Jüngern (Leidensverkündigung): Μέλλει ὁ υἱὸς τοῦ ἀνθρώπου παραδίδοσθαι (übergeben werden [Passiv]) εἰς χεῖρας ἀνθρώπων, καὶ ἀποκτενοῦσιν αὐτόν, καὶ τῇ τρίτῃ ἡμέρᾳ ἐγερθήσεται.

c) Wer soll über Jesus richten? Εἶπεν οὖν αὐτοῖς (= τοῖς Ἰουδαίοις) ὁ Πιλᾶτος· „Λάβετε αὐτὸν ὑμεῖς, καὶ κατὰ τὸν νόμον ὑμῶν κρίνατε αὐτὸν ὑμεῖς." Εἶπον αὐτῷ οἱ Ἰουδαῖοι· „Ἡμῖν οὐκ ἔξεστιν ἀποκτεῖναι οὐδένα."

d) Der auferstandene Jesus erscheint zweien seiner Jünger und geht mit ihnen zu dem Ort Emmaus. Dort angekommen sagen die Jünger: „Μεῖνον μεθ' ἡμῶν, ὅτι πρὸς ἑσπέραν ἐστὶν καὶ κέκλικεν ἤδη ἡ ἡμέρα." Καὶ εἰσ-ῆλθεν (!) τοῦ μεῖναι (ἕνεκα) σὺν αὐτοῖς.

In den Neugriechisch-Kapiteln und den Übungen innerhalb der Lektionen habt ihr schon viele Aspekte der neugriechischen Grammatik sowie zahlreiche Vokabeln und Floskeln kennengelernt – allerdings auf einen großen Raum verteilt. Eine vollständige Zusammenfassung ist natürlich nicht möglich, aber es kann doch ein kleiner „Sprachführer" erstellt werden.

Daher werden nun die letzten Neugriechisch-Kapitel der nach Themengebieten geordneten Aufstellung von Redensarten/Wörtern gewidmet sein, die euch bei euren Griechenlandaufenthalten nützlich sein können. Einige kennt ihr schon, andere ergänzen diese oder sind neu. Sie basieren aber auf den grammatikalischen Phänomenen, die in Neugriechisch I-XI durchgenommen wurden.

Für erste Gespräche in Griechenland seid ihr damit schon gerüstet – am besten lernt man eine Sprache aber, indem man sie anwendet. Traut euch ruhig, euch mit Griechen zu unterhalten und von ihnen weitere Dinge zu lernen. Somit sei euch von Herzen ein Καλό ταξίδι! (Gute Reise!) nach Griechenland gewünscht!

Begrüßung/Kennenlernen

Γεια σου/σας!	Guten Tag! Hallo! Tschüß!
Χαίρετε!	Guten Tag! Hallo!
Καλημέρα!	Guten Tag!
Καλησπέρα!	Guten Abend!
Καληνύχτα!	Gute Nacht! *(Verabschiedung)*
Αντίο!	Auf Wiedersehen! Tschüß!
Ναι/ Όχι.	Ja/Nein.
Παρακαλώ/Ευχαριστώ.	Bitte/Danke.
Ορίστε!/Ορίστε;	Bitte (sehr)!/Wie bitte?
Εντάξει.	In Ordnung.
Έλα/Ελάτε!	Komm!/Kommt! Los!
(Πολύ) ωραία!	(Sehr) schön!
Μια στιγμή!	Einen Augenblick!
Περίμενε!/Περιμένετε!	Warte!/Wartet!
Συ(γ)γνώμη!	Entschuldigung! Verzeihung!
Δεν πειράζει!	Macht nichts!
Κρίμα!	Schade!
Κάτσε!/Καθήστε!	Setz dich!/Setzen Sie sich!
Καλώς ήρθες/ήρθατε!	Herzlich willkommen!
Σ' αγαπώ.	Ich liebe dich.
Πώς σε/σας λένε;	Wie heißt du/heißt ihr, heißen Sie?
Με λένε	Ich heiße ....
Πώς ονομάζεσαι/-ζεστε;	Wie heißt du/heißt ihr, heißen Sie?
Ονομάζομαι	Ich heiße ....
Χαίρω πολύ!	Sehr erfreut! Sehr angenehm!
Ποιός είσαι (εσύ);	Wer bist du?

Ποιός είναι αυτός/αυτή;	Wer ist er/sie?
Από πού είσαι;	Woher kommst du?
Είμαι από τη Γερμανία.	Ich komme aus Deutschland.
Μαθαίνω/Σπουδάζω	Ich lerne/studiere jetzt ....
Έμαθα/ Σπούδασα....	Ich habe ... gelernt/studiert.
Πού ήσουνα χτές;	Wo warst du gestern?
Ήμουνα στη(ν)/στο(ν)	Ich war in ....
Μιλάς ελληνικά ...;	Sprichst du Griechisch ...?
(Δε) μιλώ ελληνικά.	Ich spreche (kein) Griechisch.
Σου αρέσει/αρέσουν ...;	Gefällt/Gefallen dir ...?
Ναι, μου αρέσει	Ja, mir gefällt
Όχι, δε μου αρέσει	Nein, mir gefällt ... nicht.
Κατάλαβες;	Hast du (das) verstanden?
(Δεν) κατάλαβα.	Ich habe es (nicht) verstanden.
Τι κάνεις/κάνετε;	Wie geht es dir/euch, Ihnen?
(Πολύ) καλά.	(Sehr) gut.
Έτσι κι έτσι.	So lala. Einigermaßen.
Δεν είμαι καλά.	Es geht mir nicht gut.
Θέλω να σου πω κάτι.	Ich will dir etwas sagen.
Γεια μας!/Στην υγειά σας!	Prost!
Καλό ταξίδι!	Gute Reise!
Καλό Πάσχα!	Frohe Ostern!
Καλά Χριστούγεννα!	Frohe Weihnachten!
Χρόνια πολλά!	Herzlichen Glückwunsch!
Τα συγχαρητήριά μου!	Ich gratuliere!
Καλές διακοπές!	Schöne Ferien!
Καλή επιτυχία!	Viel Erfolg!
Περαστικά!	Gute Besserung!

Überall Spuren der Griechen: Der Ort Cefalú an der Nordküste Siziliens hat seinen Namen von dem charakteristischen Felsen, den die Griechen κεφαλή nannten.

ΑΙΓΑΙΑΙ ΝΗΣΟΙ
ÄGÄISCHE INSELN

Die Inseln der Ägäis – wie z.B. die um Delos wie in einem „Kreis" gelegenen „Kykladen" – sind eigentlich der Rest eines Festlandes, das im Meer versunken ist. So zahlreich sie sind, so verschieden sind – auch heute noch – ihre Gesichter. Gemeinsam ist ihnen ihr Brückencharakter zwischen Europa und Asien: Durch Seefahrt und Handel kam es zu vielfältigen Begegnungen verschiedener Kulturen. Bereits im 3. Jt. v. Chr. entstand auf den Kykladen eine eigene Hochkultur, die sich in zauberhaften Kunstwerken („Idolen") wie dem berühmten Harfenspieler ① verewigt hat. Selbstbewusstsein und politische Macht der Insel Naxos dokumentieren das monumentale Eingangsportal eines im 6. Jh. v. Chr. begonnenen Apollontempels ② ebenso wie eine Stiftung auf Delos im 7. Jh. v. Chr.: eine Terrasse, auf der mindestens neun archaische Löwen stehen ③. Im Hafen von Rhodos ④ stand der in der Antike zu den Sieben Weltwundern zählende „Koloss von Rhodos", eine 37 m hohe Bronzestatue des Helios, des Hauptgottes der Insel.

①

②

③

④

Die Liebe – eine „bittersüße“ Leidenschaft

Die bekannteste Dichterin der griechischen Antike war Sappho (Σαπφώ, Σαπφοῦς) von der Insel Lesbos (vgl. V 45). Platon bezeichnete sie sogar als die zehnte Muse.

Ὅσοι τὰς τῆς Σαπφοῦς ᾠδὰς ἀνέγνωσαν, τὴν ποιήτριαν (!) μάλα ἐπῄνεσαν. Πολλάκις καὶ αὐτὴ ὑπ᾽ ἔρωτος ἁλοῦσα τὴν τούτου τοῦ θεοῦ δύναμιν σαφῶς ἔγνω. Καὶ δὴ καὶ ἔνιοι οἴονται τὴν Σαπφὼ τοῦ ἐρᾶν ἕνεκα βιῶναι. Ὥστε ἡ Σαπφὼ τὸν Ἔρωτα „γλυκύ-πικρον“ (!) ἐκάλεσεν ἅτε γνοῦσα αὐτὸν καὶ εὐδαιμονίαν καὶ λύπην μεγίστην παρέχοντα. Ἐν μέλει τινὶ νεανίαν ἴσον τοῖς θεοῖς εἶναι εἶπεν, ὅτι ἐκεῖνος ἀντὶ τῆς παρθένου τῆς ὑπὸ Σαπφοῦς ἐρωμένης κάθηται.

Ἐν τῇ λαμπροτάτῃ ᾠδῇ ἡ ποιήτρια (!) τὴν ἑαυτῆς λύπην ᾖσεν· „Τῆς σελήνης ἤδη δύσης ἐγὼ μόνη καθεύδω“. Τὸν γὰρ ἔρωτος καιρὸν μέσῃ τῇ νυκτὶ παρελθεῖν ἐνόμισεν.

Πρώτη πάντων τῶν ποιητῶν ἡ Σαπφὼ τὸ τῶν φύντων κάλλος ὕμνησεν· ἐνεκωμίασεν γάρ, ἅτινα ἐν τῷ τῆς Ἀφροδίτης ἱερῷ ἔφυ. Καὶ ὑμᾶς εὐφραίνοι ἂν τὸ τῆς Σαπφοῦς μέλη ἀναγνῶναι.

Sappho, röm. Kopie einer griech. Büste aus dem 5. Jh. v. Chr. (Istanbul, Archäologisches Museum)

E

1. Ὁ Δαίδαλος ὑπὸ Μίνωος ἐν Κρήτῃ ἁλοὺς ἔγνω, ὅτι αὐτῷ καὶ τῷ υἱῷ οὐκ ἔξεστι φυγεῖν εἰ μὴ διὰ τοῦ οὐρανοῦ.
2. Οὐκέτι ἐν Κρήτῃ βιῶναι βουλόμενος ὁ Δαίδαλος, „Ἴκαρε“, ἔφη, „γνῶθι τὴν ἐμὴν μηχανήν.
3. Μηδεὶς ἄλλος γνοίη τήνδε τὴν μηχανήν. Μὴ ἁλοίην τὸ διὰ τοῦ οὐρανοῦ φυγεῖν παρασκευάζων.“
4. Ὁ Ἴκαρος ἅτε ἄγαν πλησίον τοῦ ἡλίου γενόμενος εἰς τὴν θάλατταν ἔδυ.
5. Ἰκάρου δύντος νῆσός τις πλησίον οὖσα, ἐν ᾗ ὀλίγα δένδρα ἔφυ, τὸ ὄνομα αὐτοῦ ἔλαβε καὶ ὑπὸ τῶν νῦν ἔτι Ἰκαρία καλεῖται.
6. Εἰ τὰ πτερὰ (die Flügel) μὴ τῷ ἡλίῳ διεφθάρη, ὁ Ἴκαρος οὐκ ἂν ἠναγκάσθη εἰς θάλατταν δῦναι.

1 Ordne die Aoristformen den entsprechenden Formen des Präsensstammes zu und übersetze:
γνόντι – βιῶναι – ἑάλωμεν – ἔγνωμεν – ἁλούσης – ἔγνως – ἐβίω – γνοίη – ἔγνωτε – γνῶτε – ἁλοίην
γιγνώσκεις – γιγνώσκομεν – γιγνώσκοι – γιγνώσκετε (2) – γιγνώσκοντι – ἁλισκόμεθα – ἁλισκοίμην – ἁλισκομένης – βιοῦν – βιοῖ

2 Welches ist die richtige Form?
du wurdest gefangen: ἁλῷς – ἁλούς – ἑάλως
erkennen (Inf. Aor.): γνῶμαι – γνῶναι – γνοῦσαι

3 Übersetze und erkläre die Verwendung der Modalpartikel ἄν:
Αἰγεύς, ὁ τῶν Ἀθηναίων βασιλεύς, τῷ Θησεῖ εἶπεν·
a) „Ἐὰν (ὁπόταν) ὁ Μίνως κελεύῃ, ἑπτὰ νεανίας καὶ ἑπτὰ παρθένους πρὸς τὸν Μινώταυρον πέμψαι δεῖ. b) Οὐδεὶς ἂν τὰ τῶν Ἀθηναίων τέκνα σῴζοι. c) Ἐὰν σὺ τοῦτο τὸ θηρίον διαφθείρῃς, ἕλκε τὰ λευκὰ ἱστία (= die Segel). d) Οὐκέτι εὖ πράξω, πρὶν ἄν σε σὺν τοῖς νέοις ἐπανελθόντα ἴδω. e) Ἐὰν δὲ τὴν σὴν ναῦν μὴ τὰ λευκὰ ἱστία φαίνουσαν ἴδω, ἐμαυτὸν κατὰ πέτρας εἰς πόντον βαλῶ.“
f) Εἰ ὁ Θησεὺς μὴ περὶ τῶν λευκῶν ἱστίων ἐπελάθετο, ὁ Αἰγεὺς οὐκ ἂν ἑαυτὸν εἰς τὸν πόντον ἔρριψεν. g) Γιγνώσκομεν τὸν πόντον οὐκ ἂν τούτῳ τῷ ὀνόματι καὶ νῦν καλούμενον, εἰ ὁ Αἰγεὺς μὴ ἐν αὐτῷ ἀπέθανεν. h) Ὅστις ἂν τὸν Αἰγαῖον πόντον ὁρᾷ, τοῦ λυπηροῦ μύθου μνημονεύοι.

4 Eines der im Text zitierten Gedichte lautet im äolischen Dialekt des Originals folgendermaßen:

Δέδυκε μὲν ἀ σελάννα
καὶ Πληΐαδες· μέσαι δὲ
νύκτες, πάρα δ᾽ ἔρχετ᾽ ὤρα
ἔγω δὲ μόνα κατεύδω.

Zeige die Besonderheiten dieser Form des Griechischen auf. Erkläre auch den Aspekt von δέδυκε.

Ein unfreiwilliger Schwur

Akontios, ein junger Mann von der Insel Keos, sah bei einem Fest der Artemis auf Delos die Athenerin Kydippe. Auf den ersten Blick verliebte er sich und „sicherte“ sich das Mädchen mit einer List.

Ὁ Ἀκόντιος ὅτι ἐπιθυμίᾳ ἑάλω, τήνδε τὴν μηχανὴν ἐμηχανήσατο· μῆλον[1] λαβὼν στοιχεῖά τινα ἐπ-έγραψεν (!). Ἔπειτα τὸν καρπὸν ἐκύλισε[2] πρὸς τὴν Κυδίππην ἐν ἱερῷ τινι θύουσαν, ὥστε τὴν παρθένον θαυμάζουσαν αὐτὸν ἀναλαβεῖν. Ἡ δὲ Κυδίππη τὸ μῆλον[1] στρέφουσα τὰ γεγραμμένα φωνῇ ἀνέγνω, ὥστε πάντες οἱ παρόντες καὶ δὴ καὶ ἡ θεὰ τὰ ἔπη σαφῶς ἤκουσαν· „Μὰ[3] τὴν Ἄρτεμιν· γάμος σὺν τῷ Ἀκοντίῳ μοι ἔσται.“ Οὕτως ὁ νεανίας τὴν κόρην ἐξηπάτησεν. Αὕτη γὰρ ἅγιον ὅρκον ἔλεξεν, ἐπειδὴ τὰ ἔπη πρὸ τῆς θεᾶς ἐλέχθη. Ὁ δὲ τῆς παρθένου πατὴρ ἅτε καταφρονῶν τοιούτου γαμβροῦ[4] ἄλλους γάμους παρεσκεύασεν. Ἀλλὰ ἡ Ἄρτεμις οὐκ εἴασε καὶ ἑκάστοτε τῇ Κυδίππῃ νόσον ἔπεμπεν, ὥστε τοὺς γάμους μὴ τελεῖσθαι. Τέλος ὁ Ἀκόντιος τῇ κόρῃ εἶπεν· „Σοῦ τοι ἐπιθυμῶ ὡς καλλίστης τὸ εἶδος πεφυκυίας“ καὶ αὐτὴν ἠγάγετο.

1) τὸ μῆλον, -ου: der Apfel
2) κυλίνδω: (Aor. ἐκύλισα) ich rolle
3) μά m. Akk. eines Gottes: bei (Schwurformel)
4) ὁ γαμβρός, -οῦ: der Schwiegersohn

E 1. Πάντες οἱ Ἕλληνες τὴν Κῶν ἐθαύμαζον, ὅτι λαμπρότατοι ἰατροὶ ἐν ταύτῃ τῇ νήσῳ βιοῦντες τὴν ἰατρικὴν (!) τέχνην ἐπετήδευον καὶ ἐδίδασκον.
2. Τῷ Ἀσκληπιῷ ἅτε θεῷ τῆς ἰατρικῆς ὄντι ἱερὸν μέγιστον ἐν τῇ Κῷ ἦν, ὃ καὶ νῦν θαυμάζεται.
3. Οἱ πολλοὶ μάλιστα Ἱπποκράτην τὸν Κῷον ἐθεράπευον, ὅτι ἄριστος ἰατρὸς εἴη / ὡς ἄριστον ἰατρὸν ὄντα.
4. Ὁ Ἱπποκράτης πολλὰς νόσους πρῶτος ἔγνω, ὥστε αὐτὰς καὶ ὑπ᾽ ἄλλων ἰατρῶν θεραπεύεσθαι.
5. Ὁ δὲ τοῦ Ἱπποκράτους ὅρκος οὕτως λαμπρὸς ἐγένετο, ὥστε καὶ οἱ νῦν ἰατροὶ τοῦτον ποιοῦνται.

1 Übersetze: 1. Ἐπεὶ οἱ Ἀχαιοὶ τοὺς Τρῶας ἐξαπατᾶν ἐβούλοντο, εἰς τὴν Τένεδον νῆσον ἀπ-έπλευσαν (!) καὶ τὰς ναῦς ἔκρυψαν. 2. Οἱ δὲ Τρῶες ἅτε οἰόμενοι τοὺς Ἀχαιοὺς εἰς τὴν Ἑλλάδα ἀπ-ελθεῖν (!) μάλα ἔχαιρον. 3. Ἀλλὰ ὁ Λαοκόων τοῖς Ἀχαιοῖς οὐκ ἐπίστευσεν ὡς μηχανῇ χρωμένοις.

2 Setze die Sätze mithilfe eines Partizips zu einem einzigen Satzgefüge zusammen. Achte dabei darauf, ob ein wirklicher oder ein angenommener Grund ausgedrückt werden soll: 1. Οἱ Ἀχαιοὶ ἐν Τενέδῳ μένοντες ἔλαθον. Τὴν γὰρ Τροίαν μέσῃ τῇ νυκτὶ διαφθεῖραι ἐβούλοντο. 2. Οἱ Τρῶες μεγάλην ἑορτὴν ἐποιήσαντο. Ἐκ γὰρ τοῦ λυπηροῦ πολέμου ἐσώθησαν. 3. Οἱ Τρῶες τὰ τῆς πόλεως τείχη διέφθειραν. Ὁ γὰρ ξύλινος (!) ἵππος μείζων τῶν τειχῶν ἦν.

3 Übersetze die Sätze und begründe den Infinitiv bzw. den Indikativ des Konsekutivsatzes:
1. Ὁ Ὀδυσσεὺς εἶπεν· „Ἀποβῶμεν εἰς τὴν Τένεδον νῆσον, ὥστε τοὺς Τρῶας ἐξαπατῆσαι.“
2. Ἐκεῖ μένοντες ἔλαθον, ὥστε οἱ Τρῶες αὐτοὺς οὐκ εἶδον.
3. Ὁ ξύλινος (!) ἵππος τοσοῦτος ἦν, ὥστε μὴ διὰ πυλῶν (αἱ πύλαι = das Stadttor) εἰς τὴν πόλιν ἑλκυσθῆναι. (Ὁ ξύλινος ἵππος μείζων ἦν ἢ ὥστε διὰ πυλῶν εἰς τὴν πόλιν ἑλκυσθῆναι.)
4. Ἡ τῶν Ἀχαιῶν ὀργὴ τοσαύτη ἦν, ὥστε πάντας ἄνδρας ἐν Τροίᾳ πλὴν τοῦ Αἰνείου ἐφόνευσαν.

Was meint an einer Straße in Griechenland das Warnschild mit der Aufschrift ΠΡΟΣΟΧΗ ΣΤΡΟΦΗ?

Lautes Lesen in der Antike
Schrift ist in der Antike noch vollständig in der Mündlichkeit verwurzelt. Das heißt, die Schrift konserviert das Gesprochene und wird fast ausschließlich mündlich wiedergegeben – entweder von geübten Erzählern oder Schauspielern, die den ihnen bekannten Text vorlesen, oder aber, wenn eine Person Texte allein las, tat sie dies entweder laut oder aber zumindest gemurmelt. Das lautlose Lesen war zu dieser Zeit nahezu unbekannt. *(www.typografie.info)*

76 Das Recht des Stärkeren

Während des Peloponnesischen Krieges, im Jahr 416, wollten die Athener die Einwohner der bis dahin neutralen Kykladeninsel Melos mit Waffengewalt zwingen, ihre Verbündeten zu werden. Es entwickelte sich ein Dialog zwischen den Ratsmitgliedern von Melos und den athenischen Gesandten:

Ἀθηναῖοι· Ἡμεῖς μὲν κρείττονες ὄντες τὸ ἡμῖν αὐτοῖς συμφέρον πράξομεν· ὑμᾶς δὲ ἀσθενεῖς ὄντας τὴν ἡμετέραν δύναμιν δεδιέναι δεῖ. Διὸ προσήκει ὑμῖν συμμάχοις γενέσθαι. Εἰ δὲ μή, τῇ ὑμετέρᾳ πόλει ἐπιχειροῦντες αὐτὴν διαφθεροῦμεν.

Μήλιοι· Ὑμεῖς δήπου τῆς ἡγεμονίας ἐπιθυμοῦντες τὸ δίκαιον καὶ νόμιμον παραβεβήκατε. Οὔπω δὲ τέθναμεν οὐδὲ ὑμᾶς δέδιμεν, ἀλλὰ ἀεὶ πίστιν τε καὶ ἐλπίδα τῆς σωτηρίας ἔχομεν.

Ἀθηναῖοι· Σύνισμεν ἡμῖν αὐτοῖς τὴν ἐλπίδα τῷ μὲν χείρονι παραμύθιον[1] ἐν τῷ κινδύνῳ, τῷ δὲ κρείττονι οὐ χρησίμην οὖσαν. Εἰδεῖτε ἄν, ὅτι ὑμῖν μὲν χρήσιμον ἔσται τοῖς Ἀθηναίοις συμμάχους εἶναι, ἡμῖν δὲ ἄρξαι. Ἕσταμεν πρὸ τῆς ὑμετέρας βουλῆς οὐ περὶ τοῦ δικαίου, ἀλλὰ περὶ τοῦ ὠφελίμου βουλευσόμενοι. Ἡγούμεθα δὲ τῇ ἀνθρωπείᾳ φύσει προσήκειν ἀεὶ πλεονεκτεῖν εἰδότες καὶ ὑμᾶς ἂν ἐν τῇ αὐτῇ δυνάμει δρῶντας ταὐτό.

1) τὸ παρα-μύθιον, -ου: der Trost

Die Melier beugten sich den Argumenten der Athener nicht. So eroberten die Athener nach längerer Belagerung die Stadt, töteten die Männer und verkauften Frauen und Kinder in die Sklaverei.

E

1. Οἱ Ἀθηναῖοι τὴν τῶν Λακεδαιμονίων δύναμιν δεδιότες τῶν τοῦ Αἰγαίου πόντου νήσων ἄρχειν ἐβούλοντο.
2. Πρεσβευτής τις τῶν Ἀθηναίων εἰς νῆσόν τινα πεμφθεὶς εἶπεν· „Πολλοὶ ἄνθρωποι ἤδη τεθνᾶσιν ἅτε τὸ ἑαυτοῖς συμφέρον οὐ γνόντες.
3. Ὥσπερ ἐγὼ οἶδα καὶ ἄλλοι νησιῶται (!) ᾔδεσαν, καὶ ὑμεῖς εὖ ἴστε ἡμᾶς κρείττονας ὄντας.
4. Τοῦτο εἰδότες μᾶλλον αἱροῖσθε ἂν ἡμῖν ὑπακοῦσαι."
5. Ταῦτα ὁ τῶν Ἀθηναίων πρεσβευτὴς πρὸ τῆς βουλῆς νήσου τινὸς ἑστὼς εἶπεν.

Verteidiger zwischen den Zinnen einer Stadtmauer, Plastik aus Ionien (London, British Museum)

1 Ordne die sich jeweils entsprechenden Formen zu:

a) ἀποθνήσκουσιν – ἀποθνήσκοι ἄν – ἀποθνήσκουσαι – ἀπέθνησκον || τεθνεῶσαι – ἐτέθνασαν – τεθνᾶσιν – τεθναίη ἄν

b) φοβούμενοι – φοβεῖσθαι – φοβοῦνται – φοβεῖσθε || δεδίασιν – δεδιότες – δέδιτε – δεδιέναι

2 Ordne die Formenreihen in dieser Folge: Indikativ, Konjunktiv, Optativ, Imperfekt, Futur (Imperativ):

a) εἰσόμεθα – ἴσμεν – εἰδεῖμεν – ᾔδεμεν – εἰδῶμεν

b) ἴσθι – εἰδείης – οἶσθα – ᾔδησθα – εἰδῇς – εἴσῃ

c) ᾔδεσαν – εἰδεῖεν – εἰδῶσιν – εἴσονται – ἴσασιν

3 Sokrates erklärt in seiner Verteidigungsrede den Unterschied zwischen seinem Wissen und dem eines prominenten athenischen Politikers:

Ἐγὼ γὰρ δὴ οὔτε μέγα οὔτε (σ)μικρὸν σύνοιδα ἐμαυτῷ σοφὸς ὤν. Κινδυνεύει μὲν γὰρ ἡμῶν οὐδέτερος οὐδὲν καλὸν κἀγαθὸν εἰδέναι, ἀλλ' οὗτος μὲν οἴεταί τι εἰδέναι οὐκ εἰδώς, ἐγὼ δέ, ὥσπερ οὖν οὐκ οἶδα, οὐδὲ οἴομαι.

Ein politischer Liedermacher von der Insel Lesbos

Auf Lesbos fanden um 600 v. Chr. politische Machtkämpfe statt. Der aus der Stadt Mytilene auf Lesbos stammende Dichter Alkaios war in diese Geschehnisse verwickelt:

Ἀλκαῖος ὁ Μυτιληναῖος οὐ μόνον ποιητὴς ἄριστος ἦν, ὡς πολλοί φασιν, ἀλλὰ καὶ τὰ πολιτικὰ ἔπραττεν. Τυραννίδος ἐν τῇ πόλει γενομένης δὶς φεύγειν ἠναγκάσθη. Τὴν οὖν φυγὴν ὀδυρόμενος, „Δυστυχὴς καὶ ἔρημος", φησίν, „ἐν ἀγρῷ καθήμενος διατελῶ χωρὶς τῆς ἀγορᾶς καὶ τῆς βουλῆς, ὧν μάλα ἐρῶ." Ἐπεὶ αὖθις ἐπανελθεῖν αὐτῷ ἐξῆν, σὺν ἑταίροις ἐν συμποσίοις κατα-κεῖσθαι (!) ἐφίλει καὶ πολλάκις τὸν οἶνον ᾖδεν. Λαμπρότατα δὲ ἐγένετο μέλη, ἐν οἷς τὴν ἑαυτοῦ ἑταιρείαν[1] νηὶ ἀνὰ πόντον ἰούσῃ συμβάλλει. Ὡς γὰρ ναῦς χειμῶσιν, οὕτως ἡ ἑταιρεία[1] στάσει καὶ τυραννίδι ταράττεται. Τῷ δὲ ἀγαθῷ ἑταιρει-άρχῃ (!) προσήκει ὥσπερ κυβερνήτῃ τῆς ἑταιρείας[1] ἡγεῖσθαι, ἵνα αὕτη εἰς λιμένα ἀσφαλῆ ἴῃ. Ἐὰν δὲ οἱ ἑταῖροι ὀκνῶσιν ἅτε φοβερῶς διακείμενοι καὶ ἀλλήλοις μὴ βοηθῶσιν, ἡ ναῦς ἀνὰ μέσον τὸν πόντον εἶσιν καὶ διαφθαρεῖσα κείσεται κενὴ γενομένη.

1) ἡ ἑταιρεία, -ας: die Hetairie (politische Gruppierung, im Falle des Alkaios eine Partei mytilenischer Aristokraten)

E 1. Οἱ Μήλιοι τῷ τῶν Ἀθηναίων πρεσβευτῇ πρὸ τῆς βουλῆς καθημένῳ φασίν·
2. „Οὔ φαμεν ὑμᾶς δίκαια πράττειν. Διὸ πάντες οἱ βουλευταὶ (!) οὔ φασιν ὑμῖν συμ-μαχήσειν (!)."
3. Φαίη δ᾽ ἄν τις τοὺς Μηλίους εὖ εἰρηκέναι.

4. Ὁ δὲ Ἀθηναῖος, „Εἶμι", ἔφη, „οἴκαδε τοὺς ὑμετέρους λόγους ἀγγελῶν.
5. Νῦν κάθησθε ἡσυχίαν ἄγοντες, ἀλλ᾽ οἱ Ἀθηναῖοι μετ᾽ ὀλίγον πάλιν εἰς τὴν νῆσον ἰόντες ὑμᾶς κολάσουσιν.
6. Τὴν ὑμετέραν πόλιν ἐν ὀλέθρῳ κειμένην ὄψεσθε.
7. Οἱ μὲν ἄνδρες νεκροὶ κείσονται, αἱ δὲ γυναῖκες εἰς δουλείαν ἴασιν."

1 Welches ist die richtige Form? Übersetze:
sitze: κάθησαι – κάθησο – ἐκάθησο – καθῆσθαι – κάθησθε; du sagst: φάθι – φής – φαίης – φασίν – φησίν – φάναι – ἔφησθα

2 Ordne die entsprechenden Formen von ἔρχομαι und εἶμι einander zu:
ἔρχῃ – ἐρχόμενοι – ἔρχεσθαι – ἐρχοίμεθα – ἔρχου – ἐρχομέναις – ἔρχεσθε
ἴθι – ἴτε – ἰέναι – ἰούσαις – ἴοιμεν – εἶ – ἰόντες

3 Übersetze: 1. Ἐν Ῥόδῳ, ἣ μεγίστη τῶν Αἰγαίων νήσων ἐστίν, πολλὰ καὶ θαυμαστὰ ἀγάλματά τε καὶ ἀνδριάντες ἐποιήθησαν. 2. Ὁ δὲ ἄριστος λίθος, ἐξ οὗ ἐκεῖνα ἐποιεῖτο, ἐκ τῆς Πάρου νήσου ἐπορίσθη. 3. Ὅστις τὴν Ῥόδον ὁρᾷ (ὅσοι τὴν Ῥόδον ὁρῶσιν), ταῦτα τὰ ἀγάλματα οὐκέτι εὑρίσκει (εὑρίσκουσιν).

4 Übersetze. Die letzten Worte des Sokrates zu seinen Richtern: Ἤδη ὥρα ἀπ-ιέναι (!), ἐμοὶ μὲν ἀποθανουμένῳ, ὑμῖν δὲ βιωσομένοις (!)· ὁπότεροι (ὁπότερος: welcher von beiden) δὲ ἡμῶν ἴασιν ἐπὶ ἄμεινον πρᾶγμα, ἄ-δηλον (!) παντὶ πλὴν (ἢ) τῷ θεῷ.

Der Staat als Schiff

Wenn ein Autor sagt: „Der Staat wird wie ein Schiff auf hoher See von Stürmen bedrängt", so benutzt er einen **Vergleich**. Wird dagegen nur ausgesagt: „Das Schiff wird ... bedrängt" und es ist von keinem konkreten Schiff die Rede, sondern es kann sich nur um den Staat handeln, spricht man von einer **Metapher**. Wird diese Metapher noch fortgeführt, steht also z.B. der Steuermann für den Regierenden, die Ruderer für das Volk etc., dann handelt es sich um eine **Allegorie**. Während Alkaios in seinem im L-Stück erwähnten Gedicht nicht vom ganzen Staat spricht, der wie ein Schiff in schwerer Seenot ist, war für spätere antike Autoren die Allegorie vom Staatsschiff gängig. Der römische Dichter **Horaz** verfasste sogar eine ganze allegorische Ode über ein Schiff in Seenot, welche den römischen Staat in unruhigen Zeiten beschreibt. Das griechische Wort κυβερνήτης lebt über das lateinische *gubernator* auch in vielen europäischen Sprachen als Bezeichnung für den bzw. die Regierenden fort: engl. *governor, government*; frz. *gouvernement*; ital. *governo*.

78 Ein Diener des Kriegsgottes und der Musen

Archilochos ist der erste europäische Dichter, dessen Lebenszeit sich zuverlässig eingrenzen lässt, da er eine Sonnenfinsternis erwähnt, die auf den Tag genau, nämlich auf den 6. April 648 v. Chr., datierbar ist. Vor allem auf den Inseln Paros und Thasos führte er als Söldner ein abenteuerliches Leben. Von sich selbst sagt er: „Ich bin ein Diener des Kriegsgottes und von den Musen beschenkt.“

Ἀρχίλοχος ὁ Πάριος, ὅν πρῶτον τῶν Ἑλλήνων ἐν τοῖς ποιήμασι (!) περὶ ἑαυτοῦ εἰπεῖν πολλοὶ οἴονται, τὴν πατρίδα ἔλιπε καὶ ἐν πολέμῳ διέτριβεν. Ὅς οὐκ ἐφρόντισε τῆς ἀσπίδος ἀπορρίψας (!) αὐτὴν τῆς σωτηρίας χάριν, ἐπεὶ οἱ Θάσιοι πρὸς Σαίους ἐπολέμουν. Οὕτω δῆλος ἦν ὀλιγωρῶν τοῦ κλέους, οὗ ὅστις τῶν ἀρχαίων ἀμελοίη ἄ-τιμος (!) ἦν. Καὶ τῶν ἐναντίων κατηγόρει πικρότατα ποιήματα (!) κατ᾽ αὐτῶν γράψας. Ὅς καί, „Οὐ φιλῶ“, ἔφη, „μέγαν στρατηγόν, ἀλλά μοι μικρός τις εἴη, καὶ ἐμοὶ ἀρέσκει ἀνήρ, ὅν θαρροῦντα οἶδα, καὶ ἐὰν αἰσχρὸς τὸ εἶδος ᾖ.“ Τῆς δὲ πενίας, ἧς ἔπαθεν, τῷ Ἀρχιλόχῳ οὐκ ἔμελεν ὡς τὸν τοῦ βίου ῥυθμὸν (!) γνόντι· ὁ ποιητὴς παρῄνεσε τῷ ἑαυτοῦ θυμῷ μήτε ἄγαν χαίρειν, ᾗ ἐνίκησε νίκῃ, μήτε νικηθέντα ὑπὲρ μέτρον ὀδύρεσθαι.

Der Kölner Archilochos-Papyrus (P. Köln II 58)

E 1. Ἐν Ῥόδῳ, ἣν μεγίστην τῶν Αἰγαίων νήσων οὖσαν ἴσμεν, πολλὰ καὶ θαυμαστὰ ἀγάλματά τε καὶ ἀνδριάντες ἐποιήθησαν.
2. Ἐν ᾗ ἦν καὶ ὁ κολοσσός (!), ὃν οἱ παλαιοὶ ἓν τῶν ἑπτὰ θαυμαζομένων ἔργων εἶναι ἔλεγον.
3. Ὁ δὲ λίθος, ᾧ εἴ τις ἐχρῆτο τὰ ἀγάλματα κάλλιστα ἐποίει, ἐκ Πάρου τῆς νήσου ἐπορίσθη.

4. Οἱ Ῥωμαῖοι πολλάκις ἐπεθύμουν τῶν ἀγαλμάτων, ὧν ἐν τῇ Ῥόδῳ εἶδον.
5. Οἱ Ῥωμαῖοι πολλάκις ἐπεθύμουν, ὧν ἐν τῇ Ῥόδῳ εἶδον ἀγαλμάτων.
6. Οἱ Ῥωμαῖοι πολλάκις ἐπεθύμουν, ὧν εἶδον.

1 Übersetze die verschränkten Relativsätze jeweils auf drei verschiedene Arten:

a) Ὁ Ἀχιλλεύς, ὃν κράτιστον τῶν Ἀχαιῶν ὄντα πάντες ἴσασιν, ἐν Σκύρῳ ἔλαθεν.
b) Διὸ οἱ ἡγεμόνες τὸν ἄνδρα, ὃν σοφώτατόν τε καὶ ποικιλώτατον πάντων εἶναι ἐνόμιζον, εἰς τὴν νῆσον ἔπεμψαν.

Aus einem Gedicht des Archilochos
Mit dem Schild, den ich ungern bei einem Busche zurückließ,
einem trefflichen Stück, prahlt nun ein saischer Mann;
aber mein Leben trug ich davon. Was liegt mir an diesem Schild? Fahr er hin! Demnächst kauf ich den gleichen mir nach ...
(übers. von Hermann Fränkel)

2 Übersetze möglichst elegant:

a) Δεῖ ἐπιθυμεῖν τῆς ἀρετῆς, ἧς οἱ τυχόντες λαμπροτάτην δόξαν λαμβάνουσιν. b) Δεῖ ἐπιθυμεῖν τῆς ἀρετῆς, ἧς ὅστις ἂν τύχῃ λαμπροτάτην δόξαν λαμβάνει. c) Τίς οὐκ ἂν ἐπιθυμοίη τῆς ἀρετῆς; Ἧς τυχεῖν οὐ ῥᾴδιόν ἐστιν. d) Πολλοὶ βούλονται τῆς ἀρετῆς τυχεῖν· ὃ οὐ πᾶσιν δύνατόν ἐστιν.

3 Unterscheide die Bedeutungen der Präpositionen, die mit verschiedenen Kasus stehen können:

a) λέγειν κατὰ τοῦ κακούργου – βῆναι κατ᾽ Ὀλύμπου – κατὰ τοὺς νόμους ζῆν – κατ᾽ ἐκεῖνον τὸν χρόνον – κατὰ τὸν πόντον b) λέγειν ὑπὲρ τοῦ κακούργου – μάχεσθαι ὑπὲρ τῆς πατρίδος – ὑπὲρ ἄνθρωπον εἶναι μεγέθει c) διὰ μέσης τῆς πόλεως ῥεῖν – διὰ νυκτὸς ἐργάζεσθαι – δι᾽ ἡμᾶς νενικήκατε d) κεῖσθαι ἐπὶ γῆς – πίπτειν ἐπὶ γῆς – μένειν ἐπὶ ταῖς ναυσίν – ἀγανακτεῖν ἐπὶ τῇ ἀδικίᾳ – ἀναβαίνειν (!) ἐπὶ τὸν ἵππον – στρατεύεσθαι ἐπὶ τὰς νήσους e) οἱ μετὰ Κύρου – μετὰ δακρύων λέγειν τι – μετὰ τὴν μάχην f) τοῖς παρ᾽ ἡμῖν ξένοις βοηθεῖν – παρὰ νόμον καὶ δίκαιον δρᾶν g) τιμὴν πρὸς πάντων ἔχειν – αἱ πρὸς θαλάττῃ πόλεις – παιδεύεσθαι πρὸς ἀρετήν

Der Ursprung der Hephaistos-Verehrung auf der Insel Lemnos 79

Πολλάκις ἔρις τοῖς ἐν Ὀλύμπῳ θεοῖς ἐγίγνετο καὶ δὴ καὶ Ἥρᾳ καὶ Διί. Ἐπειδή ποτε ἡ Ἥρα τὸν Δία ᾐτιάσατο, ὡς ἀκόλαστος ὢν ἄλλαις θεαῖς συνείη, ὁ τῶν θεῶν πατὴρ σφόδρα ὠργίσθη. Ἀλλὰ Ἥφαιστος υἱὸς ἀμφοτέρων ὢν τὴν ἔριν λῦσαι ἐπειράσατο· „Ἆρ᾽ οὐκ οἶσθα, μῆτερ, ὅτι τῷ Διὶ ἐξουσία ἐστὶν ἡμᾶς πάντας καίπερ θεοὺς ὄντας χειρώσασθαι; Οὐκοῦν καὶ σὺ ἡττηθήσῃ καὶ ἀσθενεστέρα αὐτοῦ οὖσα φανήσῃ. Ἀναμνήσθητι τῆς ἐμῆς συμφορᾶς· ὁ γὰρ Ζεὺς ἐμὲ ἕτοιμον ὄντα σοὶ βοηθεῖν τοῦ ποδὸς λαβὼν κατὰ τοῦ Ὀλύμπου ἔρριψεν, ὥστε ἐντεῦθεν πᾶσαν ἡμέραν δι᾽ ἀέρος ἐκινούμην. Τέλος δὲ κατ-έπεσον (!) ἐν Λήμνῳ τῇ νήσῳ. Ἐκεῖ με Σίντιες ἄνδρες ἐλεοῦντες ἰάσαντο. Φοβοῦμαι, μὴ ὁ Ζεὺς τὸ τότε πρᾶγμα μιμήσηται σὲ κολάζων ὥσπερ ἐμέ. Διὸ προσήκει ἑκατέρῳ ὑμῶν ἐγκρατεῖ εἶναι καὶ τῷ ἑτέρῳ διαλλαγῆναι.“ Ἡ δὲ Ἥρα τοῖς ἡδέσιν ἔπεσιν τοῖς τοῦ υἱοῦ ἥσθη.

Ganz konnten die Sintier den Gott nicht heilen: Seit dem Aufprall auf der Insel Lemnos hinkt Hephaistos. Auf dieser Insel aber wurde er besonders verehrt.

E

1. Αἱ Λήμνιαι γυναῖκες τοὺς αὑτῶν ἄνδρας ἐχειρώσαντο καὶ ἐφόνευσαν. Οἱ Λήμνιοι ἄνδρες ὑπὸ τῶν αὑτῶν γυναικῶν ἐχειρώθησαν καὶ ἐφονεύθησαν.
2. Ὕστερον αἱ Λήμνιαι γυναῖκες τοῖς εἰς τὴν νῆσον ἀφικομένοις Ἀργοναύταις εἶπον· „Ὑμᾶς εὐμενῶς δεξόμεθα· ὑμεῖς ὑφ᾽ ἡμῶν εὐμενῶς δεχθήσεσθε.“
3. Ὁ δὲ Ἡρακλῆς τοὺς Ἀργοναύτας αὐτοῦ μεῖναι ἐθέλοντας ᾐτιάσατο δειλοὺς εἶναι. Οἱ Ἀργοναῦται ὑπὸ τοῦ Ἡρακλέους ᾐτιάθησαν δειλοὶ εἶναι.
4. Ὁ Ἡρακλῆς εἶπεν· „Ἤδη ὀργίζομαι καὶ μᾶλλον ὀργισθήσομαι, ἐὰν ἐν τῇ νήσῳ μένητε. Ἀναμνήσθητε τῆς ἀρετῆς.“
5. Οἱ δὲ αἰτιαθέντες ᾐσχύνθησαν καὶ τῆς ἀρετῆς ἀνεμνήσθησαν.
6. „Οὐχ ἡττηθησόμεθα τῶν τῆς ἡσυχίας ἡδονῶν.“
7. Ταῦτ᾽ εἰπόντες πρὸς τὸν πόντον ἐστράφησαν καὶ ἀπὸ τῆς νήσου ἀπηλλάγησαν.

1 Unterscheide Futur und Aorist und übersetze:
a) ἐβιάσασθε – ἐβιάσθητε b) βιάσεσθε – βιασθήσεσθε c) ἐθεάσαντο – ἐθεάθησαν d) θεάσονται – θεαθήσονται e) λογιεῖται – λογισθήσεται f) ἐλογίσατο – ἐλογίσθη g) μιμήσῃ – μιμηθήσῃ h) ἐμιμήσω – ἐμιμήθης

2 Übersetze: ηὐξάμεθα – ᾐτιάσω – αἰτιάσῃ – ᾐτιάθης – ἐδέχοντο – ἐδέξαντο – ἐδέχθησαν – δεδεγμένοι εἰσίν (2) – κτήσεσθε – ἐκτήσασθε – ἐκτήθη – κέκτηται (2)

3 Übersetze: a) Οἱ Ἀργοναῦται ἐκ Λήμνου ἀπηλλάγησαν (ἀπηλλάχθησαν). b) Αἱ δὲ Λήμνιαι οὐχ ἥσθησαν, ἀλλ᾽ ὠργίσθησαν. c) Εἶπον οὖν· „Ἐλπίζουσαι ὑμᾶς παρ᾽ ἡμῖν μενεῖν ἐσφάλημεν· στραφήσεσθε δὲ εἰς ἄλλους πόνους. d) Ἐλπίζομεν δὲ ὑμᾶς τῆς ἡμετέρας νήσου ἀεὶ ἀναμνησθήσεσθαι.“

Auffindung des Hephaistos auf Lemnos, Gemälde von Agnolo Bronzino, um 1540/50 (Wodsworth Atheneum, Hartford, Ct.)

Vergleiche die Schiffstypen untereinander und schließe auf ihren Verwendungszweck.

Ein Schiffswrack aus klassischer Zeit vor der Insel Alonnisos

„Vor 20 Jahren entdeckte der griechische Fischer Dimitris Mavrikis ein großes Schiffswrack aus klassischer Zeit in der Nähe der Insel Alonnisos. ... Es handelt sich um das größte Wasserfahrzeug dieser Periode, das bisher entdeckt wurde. Als ich im Jahre 1991 die Fundstelle zum ersten Mal betauchte, fand ich das Alonnisos-Wrack auf leicht schrägem, sandigem Seegrund in einer Tiefe von 22–32m vor. Es zeigte sich als eine riesige Menge Amphoren, die einen Hügel von 25m Länge und 10m Breite bildete und offensichtlich aus zwei Stapelschichten bestand. Die oberste Schicht war durcheinandergeworfen, aber die tiefere, weitgehend unzerstörte, schien in ihrer Stapelung deutlich in Nordrichtung zu weisen. Die Form des Amphorenfeldes deutet darauf hin, dass der Bug des Schiffes nach Südost (120°) zeigt. Möglicherweise sank es beim Einlaufen in den Hafen. In der Mitte des Amphorenhügels befand sich eine Öffnung, in der einst der Mast stand.

Unter Umständen geht sie aber auf einen Abtransport von Amphoren durch Plünderer zurück. Die Großzahl der Amphoren war intakt, wenngleich ihre Verschlüsse vergangen sind. Während dieser ersten Sondierung wurden vier Amphoren zu weiteren Untersuchungszwecken geborgen, die in die Zeit um 400 v. Chr. datiert werden konnten. Das Schiff hatte vorwiegend Wein aus Mende in Makedonien und von der Insel Skopelos (im Altertum Peparethos) geladen. ...

Bis heute existieren verschiedene Meinungen über die Größe von Handelsschiffen während der klassischen Zeit, die ausschließlich auf Folgerungen aus literarischen Zeugnissen beruhen. So wurde behauptet, dass vor dem 1. Jh. v. Chr. keine Schiffe mit einer Transportkapazität von über 75t verkehrten. Der Amerikaner Lionel Casson, eine Kapazität auf dem Gebiet der antiken Seefahrt, war jedoch der Meinung, dass die Größe von Handelsschiffen aus klassischer Zeit häufig unterschätzt würde und dass Ladungen über 150t seit dem 5. Jh. v. Chr. nichts Ungewöhnliches gewesen seien.

Unsere Grabungsergebnisse stützen diese Ansicht. Allein die an der Oberfläche liegende Stapelschicht umfasst 1000 Amphoren mit einem Gewicht von jeweils annähernd 30kg. Es sind aber drei bis vier Stapellagen vorhanden, die eine Summe von 4000 Gefäßen und damit ein Ladungsgewicht von immerhin über 100t ergeben."

(E. Hadjidaki, in: In Poseidons Reich. Archäologie unter Wasser, Mainz 1995, S. 69-71)

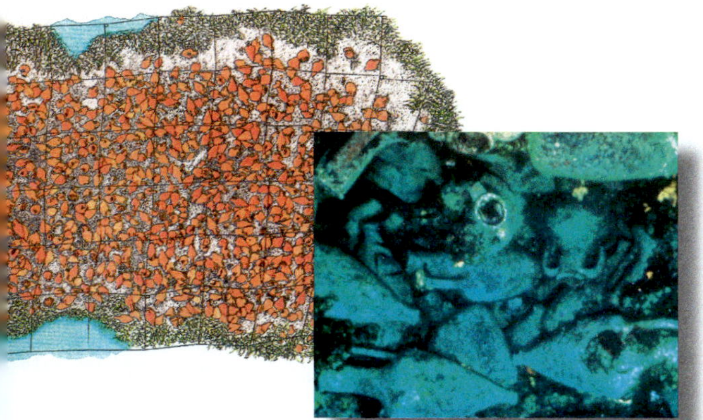

Amphorenfeld vor der Insel Alonnisos

„Ich habe so ausführlich über Samos berichtet, weil die Samier die gewaltigsten Bauwerke geschaffen haben, die sich in ganz Hellas finden. Erstens haben Sie durch einen einhundertfünfzig Klafter (150 x 1,8m) hohen Berg einen Tunnel gebohrt, der am Fuße des Berges beginnt und nach beiden Seiten Mündungen hat. Dieser Tunnel ist sieben Stadien lang und acht Fuß hoch und breit. Unter diesem Tunnel ist seiner ganzen Länge nach ein zweiter, zwanzig Ellen tiefer und drei Fuß breiter Tunnel gegraben. Durch diesen letzteren wird aus einer großen Quelle das Wasser in Röhren in die Stadt geleitet. Diese Wasserleitungsanlage wurde gebaut von Eupalinos, Naustrophos´ Sohn aus Megara. Das ist das eine Werk. Das zweite ist ein Damm im Meere, der um den Hafen herumgeführt ist. Er ist zwanzig Klafter (20 x 1,8m) tief und hat eine Länge von über zwei Stadien." *(Herodot 3,60)*

Ergänzende Informationen zu diesen technischen Leistungen:

1) Tunnel: Der Tunnel wurde unter dem Tyrannen Polykrates um 530 v. Chr. angelegt. Die Tunnelbauer arbeiteten sich von beiden Seiten im knapp 1100 Meter langen, quadratischen Tunnel (2,5 m Breite wie Höhe) vor. Die Stelle, an der sie sich trafen, ist durch eine geringfügige Abweichung in der Linienführung heute noch festzustellen. Auch heute ist der Tunnel von Süden her noch gut 700 m begehbar.
2) Die Hafenmole ist so stabil, dass sie als Fundament der heutigen Mole dient.

Tunnel des Eupalinos

W15 „Des Lebens ungemischte Freude ward keinem Irdischen zuteil“

Ὁ Πολυκράτης ἐπὶ τοῦ τῶν βασιλείων[1] τείχους ἑστὼς ἥσθη βλέπων κατὰ τὴν νῆσον. „Ἄρχω, ὧν ὁρᾷς“, ἔφη πρὸς τὸν τῶν Αἰγυπτίων βασιλέα. „Συγχωρεῖν σε δεῖ ἐμὲ εὐδαιμονίας τυχεῖν.“ Ὁ δέ· „Οὔ φημί σε εὐτυχῆ εἶναι τοῦ μεγίστου ἐναντίου ἔτι ζῶντος.“ Αὐτίκα δὲ ἄγγελός τις ἧκε τὴν κεφαλὴν τὴν τούτου τοῦ χειρωθέντος καὶ τεθνεῶτος ἐναντίου φέρων.

Ὁ οὖν Αἰγύπτιος· „Δέδια τὸν τῶν θεῶν φθόνον. Οὐδεὶς γὰρ ἄνθρωπος ἐν παντὶ τῷ βίῳ ἀπολαύοι ἂν τῆς ἡδονῆς ἀκράτου[2]. Σύνοιδα δ᾽ ἐμαυτῷ βασιλεύων μὲν δυνατῶς τε καὶ ἀσφαλῶς, διακείμενος δὲ λυπηρῶς, ὅτι υἱός μου τέθνηκεν. Οἶδα οὖν τοὺς θεοὺς οὐδενὶ μόνον ἀγαθὰ παρέχοντας. Διό σοι παραινῶ τοῦτο τὸ χρῆμα, ὃ μάλιστα φιλεῖν νομίζεις, ἀπορρῖψαι, ὥστε τοὺς θεοὺς διαλλαγῆναι.“

Καὶ ὁ τῶν Σαμίων τύραννος πειθόμενος σφραγῖδα[3], ἣν περὶ πλείστου ἐποιεῖτο, ἀπ-έρριψεν (!), ὥστε αὕτη δῦσα εἰς τὴν θάλατταν ἠφανίσθη. Μετ᾽ ὀλίγον δὲ ἁλιεύς[4] τις ἰχθῦν[5] κάλλιστον ἐν πόντῳ ἁλόντα τῷ τυράννῳ δῶρον ἤνεγκεν. Τοῦ δὲ ἰχθύος[5] τμηθέντος[6] ἡ σφραγὶς[3] ηὑρέθη. Οἱ οὖν Σάμιοι ἔλεγον τὴν τοῦ Πολυκράτους εὐδαιμονίαν ἄπειρον εἶναι. Ἀλλὰ ὁ ξένος μᾶλλον δεδιὼς ἐστράφη καὶ „Ἐντεῦθεν ὡς τάχιστα εἶμι“, ἔφη, „ἅτε γνούς, ὅτι οἱ θεοὶ φθονοῦντές (!) σοι συμφορὰν παρασκευάσουσιν.“

1) τὰ βασίλεια, -ων: der Königspalast
2) ἄ-κρατος, -ον: unvermischt
3) ἡ σφραγίς, -ῖδος: der Siegelring
4) ὁ ἁλιεύς, έως: der Fischer
5) ὁ ἰχθῦς, -ύος: der Fisch
6) Partizip Aorist Passiv von τέμνω

Dieser Text folgt der Darstellung in der Ballade „Der Ring des Polykrates“ von Friedrich Schiller, der die Erzählung von Herodot (3, 40-43) dramatisch zugespitzt hat. Zeige, mit welchen Mitteln der obige Text versucht, diese Dramatisierung nachzuahmen. Suche die Leitbegriffe des Textes, die einander gegenüberstehen.

Aus Schillers „Laokoon“ (1797 verfasst)

Ich gehe vier Schritte weiter: welcher Kontrast stellet sich meinen Augen dar? ein Alter, und zwei Knaben im Todeskampf mit zwei der grässlichsten Ungeheuer der Natur, die sie eng zusammen umschlungen halten. – Laokoon hauchet in der Mitte seiner sterbenden Söhne die Seele aus. – Mein Bild schauert, wie dort die Trojaner, von dem Hilflosen zurük: meine Brust verenget sich. – Was will der Künstler, daß er eine solche Szene in Marmor hauet? je wahrer die Nachahmung, desto schauervoller wird der Eindruk seyn; und ohne Wahrheit, was ist das Werk des Künstlers?

Doch das Werk stehet da: es stehet da, als das Meisterwerk der gesammten Kunst. Worin besteht denn die Vorzüglichkeit dieses Kunstwerkes? worin beruht das vortrefliche des ersten Ideals der Kunst, wie man es heute zu nennen pfleget? – Ist es nicht die Kühnheit der Unternehmung, eine Bewegung und einen Ausdruk von einem menschlichen Körper zu bilden, welche die tiefsten Kenntnisse des Körperbaues, und das innigste Bekanntseyn mit jeder Leidenschaft der menschlichen Seele voraussezen? – Wahrlich! kein Werk, wie dieses, verräth uns so die gesammte Weisheit des griechischen Geistes!

Laokoon, hellenistische Statuengruppe, um 50 v. Chr., Höhe 1,84 m (Rom, Vatikanische Museen)

1 Übersetze:
a) Οὐ μόνον ὁ καλούμενος κολοσσός, ἀλλὰ καὶ ἀνδριάς, ὃν οὐκ ὀλίγοι κάλλιστον πάντων εἶναι νομίζουσιν, ἐν Ῥόδῳ εἴργασται. b) Τρεῖς ἀνδριαντο-ποιοὶ (!) Ῥόδιοι τὸν Λαοκόοντα καὶ τοὺς υἱοὺς ὑπ᾽ ὄφεων (ὁ ὄφις, -εως: die Schlange) χειρωθέντας ἐκ μαρμάρου (!) ἐποίησαν. c) Οἱ γὰρ θεοὶ οὐκ ἔχαιρον, οἷς εἶπεν ὁ μάντις χρησμοῖς, καὶ τοὺς ὄφεις ἔπεμψαν ὡς αὐτὸν κολάσοντες. d) Οἳ οὐ μόνον τὸν Λαοκόοντα, ἀλλὰ καὶ τοὺς υἱοὺς αὐτοῦ ἐφόνευσαν. e) Ὁ δὲ ἀνδριάς, ὃν οὐ πολὺν χρόνον ἐν τῇ νήσῳ μείναντα ἴσμεν, ἐν Ῥώμῃ ὑπὸ γῆς κειμένος ἀν-ηυρέθη (!). f) Ὁ δὲ ἀν-ευρεθεὶς (!) οὕτως ἐθαυμάσθη, ὥστε οἱ τότε λαμπρότατοι ἀνδριαντοποιοὶ (!) τὴν τῶν Ῥοδίων τέχνην ἐμιμήσαντο.

2 Eine römische Kopie des Laokoon (vgl. Abb. gegenüber) wurde 1506 in den Weinbergen auf dem Esquilin gefunden; Michelangelo, der damals gerade in Rom war, durfte sie im Auftrag des Papstes begutachten. Vergleiche die antike Statuengruppe mit Michelangelos „Sieg" und überlege, was den Künstler der Renaissance am „Laokoon" fasziniert hat.

Der Sieg, Statue von Michelangelo Buonarroti, um 1532, Höhe 2,61 m (Florenz, Palazzo Vecchio)

3 Erkundige dich über Ort und Bedeutung dieser Inschrift: ΓΝΩΘΙ ΣΑΥΤΟΝ

4 So lautet der Name von Sapphos Tochter:
1) εὐδαιμονία 2) ἴσος 3) ἀναγιγνώσκειν 4) λευκός 5) ὑμνεῖν

?	?	?	?	?					
			?	?	?	?	?	?	
			?	?	?	?	?		
		?	?	?	?				
?	?	?	?	?	?	?			

5 Suche den Irrläufer:
a) ἑστάναι – εἰδέναι – δεδιέναι – βῆναι
b) βαίην – γνοῖμεν – δῦθι – ῥυεῖεν
c) φῦναι – φύεται – φύητε – φῦσαι – φῦτε
d) ἐρρύη – ἔβημεν – ἔγνως – ἔδυν – ἔφυον
e) φύοντες – φύντες – βάντες – ἁλόντες

6 Übersetze die folgenden Sätze. Unterscheide die ähnlichen Wörter genau:
a) Ἀσθενής εἰμι· πρὸς ἰατρὸν εἶμι. Εἰ ὑγιὴς εἶ, οὐκ εἰς τὸν τοῦ ἰατροῦ οἶκον εἶ. b) „Ἆρ᾽ οἶσθα, ποῖ χθὲς (gestern) ᾖα;" „Ἐν τῷ θεάτρῳ ᾔσθα." c) Αἱ αἶγες καὶ τὰ πρόβατα οὐκ ἴσασιν, ποῖ ἴασιν.

7 Antigone begräbt ihren Bruder Polyneikes trotz des staatlichen Verbotes der Bestattung eines Staatsfeindes. Ihre Schwester Ismene hilft jedoch aus Angst vor Bestrafung nicht mit:
Ismene: Ἐγὼ μὲν οὐκ ἄ-τιμα (!) ποιοῦμαι, τὸ δὲ / βίᾳ (hier: zum Trotz, gegen) πολιτῶν δρᾶν ἔφυν ἀμήχανος.
Antigone: Οὔτοι (= οὐ) συν-έχθειν (= συμ-μισεῖν) (!), ἀλλὰ συμ-φιλεῖν (!) ἔφυν.

8 Thukydides lässt einen Politiker Siziliens über die Politik Athens sprechen:
Τοὺς Ἀθηναίους πλεονεκτεῖν πολλὴ συγγνώμη (ich habe viel Verständnis dafür, dass ...), καὶ οὐ τοῖς ἄρχειν βουλομένοις μέμφομαι, ἀλλὰ τοῖς ὑπακούειν προθυμοτέροις οὖσιν· πέφυκε γὰρ τὸ ἀνθρώπειον ἄρχειν τοῦ εἴκοντος. (4,61,5)
Stimmst du dieser Einschätzung zu?

Im Geschäft/Restaurant

το μαγαζί/το κατάστημα	der Laden, das Geschäft	τα λαχανικά	das Gemüse
το αρτοποιείο/ο φούρνος	die Bäckerei	η σακούλα	die Tüte
το κρεοπωλείο	die Fleischerei	η τσάντα	die Tasche
το μανάβικο	der Gemüseladen	η κάρτα	die (Ansichts-)Karte
το μπακάλικο	das Lebensmittelgeschäft	το βιβλίο	das Buch
το κατάστημα υποδημάτων	das Schuhgeschäft	η κάρτα τηλεφώνου	die Telefonkarte
		η (γερμανική) εφημερίδα	die (deutsche) Zeitung
η αγορά	der Markt, die Markthalle	το περιοδικό	die Zeitschrift
το περίπτερο	der Kiosk	το γράμμα,-ατος	der Brief
το εστιατόριο/η ταβέρνα	das Restaurant, Lokal	το γραμματόσημο	die Briefmarke
το καφενείο	das Kaffeehaus	η κρέμα ηλίου	die Sonnencreme
το καφέ (indekl.)	das (moderne) Café	το σαπούνι	die Seife
Έχετε	Habt ihr, haben Sie	το σαμπουάν (indekl.)	das Shampoo
Όχι, δεν έχω	Nein, ich habe kein(e,en)	η οδοντόπαστα	die Zahnpasta
Δώστε μου ...!	Geben Sie mir ...!	η οδοντόβουρτσα	die Zahnbürste
Πεινάς;/Διψάς;	Hast du Hunger/Durst?	τα ρούχα	die Kleidung
Τι θέλεις (να φας, πιείς);	Was möchtest du (essen, trinken)?	το παπούτσι	der Schuh
		το παντελόνι	die Hose
Καλή όρεξη!	Guten Appetit!	η φούστα	der Rock
ο φραπέ (indekl.)	Frappé (eisgekühlter Kaffee)	το φόρεμα	das Kleid
σκέτος/μέτριος/γλυκός	schwarz/„mittel"/süß	το πουκάμισο	das Hemd
με/χωρίς γάλα	mit/ohne Milch	Το λογαριασμό, παρακαλώ!	Die Rechnung, bitte!
οι ελιές	die Oliven		
το πακέτο μπισκότα	die Schachtel Kekse	Πόσο κάνει/κάνουν ...; /	Wieviel kostet/kosten ...?
το παγωτό	das (Speise-)Eis	Κοστίζει/-ίζουν ... ευρώ.	Es kostet/kosten ... Euro.

Die Vulkaninsel Santorini, das antike Thera, einst blühendes minoisches Handelszentrum, dessen Kultur durch einen gigantischen Ausbruch (wohl um 1628 v. Chr.) zerstört wurde

⑥

ΑΘΗΝΑΙ – ΑΤΤΙΚΗ
ATHEN - ATTIKA

①

Attika ragt dreieckförmig am Ostende Mittelgriechenlands ins Meer und diente damit als Bindeglied zwischen dem Festland, den Inseln und Kleinasien. Nicht zuletzt die über das Meer hereinströmenden Einflüsse aus dem (griechischen) Osten ließen Athen im 5. Jahrhundert v. Chr. zum politischen und kulturellen Zentrum Griechenlands heranwachsen. Die allmähliche Verfeinerung des Kunstsinns lassen bereits die Skulptur des Opferkalbträgers ② von etwa 570 v. Chr. oder die Grabstele eines Kriegers ④ (rechts der Versuch einer Rekonstruktion der Bemalung) aus der Zeit um 510 v. Chr. erkennen. In den glücklichen fünfzig Jahren der sog. „Pentekontaetie" (480-431 v. Chr.) erblühte im perikleischen Athen die Klassik als eine Kunst des Maßes und der Harmonie, Stein geworden in den Bauten der Akropolis, zur Dichtung gefügt in den großen Tragödien. Zeugnis davon legen der Parthenon- ⑥ und der Zeustempel ③ sowie die Korenhalle des Erechtheions ⑤ ab. Den dazu nötigen Reichtum lieferten die Silberbergwerke des Laureion (①Tetradrachme mit der heiligen Eule der Athena, um 470 v. Chr.).

②

③

④

⑤

Einen nicht zu unterschätzenden Teil seiner wirtschaftlichen Macht verdankte Athen dem Ölbaum. Welch große Bedeutung dieser für die Stadt hatte, zeigt sich schon in deren Gründungsmythos:

Αἱ Ἀθῆναι πρῶτον Κεκροπία ἐκαλοῦντο, ἐπεὶ Κέκροψ, ὁ τῆς Γῆς υἱός, τὴν ἀκρόπολιν (!) ἔκτισεν καὶ νόμους συν-έγραψεν (!). Τότε δὲ Ζεὺς ἐνεθυμήθη, πῶς μάλιστα ὠφελοίη τοὺς ἐκεῖ οἰκοῦντας. Ὑπέσχετο οὖν τὴν χώραν ἔσεσθαι τούτου τοῦ θεοῦ, ὃς ἔλθοι δῶρον τιμιώτατον[1] φέρων. Αὐτίκα δὲ ὡρμήθησαν ὁ Ποσειδῶν καὶ ἡ Ἀθηνᾶ. Ὁ μὲν κρήνην ἐποίησε τριαίνᾳ[2] σχίσας[3] πέτραν, ἡ δὲ ἐλαίαν[4] ἔφυσε ποδὶ τύψασα τὴν γῆν. Οἱ δ᾽ ἀμφὶ τὸν Κέκροπα διενοήθησαν περὶ τούτων τῶν δώρων θαυμάζοντες τὴν ἐλαίαν[4] τῶν ὠφελίμων καρπῶν. Προείλοντο οὖν τὸ ἔλαιον (!) ἀντὶ τοῦ ὕδατος καὶ ἐκήρυξαν τὴν τῆς θεᾶς νίκην. Ὁ μὲν Ποσειδῶν ἔλιπε τὴν χώραν μάλ᾽ ἀχθεσθείς, ἡ δὲ πόλις ἔλαβε τὸ τῆς Ἀθηνᾶς ὄνομα. Ἐκ τούτου δὲ οἱ Ἀθηναῖοι ἔφασκον οὐ μόνον αὐτόνομοι (!) εἶναι, ἀλλὰ καὶ αὐτάρκεις τῆς Ἀθηνᾶς ἀεὶ βοηθούσης.

1) τίμιος, -α, -ον: wertvoll
2) ἡ τρίαινα, -ας: der Dreizack
3) σχίζω: ich spalte
4) ἡ ἐλαία, -ας: der Ölbaum, Olivenbaum

E 1. Ἐπεὶ Ξέρξης, ὁ τῶν Περσῶν βασιλεύς, διενοήθη ἐπὶ τοὺς Ἕλληνας πορεύσεσθαι, Ἀθηναῖοί τινες ἀλλήλοις διελέχθησαν ὧδε·
2. „Ἆρα ἐναντιωσόμεθα τοῖς Πέρσαις, ὡς ἠναντιώθημεν τότε, ὅτε ἠμυνάμεθα αὐτοὺς ἐν τῇ ἐν Μαραθῶνι μάχῃ;“
3. „Ἆρα ὁρμήσονται ἐν καιρῷ οἱ Λακεδαιμόνιοι;
4. Τότε γὰρ ἐπεμελήθησαν ἑορτῆς· διὸ ὕστερον τῆς μάχης ἦλθον.“
5. „Ἐφοβήθημεν οὖν, μὴ Ἕλληνές τινες τοῖς Πέρσαις πείθωνται.
6. Ὀργιζόμεθα νῦν τοῖς Πέρσαις τοῦδε τοῦ στόλου.“

1 Ordne (tabellarisch) folgende Formen nach Indikativ Futur, Aorist und Perfekt von der 1. Person Singular bis zur 3. Person Plural und übersetze sie:

ἠρνήθησαν – ἠναντίωσαι – διειλεγμένοι εἰσίν – διανοήσονται – ἐδεήθη – βουλήσεσθε – πορευσόμεθα – ἠχθέσθητε – ᾐδέσθην

2 Setze die Tabelle aus **1** fort:
ἐνθυμήσομαι – ἐπιμελήσεται – ηὐλαβήθημεν – ᾠήθης – ὥρμημαι – πείσῃ – πεπλάνηται – προτεθυμήμεθα – πεφόβησθε

3 Herodot über die Schlacht von Salamis:
Θεμιστοκλέους συμβουλεύσαντος αἱ τῶν Ἑλλήνων νῆες περὶ Σαλαμῖνα ἠθροίσθησαν· οὔτε γὰρ ἀπηλλάγησαν οὔτε ἐπλανήθησαν. Λέγεται δέ, ὡς φάσμα (Erscheinung) γυναικὸς ἐφάνη. Φανεῖσα δὲ ἐμέμψατο μεγάλῃ φωνῇ, ὥστε καὶ ἅπαν τὸ τῶν Ἑλλήνων στρατόπεδον ἀκοῦσαι· „Ὦ δαιμόνιοι, διὰ τί φοβεῖσθε; Αἰδεῖσθε καὶ αἰσχύνεσθε ὀκνοῦντες.“ Μετὰ δὲ ταῦτα αἱ μὲν τῶν Ἑλλήνων νῆες ὡρμήθησαν. Οἱ δὲ Πέρσαι ναυ-μαχίας (!) γενομένης ἡττήθησάν τε καὶ ἐχειρώθησαν.

4 Wie ist der zentrale Satz des Textes (Z. 5f.: Ὁ μὲν ... τὴν γῆν) seiner Bedeutung entsprechend auch stilistisch besonders gestaltet? (Tipp: Schreibe dir die beiden Satzhälften Wort für Wort untereinander.)

Die Gesichter der Kontrahenten: Poseidon von Kap Artemision, um 460 v. Chr. (Athen, Archäologisches Museum); Athena Promachos nach Pheidias, um 440 v. Chr., römische Kopie (Wien, Kunsthistorisches Museum)

Jedes Jahr fand am Ende des Monats Hekatombaion, der in etwa dem heutigen Juli entspricht, zu Ehren der Stadtgöttin Athene ein Fest statt: die Panathenäen (τὰ Παναθήναια). Seit 566 v. Chr. wurden diese alle vier Jahre mit besonders großem Aufwand gefeiert. Ein Kurzbericht hätte damals folgendermaßen lauten können:

Παναθηναίοις οἱ ἀστοὶ σύμπαντες, ἄρχοντες καὶ ἰδιῶται, γέροντες καὶ νέοι, ἄνδρες καὶ γυναῖκες, συλλέγονται. Πλείονας δὲ ἡμέρας Ἀθηνᾷ Πολιάδι[1] παντοίοις ἀγῶσι χάριν ἀποδιδόασι τῆς τῶν Ἀθηνῶν φυλακῆς· ἡ γὰρ θεὰ οὔποτε προέδωκε τὴν πόλιν, ἀλλ᾽ εὔνοιαν παρεῖχεν κράτος διδοῦσα ἐν πολέμῳ τε καὶ εἰρήνῃ. Οὕτω δὲ πάντες οἱ ἐπιβουλεύοντες τῇ πόλει δίκην ἔδοσαν τῶν κακῶν.

Τῇ δὲ τελευταίᾳ[2] οἱ Ἀθηναῖοι μεγάλην πομπὴν[3] ποιοῦσιν· εὔχονται καὶ θύουσιν ἔμπροσθεν τῶν τῆς Ἀθηνᾶς ναῶν καὶ συλλέγονται ἐν τῇ ἀκροπόλει (!) ὡς δώσοντες τῇ θεᾷ τὸν πέπλον[4]. Κόραι τινὲς γενναῖαι φέρουσι τοῦτον τὸν πέπλον, ἵνα αὐτῷ καλύπτηται καὶ κοσμῆται ἡ σεμνὴ τῆς Ἀθηνᾶς εἰκών. Μετὰ δὲ ταῦτα οἱ ἱερεῖς θύουσι δημοσίᾳ ἑκατὸν βοῦς προθύμως μεταδιδόντες τῷ πλήθει τοῦ κρέως[5]. Οἱ δ᾽ ἀστοὶ ἥδονται τῇ συνουσίᾳ καὶ τοῖς παρεσκευασμένοις σίτοις.

1) Ἀθηνᾶ Πολιάς: die Stadtgöttin Athene
2) ergänze ἡμέρᾳ
3) ἡ πομπή, -ῆς: die Prozession, der Festzug
4) ὁ πέπλος, -ου: der Peplos (langes Frauengewand, meist aus Wolle)
5) τὸ κρέας, -ως: das Fleisch

E

1. Ἐν τῇ ἀγορᾷ γεωργός τις δίδωσι σῖτον ἐμπόροις τισίν.
2. Ὁ μὲν γεωργὸς ἅμα διδοὺς τὸν σῖτον λέγει· „Ἡ τοῦδε τοῦ σίτου φύσις ἀγαθή ἐστιν. Ἐμοὶ δὴ ἔλαττον ἀργύριον ἀποδιδοῖτε ἂν ἢ ἄλλοις γεωργοῖς. Ἐμοὶ γὰρ χρὴ ὑμᾶς διδόναι μόνον πέντε δραχμάς (!)."
3. Οἱ δὲ ἔμποροι διδόντες τὰ χρήματα χάριν ἀποδιδόασιν τοῖς θεοῖς τοῦ καιροῦ.
4. Τῶν δὲ ἐμπόρων δόντων τὰ χρήματα ὁ γεωργὸς ἐπανῆλθεν οἴκαδε ὡς τοῖς οἰκείοις μεταδώσων τοῦ κέρδους.
5. Ἐπεὶ δὲ ὁ γεωργὸς ἔδωκε τὰ χρήματα, „Ἱκανὸν ἀργύριον", ἔφη, „ἀπέδοσαν οἱ ἔμποροι.
6. Ἀπόδοτε χάριν τοῖς θεοῖς. Οἱ θεοὶ μήποτε προδοῖεν ἡμᾶς."

1 Ordne die Formen von παρέχω und δίδωμι einander zu und übersetze sie:
διδόασιν, διδόναι, διδοῖμεν, διδόντι, δίδωσιν, διδούσας, διδοίης, δίδομεν
παρέχομεν, παρέχει, παρέχειν, παρέχουσιν, παρέχοιμεν, παρέχοντι, παρεχούσας, παρέχοις

2 Welche Form passt zur angegebenen Übersetzung? Wie müssen die anderen Formen übersetzt werden?
a) sie geben: δίδωσιν, διδοῦσιν, διδόασιν, ἔδοσαν
b) du gibst: δίδως, διδούς, διδοῦσαι, δώσεις, δέδωκας c) eine Frau, die gibt: διδόντα, διδοῦσα, διδοίη, διδόναι

3 Ordne folgende Übersetzungen den griechischen Formen zu und erkläre deren Aufbau:
wir geben, er gibt, wir werden geben, ich gab (Aor.), wir gaben (Aor.), wir haben gegeben, sie geben, zu geben
δεδώκαμεν, διδόασιν, δίδομεν, διδόναι, δίδωσιν, δώσομεν, ἔδομεν, ἔδωκα

4 Zwei Kinder streiten sich. Übersetze:
„Χρή σέ μοι τόδε τὸ βιβλίον διδόναι. Πλήξω σε μὴ διδόντα."
„Οὔποτέ μοι τὰ ἐμὰ βιβλία δόντι χάριν ἀπέδωκας."
„Πληγὰς (Schläge) δώσω σοι τὸ βιβλίον οὐ δόντι."
„Πρέπει σε πληγὰς δόντα δίκην δώσειν τῆς βίας."

Parthenon-Fries (Rekonstruktion von P. Connolly). Die Cella des Parthenon auf der Akropolis war mit einem Fries geschmückt, auf dem der Panathenäische Festzug dargestellt wird. Welche Gegenstände, die im Panathenäenzug mitgeführt wurden, erkennst du?

82 Die Dionysien – großes Theater in Athen

Die im Monat Elaphebolion (heute in etwa März) abgehaltenen Großen oder Städtischen Dionysien (τὰ Διονύσια) wurden seit Mitte des 6. Jahrhunderts gefeiert. Im Laufe der Geschichte veränderten sie ihr Gesicht mehrfach.

Ἐπὶ Περικλέους οἱ Ἀθηναῖοι τὰ Διονύσια φανερῶς ἤγαγον ἐξὸν τὴν τῆς πόλεως δύναμιν καὶ τοὺς τρόπους δηλοῦν ἑορταῖς μεγάλαις. Δημοσίᾳ οὖν χάρις ἀπεδόθη τῷ Διονύσῳ ὑπὸ πάντων τῶν ἐν τῷ ἄστει· ᾔσθησαν γὰρ οὐ μόνον τῷ ὑπὸ τοῦ θεοῦ δεδομένῳ οἴνῳ, ἀλλ᾽ ἐτίμησαν τὸν Διόνυσον καὶ ὑπὲρ τῶν ἄλλων ἡδονῶν, ὅσαις ἐκόσμησε τὸν βίον αὐτῶν. Ἡγήσαντο δ᾽ ὄλβιοι εἶναι περὶ πλείστου ποιούμενοι τὴν ἐν ταῖς Ἀθήναις δίαιταν.

Πέμποντες δὲ πομπήν[1] πολλῶν σταδίων οἱ ἀστοὶ ἕσποντο τῷ τοῦ θεοῦ ἀγάλματι ὀρχούμενοι[2] ἐλευθέρως καὶ ἀνειμένως[3] ὥσπερ Σάτυροι ἢ Μαινάδες. Καὶ ἀν-ήγαγον (!) ἐν ἡμέραις τρισὶ τραγῳδίας (!) ἐννέα, ἃς ὡς ἔπος εἰπεῖν ἀπέδοντο πολλοῦ· νόμος γὰρ ἦν δίδοσθαι τὴν καθ᾽ ἑκάστην ἡμέραν χορηγίαν[4] ἀνδρὶ πλουσιωτάτῳ, ὃς – ἐπίκουρος ὢν ποιητοῦ λαμπροῦ – μισθὸν ἀπέδωκε διδασκάλῳ[5] καὶ χορῷ καὶ ὑποκριταῖς[6] καὶ παρεσκεύασε πάντα τὰ περὶ τὴν σκηνήν. Οἱ μὲν χορηγοί[7] τραχέως ἠγωνίσαντο ἀλλήλοις περὶ τῆς νίκης καὶ τῆς τῶν θεωμένων εὐνοίας. Οὗτοι δὲ ἐτέλεσαν οὐ πολλά· ἄλλοι μὲν ἐθεάσαντο δυοῖν ὀβολῶν[8], ἄλλοι δὲ καὶ οὐδενός.

1) πομπὴν πέμπω: ich veranstalte einen Festzug
2) ὀρχέομαι: ich tanze
3) ἀν-ειμένως: zwanglos, ausgelassen
4) ἡ χορ-ηγία, -ας: die Choregie (modern: die Produktion eines Stücks)
5) ὁ διδάσκαλος, -ου: hier: der Regisseur
6) ὁ ὑπο-κριτής, -οῦ: der Schauspieler
7) ὁ χορ-ηγός, -οῦ: der Chorege (modern: der Produzent)
8) ὁ ὀβολός, -οῦ: der Obolos (kleine griechische Münze; halber Tageslohn eines Armen)

Kultbild des Dionysos, das auf Rädern durch Athen gezogen wird (Nachzeichnung einer athenischen Vase des 5. Jh.s v. Chr. von Peter Connolly)

E
1. Ἐν τῇ ἀγορᾷ ἔμπορός τις ἀποδίδοται ἵππους.
2. Ἀνήρ τις ἐρωτᾷ· „Πόσου ἐστὶν οὗτος ὁ ἵππος; Οὐ γὰρ ἡγοῦμαι τὸν ἵππον πολλοῦ ἄξιον."
3. Ὁ δὲ ἔμπορος ἀποκρίνεται· „Ἐγὼ ποιοῦμαι (περὶ) πλείστου τοῦτον τὸν ἵππον ὑπερέχοντος κάλλους.
4. Ἐξὸν πολλοῦ ἀποδίδοσθαι τοῦτον τὸν ἵππον ἐγὼ αὐτὸν ὀλίγου ἀποδώσομαι."
5. Ἀποδόμενος δὲ τὸν ἵππον ὁ ἔμπορος ἐπαν-έρχεται οἴκαδε.
6. Τοῖς δὲ οἰκείοις λέγει· „Ἐμοὶ πολλὰ χρήματα ἐδόθη· ἀπεδόμην γὰρ τὸν ἵππον πολλοῦ καίπερ ὀλίγου ἄξιον ὄντα."

1 Finde den Irrläufer:

a) δίδοσαι – διδοῦσα – δίδοσθε – δίδονται

b) διδόντες – διδούσας – διδόμεναι – δίδονται

c) δίδοσθαι – διδόναι – δίδοται – δοῦναι

2 Übersetze: Ἐν τῷ πρὸς τοὺς Λακεδαιμονίους πολέμῳ οἱ Ἀθηναῖοι πολλὰ ἔτη ἐπολέμουν παρὸν εἰρήνην ποιεῖσθαι. Μετὰ γὰρ τὸν τοῦ Περικλέους θάνατον Κλέων ὁ δημ-αγωγὸς (!) ἔλεγεν· „Πολεμοῦμεν πρέπον τὰς Ἀθήνας πρώτην τῶν τῆς Ἑλλάδος πόλεων εἶναι. Δέον ἡμᾶς τῶν Λακεδαιμονίων ἄρχειν παρασκευάζεσθε, ὦ Ἀθηναῖοι."

3 Übersetze die Präsensformen und ordne sie den entsprechenden Formen mit anderen Zeiten zu:

a) Präsensformen: ἀποδίδοσθαι, ἀποδίδοται (2), ἀποδιδόντες, ἀποδίδοσαι, ἀποδιδοῖτε, ἀποδίδωμι, ἀποδιδόμενος, ἀποδίδονται, ἀποδιδόναι

b) Formen anderer Zeiten: ἀπέδου, ἀποδώσονται, ἀποδόσθαι, ἀποδοῦναι, ἀποδόμενος, ἀπέδοτο, ἀπέδωκα, ἀποδοῖτε, ἀποδόντες, ἀπεδόθη

Wir sind besser als die Spartaner!

Das 5. Jahrhundert vor Christus – Athens Blütezeit – wurde zunehmend von der Rivalität mit Sparta geprägt. Beide Kontrahenten waren mächtig, von ihrem Wesen her hätten sie jedoch unterschiedlicher kaum sein können. Der folgende Text stellt den Gegensatz aus der Sicht eines selbstbewussten Atheners dar.

Εἴ τις βούλοιτο παρατιθέναι τὸν βίον ἡμῶν τῷ τῶν Λακεδαιμονίων, ὁμολογοίη ἂν τοῖς τὴν ἡμετέραν πολιτείαν ἐπαινοῦσιν. Φημὶ δὴ συντιθεὶς τὰ πρότερον γενόμενα, ὅτι οἱ πρόγονοί τε καὶ οἱ πατέρες ἡμῶν ἄριστα διέθεσαν τὰ τῆς πόλεως· ἑκάστῳ γὰρ ἔξεστι πολιτεύεσθαι ἐλευθέρως, οὐδένα εἴργομεν τῆς πόλεως. Οἱ δὲ Λακεδαιμόνιοι τραχέως διακείμενοι ἀεὶ τὰ ἑαυτῶν κρύπτουσι καὶ ξένους ἐκβάλλουσι θέντες αὐτοὺς πολεμίους. Πόνοις δὲ χαλεπωτάτοις ἀσκοῦσι τὰ σώματα. Καίτοι πολεμοῦντες οὔποτ᾽ οὐδὲν ἐτόλμησαν. Ἡμεῖς δὲ εἰώθαμεν καὶ ἰδίᾳ καὶ δημοσίᾳ ἀναλαβέσθαι τοὺς κινδύνους ῥᾳθυμίᾳ[1] καὶ ἀνδρείᾳ. Καὶ ἔξεστι τοιόνδε τι ἐπιθεῖναι· ἡ μὲν Λακεδαίμων ἐστὶ χώρα ἐνδεὴς τοῦ πλείστου, ἧς πάντες ἂν ἀμελοῖεν πλὴν τῶν Πελοποννησίων. Εἰς Ἀθήνας δὲ εἰσέρχεται (!) πάντα ἐκ πάσης γῆς. Πανταχοῦ μὲν ἐτέθη μεγάλα σημεῖα τῆς ἡμετέρας δυνάμεως, ἡμεῖς δὲ διάγομεν, ὥσπερ λέγει Ἱππίας ὁ σοφιστής, „ἐν αὐτῷ τῷ πρυτανείῳ[2] τῆς σοφίας".

1) ἡ ῥᾳ-θυμία, -ας: hier: die Gelassenheit
2) τὸ πρυτανεῖον, -ου: hier: das Zentrum (im eigentlichen Sinn ist das Prytaneion der Regierungssitz bzw. das Rathaus)

E

1. Κτίσας τὴν ἀκρόπολιν Κέκροψ τίθησι νόμους.
2. Τούτοις γὰρ τοῖς νόμοις τὸν τῶν πολιτῶν βίον διατιθέναι βούλεται.
3. Ἀναγκαῖον γὰρ ἦν διατίθεσθαι τὰ τῆς πόλεως.

4. Ἔπειτα δὲ ὁ Κέκροψ ἐβουλεύσατο, πότερον τὸν Ποσειδῶνα ἢ τὴν Ἀθηνᾶν θήσει φύλακα (Schutzgottheit) τῆς πόλεως.
5. Παρέθηκε τὸ τοῦ Ποσειδῶνος δῶρον τῷ τῆς Ἀθηνᾶς.
6. Ἐπεὶ δὲ ἡ Ἀθηνᾶ φύλαξ (!) ἐτέθη, ὁ Κέκροψ ἤλπισε τὰ τῆς πόλεως τῇ τῆς θεᾶς βοηθείᾳ εὖ διατεθήσεσθαι.

1 Ordne folgende Übersetzungen den griechischen Formen zu und analysiere deren Aufbau:
ihr setztet (Aor.), ihr setztet (Impf.), ihr habt gesetzt, ihr wurdet gesetzt (Aor.), ihr setzt, ihr werdet setzen, ihr setzt für euch, ihr setztet für euch (Aor.), ihr werdet gesetzt werden
ἔθεσθε, ἔθετε, ἐτέθητε, ἐτίθετε, θήσετε, τεθήκατε, τεθήσεσθε, τίθεσθε, τίθετε

2 Wortgitter
1. wir versetzen in einen Zustand 2. sie verglichen (Aor.) 3. er legte (Aor.) 4. setze (Aor.) 5. eine Frau, die verfasst hat 6. ich werde setzen 7. er wird vorsetzen 8. er fügt hinzu 9. ich legte für mich (Aor.) 10. er wird gelegt 11. etwas, das stellt 12. du stellst 13. ich setzte (Aor.) 14. ihr legt 15. sie stellten für sich (Aor.) 16. legen (Aor.)

	a	b	c	d	e	f	g	h	i	j
1	ἐ	π	ι	τ	ί	θ	η	σ	ι	ν
2	ι	ε	σ	ή	θ	α	ρ	α	π	π
3	ἔ	θ	ε	ν	τ	ο	ω	τ	ν	α
4	θ	τ	ί	θ	η	ς	σ	ί	ε	ρ
5	η	ἔ	θ	η	κ	ε	ή	θ	τ	έ
6	κ	ι	α	ν	ῖ	ε	θ	ε	ε	θ
7	α	ἐ	θ	έ	μ	η	ν	τ	θ	ε
8	σ	υ	ν	θ	ε	ῖ	σ	α	ί	σ
9	θ	έ	ς	ι	ν	έ	θ	ι	τ	α
10	δ	ι	α	τ	ί	θ	ε	μ	ε	ν

3 Der „selbstbewusste Athener" charakterisiert Athen und Sparta auf den Gebieten Kriegswesen (Z. 6-8) und Lebensqualität (Z. 9-11) gegensätzlich. Zeige, wie diese Gegensätze sprachlich verdeutlicht werden, indem du die griechischen Schlüsselwörter herausschreibst, sie einander gegenüberstellst und genauer betrachtest.

84 Stars oder Scharlatane?

Über die Sophisten war man in Athen geteilter Meinung. Für die einen waren sie Stars, von denen man vieles lernen konnte, für die anderen höchst gefährliche Scharlatane, die man um jeden Preis loswerden musste. – Folgende Unterhaltung hätte Ende des 5. Jahrhunderts v. Chr. auf der Agora in Athen stattfinden können:

„Θαυμαστέοι οἱ σοφισταί· ἴσασι γὰρ πάντα καὶ κελεύουσι τοὺς συγγιγνομένους ἐρωτᾶν, ὅ τι ἂν τις βούληται. Ἀποκρίνονται δὲ πρὸς ἅπαντα ῥητορικῇ (!) ζηλωτῇ χρώμενοι. Διαιροῦντες τὰ πράγματα ἐμπειρίᾳ καὶ τέχνῃ ἀμηχάνῳ ἀ-νίκητοι (!) γίγνονται καὶ ἐν δικαστηρίῳ καὶ ἐν ἐκκλησίᾳ. Τὸ δὲ μέγιστον· φάσκουσιν οὐ μόνον τοὺς εὐγενεῖς[1], ἀλλὰ καὶ τοὺς ἄλλους παιδευτοὺς εἶναι. Ἐάν τις ὀρέγηται παιδείας, φύσεως δεῖται καὶ διδασκάλου χρηστοῦ. Πρὸς δὲ τούτοις ἀσκητέα ἐστὶν αὐτῷ ἡ τέχνη."

„Εὐφήμει[2]. Τί ἐστι τὸ ὄφελος ταύτης τῆς σοφίας; Πᾶσι γὰρ ὁρατόν, ὅτι οἱ σοφισταὶ τῇ ῥητορικῇ (!) ἀδικοῦσι τοὺς ἀνθρώπους ἀγνοοῦντας τοὺς σοφιστικοὺς[3] ἐλέγχους. Καὶ οὐ σέβονται τοὺς θεούς· οἱ μὲν γὰρ νομίζουσιν ἄνθρωπόν τινα πυκνὸν ἐξ-ευρεῖν (!) αὐτούς, οἱ δὲ λέγουσιν ἄ-δηλον (!) εἶναι, πότερον εἰσὶν θεοὶ ἢ οὔ. Αὐτοὺς γὰρ εἶναι παντάπασιν ἀ-οράτους (!). Ἡμῖν ἄρα φυλακτέον ἐστὶ τούτους τοὺς ἄνδρας."

1) εὐ-γενής, -ές: vornehm, adelig
2) εὐ-φήμει: Gott bewahre! (von εὐ-φημέω - wörtlich?)
3) σοφιστικός, -ή, -όν: sophistisch; spitzfindig, betrügerisch

E 1. Ἐν τῇ τῶν Ἀθηναίων ἀκροπόλει ὁρῶμεν τοὺς εὖ ποιητοὺς ναοὺς καὶ τὴν θαυμαστὴν εἰκόνα τὴν τῆς Ἀθηνᾶς.
2. Ἐκεῖ οἱ Ἀθηναῖοι θεραπεύουσι τὴν ἀνίκητον Ἀθηνᾶν, ἣ φυλάττει τὴν πόλιν.

3. Ἡ δ' Ἀθηνᾶ θεραπευτέα (ἐστί) πᾶσι τοῖς Ἀθηναίοις. Οὐδ' οἱ ἱερεῖς αὐτῆς ἀτιμαστέοι (εἰσίν) τοῖς ἀστοῖς.
4. Τοῖς δ' ἱερεῦσιν ἐπιμελητέον / ἐπιμελητέα τῶν ναῶν τε καὶ τοῦ τῆς Ἀθηνᾶς ἀγάλματος.

1 Von welchen Verben sind die Verbaladjektive gebildet? Übersetze:
a) φοβητός ἐναντίος, δοῦλος ἐν τῷ οἴκῳ θρεπτός, κρυπτὸς τάφος, ὁ κοσμητὸς στρατός, κακὸν οὐ λεκτόν, νόμοι γραπτοί, ἡ θαυμαστοτάτη δόξα, τιμητὰ δῶρα
b) χώρα ἀνοίκητος, τὸ ἀπαίδευτον τέκνον, ἡ εὐπαίδευτος κόρη, ἡ ἀκόλαστος θυγάτηρ, τὸ ἀνεξέργαστον ἔργον, τὸ ἀνέλεγκτον μαντεῖον

Karikatur eines diskutierenden Sophisten auf einer griechischen Vase, um 440 v. Chr. (Musée du Louvre, Paris)

2 Übersetze: a) Ἐξ ἀρχῆς οἱ ἄνθρωποι ἔζων ἀ-τάκτως (!). b) Ὁ Πλάτων διαιρεῖ τὸν κόσμον εἰς ὁρατὸν τόπον καὶ νοητὸν τόπον.

3 Philosophie: a) Sokrates im Dialog *Gorgias* zu seinem Gesprächspartner: Δέομαι οὖν ἐγώ σου ἀποκρίνασθαι, ἵνα τῷ ὄντι κατά-δηλον (!) γένηται, πῶς βιωτέον. Καί μοι λέγε· Τὰς μὲν ἐπιθυμίας φῂς οὐ κολαστέον, καὶ τοῦτο εἶναι τὴν ἀρετήν. b) Sokrates in der *Apologie*: Ὁ ἀν-εξέταστος (!) βίος οὐ βιωτὸς ἀνθρώπῳ. c) Sokrates in der *Politeia*: Οὐχ ἧττον μανθάνοντι πονητέον ἢ γυμναζομένῳ. d) Sokrates am Schluss des Dialogs *Gorgias*: Εὐλαβητέον ἐστὶν τὸ ἀδικεῖν μᾶλλον ἢ τὸ ἀδικεῖσθαι, καὶ μᾶλλον ἀνδρὶ ἀσκητέον οὐ τὸ δοκεῖν εἶναι ἀγαθόν, ἀλλὰ τὸ εἶναι, καὶ ἰδίᾳ καὶ δημοσίᾳ. Ἐὰν δέ τις κατά τι κακὸς γίγνηται, κολαστέος ἐστίν.

4 a) Benenne deutsch die angeführten positiven und die negativen Wesenszüge der Sophisten möglichst knapp und prägnant.
b) Welche Aufgabe in der Argumentation erfüllt der Schlussteil des Textes (Z. 11-14: οἱ μὲν γὰρ ... τοὺς ἄνδρας)?

... bedeutet Herrschaft (κράτος) des Volkes (δῆμος). Das Wort taucht zum ersten Mal in der europäischen Literatur bei dem Historiker Herodot in der 2. Hälfte des 5. Jahrhunderts vor Christus auf. Dass sich der Begriff δημοκρατία durchsetzte und bis heute weiterlebt, war nicht selbstverständlich. Von den Griechen wurden lange Zeit die etwa bedeutungsgleichen Begriffe ἰσο-νομία (Gleichheit in der Zuteilung; vgl. νέμω) und ἰσ-ηγορία (Gleichheit im Reden; vgl. ἀγορεύω) bevorzugt. Wenn wir heute von der Geburtsstunde der Demokratie in Europa sprechen, denken wir zuerst an Athen:

Drakon zeichnete um 621 v. Chr. dort erstmals Gesetze auf. Seine Strafen waren äußerst hart, eben „drakonisch“. Drakons große Leistung besteht allerdings darin, dass er Rechtssicherheit schuf und die Willkür, die vor allem vom Adel und den Reichen ausging, zurückdrängte.

Solon

Solon wurde 594 v. Chr. in einer Zeit schwerer innerer Unruhen als Gesetzgeber mit besonderen Vollmachten eingesetzt. Er verstand sich als διαλλακτής, d. h. als Versöhner (vgl. διαλλάττω) zwischen Adel und Volk, zwischen reichen Großgrundbesitzern und armen Bauern. Er setzte eine Volksversammlung (ἐκκλησία) und den demokratisch gewählten Rat der 400 (βουλή) ein.

Solons Verfassung war trotz allem eher eine Timokratie als eine Demokratie: Je mehr Steuern ein Bürger zahlte, desto mehr politische Rechte hatte er, desto höhere Ehre (τιμή) genoss er im Staat. Archonten und Areopag (der Rat der ehemaligen Archonten), die nur aus Mitgliedern der obersten Gesellschaftsschicht bestanden, lenkten bzw. kontrollierten alle wichtigen Entscheidungen.

Kleisthenes führte in den Jahren 508/507 entscheidende demokratische Reformen durch: Erst jetzt wurde die βουλή, die auf 500 Mitglieder aufgestockt wurde, wirklich allen athenischen Bürgern zugänglich. Rat und Volksversammlung fällten nun die wichtigen politischen Entscheidungen. Um dabei lokalen Sonderinteressen vorzubeugen, ließ Kleisthenes die einzelnen Stimmbezirke jeweils aus den verschiedenen Regionen Athens (Gebirge, Küste, Stadt) zusammenlosen. Noch blieb der Areopag wichtiges Kontrollorgan, Archonten und Beamte mussten aber nach Ablauf ihrer Amtszeit vor dem Volk Rechenschaft ablegen.

Wer zu mächtig wurde, konnte durch ein Scherbengericht (ὀστρακισμός) aus Athen verbannt werden.

Perikles führte Athen ungefähr ab 460 v. Chr. in die Zeit seiner höchsten Blüte. Der Areopag war vollständig entmachtet, alle wesentlichen Entscheidungen waren auf die βουλή, die ἐκκλησία und die aus Geschworenen bestehenden Volksgerichte übertragen. Diese waren allen athenischen Bürgern zugänglich.

Losmaschine
Jeder Kandidat gab ein Schildchen mit seinem Namen ab, das nach einer bestimmten Ordnung in die Schlitze des Apparates gesteckt

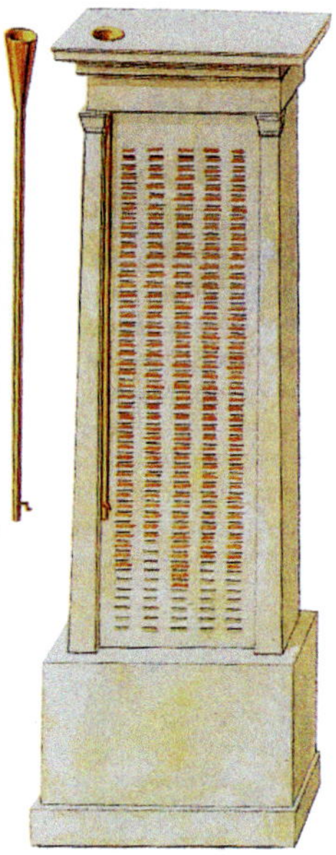

wurde. Schwarze und weiße Murmeln, die dann in den Trichter links geworfen wurden, bestimmten, welche Schildchen wieder herausgenommen und welche steckenbleiben durften. Das größere Loch links unten zeigt, wo die Murmeln herausfielen.

Die meisten Ämter wurden, teilweise im täglichen Wechsel, ausgelost. Damit auch ärmere Bürger Ämter bekleiden oder an Sitzungen teilnehmen konnten, wurden auf Perikles' Betreiben aus der Staatskasse finanzielle Entschädigungen für den Verdienstausfall gezahlt. Damit war die Demokratie vollendet.

Nicht vergessen werden darf allerdings Folgendes: Wenn nun alle Macht beim Volk von Athen lag, so heißt das noch lange nicht, dass tatsächlich alle in Athen Lebenden politisch tätig werden durften. Die Bürgerlisten wurden streng geführt. Tatsächlich besaßen in klassischer Zeit von ca. 300 000 in Athen ansässigen Personen gerade einmal ca. 40 000 politische Rechte.
Ausgeschlossen von aktiver politischer Betätigung waren: Frauen, männliche Athener unter 20 Jahren, Metöken (μέτ-οικοι), d. h. von auswärts zugezogene Bürger, und deren Nachkommen sowie Sklaven.

Hier traf sich die βουλή: Rekonstruktion der Tholos, in der die jeweils 50 diensttuenden Ratsmitglieder auf Staatskosten gespeist wurden, daneben das alte Ratsgebäude (βουλευτήριον) und unmittelbar dahinter das neue. Ganz im Hintergrund ist der Tempel des Hephaistos (heute auch Theseion genannt) zu sehen.

Arbeitsauftrag:
Vergleiche die attische Demokratie mit unserer heutigen, suche Unterschiede, Weiterentwicklungen und Gemeinsamkeiten und bewerte sie.

Die heutigen Überreste des Tholos-Gebäudes

Im Sommer 429 v. Chr., im zweiten Jahr des Peloponnesischen Krieges, kam es in Athen zu einer Katastrophe: Während die Truppen des spartanischen Königs Archidamos immer wieder in Attika einfielen, brach völlig unvorhergesehen im Piräus eine verheerende Seuche aus.

Εἶτα ἀφίκετο ἡ νόσος καὶ ἐπὶ τοὺς ἐν τῇ ἄνω[1] πόλει οἰκοῦντας πολλῷ πλείους ὄντας ἢ τὸ πρότερον. Πολλοῖς γὰρ τὴν Ἀττικὴν νεμομένοις φευκτέον ἦν εἰς τὰς Ἀθήνας. Προέδοσαν τοὺς ἀγροὺς φοβούμενοι τοὺς ἀμφὶ τὸν Ἀρχίδαμον, οἳ ἐπορεύθησαν εἰς τὴν Ἀττικήν, ἵνα τέμνωσι τὴν γῆν.

Τοῦ δὲ λοιμοῦ[2] διερχομένου πᾶσαν τὴν πόλιν οἱ ἰατροὶ οὐχ οἷοί τε ἦσαν ὠφελεῖν τοὺς ἀσθενεῖς ἅτε ἀγνοοῦντες φάρμακα χρηστά. Ἀλλ’ ἀπέθανον πρῶτοι, ἐπεὶ μάλιστα ἐπεμελήθησαν τῶν νοσούντων (!).

Οὐδὲ οἱ ἱερεῖς δυνατοὶ ἦσαν βοηθεῖν καίπερ πολλῶν δώρων δοθέντων. Τὰ δὲ κακὰ δοκοῦντα ἄ-φυκτα (!) εἶναι τοὺς μὲν πλείστους παντάπασιν ἀ-θύμους (!) ἔθηκεν. Ἄλλοι δὲ οὔτε τοὺς θεοὺς ἔτι ᾐδέσθησαν οὔτε τοὺς τῶν ἀνθρώπων νόμους. Ἀλλ’ ἥρπασαν τὰ τῶν τεθνεώτων κτήματα ἐξὸν ἀκολάστως ἀπολαῦσαι αὐτῶν. Ἐνεθυμοῦντο γάρ, ὅτι πάντα τὰ ἀνθρώπινα εἴη ἐφήμερα[3].

Οὕτω δὴ ὁ λοιμὸς[1] διέφθειρε καὶ τὰ σώματα καὶ τὰ ἤθη.

1) ἄνω: oben
2) ὁ λοιμός, -οῦ: die Seuche
3) ἐφ-ήμερος, -ον: vergänglich (nur für einen Tag bestehend)

Mache den Aufbau des Textes deutlich, indem du den ersten drei Abschnitten treffende und knappe Überschriften gibst.

Neue Forschungen zur „Pest“ in Athen

Trotz der relativ genauen Schilderung vieler Symptome lässt sich die von Thukydides beschriebene Seuche aus medizinhistorischer Sicht bis heute nicht eindeutig klassifizieren. „Aus moderner epidemiologischer Sicht hat Thukydides ... mehrere und z.T. erstmals in Athen auftretende Infektionskrankheiten zusammengefasst. Zu Beginn, im Jahr 430 v. Chr., brechen wahrscheinlich zum ersten Mal die Pocken aus, die zusammen mit Lagerseuchen wie Fleckfieber und Ruhr eine große Zahl von Opfern fordern. Um die (Beulen- bzw. Lungen-)Pest hat es sich mit Sicherheit nicht gehandelt.“ (H. Schott: Die Chronik der Medizin. Augsburg. 1997. S. 42) – Ein weiterer Erklärungsversuch geht von einer Grippe-Epidemie aus (FOCUS 45/1997, S. 230 f.).

Der Journalist Ulrich Baron referiert in „Welt-Online“ vom 12.11.2005: 1994 „wurde beim Ausbau der Athener U-Bahn nordwestlich des Kerameikos-Friedhofs eine Grube von 6,50 Meter Durchmesser (und 1,60 Meter Tiefe) freigelegt. Darin lagen die Überreste von 89 Leichen, ‚in ausgestreckter Position, aber ungeordnet‘. In den unteren Lagen habe man den Toten noch Platz gelassen und sie mit Erde bedeckt; in den oberen seien sie einfach in die Grube geworfen worden, schreibt (der Bonner Althistoriker) Winfried Schmitz ... Bei den Toten, die ausgerechnet von der U-Bahn ans Tageslicht befördert wurden, könnte es sich um Opfer jener ‚Pest‘ handeln, die Athen in den Jahren 430-426 v. Chr. heimsuchte.“

Bekräftigt wird diese Vermutung durch die hohe Anzahl der Leichen in einer Grube, die hastige und wenig sorgfältige Bestattung und besonders die Datierung der meisten der unverhältnismäßig wenigen (30) und armseligen Grabbeigaben (s. Abb.) auf die Zeit um 430 v. Chr.

Die genaue Bestimmung der Seuche ist eine viel diskutierte Frage. Nach neuesten Forschungen, die durch die Auffindung des Massengrabs ermöglicht wurden, wird sie mit dem Fleckfieber identifiziert. Die Internet-Enzyklopädie Wikipedia fasst die Ergebnisse (geringfügig verändert) so zusammen: „Das Fleckfieber wurde früher auch als Hunger- oder Kriegstyphus bezeichnet, da es sich unter schlechten hygienischen Bedingungen in Kriegszeiten mitunter epidemieartig ausbreitete. 2005 wurde eine Arbeit veröffentlicht, in der die Zahnpulpa dreier Zähne (von Schädeln aus dem Massengrab) ... auf DNA-Fragmente untersucht wurde. Es konnte Erbmaterial mit Ähnlichkeit eines Stammes von Fleckfieber auslösenden Salmonellen nachgewiesen werden. Kritische Kommentare blieben jedoch nicht aus. So wurde insbesondere bemängelt, dass alleine die Tatsache, dass in den untersuchten Proben die genannte Salmonellen-DNA gefunden wurde, keineswegs Todesursächlichkeit bedingt. Zudem sind die durch Thukydides beschriebenen Symptome nur teilweise mit diesem Untersuchungsergebnis in Einklang zu bringen.“

1 a) **Jesus** ruft zur Nächstenliebe auf; bei Lukas heißt es:

Παντὶ αἰτοῦντί σε δίδου.

Matthäus überliefert folgendermaßen:

Τῷ αἰτοῦντί σε δός.

Worin bestehen die Unterschiede in der Formulierung?

b) In den Evangelien wird Jesus auch als der, der große Werke vollbringt, dargestellt:

Ἰησοῦς ἑνὶ ἑκάστῳ τῶν ἀσθενούντων (= ἀσθενῶν) τὰς χεῖρας ἐπιτιθεὶς ἐθεράπευεν αὐτούς.

Ἄρχων τις (συναγωγῆς) ἐλθὼν προσεκύνει (προσκυνέω: niederfallen vor) αὐτῷ λέγων· „Ἡ θυγάτηρ μου ἄρτι ἐτελεύτησεν· ἀλλὰ ἐλθὼν ἐπίθες τὴν χεῖρά σου ἐπ' αὐτήν, καὶ ζήσεται (= ζήσει)."

c) So sendet Jesus auch seine Jünger aus:

„Καὶ εἰς ἣν ἂν πόλιν εἰσ-έρχησθε καὶ δέχωνται ὑμᾶς, ἐσθίετε τὰ παρατιθέμενα ὑμῖν καὶ θεραπεύετε τοὺς ἐν αὐτῇ ἀσθενεῖς."

2 Auf diesem 1953 in Olympia gefundenen **Helm** fand sich folgende **Aufschrift**:

Μιλτιάδης ἀνέθηκεν[1]
τῷ Διί.

1) ἀνατίθημι: ich weihe

3 Ὦ ξεῖν' (= ξένε) ἀγγέλλειν (= ἄγγελλε) Λακεδαιμονίοις, ὅτι τῇδε /
κείμεθα τοῖς κείνων (= ἐκείνων) ῥήμασι πειθόμενοι. (Simonides)

Erkundige dich, wo diese Grabinschrift stand und welche berühmten Schriftsteller sie übersetzt haben.

4 Du findest **Formen** von δίδωμι und τίθημι oder ihren Komposita – ordne die (in Tempus, Modus, Genus Verbi, Numerus und Person) entsprechenden Formen einander zu und übersetze sie:

a) ἀποδίδονται τὸν σῖτον ὀλίγου – ἀποδιδόμενοι – χάριν ἀπόδοτε – δίδωσιν – δώσετε – ἔδοτε – ἔδωκα – μεταδιδόασιν τοῖς ἀστοῖς ἐλευθερίας – προδιδόμεθα – προδοῦναι – προεδόθης

b) εὖ διετέθης – διέθετε – ἐπιθήσετε – ἔθηκά σε φίλον – ἐπιτιθέασιν – παραθεῖναι – παρατιθέμεθα – σύνθετε – συντιθέμενοι – οἱ Ἀθηναῖοι νόμους τίθενται – τίθησιν

5 Das **Verbum τίθημι** hat von seinen Stämmen θη/θε sehr viele **Fremdwörter** gebildet. Manche sind dir sehr gut bekannt, manche eher weniger: Erkläre alle mithilfe deiner Griechischkenntnisse, eines griechischen Wörterbuchs, eines Lexikons oder einer Internetrecherche:

Thema – Theke – Diskothek – Glyptothek – Hypothek – Pinakothek – Videothek – Vinothek

These – Antithese – Hypothese – Prothese – Synthese

a) Welche zwei Wörter fallen hier etwas aus der Reihe?

b) Finde weitere deutsche Fremdwörter, die von τίθημι abgeleitet sind.

6 Übersetze folgende Pyramide

δός
δίδως
διδόναι
προέδωκας
ἀποδιδόμεθα
μεταδιδούσαις
χάριν ἀποδιδοῖεν

7 Wer war einer der großen **Sophisten**, die in Athen lehrten?

1) προδιδόναι 2) ἱερεύς 3) κοσμεῖν 4) ὄφελος 5) φυλακή 6) δίδωσιν 7) οἰκεῖν 8) διατιθέναι 9) μεταδιδόναι 10) τίθης

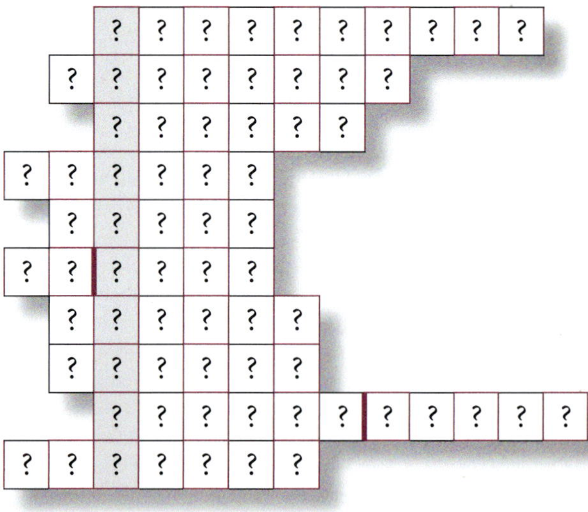

… das waren Attribute, die mit dem wohl erfolgreichsten und berühmtesten Politiker-Ehepaar der griechischen Antike, mit Perikles und Aspasia, in Verbindung gebracht wurden:

Ἐπὶ Περικλέους ἡ τῶν Ἀθηναίων πολιτεία λόγῳ μὲν δημοκρατία ἦν, ἔργῳ δὲ ἀρχὴ τοῦ πρώτου ἀνδρός. Ὁ γὰρ Περικλῆς σωφρονέστατος ὢν μᾶλλον ἦγε τὸ πλῆθος ἢ ἤγετο ὑπ᾽ αὐτοῦ. Ἀλλὰ καίπερ ἀκμαζούσης[1] τῆς πόλεως οἱ ἐναντίοι οὐκ ἤθελον μεθεῖναι τοῦ πρὸς Περικλέα φθόνου. Ἐφιέμενοι δὲ λυπῆσαι αὐτὸν κατηγόρουν τῶν φίλων αὐτοῦ καὶ δὴ καὶ τῆς Ἀσπασίας. Ἦν γὰρ γυνὴ πάνυ ἄτοπος· ἐλθοῦσα ἐκ τῆς Μιλήτου διῆγε πολὺ αὐταρκέστερον τῶν ἄλλων γυναικῶν τῶν ἐν ταῖς Ἀθήναις. Ἄριστα δὲ συνίει καὶ τὰ πολιτικὰ καὶ τὴν φιλοσοφίαν, ὥστε πολλοὶ τῶν τότε εὐδοκιμούντων ἵεντο εἰς τὴν οἰκίαν αὐτῆς ὡς διαλεξόμενοι. Ἡ οὖν Ἀσπασία ἀ-σεβείας (!) ᾐτιάθη καὶ κίνδυνος ἦν, μὴ καταψηφίσωνται οἱ δικασταὶ αὐτῆς θάνατον. Ἀλλ᾽ ἀπελύθη, ἐπεὶ ὁ Περικλῆς οὐκ ἀφῆκε τὴν γυναῖκα, ἀλλ᾽ ἀπελογήσατο ὑπὲρ τῆς ἀγαπωμένης πολλὰ δάκρυα μεθιείς.

1) ἀκμάζω: ich blühe

Aspasia, Büste, um 450 v. Chr. (Rom, Vatikanische Museen)

E 1. Οἱ μὲν Λακεδαιμόνιοι ἀφιᾶσιν πάντας τοὺς ξένους ὡς κρύψοντες τὰ ἑαυτῶν.

2. Ὁ δὲ δῆμος ὁ τῶν Ἀθηναίων οὐκ ἀφίησιν ξένους.

3. Διὸ ἄνθρωποι ἐκ πάσης τῆς γῆς ἐφίενται εἰς Ἀθήνας ἀφικνεῖσθαι, μάλιστα δὲ φιλόσοφοι.

4. Οἱ γὰρ τότε Ἀθηναῖοι ἐφεῖντο τῆς φιλοσόφων τινῶν συνουσίας.

5. Πολλοὶ μέντοι τὰς διανοίας τὰς τῶν φιλοσόφων οὐκ ὀρθῶς συνεῖσαν.

6. Τὰς διανοίας οὐκ ὀρθῶς συνέντες ἐδίωξαν φιλοσόφους ἀ-σεβείας (!).

1 Welche Form passt zu der Übersetzung:

a) er schickt: ἵει – ἱᾶσιν – ἵησιν – ἵεται – ἱεῖσιν

b) schicken (Präs.): ἱέναι – ἰέναι – εἶναι – εἰδέναι – ἰδεῖν

2 Übersetze und achte dabei genau auf die Formen im Fettdruck:

Βουλόμεθα **συνεῖναι** τοῖς ἀρίστοις φιλοσόφοις. – Βουλόμεθα **συνεῖναι** τοὺς τῶν ἀρίστων φιλοσόφων λόγους. Βουλόμεθα **συνθεῖναι** καλοὺς λόγους. Βουλόμεθα **συνειδέναι** ἡμῖν αὐτοῖς τὴν ἀλήθειαν ζητοῦντες.

3 Aus der vorsokratischen Philosophie:

a) Ἀλκμαίων ἄνθρωπόν φησι τῶν ἄλλων ζῴων διαφέρειν, ὅτι μόνος συνίησιν, τὰ δ᾽ ἄλλα αἰσθάνεται μέν, οὐ συνίησι δέ.

b) Ἀλκιδάμας εἶπεν· „Ἐλευθέρους ἀφῆκε πάντας θεός, οὐδένα δοῦλον ἡ φύσις πεποίηκεν.“

4 Übersetze und versuche herauszubekommen, wo sich dieser berühmte Satz finden lässt:

Καὶ ἄφες ἡμῖν τὰ ὀφειλήματα[1] ἡμῶν, ὥσπερ καὶ ἡμεῖς ἀφήκαμεν[2] τοῖς ὀφειλέταις[1] ἡμῶν.

1) zu ὀφείλω: ich (ver)schulde – 2) ἀφήκαμεν = ἀφίεμεν

5 Gehe den Lektionstext nach der Übersetzung noch einmal durch und beschreibe, wie die einzelnen (beiordnenden und unterordnenden) Konjunktionen und Partikeln den Gedankengang steuern.

Perikles besucht mit Aspasia die Bauarbeiten am Parthenonfries, die von Pheidias geleitet werden, Gemälde von Sir Lawrence Alma Tadema, 1868 (Museums and Art Gallery, Birmingham)

86 Wie soll der Mächtige regieren?

Im Jahr 428 v. Chr. war Mytilene auf Lesbos vom Attisch-Delischen-Seebund abgefallen. Die Athener wollten diesen Verlust nicht tatenlos hinnehmen und eroberten die Stadt 427 v. Chr. zurück. Um für alle übrigen Bündnispartner ein Zeichen zu setzen, beschloss die Volksversammlung in Athen zunächst, Mytilene hart zu bestrafen: Alle Männer sollten hingerichtet, Frauen und Kinder in die Sklaverei verkauft werden. Schon am darauf folgenden Tag kam es aber zu einer zweiten Beratung, in der sich vor allem folgende Meinungen gegenüberstanden:

Κλέων, ᾧ μάλιστα ἐπίστευε ὁ δῆμος μετὰ τὸν τοῦ Περικλέους θάνατον, ἀνέστη καὶ εἶπε τοιάδε· „Πολλάκις ἤδη ἔγνων ὑμᾶς ἀδυνάτους ὄντας ἑτέρων ἄρχειν. Ἀνάγκη γὰρ τοὺς ἀρχομένους φοβεῖσθαι τοὺς ἄρχοντας βεβαίους ὄντας. Ὑμεῖς δὲ ἀεὶ μεταβάλλετε τὴν γνώμην καὶ νῦν καθίστατε τὴν πόλιν εἰς κίνδυνον ἐλεοῦντες τοὺς Μυτιληναίους τοὺς ἀδικοῦντας ὑμᾶς. Μὴ ἀναστήσητε τοὺς ἐναντίους, ἀλλὰ κατα-βάλετε (!) αὐτοὺς σύμπαντας ζημίᾳ βαρυτάτῃ. Οὕτω γὰρ δια-σώσετε (!) τὴν ἡγεμονίαν."

Τῷ δὲ Κλέωνι τοιαῦτα εἰπόντι ἀντ-έστη (!) Διόδοτος καὶ καταστὰς ἐπὶ τὸ πλῆθος γνώμην ἀπεφήνατο ὧδε· „Ἄριστα ἂν καθισταῖσθε τὰ τῆς πόλεως, εἰ δικάζοιτε χωρὶς τάχους[1] καὶ ὀργῆς προσέχοντες μόνον τούτοις, ἃ ἂν λυσιτελῇ τῇ πόλει. Ἐννοεῖτε οὖν· τί κέρδος ὑμῖν ἔσται ζημιώσασι πάντας τοὺς Μυτιληναίους, αἰτίους τε καὶ ἀν-αιτίους (!); Χρήματα οὐκέτι εἰσ-έλθοι (!) ἂν ἐκ τῆς Μυτιλήνης καὶ ἐχθροὶ ἂν εἶτε πᾶσι τοῖς ἄλλοις συμμάχοις, οἳ οὐ παύσονται πράγματα παρέχοντες. Κολάσατε οὖν τοὺς αἰτίους τῆς στάσεως, ἀλλὰ μὴ πάντα τὸν δῆμον."

1) τὸ τάχος, -ους: Subst. zu ταχύς

E
1. Οἱ Ἀθηναῖοι βούλονται καθιστάναι τὸν Περικλέα πρῶτον ἄνδρα τῆς πόλεως.
2. Ὁ Περικλῆς καθίσταται εἰς τὴν ἀρχήν. Ὁ Περικλῆς καθίσταται τὴν πόλιν σοφίᾳ τε καὶ ῥητορικῇ.
3. Ὁ τῶν Ἀθηναίων δῆμος κατέστησεν τὸν Περικλέα πρῶτον ἄνδρα.
4. Ὁ Περικλῆς κατέστη εἰς τὴν ἀρχήν.
5. Ἐπεὶ ὁ Περικλῆς κατεστάθη πρῶτος ἀνήρ, κατεστήσατο τὴν πόλιν σοφίᾳ τε καὶ ῥητορικῇ.

1 Bestimme und übersetze die folgenden Formen: ἱστάναι – ἵσταται – ἵστασαν – ἵστασθε (3x) – ἵσταμεν (2x) – ἵστασο (2x) – ἵστατε (3x)

2 Ordne folgende Übersetzungen den griechischen Formen zu:
ich werde stellen, ich stellte (Aor.), ich stehe, du stelltest für dich (Aor.), ich stellte mich (Aor.), du stellst, es wurde aufgestellt (Aor.), ich werde mich stellen, es wird aufgestellt werden
ἐστάθη, ἕστηκα, ἔστην, ἔστησα, ἐστήσω, ἵστης, σταθήσεται, στήσομαι, στήσω

3 Ansichten über die Schöpfung:
a) Ἀναξαγόρας πρῶτος τῇ ὕλῃ (ἡ ὕλη: Materie, Stoff) νοῦν ἐπ-έστησεν (!). b) Ἐκ πυρὸς ὕδατός τε καὶ ἀέρος καὶ γῆς συν-έστησε (!) τὸν κόσμον ὁ συν-ιστάς (!). (Plat. Tim. 32c) c) Οἱ θεοὶ μόνον τῶν ζῴων τὸν ἄνθρωπον ὀρθὸν ἀνέστησαν. (Xen. Mem. 1,4,11)

4 Vergleiche die unterschiedliche Art (Inhalt / sprachliche Mittel, z.B. Wortwahl, Modi), in der Kleon und Diodotos jeweils die Volksversammlung ansprechen.

Zu welchem Fest begrüßen einander Griechen so: „Χριστός ανέστη" – „Αληθώς ανέστη"?

Thukydides berichtet, dass die Athener tatsächlich den Vernichtungsbefehl widerriefen und dem Kurierschiff, das schon einen Tag Vorsprung hatte, in aller Eile eine Triere hinterherschickten:
„Und die Besatzungsmitglieder entwickelten für die Fahrt einen so großen Eifer, dass sie während des Ruderns mit Wein und Öl angerührtes Mehl aßen und sich zum Schlafen und Rudern schichtweise ablösten. Weil aber zum Glück kein Gegenwind wehte und das frühere Schiff nicht eilig zu seinem widerwärtigen Auftrag fuhr, (...) war das eine zwar insoweit voraus, als Paches (der attische Befehlshaber von Mytilene) den Volksbeschluss gelesen hatte und ihn gerade vollziehen wollte; das spätere Schiff aber lief kurz danach ein und konnte die Vernichtung noch verhindern. So nahe an die Gefahr war Mytilene gekommen."

Ἴσως ἂν ἐπίσταισθε τὴν Σαλαμῖνα καὶ τὴν Αἴγιναν νήσους κειμένας πλησίον τῶν Ἀθηνῶν. Καὶ ἴσως ἐπύθεσθε, ὅτι οἱ Ἀθηναῖοι εἷλον ἀμφοτέρας ἐφιέμενοι τοῦ τῆς θαλάττης κρατῆσαι.
Πρῶτον μὲν Σόλωνος παρακαλέσαντος ἔγνωσαν ἐπιχειρῆσαι τῇ Σαλαμῖνι. Αὕτη δ᾽ ἦν ἐν χρόνῳ παλαιτάτῳ πατρὶς τοῦ Αἴαντος, ὃν ἐθαύμασαν πάντες οἱ Ἕλληνες τῆς ῥώμης. Ὑφ᾽ Ὁμήρου δὲ „πύργος[1]" ὠνομάσθη· δεινὸς γὰρ ἦν τὸ σῶμα καὶ ἄριστα ἠπίστατο καρτερεῖν ἐν πολέμῳ καὶ ἀμύνειν τοὺς Τρῶας, ἕως ὁ Ἀχιλλεὺς ὀργῆς ἐμπλησθεὶς ἀπείχετο τῆς μάχης.
Τὴν δ᾽ Αἴγιναν οἱ Ἀθηναῖοι στρατείαν ποιούμενοι πρῶτον μὲν οὐκ ἐδυνήθησαν προσ-κτήσασθαι (!), ἀλλ᾽ ἐτράπησαν ὑπὸ τῶν Αἰγινητῶν· οὗτοι γὰρ καίπερ τῆς νήσου πολλῶν ἐνδεοῦς καὶ σχεδὸν ἀ-κάρπου (!) οὔσης ναῦς συχνὰς καὶ ἰσχυρὰς εἶχον. Ὄλβιοι δ᾽ ἐγένοντο τῇ ἐμπορίᾳ (!). Ἔπειτα δὲ οἱ Ἀθηναῖοι ἐμπλήσαντες καὶ πλείους ναῦς στρατιωτῶν ἐκράτησαν τοὺς Αἰγινήτας. Οἱ δ᾽ ἀναγκαζόμενοι ἀπάγειν μέγαν φόρον[2] κοὐ δυνάμενοι δια-σῶσαι (!) τὰς προτέρας οὐσίας οὐκ ἀπεῖπον ἐναντιούμενοι.

1) ὁ πύργος, -ου: der Turm, das Bollwerk
2) ὁ φόρος, -ου: der Tribut, die Abgabe

E
1. Ὁ Περικλῆς τοὺς Ἀθηναίους ἀνδρείας πιμπλάναι ἐδυνήθη.
2. „Ὦ ἄνδρες, ἐπίσταμαι ἡμᾶς ἀνδρειοτάτους ὄντας.
3. Ἐπιστάμεθα γὰρ μάχεσθαι πᾶσιν τοῖς πολεμίοις.

4. Οἱ πρόγονοί τε καὶ οἱ πατέρες ἀνδρειότατοι ὄντες ἀπαγορεύουσιν ἡμῖν μὴ δειλοῖς εἶναι.
5. Διὸ μήποτε ἀπαγορεύωμεν τοῖς Λακεδαιμονίοις ἐναντιούμενοι.
6. Πρὸς δὲ τούτοις γιγνώσκετε τοὺς Λακεδαιμονίους ἄνευ συμμάχων ἀσθενεῖς ὄντας.
7. Διὸ ὀρθῶς γιγνώσκομεν ἐπὶ τούτους τοὺς πολεμίους στρατεύεσθαι."

1 Ordne die vorgegebenen Formen in der folgenden Tempusreihe: Präsens, Imperfekt, Futur, Aorist, Perfekt (sowohl im Aktiv als auch im Passiv).
ἐπλήσθη, πέπλησται, ἔπλησεν, ἐπίμπλη, πλησθήσεται, πίμπλαται, πέπληκεν, πίμπλησιν, πλήσει, ἐπίμπλατο

2 Finde den Irrläufer:
a) ἐπίστασαι, ἐπιστήσῃ, ἠπιστήθης, ἐπίστασθε
b) δύνανται, δύνασαι, δυνάσται, δύναται

Achilleus und Aias beim Würfelspiel, Amphore des Exekias, um 530 v. Chr. (Rom, Vatikanische Museen)

3 Die Schlacht bei Salamis.
Θεμιστοκλῆς ἐπίσταται τοὺς Ἀθηναίους πείθειν ἐπὶ τοὺς Πέρσας ναῦς παρασκευάζειν. Διὸ γιγνώσκουσι ξύλῳ μακρὰς ναῦς κατασκευάζειν πολλὰς καὶ οὐκ ἀπαγορεύουσι μανθάνοντες ἐρέττειν (rudern). Τέλος δὲ οἱ Ἀθηναῖοι ἐμπιμπλᾶσι τὰς ναῦς ἀνδρῶν καὶ τοῖς Πέρσαις ἐπιχειροῦσιν. Οἱ γὰρ Ἀθηναῖοι εἰδότες, ὅτι ἡ περὶ Σαλαμῖνα τὴν νῆσον θάλαττα ἐπιτηδεία ἐστὶ πρὸς ναυμαχίαν (!), ἐκεῖ μάχονται. Δύνανται οὖν πολλὰς τῶν Περσῶν ναῦς καταδύειν (!). Αἱ τῶν Ἀθηναίων γυναῖκες πρῶτον μὲν ἀκούουσι τοὺς Ἀθηναίους νικῆσαι, ὕστερον δὲ κήρυκος ὑπὸ τοῦ Θεμιστοκλέους πεμφθέντος ἀκούουσι τοὺς Ἀθηναίους νενικηκότας.

411 v. Chr. brachte der bekannte Komödiendichter Aristophanes im vom Peloponnesischen Krieg schwer gezeichneten Athen sein Stück „Lysistrate“ auf die Bühne. Im Folgenden spricht ein Besucher über den Inhalt dieser Komödie:

Ὁ Ἀριστοφάνης ἐπιδείκνυσι ἡμῖν τὴν ἀκρόπολιν πλήρη γυναικῶν συνειλεγμένων ἐκ πάσης τῆς Ἑλλάδος. Λυσιστράτη δέ, Ἀθηναία τις, ἣν αἱ γυναῖκες ἡγεμόνα ἀπέδειξαν, παραινεῖ τῷ ὄχλῳ ὧδέ πως· „Ὦ φίλαι, κακῶς διάκεινται ἡμῖν αἱ πόλεις, κακῶς διακείμεθα καὶ ἡμεῖς αὐταί. Διατελοῦμεν γὰρ ποθοῦσαι[1] τοὺς ἄνδρας, οἳ εἴκοσιν ἤδη ἔτη πολεμοῦσιν οὐ δυνάμενοι εἰρήνην ποιεῖσθαι. Ἀπόλλυνται δὲ οἱ υἱοί, οὓς ἐτέκομεν κατασταθεῖσαι εἰς μέγιστα ἄλγη. Προδεδόμεθα δὲ ὑπὸ τῶν ἀνδρῶν προσποιουμένων κέρδους καὶ δυνάμεως ἐφίεσθαι. – Ἀλλὰ νῦν χρὴ αὐτοὺς δίκην δώσειν τῆς ἀβουλίας[2] καὶ τῶν ψευδῶν (!). Παροξύνωμεν[3] αὐτούς, ἀλλὰ μὴ μειγνυώμεθα[4] αὐτοῖς. Καὶ μὴ κάμνωμεν ταράττουσαι αὐτούς, πρὶν ἂν παύσωνται ἀπολέσαντες ἀλλήλους. Ἀνάγκη πάντα τὰ ὅπλα κατα-τεθῆναι (!).“ Πασῶν δὲ συγχωρησασῶν καὶ ὀμοσασῶν ὁ σύλλογος (!) ἐλύθη. Οἱ δὲ ἄνδρες ἐν βραχεῖ μάλα ἐπεθύμουν τῶν γυναικῶν, ἀλλ᾽ οὐχ οἷοί τε ἦσαν πεῖσαι αὐτὰς οὔτε κολακείᾳ[5] οὔτε δώροις. Ὥστε κατα-τεθήκασιν (!) τὰ ὅπλα.

1) ποθέω: ich vermisse, sehne mich nach
2) ἡ ἀ-βουλία, -ας: die Unvernunft
3) παρ-οξύνω: ich reize (wörtlich?)
4) μείγνυμαι: Suche hier eine geeignete freiere Übersetzung.
5) ἡ κολακεία, -ας: die Schmeichelei, schmeichelnden Worte

E Die Akropolis von Athen:

1. Πολλοὶ Ἀθηναῖοι ξένοις τισὶν τὴν ἀκρόπολιν δεικνύασιν.
2. Τὴν ἀκρόπολιν δεικνύντες ἀλλήλοις λέγουσιν·
3. „Δεικνύωμεν τοῖς ξένοις τὰ τῆς ἀκροπόλεως θαύματα.
4. Οἱ τούτων τῶν θαυμάτων τέκτονες μεγίστην τέχνην ἐπεδείκνυντο.

5. Ἐπεὶ Περικλέα στρατηγὸν ἀπεδείξαμεν, οὗτος τοὺς τέκτονας πολλὰ καὶ λαμπρὰ ἱερὰ ἐξεργάσασθαι ἐκέλευσεν.“
6. Οἱ δ᾽ Ἀθηναῖοι ἐν τῇ ἀκροπόλει τοῖς θεοῖς ἑορτὰς ἄγειν εἰώθεσαν.

Beschreibe die auf dem Kelchkrater eines modernen Theaterplakats von 2004 (zu einer Inszenierung in Somerville/USA) dargestellten drei Figuren. Welche Beziehung haben die drei Figuren zu der Aufschrift?
Der Slogan „Make sex/love, not war!“, in den 60er Jahren des vorigen Jahrhunderts beliebt bei Hippies und Studenten, richtete sich gegen den Vietnam-Krieg. Überlege, ob er in den Zusammenhang der Komödie „Lysistrate“ passt.

1 Übersetze: δεικνύντες – δείκνυτε (2) – δεικνύναι – ἀπεδείκνυσαν – ἀποδεικνύασιν – ἀποδείκνυσιν – ἐπιδείκνυσαι – ἐπιδεικνύμενον – ἐπιδείκνυσθαι

2 Finde die richtige Übersetzung. Die in Klammern angegebenen Buchstaben ergeben – richtig geordnet – den deutschen Titel einer Aristophanes-Komödie, in der Sokrates „auf die Schippe genommen“ wird:
δειχθέν: es wurde gezeigt (Aor.) [A] – etwas, das gezeigt wurde (Aor.) [O] – er zeigte (Aor.) [L]
ὀμόσας: du schworst (Impf.) [E] – du schworst (Aor.) [R] – einer, der schwor (Aor.) [W]
ἐμίγη: es wurde gemischt (Aor.) [N] –mische! (Aor.) [D] – er mischte (Aor.) [H]
ἀπολεῖς: du wirst zugrunde gehen [E] – du richtest zugrunde [O] – du wirst zugrunde richten [L]
ἐμείξαμεν: wir zeigten (Aor.) [F] – wir mischten (Aor.) [E] – wir werden mischen [O]
ἀπολέσθαι: zugrunde gehen werden [P] – zugrunde gehen (Aor.) [K] – ihr werdet zugrunde richten [A]

Im Athen des 5. Jh.s v. Chr., das durch die Reformen des Kleisthenes eine konsequent demokratische Verfassung besaß, wurden Harmodios und Aristogeiton als Befreier von der Tyrannenherrschaft der Söhne des Peisistratos (6. Jh. v. Chr.) verehrt. Die Historiker Herodot und Thukydides rücken das Heldenbild der beiden „Tyrannenmörder" zurecht:

Ἐμάθομεν τοὺς Ἀθηναίους λαμπρὰς εἰκόνας Ἁρμοδίου καὶ Ἀριστογείτονος στήσαντας ἐν τῇ ἀγορᾷ. Ἡγοῦντο γὰρ τούτους παραδείγματα καλοκἀγαθίας, ἐπεὶ ἤκουσαν αὐτοὺς ἀφελέσθαι τοὺς Πεισιστρατίδας τὴν τυραννίδα ὡς αὐξήσοντας τὴν πόλιν καὶ ἐλευθερίαν παρασκευάσοντας τοῖς Ἀθηναίοις. Ἀλλὰ ἤδη Ἡρόδοτος ὁ Ἁλικαρνασσεύς, ὅς συν-έγραψεν (!) ἱστορίας ἀπόδειξιν[1], ὑπέλαβεν, ὅτι τὰ ὑπὸ τῶν προγόνων ῥηθέντα ἁμάρτοι τοῦ ἀληθοῦς. Ὁ γὰρ Ἁρμόδιος καὶ ὁ Ἀριστογείτων ἀπέκτειναν μόνον τὸν Ἵππαρχον, τὸν τοῦ τυράννου ἀδελφόν, ὁ δὲ Ἱππίας ἐτυράννευε (!) τέτταρα ἔτι ἔτη καὶ μᾶλλον ἐδούλου τοὺς ἀστοὺς ἅτε μέγα ὀργισθεὶς διὰ τὸν τοῦ ἀδελφοῦ φόνον. Οὐ πολλῷ ὕστερον καὶ ὁ Θουκυδίδης συνέλαβε τὰ γενόμενα καὶ ἐδήλωσεν, ὅτι ὁ Ἁρμόδιος καὶ ὁ Ἀριστογείτων ἐτιμωρήσαντο τὸν Ἵππαρχον διὰ ἔχθραν[2] τινὰ ἰδίαν, ἀλλ' οὐ τῆς τοῦ δήμου ἐλευθερίας ἕνεκα. Ὁ οὖν Ἵππαρχος δίκην ἔτεισεν ἀδικίας· ἔτυχε γὰρ ἀτιμάσας τὸν Ἁρμόδιον τὸν ὑπὸ τοῦ Ἀριστογείτονος ἐρώμενον.

1) ἡ ἀπό-δειξις, -εως: die Darstellung
2) ἡ ἔχθρα, -ας: die Feindschaft

Die Tyrannenmörder Harmodios (re.) und Aristogeiton (li.) nach einer römischen Kopie (Tivoli bei Rom, Villa Adriana)

E

1. Ὁ Πάρις τὸ τῆς Ἀφροδίτης κάλλος αἰσθόμενος ὑπέσχετο αὐτῇ τὸ μῆλον (Apfel).
2. Οἱ Τρῶες ἔτεισαν ταύτης τῆς τοῦ Πάριδος κρίσεως.
3. Οἱ γὰρ Ἀχαιοὶ εἰς Τροίαν ἀφικόμενοι πολλοὺς ἀγροὺς ἔτεμον καὶ ἄνδρας ἀπώλεσαν.

4. Ἡ Ἥρα τε καὶ ἡ Ἀθηνᾶ, ἐπεὶ οὐκ ἔλαβον τὸ μῆλον (Apfel), οὔποτε ἐπελάθοντο τῆς αἰσχύνης.
5. Διὸ οὐκ ἔκαμον τοὺς Ἀχαιοὺς αὐξῆσαι.

1 Übertrage die Tabelle in dein Heft, fülle die folgenden Verbformen in die passende Spalte / Zeile und übersetze sie. Achtung: Nicht alle Formen lassen sich einordnen!

	Futur	Aorist
1. Pers. Sg.		
2. Pers. Sg.		
3. Pers. Sg.		
1. Pers. Pl.		
2. Pers. Pl.		
3. Pers. Pl.		
Infinitiv		
Partizip		

ἁμαρτήσομαι, αὐξῆσαι, ἀφῖγμαι, ἀφίκου, ἐπιλησόμεθα, ἔπιον, ἐπυθόμην, ἐτύχομεν, ἡμάρτηται, ᾔσθεσθε, καμεῖται, λαθών, ληψόμενος, μαθήσονται, τείσειν, τεμεῖς, τεύξεσθε, ὑπέσχετο

2 Leite die Bedeutung der folgenden Substantive aus bekannten Wörtern ab:

ἡ τίσις, ἡ αἴσθησις, ὁ μαθητής, ἡ μάθησις, τὸ ἁμάρτημα, ἡ αὔξησις, ἡ λῆψις, ἡ ἐπιλησμονή, ἡ ὑπόσχεσις

90 Ein Sieg mit schlimmen Folgen

Die Arginusen sind eine kleine Inselgruppe südöstlich von Lesbos. Dort kam es 406 v. Chr. zu einer Seeschlacht, die wegen ihrer innenpolitischen Folgen für die siegreichen Athener traurige Berühmtheit erlangte.

Οἱ Ἀθηναῖοι καὶ οἱ Λακεδαιμόνιοι ἐμαχέσαντο πολὺν χρόνον. Τέλος δὲ φυγὴ τῶν Πελοποννησίων ἐγένετο. Ἔδοξεν οὖν τοῖς τῶν Ἀθηναίων στρατηγοῖς σῴζειν τοὺς ναυαγούς[1], ἀλλὰ χειμὼν μέγας γενόμενος ἐκώλυσεν αὐτούς, ὥστε τῶν ναυαγῶν[1] οἱ πλεῖστοι ἀπώλοντο.

Τοῖς Ἀθηναίοις τοῖς ἐν τῇ πόλει οὐκ ἤρεσε ταῦτα τὰ γεγονότα. Ὠιήθησαν δὲ τοῖς στρατηγοῖς οὐ μελῆσαι τῶν ἐν τῇ θαλάττῃ καίπερ μετεχόντων τῆς νίκης. Οὔτε γὰρ ἔσωσαν τοὺς ἐκ τῶν νεῶν πεσόντας οὔτε τοὺς τραύματα ἔχοντας οὐδὲ ἀν-είλοντο (!) τοὺς τεθνεῶτας. Μέγα δ᾽ ὀργισθέντες οὐκ ἠθέλησαν ὑπακοῦσαι τοῖς στρατηγοῖς ἀπολογουμένοις. Ἐκκλησίαν δ᾽ ἐποίησαν, ἐν ᾗ ἔκριναν αὐτοὺς ἅπαντας παρὰ τοὺς νόμους μιᾷ ψήφῳ καὶ κατεψηφίσαντο αὐτῶν θάνατον. Καὶ πάντες οἱ τότε πρυτάνεις[2] φοβηθέντες τὸν ὄχλον τὸν θορυβοῦντα καὶ ἀπειλοῦντα ὡμολόγησαν πλὴν τοῦ Σωκράτους, ὃς ἀνέμνησε τοὺς συνειλεγμένους τῆς τῶν δικαστῶν ἀρετῆς καὶ οὐκ ἔφη ἀλλ᾽ ἤ[3] κατὰ νόμον ποιήσειν.

Οἱ μὲν στρατηγοὶ ἀπέθανον, τοῖς δ᾽ Ἀθηναίοις οὐ πολλῷ ὕστερον μετεμέλησε ταύτης τῆς ἀδικίας.

1) ὁ ναυαγός, -οῦ: der Schiffbrüchige
2) ὁ πρύτανις, -εως: der Ratsherr, Prytane
3) οὐκ ἀλλ᾽ ἤ: nur

Die Ereignisse rund um die Seeschlacht bei den Arginusen berichtet der Feldherr und Historiker Xenophon (ca. 428-354 v. Chr.) in seinen Ἑλληνικά.

E
1. Τίνι οὐκ ἤρεσεν κωμῳδίας (!) τινὰς τοῦ Ἀριστοφάνους ἀναγιγνώσκειν;
2. Οὗτος δὲ πολλάκις ἀνέμνησε τοὺς Ἀθηναίους τῶν τῆς εἰρήνης ἀγαθῶν.
3. Πάντες γὰρ πολλὰ καὶ δεινὰ τῷ πολέμῳ ἔπαθον.
4. Γεωργῷ τινι, Δικαιοπόλει τὸ ὄνομα, ἐμέλησε τῶν αὐτοῦ ἀγρῶν.
5. Διὸ ἔδοξεν αὐτῷ ἰδίᾳ εἰρήνην σὺν τοῖς Πελοποννησίοις ποιεῖσθαι.
6. Ἤλπισε δὲ μήκετι μαχεῖσθαι καὶ πείσεσθαι, ἀλλὰ χαιρήσειν· ἐβουλήθη (ἠθέλησε) γὰρ ἑορτὰς ἄγειν.

1 Vorsokratisches Selbstbewusstsein:

a) Ἀναξαγόρας ἐρωτηθείς, πρὸς τί γεγένηται, „Εἰς θεωρίαν (Subst. zu θεωρέω)“, ἔφη, „ἡλίου καὶ σελήνης καὶ οὐρανοῦ.“

b) Πυθαγόρας ὅτε ἀφίκοιτο εἰς πόλεις, ἔλεγεν ἥκειν οὐ διδάξων, ἀλλ᾽ ἰασόμενος.

c) Heraklit: Πολυ-μαθία (!) νοῦν ἔχειν οὐ διδάσκει. Ἡσίοδον γὰρ ἂν ἐδίδαξεν καὶ Πυθαγόραν.

2 Aus den Evangelien:

a) Jesus zu seinen Jüngern: Κἀγὼ ὑμῖν λέγω· αἰτεῖτε, καὶ δοθήσεται ὑμῖν· ζητεῖτε, καὶ εὑρήσετε.

b) Ein Engel im Traum zu Josef: (Μαρία) τέξεται υἱόν, καὶ καλέσεις (= καλεῖς im klassischen Griechisch) τὸ ὄνομα αὐτοῦ Ἰησοῦν.

c) Einer der beiden mit Jesus Gekreuzigten: Ἰησοῦ, μνήσθητί μου, ὅταν ἔλθῃς εἰς τὴν βασιλείαν σου.

3 Übersetze folgende Formen. Die Anfangsbuchstaben der Futurformen ergeben das Lösungswort:

ἐδέησε – ἐδεήθη – τέξομαι – τεκοῦσα – μαχέσασθαι – δέδοκται – ἐθελήσει – ἐμέλλησαν – ληψόμεθα – γέγονα – πεπόνθαμεν – ηὕρηκα – οἰήσονται – πεσεῖν – δεδιδάγμεθα – ἐμνήσθης – συλλήψεται – ἐχάρητε

Wie du in W 3 lesen konntest, war der bayerische Prinz Otto König von Griechenland geworden. In die ersten Jahre seiner Regierungszeit, die von 1832 bis 1862 dauerte, fiel 1834 die Verlegung des Regierungssitzes nach Athen.

Ὁ Ὄθων[1] βασιλεὺς τῆς Ἑλλάδος ἀποδειχθεὶς ὑπὸ τῶν Εὐρωπαϊκῶν συμμάχων πρῶτον μὲν ἐβασίλευεν ἐν τῇ Ναυπλίᾳ. Ἀλλὰ Λουδοβῖκος[2], ὁ τῆς Βαυαρίας[3] βασιλεύς, μάλ᾽ ἀγαπῶν τὴν παλαιὰν Ἑλλάδα οὐκ ἔκαμε παραινῶν αὐτῷ μετ-οικῆσαι (!) εἰς τὰς Ἀθήνας. Ὁ οὖν Ὄθων[1] πεισθεὶς ὑπὸ τοῦ πατρὸς ἔγνω τὰς Ἀθήνας τότε μικρὰς καὶ τοῦ πλείστου ἐνδεεῖς οὔσας αὖθις μητρό-πολιν (!) θεῖναι τῆς Ἑλλάδος. Καὶ ἔδοξεν αὐτῷ τὴν τῶν προγόνων πόλιν ἀναστῆσαι. Διὰ δὲ τοῦτο ἀρχιτέκτονες (!) εὐδοκιμοῦντες ἀπεστάλησαν ἐκ τῆς Βαυαρίας[3], οἷον Λέων Κλέντσε[4]. Ὁ δὲ ἐβουλεύσατο τὴν ἀκρόπολιν ἐπ-αν-ορθῶσαι (!) κάκιστα διακειμένην, ἐπεὶ μακρὸν χρόνον ἐτύγχανεν ἔρυμα[5] οὖσα. Καὶ καθεῖλε τὰ οἰκοδομήματα (!) τὰ ἐκεῖ ὑπὸ τῶν Τούρκων[6] ἱδρυθέντα. Ἐσπούδασε δὲ καὶ περὶ τὰ λοιπὰ οἰκοδομήματα (!) καὶ ἀγάλματα τὰ ὑπὸ τῶν παλαιῶν καταλελειμμένα ἐπιχειρῶν συναρμόττειν[7] αὐτὰ τῇ νέᾳ πόλει.
Ἀλλὰ καίπερ μέγα ἐφιέμενοι οἱ Βαυαροὶ[8] οὐκ ἠπίσταντο φίλους αὐτοῖς καταστῆσαι τοὺς Ἕλληνας.

1) ὁ Ὄθων, -ωνος: Otto
2) ὁ Λουδοβῖκος, -ου: Ludwig I.
3) ἡ Βαυαρία, -ας: Bayern
4) Λέων Κλέντσε: Leo von Klenze
5) τὸ ἔρυμα, -ατος: die Festung
6) οἱ Τοῦρκοι, -ων: die Türken
7) συν-αρμόττω (m. Dat.): ich verbinde harmonisch mit
8) οἱ Βαυαροί, -ῶν: die Bayern

Die Begeisterung bei Ottos Ankunft in Athen war groß. Unter welchen heute nahezu undenkbaren Schwierigkeiten Ottos Umzug nach Athen allerdings stattfand, geht aus folgendem Text hervor:

„Anfang Dezember verließ der Hof Nauplia. Die Umstände waren noch chaotischer als jene, unter denen die Bayern aus Brindisi angekommen waren. Auf seinem Weg von Piräus nach Athen sah Otto sein ganzes Gepäck und seine Möbel entlang der Straße im Schlamm liegen. Es gab kaum Transportmittel ... Die Knappheit an Häusern war groß, obwohl manche Ruinen amtlich als bewohnbar erklärt und als Unterkünfte zugeteilt wurden. Die zwei Bataillons, welche die Garnison bildeten, wurden in Häuser eingewiesen, die für Beamte reserviert waren, mit deren Familien sie die Zimmer teilen mussten. Die Militäringenieure dagegen blieben in Nauplia ... Obwohl sie nur um drei (regendichte) Räume in Athen gebeten hatten, waren diese nicht aufzutreiben. Die Verwirrung war so demoralisierend, dass die Regierungsgeschäfte für ungefähr einen Monat unterbrochen waren."

(zitiert nach: L. Bower, G. Bolitho: Otto, König von Griechenland. Autenried, 1997. S. 62)

Die Akropolis von Athen, Gemälde von Leo von Klenze, 1846. München, Neue Pinakothek

1 **Wörterschlange**. Wenn du sie schaffst, kommst du vom Ärger zur Zufriedenheit:

ἄχθομαι – ὠφελεῖν – ὄφελος – οὔποτε – ἔδωκεν – φυλακή – δότε – βαρύς – πιμπλάναι – εὐλαβοῦ – ἵστασθαι – ζηλοῦν – πλησίον – δύναται – ἐπίσταται – πράγματα παρέχειν – νέος – ἀδικεῖν – βάρβαρος – δίκην δίδωσιν – πίνε – ἥμαρτεν – ἐλύπει – ἀπελογήσατο – διάκειται – ἀγαπᾷς (m. Dat.)

2 **Rätselgitter**

1. sie stellten zur Schau 2. sie verstehen 3. wir stellen 4. du gelangst 5. liegende (Akk. Pl. Mask.) 6. füllt! 7. wir konnten 8. ihr geht verloren 9. ihr konntet 10. es wurde gemischt 11. eine, die stellt 12. du füllst 13. ich trete

	a	b	c	d	e	f	g	h	i	j
1	ἐ	π	έ	δ	ε	ι	ξ	α	ν	α
2	π	ί	μ	π	λ	η	τ	ε	ἐ	ς
3	ἱ	η	θ	χ	ί	ε	μ	ἐ	δ	υ
4	σ	ἵ	σ	τ	α	μ	α	ι	υ	ο
5	τ	π	ί	μ	π	λ	η	ς	ν	ν
6	α	σ	ᾶ	τ	σ	ἱ	ε	ι	ά	έ
7	ν	ε	μ	α	τ	σ	ἵ	ρ	μ	μ
8	τ	ἐ	δ	ύ	ν	α	σ	θ	ε	ι
9	α	ἀ	π	ό	λ	λ	υ	σ	θ	ε
10	ι	α	σ	α	τ	σ	ί	θ	α	κ

3 **Geben und Nehmen**

a) Σωκράτης νομίζει τὸν παρὰ τοῦ τυχόντος (der erste Beste) χρήματα λαμβάνοντα δεσπότην ἑαυτοῦ καθιστάναι καὶ δουλεύειν δουλείαν αἰσχράν. (Xenophon) b) Ὡς μέγα τὸ μικρόν ἐστιν ἐν καιρῷ δοθέν. (Menander) c) Εἰ βούλει πλούσιόν τινα τιθέναι, μὴ χρημάτων προσ-τίθει (!) τι, τῆς δ' ἐπιθυμίας ἀφ-αίρει (!). (Epikur) d) Δίδοτε, καὶ δοθήσεται ὑμῖν. (Lukas)

4 **Das rechte Lernen**

a) Μὴ πάντα ἐπίστασθαι προθυμοῦ, μὴ (= ἵνα μὴ) πάντων ἀ-μαθὴς (!) γένῃ. (Demokrit) b) Τοῦτ' ἄσκει, ὃ δύνασαι. (Epiktet)

5 Welches der folgenden Wörter passt **inhaltlich** nicht zu den übrigen?

a) φθονέω, μισέω, καταφρονέω, ἐννοέω
b) συνίημι, μείγνυμι, μανθάνω, αἰσθάνομαι
c) δῆμος, ὄχλος, καλοκἀγαθία, πλῆθος
d) ἐπιδείκνυμι, καθίστημι, ἀποφαίνομαι, διέρχομαι
e) ἀπόλλυμι, διαφθείρω, ὄμνυμι, ἀναιρέω
f) ἐμπίμπλημι, κενός, βαρύς, πλήρης
g) κρατέω, ἀφίημι, ἄρχω, βασιλεύω

6 Wer hat Erfolg? a) Sophokles: Οὐ τοῖς ἀ-θύμοις (!) ἡ τύχη συλλαμβάνει. b) Theognis: Καὶ σώφρων ἥμαρτε καὶ ἄφρονι πόλλακι(ς) δόξα / ἕσπετο καὶ τιμῆς καὶ κακὸς ὢν ἔλαχεν (= ἔτυχεν).
Was ist besser: viel oder wenig? c) Spartaner nach einer weitschweifigen Rede von Gesandten: Τὰ μὲν πρῶτα ἐπιλελήσμεθα, τὰ δ' ὕστερα οὐ συνείκαμεν διὰ τὸ τὰ πρῶτα ἐπιλελῆσθαι. d) Menander: Πολὺ κρεῖττόν ἐστιν ἓν καλῶς μεμαθηκέναι.

7 **Griechen und Fremde:**

a) Ein Sklave musste täglich vor Dareios dreimal ausrufen: Δέσποτα, μέμνησο τῶν Ἀθηναίων.
b) Der Skythe Anacharsis in einem Brief an Kroisos: Ἐγώ, βασιλεῦ Λυδῶν, ἀφῖγμαι εἰς τὴν τῶν Ἑλλήνων (γῆν) διδαχθησόμενος ἤθη τὰ τούτων.

8 Der Apollonpriester Chryses ist von Agamemnon, dem Anführer der Griechen (= Danaer) vor Troja, beleidigt worden und bittet Apollon:
Τείσειαν Δαναοὶ ἐμὰ δάκρυα σοῖσι (σοῖς) βέλεσσιν.

9 **Finde den Irrläufer:**

a) μειγνύασιν, ἀπόλλυμεν, ὄμνυτε, δείκνυμι
b) πιεῖν, τεῖσαι, ὑποσχήσεσθαι, ἀφικέσθαι
c) ἐπύθεσθε, ἔλαβεν, ἐπελάθου, ᾔσθοντο
d) εὑρίσκει, ηὑρήκασιν, εὑρεθήσονται, ηὑρέθησαν
e) πεσόντος, μελλήσουσιν, μνησάντων, δόξασιν
f) ἐβουλήθης, ᾠήθης, ἠθέλησας, ἐμέλλησας
g) πάσχειν, πεπονθέναι, πεσεῖν, παθεῖν
h) τεμόντος, τίνεις, τεμεῖς, ἔτεκες
i) ἔστης, ἔστησεν, στῆσαι, στήσαντες

Unterwegs in Griechenland

Μπορείτε να με βοηθή-, σετε, παρακαλώ;	Können Sie mir bitte helfen?
Κύριε/Κυρία, ξέρετε, πού είναι/βρίσκεται ...;	Mein Herr/Meine Dame, wissen Sie, wo sich ... befindet?
... είναι/βρίσκεται εκεί/ εδώ/εδώ κοντά/μακριά/ απέναντι από ... (+ *Akk.*)	... ist/befindet sich dort/hier/ hier in der Nähe/weit weg/ gegenüber von ....
Να πας/πάτε δεξιά/ αριστερά/ευθεία.	Geh/Geht, gehen Sie rechts/ links/geradeaus.
η οδός ...	die ... Straße
η τράπεζα	die Bank
το ταχυδρομείο	die Post
η εκκλησία	die Kirche
η πλαζ (indekl.)	der Strand
το φαρμακείο	die Apotheke
το νοσοκομείο	das Krankenhaus
Πού μπορώ να βρω ένα γιατρό;	Wo kann ich einen Arzt finden?
Δεν αισθάνομαι καθόλου καλά.	Ich fühle mich überhaupt nicht gut.
Είμαι άρρωστος/-η.	Ich bin krank.
Με πονάει	Mir tut ... weh.
το στομάχι	der Magen
Έχω διάρροια.	Ich habe Durchfall.
Χάλασα το στομάχι μου.	Ich habe mir den Magen verdorben.
το ξενοδοχείο	das Hotel
οι αποσκευές	das Gepäck
η βαλίτσα	der Koffer
ο ταξιδιωτικός σάκος	der Rucksack
το πρωινό	das Frühstück
το κλειδί	der Schlüssel
Έχετε/Υπάρχει εδώ...	Haben Sie/Gibt es hier ...
ένα μονόκλινο δωμάτιο;	ein Einzelzimmer?
ένα δίκλινο δωμάτιο;	ein Doppelzimmer?
ένα τρίκλινο δωμάτιο;	ein Dreibettzimmer?
ένα δωμάτιο για τέσσερα ... άτομα;	ein Zimmer für vier ... Personen?

ένα μεγάλο/μικρό/ήσυχο δωμάτιο;	ein großes/kleines/ruhiges Zimmer?
με ντουζ/μπάνιο	mit Dusche/Bad
με θέα προς τη θάλασσα	mit Blick aufs Meer
Για πόσες (η)μέρες;	Für wie viele Tage
Για ... (η)μέρες /... (ε)βδομάδες.	Für ... Tage /... Wochen.
Είναι (πολύ) ακριβό.	Es ist (zu) teuer.
ενοικιάζεται	wird vermietet, zu vermieten
το αυτοκίνητο	das Auto
το λεωφορείο	der Bus
το καράβι/το πλοίο	das Schiff
το αεροπλάνο	das Flugzeug
το τρένο	der Zug
με τα πόδια	zu Fuß
το δρομολόγιο	der Fahrplan
το εισιτήριο	die Eintrittskarte, Fahrkarte
Είναι η θέση ελεύθερη;	Ist dieser Platz frei?
Απαγορεύεται η είσοδος/το κάπνισμα!	Eintritt/Rauchen verboten!
Προσοχή!	Achtung!
το πρωί	der Morgen, morgens
το μεσημέρι	der Mittag
το βράδυ	der Abend, abends
Πόσων χρονών είσαι;	Wie alt bist du?
Είμαι ... χρονών.	Ich bin ... (Jahre alt).
Δεν έχω καιρό.	Ich habe keine Zeit.
πολύν καιρό	lange Zeit
Πώς θα είναι ο καιρός σήμερα/αύριο;	Wie wird das Wetter heute/ morgen?
Ο καιρός θα είναι καλός/ωραίος/ άσχημος/ζεστός/ ψυχρός.	Das Wetter wird gut/schön/ schlecht/ heiß/ kalt sein.
(Θα) κάνει ζέστη/κρύο.	Es ist warm/kalt (wird ... sein).
Βρέχει./Θα βρέξει.	Es regnet/wird regnen.
Ο ήλιος λάμπει.	Die Sonne scheint.

Athen ist heute eine Weltstadt mit mehr als 4 Mio. Einwohnern – und allen Problemen moderner Großstädte.

Griechische Statuen

Die Plastik (Bildhauerkunst, von πλάττω) der Griechen war stilbildend für die gesamte europäische Kunst. Besonders interessant ist, dass wir an der Entwicklung der Skulpturen nicht nur eine Veränderung des Sinns fürs Schönheit, sondern auch des Menschenbildes der Griechen beobachten können.

Kennzeichen griechischer Großskulpturen sind, dass die Menschen aufrecht, in sich selbst ruhend stehen, oft unbekleidet und meist auf dem Höhepunkt des Lebens dargestellt sind. Griechische Statuen stehen in der Regel frei im Raum. In der Plastik unterscheidet man drei Epochen, die ihren eigenen Stil hervorbrachten:

Epoche	Archaik (ca.650-480)	Klassik (ca.500-300)
	z.B. Kleobis  	z.B. Doryphoros 
Was wurde dargestellt?	Kouros und Kore als Weihegeschenke oder Grabstatuen	Götter und Menschen
Menschenbild, das zum Ausdruck kommt	starker Körper deutet auf die Qualität des Menschen, idealisierter Typus, Lebensfreude	Schönheit des wohl proportionierten Menschenkörpers; Maß und Harmonie; Ausgleich zwischen Ansteigen und Fallen, Bewegung und Ruhe
Besonderheiten	ägyptische Vorbilder	Proportionsstudien, z.B. „Kanon" des Polyklet

Ordne die abgebildeten Statuen ihrer jeweiligen Epoche zu:

① Kouros (Kroisos) aus Athen
② Hermes des Praxiteles aus Olympia
③ Kore vom Erechtheion in Athen
④ Barberinischer Faun
⑤ Knabe mit Gans

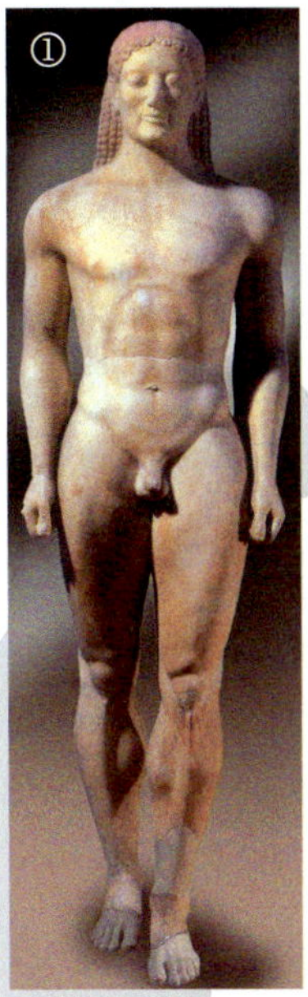

Hellenismus
(ca.330-30)

z.B. Laokoon-Gruppe

Auseinanderstreben der Körperachsen, Eroberung des Raums nach allen Seiten, Erfassen der Bewegung in einem flüchtigen, manchmal dramatischen Augenblick, Körperhaltung ungebunden, voller Leidenschaft oder Brutalität

Mensch in jeder Situation,
auch alte Menschen und Kinder

Darstellungen oft von großem Pathos; nicht mehr idealisierte und maßvolle Formen;
Alltag wird realistisch dargestellt

Gruppen

Du bist auf Kreuzfahrt im östlichen Mittelmeer und gehst in folgenden Orten an Land bzw. siehst sie vom Schiff aus.

a) Benenne die Orte auf der eingetragenen Reiseroute.

Alexandria, Athen, Delos, Delphi, Lesbos, Milet, Olymp, Rhodos, Syrakus, Tarent, Troia

b) Jeder der angegebenen Orte wird hier kurz umschrieben. Kannst du ihn richtig zuordnen?

- Um dessen historische, nicht nur mythische Bedeutung tobt heute noch wissenschaftlicher Streit.
- Heimatinsel der zehnten Muse Sappho.
- Ursprungsort der Philosophie
- Metropole des Hellenismus
- Dieser Ort wurde von den Athenern im Peloponnesischen Krieg angegriffen.
- Dieser Ort lehrt auch die Schattenseiten direkter Demokratie.
- Spartanische Kolonie in Italien
- Dort wohnten die Götter.
- Hier wurde bei Koloniegründungen nachgefragt.
- Hier wurden Apollo und Artemis geboren.
- Dort stand eine Riesenstatue des Sonnengottes.

Wer wird Millionär?

19 Fragen musst du richtig beantworten; die griechischen Lösungsbuchstaben der richtigen Antworten gelten für dich.

1. Welchen Säulenstil gibt es nicht?
ionisch K - korinthisch P - athenisch T - dorisch A

2. Wer war ein Held der Griechen vor Troja?
Herakles Σ - Paris Λ - Hephaistos X - Aias A

3. Wie heißt die Ehefrau, die für König Admet stirbt?
Penelope Σ - Roxane N - Andromache Δ - Alkestis Υ

4. Welche Stadt liegt nicht in Kleinasien?
Milet P - Syrakus T - Ephesos M - Pergamon H

5. Wessen Ehefrau war Aspasia?
Perikles A - Sokrates E - Alexander I - Hektor H

6. Welcher Philosoph erhielt wegen seiner schweren Ausdrucksweise den Beinamen „der Dunkle"?
Thales P - Heraklit E - Aristoteles N - Empedokles M

7. Nach wem ist der Eid der Ärzte benannt?
Apollon Θ - Galen Ξ - Asklepios Λ - Hippokrates Π

8. Wer war ein mathematisches und technisches Universalgenie?
Pythagoras E - Thales I - Archimedes O - Platon Y

9. Was ist auf dem Pergamonaltar dargestellt?
Gigantenkampf I - Amazonenschlacht Λ - Kampf um Troja N - Gründung Pergamons Y

10. Wie heißt die Komödie, in der die Frauen die Männer zum Beenden des Kriegs zwingen?
Frieden E - Lysistrate H - Ritter K - Frauen in der Volksversammlung T

11. Wer stritt sich mit Aias um die Waffen des Achill?
Agamemnon Θ - Odysseus Σ - Menelaos M - Nestor K

12. Gegen welche Macht kämpfte Sparta im Peloponnesischen Krieg?
Athen A - Korinth E - Syrakus Ω - Persien H

13. Wer war kein Naturphilosoph?
Thales N - Heraklit I - Herodot Σ - Empedokles M

14. Mit wem stritt Athene um die Namensgebung für die Stadt Athen?
Ares K - Poseidon A - Aphrodite N - Hera Z

15. Wer war kein Dichter der frühgriechischen Lyrik?
Sappho Π - Aristophanes P - Alkaios I - Archilochos Λ

16. Was war der Urstoff für Thales?
Erde A - Luft X - Feuer K - Wasser I

17. In welcher Stadt versuchte Platon Einfluss auf die Politik zu nehmen?
Athen Δ - Syrakus Σ - Sparta Π - Korinth Λ

18. Zu welchem Land kam Alexander?
Italien E - Tunesien X - Pakistan T - Saudi-Arabien O

19. Womit beschäftigten sich die Sophisten nicht?
Theologie H - Rhetorik E - Naturphilosophie A - Pädagogik O

Schlussrätsel:

Wahr Falsch

1) Ich bin Homer und werde als blind dargestellt, weil ich so die Musen besser höre.
X K

2) Mit mir wurden in Korinth die Münzen geprägt.
E A

3) Als Alexander der Große eroberte ich die bekannte Welt von Indien bis Spanien.
N I

4) Ich bin Berenike; eine meiner Locken ist als Sternbild verewigt.
P O

5) Mir als Philosophen waren die Gesetze der Athener immer egal.
Σ E

6) Ich, Sappho, wurde von Platon als zehnte Muse bezeichnet.
T I

7) Als berühmter Sophist reiste ich, Heraklit, in ganz Griechenland umher.
A E

51 Achilleus, tragischer Held

Ἀχιλλεὺς υἱὸς ἦν Πηλέως, τοῦ ἐκ τῆς Φθιώτιδος ἥρωος, καὶ τῆς Θέτιδος, οὔσης θεᾶς. Ὅτι νέος καὶ καλὸς ἦν, ὁ πατὴρ εἴργειν αὐτὸν τῶν Τρωικῶν[1] ἐβούλετο. Εἰ δὲ τοῦτο κατηργάσατο, οὐκ ἂν ἀπέθανεν ὁ Ἀχιλλεὺς ἐν τῇ Τροίᾳ. Οὗτος γὰρ Πατρόκλῳ τῷ φίλῳ τιμωρὸς[2] γενέσθαι βουλόμενος ἐφόνευσεν Ἕκτορα, τὸν τῶν Τρώων ἡγεμόνα, καίπερ τῆς μητρὸς ἀποτρεπούσης[3] αὐτόν. Ἔλεγε γὰρ αὐτῷ· „Ὦ παῖ, εἰ τιμωρίας ἕνεκα Ἕκτορα φονεύσεις, χρή σε ἀποθανεῖν“. Ἀχιλλεὺς δέ· „Μᾶλλον τεθναίην[4] κολάσας τὸν ἐναντίον ἢ ἐνθάδε μένειν αἰσχρὰ πράξας“. Ἀπέθανεν οὖν ὑπὸ Πάριδος τοξευθείς (!).

1) τὰ Τρωικά, -ῶν: die Geschehnisse um Troja, der trojanische Krieg – 2) ὁ τιμωρός, -οῦ: der Rächer – 3) ἀπο-τρέπω: ich halte ab – 4) τεθναίην: ich will des Todes sein, ich möchte tot sein!

Brad Pitt als Achilleus

52 Ende gut, alles gut

Μετ᾽ οὐ πολὺν χρόνον ταύτης τῆς συμφορᾶς γενομένης παρεγένετο θείᾳ τύχῃ ὁ Ἡρακλῆς εἰς τὴν Θεσσαλίαν, ὅπως πυνθάνηται περὶ τοῦ Ἀδμήτου. Ἐπειδὴ οὖν ἔμαθε παρὰ οἰκέτου τινὸς τὴν φοβερὰν τῆς Ἀλκήστιδος μοῖραν, εἶπε πρὸς ἑαυτόν· „Τίνι τρόπῳ ἀμύνωμεν[1] τῇ ἀθλίᾳ γυναικί; Τί πράττωμεν, ἵνα ὁ Θάνατος ἀπολύῃ αὐτήν;“ Ἐλθὼν οὖν πρὸς τὸν τάφον αὐτῆς, ἵνα μάχηται τῷ τῶν νεκρῶν κυρίῳ, ἐβιάσατο τὸν Θάνατον ἀπολῦσαι τὴν πιστὴν γυναῖκα ἅτε καλὰ καὶ γενναῖα πράξασαν. Ὁ δὲ Ἄδμητος περιχαρὴς[2] ἦν καὶ ἠσπάσατο μετὰ πολλῶν δακρύων τὴν φίλην γυναῖκα.

1) ἀμύνω (m. Dat.): ich helfe jdm. – 2) περι-χαρής, -ές: hoch erfreut, voll Freude

53 Ehrgeiz und Machtstreben am Königshof

Ὀλυμπιάς, ἡ τοῦ Ἀλεξάνδρου μήτηρ, ἀεὶ δόξης τε καὶ κράτους ὠρέγετο. Διὸ πλάττειν λέγεται τὸν μῦθον πατέρα τοῦ Ἀλεξάνδρου εἶναι τὸν Δία, ἵνα ὁ υἱὸς αὐτῆς μᾶλλον θαυμασθῇ ὑπὸ τῶν ἀνθρώπων. Ἐπειδὴ δὲ Φίλιππος, ὁ τοῦ Ἀλεξάνδρου πατήρ, ἄλλην γυναῖκα ἠγάγετο, Ὀλυμπιὰς ὀργισθεῖσα πάντα ἔπραττεν, ὅπως βλαβῇ ὁ Φίλιππος. Καὶ δὴ καὶ εἰσὶν οἳ λέγουσιν ἐπιβουλεῦσαι αὐτὴν μετ᾽ ἄλλων τὸν τοῦ βασιλέως φόνον, ἵνα αὐτὴ δυνατώτερα ἔτι γένηται. Πρὸς Ἀλέξανδρον πορευόμενον εἰς πόλεμον λέγειν εἰώθει· „Μὴ ἐπιλάθῃ τοῦ τῆς τεκνώσεως[1] ἀπορρήτου[2]. Μηδαμῶς ἀνάξια (!) τοῦ γένους σου πράξῃς“. Τέλος δὲ ἡ γυνὴ διὰ τὴν φανερὰν κακίαν ὑπὸ τῶν ἐναντίων ἐφονεύθη.

1) ἡ τέκνωσις, -εως: die Zeugung – 2) τὸ ἀπό-ρρητον, -ου: das Geheimnis

54 Sokrates im Gespräch mit dem schüchternen Charmides

Ἐὰν ἀξιό-λογος (!) ἀνὴρ ᾖς καὶ δυνατὸς τὰ πολιτικὰ γιγνώσκειν, μέτεχε τῶν πολιτικῶν πράξεων. Ὃς ἂν δυνατώτερος τῶν ἄλλων ἐν τοῖς πολιτικοῖς (!) ᾖ, τοῦτον χρὴ βουλεύεσθαι περὶ τῶν τῆς πόλεως. Ἐὰν δὲ ὑπ᾽ αἰδοῦς τε καὶ φόβου μὴ μέλλῃς ἐν τῇ ἐκκλησίᾳ[1] ἀγορεύειν, οἱ πολῖται σου καταγελάσουσιν[2] ὡς δειλοῦ ὄντος. Ὦ ἀγαθέ, μὴ ἁμάρτανε[3], ἃ ἂν τὸ πλῆθος ἁμαρτάνῃ[3]. Οἱ γὰρ πολλοὶ ἐπιλανθάνονται τοῦ ἑαυτοὺς ἐξετάζειν. Σὺ δὲ γίγνωσκε σεαυτὸν καὶ πρᾶττε τὰ τῆς πόλεως, ἐάν τι δυνατὸν ᾖ διὰ σὲ βέλτιον ἔχειν!

1) ἡ ἐκ-κλησία, -ας: die Volksversammlung – 2) καταγελάσουσιν: 3. Pers. Pl. Fut. Akt. von κατα-γελάω (m. Gen.): ich verlache jemanden – 3) ἁμαρτάνω: ich mache falsch

55 Wie der Hellespont zu seinem Namen kam

Φρίξος καὶ Ἕλλη κακῶς ἤκουσαν ὑπὸ τῆς ἀδίκου Ἰνοῦς, τῆς δευτέρας γυναικὸς τῆς τοῦ πατρός. Ἡ δὲ ὠδύρετο· „Οἱ μὲν ἐμοὶ υἱοὶ τὴν βασιλείαν λαμβάνοιεν. Φρίξος δὲ καὶ Ἕλλη μὴ μόνον λείποιεν τήνδε τὴν χώραν, ἀλλὰ καὶ τῷ Διὶ θύοιντο."

Ἀλλ᾽ Ἑρμῆς ἐπόρισεν τοῖς εὐσεβέσιν παισὶν χρυσοῦν[1] κριὸν[2] καὶ προσέταξεν αὐτῷ· „Κριέ[2], ἀπο-κομίζοις (!) τούσδε τοὺς παῖδας ἐκ ταύτης τῆς πικρᾶς χώρας."

Ἡνίκα δὲ ἀμφότεροι ἐφέροντο διὰ ἀέρος[3], ἡ Ἕλλη ἐκ τοῦ κριοῦ[2] πεσοῦσα ἐν τῷ πόντῳ ἀπέθανεν. Διὸ δίκαιον ἂν εἴη τοῦτον τὸν πόντον „Ἑλλήσποντον" ὀνομάζειν.

1) χρυσοῦς, -ῆ, -οῦν: Adj. zu χρυσός – 2) ὁ κριός, -οῦ: der Widder – 3) ὁ ἀήρ, ἀέρος: die Luft

56 Hektor und Andromache

Ἀνδρομάχη ἐντυγχάνει Ἕκτορι ἀσπίδα καὶ δόρυ ἔχοντι καὶ πρὸς τὸ πεδίον σπεύδοντι· „Δαιμόνιε, μὴ σὲ εἰς ὄλεθρον ἀγάγοι ὁ σὸς θυμός. Εἰ μὴ μένοις ἐντὸς τοῦ ἄστεως, ὑπό τινος τῶν Ἀχαιῶν φονευθείης ἄν. Ἐμοὶ δὲ ἄνευ σοῦ ἐρήμῃ γενομένῃ ἄμεινον ἂν εἴη ἀποθανεῖν. Οὐ γὰρ ἔτ᾽ ἄλλη βοήθεια ἔσται, ἐὰν ἀποθάνῃς, ἀλλὰ μυρία πάθη."

Τὴν δὲ προσ-εῖπε (!) μέγας Ἕκτωρ· „Πῶς τάδε πάντα[1] ἐμοὶ οὐκ ἂν μέλοι, γύναι; Ἰλίου καταλυθέντος σὲ ἀπάγαγοι ἄν τις τῶν Ἀχαιῶν· καὶ ἐμὲ γῆ κρύπτοι, ὥστε με ταῦτα μὴ πυθέσθαι. Ἀλλὰ μάλ᾽ αἰσχύνομαι τοὺς Τρῶας, οἳ ἐμὲ ἐνθάδε νῦν μένοντα δειλὸν ὀνομάσειαν ἄν."

1) τάδε πάντα hier statt τῶνδε πάντων

Hektor und Andromache, Ölgemälde von Giorgio de Chirico, von 1917/1924 (Privatbesitz)

57 Die Schlussszene aus dem sophokleischen „Aias"

Μενέλαος τὸν τοῦ Αἴαντος νεκρὸν ταφῆναι ὀξέσι λόγοις ἐκώλυεν· „Εἰ μὴ θεῶν τις ἡμᾶς ἔσωσεν, ἀπεθάνομεν ἂν πάντες. Αἴας οὐ μόνον ἐχθρὸς σύμπαντος τοῦ στρατοῦ ἦν, ἀλλὰ καί, εἰ βουλευοίμεθα, θρασὺς ὢν τοῖς τῶν ἀρχόντων λόγοις οὐκ ἐπείθετο. Διὸ οὐδενὶ ἔξεστι τόνδε τὸν κακοῦργον θάπτειν. Ὅστις ἂν δὲ τοῦ νεκροῦ ἅπτηται, ὑπ᾽ ἐμοῦ αὐτοῦ φονευθήσεται."

Ἀλλ᾽ Ὀδυσσεὺς εἶπεν· „Αἴας νῦν μὲν ἄτῃ κακῇ ἐπλήγη. Εἰ δὲ μάχοιτο, ἄριστος ἦν. Ὥστε οὐκ ἂν δίκῃ ἀτιμάζοιτο ὑπὸ σοῦ. Οὐ γὰρ τοῦτον, ἀλλὰ τοὺς τῶν θεῶν νόμους διαφθείροις ἄν. Οὔποτε γὰρ δίκαιον <ἐστιν> ἄνδρα ἀγαθόν, ἐὰν ἀποθάνῃ, βλάπτειν."

In welcher anderen Tragödie greift Sophokles die Bestattungsproblematik nochmals auf? Finde Gemeisamkeiten und Unterschiede heraus.

58 Der tiefere Sinn des Pergamonfrieses

Οἱ Κελτοὶ ὡς τὴν αὐτῶν γῆν ἔλιπον, εἰς τὴν Ἀσίαν ἦλθον. Τούτων δὲ τοὺς στόλους οἱ τοῦ Περγάμου βασιλεῖς κατέλυσαν, πρὶν ἐκείνους ἐκεῖ κώμας κατασκευάζειν καὶ τὴν γῆν ἐργάζεσθαι. Διὸ οὗτοι, ἐπειδὴ βαρβάρους τινὰς ἀμύνεσθαι οἷοί τε ἦσαν, οὐκέτι ἥττους εἶναι ᾤοντο τῶν Ἀθηναίων, οἳ λαμπρότατοι ἐγεγόνεσαν διὰ τὴν ἀπὸ τῶν Περσῶν νίκην.

Πάντες οὖν οἱ Ἕλληνες, ἐξ οὗ τοῦ τῶν βαρβάρων πλήθους κρείττονες ἦσαν, τὰς ἑαυτῶν νίκας μύθοις τισὶν ἀπείκαζον. Διὸ ὁπόταν τὰς τῶν ναῶν εἰκόνας σκεψώμεθα, θαυμάζομεν θεοὺς μαχομένους μὲν Γίγασιν ἢ Τιτᾶσιν, φυλάττοντας δὲ νόμους τε καὶ δίκην καὶ κόσμον.

Athena trennt den Giganten Alkyoneus von der aus dem Erdreich auftauchenden Gaia, ohne die er sterblich ist – Ausschnitt vom Ostfries des Pergamonaltars, um 180 v. Chr. (Berlin, Pergamon-Museum)

59 Die milesische Schule

Πλὴν[1] τοῦ Θαλοῦ καὶ ἄλλοι ἐφιλοσόφουν ἐν Μιλήτῳ οἷον Ἀναξιμένης· ὁ δὲ ἐζήτει τὴν τῶν ὄντων ἀρχὴν καὶ ἐθεώρει μάλιστα τὰ μετέωρα. Σκοπῶν δὲ καὶ τὰς δόξας τὰς τῶν πρότερον φιλοσοφούντων ἐπεκάλει αὐτοῖς, ὅτι τῆς ἀληθείας ἀμελοῖεν.

Τῷ γὰρ νοεῖν ηὗρεν οὐ τὸ ὕδωρ ἀρχὴν ὄν, ὡς τῷ Θαλῇ ἐδόκει, ἀλλὰ τὸν ἀέρα[2]. Εἶπεν οὖν, ὅτι ἐκ τοῦ ἀέρος[2] πυκνοῦ γιγνομένου ἄνεμος γίγνεται, εἶτα νέφος[3], ἔτι δὲ μᾶλλον ὕδωρ, εἶτα γῆ, εἶτα λίθοι, τὰ δὲ ἄλλα ἐκ τούτων. Τὸ δὲ κινεῖν Ἀναξιμένης ἀίδιον[4] ποιεῖ.

1) πλήν (m. Gen.): außer – 2) ὁ ἀήρ, ἀέρος: die Luft – 3) τὸ νέφος, -ους: die Wolke – 4) ἀίδιος, -ον: ewig

60 Ein Brief des Paulus

Paulus schreibt – wohl von Ephesos aus – an die Gemeinden in Kleinasien und beschwört die Einheit der Christen und das neue christliche Leben.

Ὁ Χριστός ἐστιν ἡ εἰρήνη ἡμῶν, ὁ ποιῶν τοὺς Ἰουδαίους καὶ τοὺς Ἕλληνας ἕν. Διὸ παρακελεύομαι ὑμῖν·

Προθυμεῖσθε μένειν ἐν τῷ δεσμῷ τῆς εἰρήνης. Ἔστε ἓν σῶμα, ὡς ἔστιν εἷς θεὸς καὶ πατὴρ πάντων, ὁ ἐπὶ πάντων καὶ διὰ πάντων καὶ ἐν πᾶσιν. Μηκέτι τὸν βίον διάγετε ὡς οἱ ἀπιστοῦντες, οἵτινες τοῦ ἐκ τοῦ θεοῦ βίου οὐκ ἐπιμελοῦνται. Εὐλαβεῖσθε τὸ οἴνῳ μεθύσκεσθαι[1], τὸ κλέπτειν, τὸ ἀγανακτεῖν, τὸ ὀργίζεσθαι. Σκοπεῖτε, τί ὁ θεὸς προαιρεῖται, ἀγαθωσύνην[2], δικαιοσύνην[3], ἀλήθειαν. Φρονεῖτε καὶ περὶ πολλοῦ ποιεῖσθε τὸ θέλημα[4] τοῦ κυρίου.

1) μεθύσκομαι: ich betrinke mich, bin betrunken – 2) ἡ ἀγαθωσύνη: Subst. zu ἀγαθός – 3) ἡ δικαιοσύνη: Subst. zu δικαιός – 4) τὸ θέλημα, -ατος: Subst. zu θέλω

Predigt des Apostels Paulus in Ephesos, Gemälde von Jacopo da Ponte Bassano, um 1560 (Padua, Museo Civico)

61 Sinnloser Expansionsdrang

Pyrrhos, König von Epeiros (319-272) und Alexander-Bewunderer, rüstet zu einem Italien-Feldzug. Sein Berater und Diplomat Kineas, der laut Plutarch mehr Städte mit Worten als sein König mit Waffen gewann, bringt dagegen einen verblüffenden Einwand vor:

ΠΥΡΡΟΣ· Πρῶτον μὲν πρὸς τοὺς Ῥωμαίους ἀγωνιούμεθα. Εἰ δ᾽ ἡμῖν νίκηνποριοῦσιν οἱ θεοί, εὐθὺς ἄρξω ἐγὼ Ἰταλίας ἁπάσης καὶ σπουδάσομαι καταλαβεῖν τὴν Σικελίαν, νῆσον μεγάλην καὶ πολυ-άνθρωπον (!). Εἶτα τίς ἂν ἀπέχοιτο Λιβύης; Ἐλπίζω γὰρ ἐθιεῖν τὰ ἐκεῖ ἔθνη πείθεσθαι ἐμοί. Τέλος δὲ καὶ πάντες οἱ Ἕλληνες ὑφ᾽ ἡμῶν ἄρξονται.

ΚΙΝΕΑΣ· Γενομένων δὲ τούτων τί πράξομεν;

ΠΥ· Ἀναπαυσόμεθα καὶ εἰρήνης ἀπολαυσόμεθα καὶ ἄξεται καθημερινὰ[1] συμπόσια.

ΚΙ· Ἀλλὰ ταῦτα ἤδη ἔχομεν, καὶ πάρεστιν ἄρα ἀπραγμόνως[2], ἃ σὺ διὰ πόνων καὶ κινδύνων ἡμῖν πορίειν μέλλεις.

1) καθ-ημερινός, -ή, -όν: täglich – 2) ἀ-πραγμόνως (Adverb): mühelos, ohne einen Finger zu rühren

62 Das Hochzeitsbild

Der Maler Aetion (Ende des 4. Jahrhunderts v. Chr.) hatte die Hochzeit Alexanders mit Roxane in einem berühmten Bild dargestellt, auf dem er den kindlichen Liebesgöttern (Ἔρωτες) breiten Raum gewährte und damit die Tradition der Putten begründete. Lukian, der das Bild in Italien gesehen hatte, berichtete darüber u.a. Folgendes:

Ῥωξάνη ἐπὶ κλίνῃ[1] κάθηται καὶ σιγῶσα κάτω ὁρᾷ· αἰδουμένη γὰρ οὐκ ἂν τολμῴη θεᾶσθαι τὸν Ἀλέξανδρον ἐγγὺς ὄντα. Καὶ Ἔρωτες πάρεισιν· ὁ μὲν αὐτῶν ἀπάγει τὴν τῆς νύμφης[2] καλύπτραν[3], ὁ δὲ λύει αὐτῇ τὰ σάνδαλα (!), ἄλλος δὲ ἕλκειν πειρᾶται πρὸς αὐτὴν τὸν βασιλέα. Ὁ δὲ τὴν παῖδα τιμᾶν βουλόμενος στέφανον ὀρέγει αὐτῇ. Ἄλλοι δὲ Ἔρωτες φαίνονται παίζοντες ἐν τοῖς Ἀλεξάνδρου ὅπλοις. Ἐκ τούτου δῆλον, ὅτι ὁ βασιλεὺς ἅμα καὶ Ῥωξάνης ἤρα καὶ τοῦ πολέμου οὐκ ἠμέλει.

1) ἡ κλίνη, -ης: die Liege, das Bett – 2) ἡ νύμφη, -ης: die Braut – 3) ἡ καλύπτρα, -ας: der Schleier

63 Die östlichste griechische Inschrift: Auswirkungen des Buddhismus

Der nordindische König Piodasses (R 268-233), besser bekannt unter dem Namen Ashoka, ließ bei Kandahar (<Alexander) im heutigen Afghanistan zum Ruhme des Buddhismus (und zu seinem eigenen) zahlreiche Felsinschriften anbringen, eine davon in griechischer Sprache. Sie wurde erst im April 1957 entdeckt und lautet etwa:

Ἐν δέκα ἔτεσι βασιλεὺς Πιοδάσσης εὐσέβειαν (!) τοῖς αὐτὸν ζηλοῦσιν ἐδήλου καὶ εὐσεβεστέρους τοὺς ἀνθρώπους ἐποίει. Καὶ πάντα κατωρθοῦτο κατὰ πᾶσαν τὴν γῆν.

Ἀπέχονται δὲ βασιλεὺς καὶ οἱ λοιποὶ ἄνθρωποι τῶν ζῴων[1]. Πρὸς δὲ τούτοις πάντες, ὅσοι θηρευταὶ[2] βασιλέως ἦσαν, πέπαυνται θηρία διώκοντες. Καὶ εἴ τινες πονηρῶς ἐβίουν, πέπαυνται τῆς πονηρίας (!)· πειθόμενοι γὰρ οὐκέτι ἐναντιοῦνται οὔτε πατρὶ οὔτε μητρί. Καὶ τοῦ λοιποῦ[3] κατὰ πάντα ταῦτα ποιοῦντες ἄμεινον διάξουσιν.

1) Hier ist deren Fleisch gemeint. – 2) ὁ θηρευτής, -οῦ: der Jäger – 3) τοῦ λοιποῦ (χρόνου): in Zukunft, fortan

Hochzeit Alexanders d. Gr. mit Roxane, Ausschnitt aus dem Fresko von Giovanni Antonio Bazzi (1477-1549), genannt Sodoma (Rom, Villa Farnesina)

64 Wo ist Kimon?

Im Jahre 450 v. Chr. wollte der athenische Politiker und Stratege Kimon die Insel Zypern den Persern entreißen und dem attischen Seebund anschließen.

Κίμων τὴν Κύπρον ἐλευθερῶσαι ἐπειράσατο. Τότε δὴ εἰς τὸ Ἄμμωνος μαντεῖον ἔπεμψεν ἄνδρας χρησομένους τῷ θεῷ περί τινος ἀπορρήτου[1]. Ὁ δὲ τῷ Κίμωνι οὐκ ἔχρησεν· τοὺς γὰρ θεοπρόπους[2] προσερχομένους ἐκέλευσεν εὐθὺς ἐπανελθεῖν καὶ ἐδήλωσεν αὐτοῖς μόνον τόδε· „Ὁ Κίμων ἤδη παρ' ἐμοὶ ὢν τυγχάνει."

Οἱ δὴ πεμφθέντες ἐκπεπληγμένοι αὖθις ἐπὶ θάλατταν ὥρμησαν. Ὕστερον δ' ἀφικόμενοι εἰς τὸ στρατόπεδον ἤκουσαν ἄρα Κίμωνα οὐκέτι ζῶντα. Λογισάμενοι οὖν τὰς τῆς πορείας[3] ἡμέρας γιγνώσκουσιν αὐτὸν τελευτήσαντα ὀλίγον πρὸ τῆς μαντείας[4].

1) τὸ ἀπόρρητον, -ου: das Geheimnis – 2) ὁ θεο-πρόπος, -ου: der Orakelbefrager – 3) ἡ πορεία, -ας: der Marsch, die Reise – 4) ἡ μαντεία, -ας: die Weissagung

65 Alles anders herum

Der Geschichtsschreiber und Ägyptenreisende Herodot stellte eine Reihe eigenartiger Sitten und Gebräuche der Ägypter zusammen. Hier ein kleiner Auszug:

Οὐδεὶς ἂν ἀμφισβητοίη μὴ οὐ τὰ Αἰγυπτίων ἔθη ἐναντία εἶναι τοῖς τῶν ἄλλων ἀνθρώπων. Αὐτίκα[1] γυναιξὶ μὲν ἀπαγορεύεται μὴ ἱερᾶσθαι[2] μήτε θεοῦ μήτε θεᾶς· ἄνδρες δὲ ἐπιτήδειοί εἰσιν ἱερεῖς[3] γίγνεσθαι πάντων καὶ πασῶν θεῶν. Τοὺς γονέας ταῖς θυγατράσι ἐπιτρέπουσι τρέφειν, οὐ τοῖς υἱοῖς.

Θαυμάσιον ὁρᾶν καὶ τόδε· Τὰ ἄχθη[4] ἄνδρες μὲν ἐπὶ τῶν κεφαλῶν φέρουσιν, γυναῖκες δὲ ἐπὶ τῶν ὤμων. Καὶ οὐροῦσι[5] γυναῖκες μὲν ὀρθαί, ἄνδρες δὲ καθήμενοι. Γράμματα γράφουσιν ἀπὸ τῶν δεξιῶν ἐπὶ τἀριστερά.

1) αὐτίκα: hier: zum Beispiel – 2) ἱεράομαι: ich bin Priester(in) – 3) ὁ ἱερεύς, -έως: der Priester – 4) τὸ ἄχθος, -ους: die Last – 5) οὐρέω: ich lasse Wasser

66 Die Königin aus dem Bettsack

Die letzte Ptolemaier-Königin Kleopatra hatte sich (im Thronstreit mit ihrem Halbbruder Ptolemaios) aufs Land zurückziehen müssen. Als 48 v. Chr. Caesar nach Alexandreia kam und im Königspalast residierte, bat er die damals 21-jährige Kleopatra zu sich. Doch wie sollte sie in den vom allmächtigen Minister ihres Bruders streng bewachten Palast kommen?

Κλεοπάτρα μεθ' ἑνὸς τῶν φίλων μικρᾷ νηὶ πλεύσασα ἑσπέρας εἰς τὰ βασίλεια[1] ἀφίκετο. Ὡς δὲ λάθρᾳ[2] εἰσ-ελθεῖν (!) ἀδύνατον ἦν, ἡ γυνὴ ἑαυτὴν ἔκρυψεν ἐν στρωματοδεσμῷ[3]. Τοῦτον δὲ ὁ φίλος φέρων ἔθει διὰ τῶν θυρῶν πρὸς τὸν Καίσαρα. Καὶ ἡ τύχη ἐγέλασεν αὐτοῖς· οὐ γὰρ ἐκωλύθησαν ὑπ' οὐδενός. Ὁ δὲ Ῥωμαῖος ἄρα θαυμάζων ἐπῄνεσε τὸ τῆς γυναικὸς τέχνημα[4]. Ἆρ' οὐκ ἀκηκόατε, ὅτι ἤδη τότε τῇ Κλεοπάτρας χάριτι ἐκαύθη ὁ Καίσαρος ἔρως;

1) τὰ βασίλεια, -ων: der Königspalast – 2) λάθρᾳ: heimlich – 3) ὁ στρωματο-δεσμός, -οῦ: der Bettsack (für das Bettzeug auf der Reise) – 4) τὸ τέχνημα, -ατος: die List, der Trick

Kleopatra vor Caesar, Kopie eines Ölgemäldes von Jean-Léon Gérôme, 1866 (Original verloren)

67 Großgriechische Verweichlichung

Die reiche griechische Kolonie Sybaris in Unteritalien war schon in der Antike berühmt (oder besser: berüchtigt) für Luxus und Schlemmerei. 510 v. Chr. wurde sie von den Truppen des nahen Kroton völlig zerstört.

Οἱ Συβαρῖται ἐσχάτην μαλακίαν[1] ἔφηναν· Ψόφον[2] οὐδαμῶς ὑπέμειναν. Διὰ δὲ τοῦτο ἀπεῖπον μὴ τοὺς χαλκεῖς[3] καὶ τέκτονας ὡς ψόφον[2] ποιοῦντας ἐντὸς τῆς πόλεως μεῖναι, ἵνα μὴ ταραχθείη ὁ τῶν πολιτῶν ὕπνος. Οὐκ ἐξῆν οὐδ᾽ ἀλεκτρυόνα[4] ἐντὸς τῆς πόλεως τρέφειν. Ἀνήρ τις Συβαρίτης εἰς ἀγρόν ποτε πορευόμενος ἔφη· „Ἰδὼν τοὺς γεωργοὺς ἐργαζομένους αὐτὸς ῥῆγμα[5] ἔλαβον." Πρὸς δὲ τοῦτον ἄρα ἀπεφήνατό τις τῶν ἀκουσάντων Συβαριτῶν· „Ἐγὼ δὲ ἀκούων σοῦ διηγουμένου πεπόνηκα τὴν πλευράν[6]."

1) ἡ μαλακία, -ας: die Weichlichkeit – 2) ὁ ψόφος, -ου: der Lärm – 3) ὁ χαλκεύς, -έως: der Schmied – 4) ὁ ἀλεκτρυών, -όνος: der Hahn – 5) τὸ ῥῆγμα, -ατος: der (Leisten-)Bruch – 6) ἡ πλευρά, -ᾶς: die Seite (d. Körpers), die Rippen (hier Akk. d. Beziehung)

68 „Die Angst beflügelt den eilenden Fuß, Ihn jagen der Sorge Qualen." (F. Schiller)

Καὶ μυθο-γράφος (!) τις Ῥωμαῖος καὶ ποιητὴς ἡμέτερος τὸν Φιντίαν πεφάγκασιν οὐ μόνον πιστότατον ὄντα, ἀλλὰ καὶ ἀνδρειότατον. Τὸν γὰρ φίλον ἐκ θανάτου σῶσαι βουλόμενος καὶ δεδιώς, μὴ πίστις μιανθῇ, ἐπανερχόμενος ἐσχάτους κινδύνους κινδυνεῦσαι λέγεται· ποταμὸν μὲν πολλοῖς ἐξ οὐρανοῦ ὕδασι λάβρον[1] γεγονότα ἐτόλμησε διανεῖν[2]· ἐνίους δὲ κακούργους, ὧν ὑπερεῖχεν ῥώμῃ καὶ θυμῷ, ἤμυνεν· ἡλίου δὲ καύματι[3] σφόδρα πιεζόμενος καὶ διψῶν τὸν ὄλεθρον ἔφυγε κρήνην εὑρών. Οὕτω τὸ ἐπηγγελμένον ἐπεράνθη ὑπ᾽ αὐτοῦ.

1) λάβρος, -ον: reißend (v. Fluss) – 2) δια-νέω: ich durchschwimme – 3) τὸ καῦμα, -ατος: die Hitze

69 Ein Ausnahme-Athlet

Schüler des Pythagoras war angeblich auch Milon aus Kroton, der berühmteste Sportler der Antike.

Μίλωνι πανταχοῦ τιμαὶ ἐνεμήθησαν· ἓξ γὰρ νίκας πάλης[1] ἐνίκησεν ἐν Ὀλυμπίᾳ, καὶ πολλὰ ἔτη ἦν οὐδείς, ὅστις παλαίων[2] ἔσφηλεν αὐτόν. Θαυμάσια λέγεται περὶ τῆς Μίλωνος ῥώμης· Ταῦρον μέν ποτε ἐπὶ τῶν ὤμων διὰ τοῦ σταδίου ἤνεγκεν, τὸν δὲ αὑτοῦ ἀνδριάντα αὐτὸς ἐκόμισεν εἰς τὴν Ἄλτιν.
Ἄξιον ἐπαινέσαι καὶ τόδε· Μίλων ῥοιάν[3] τινα λαβὼν τὴν χεῖρα ἐξ-έτεινεν καὶ τὸν βουλόμενον προ-έτρεπεν τὸ μῆλον[4] ἁρπάσαι. Ἀλλ᾽ οὐδεὶς οἷός τε ἦν περᾶναι τοῦτο. Τέλος δὲ οἱ θεώμενοι ἐθαύμαζον, ὅτι ἡ ῥοιὰ[3] οὐ διέφθαρτο.

1) ἡ πάλη, -ης: der Ringkampf – 2) παλαίω: ich ringe – 3) ἡ ῥοιά, -ᾶς: der Granatapfel – 4) τὸ μῆλον, -ου: die (Baum-)Frucht

70 Enttäuschungen eines Idealisten

Nachdem sein Schüler Dion 354 v. Chr. ermordet worden war, schrieb der alte Platon in Rückschau auf seine erste Sizilienreise an dessen Verwandte und Freunde:

Βλέψας εἰς τὰ παρόντα καὶ τὰ παρεληλυθότα ἐν Ἀθήναις κακὰ ἐπαυσάμην πολιτευόμενος καὶ τῇ φιλοσοφίᾳ προσελήλυθα.
Ἃ καθεώρακα, ὑμῖν ἐρῶ· οἱ ἄνθρωποι κακῶν οὐ παύσονται, πρὶν ἂν ἢ οἱ φιλόσοφοι ἔλθωσιν εἰς τὴν πολιτικὴν (!) ἀρχὴν ἢ οἱ ἐν ταῖς πόλεσιν ἄρχοντες φιλοσοφήσωσιν.
Ταύτην τὴν διάνοιαν ἔχων εἰς Σικελίαν ἦλθον· ἐληλυθὼς δὲ τῇ ἐκεῖ διαίτῃ οὐδαμῶς ηὐφράνθην· ζῶσι γὰρ οἱ Συρακόσιοι ὡς δὶς[1] τῆς ἡμέρας ἀφθόνως[2] ἐδόμενοι καὶ νυκτὸς οὐκ ἐθέλουσι μόνοι καθεύδειν. Ἐκ δὲ τοιούτων ἐθῶν οὐδεὶς ἂν φρόνιμος γίγνοιτο.

1) δίς: zweimal – 2) ἀφθόνως: reichlich

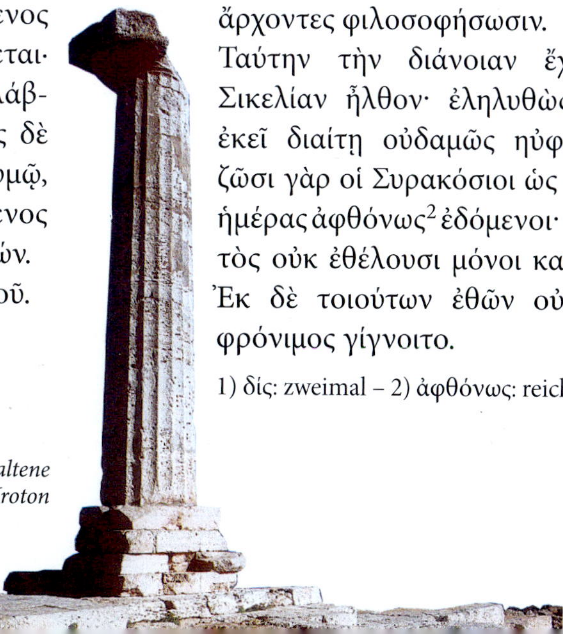

Fundament und einzige erhaltene Säule des Heratempels in Kroton

71 Die Wirkung der Katastrophennachricht

Τὰ ἐν Σικελίᾳ γενόμενα εἰς τὰς Ἀθήνας ἠγγέλθη. Οἵ τε πολῖται πρῶτον μὲν τοῖς ἐκ τῆς συμφορᾶς πεφευγόσιν ἠπίστουν μὴ πάντα τὸν στρατὸν καθῃρῆσθαι. Ἐπειδὴ δὲ τἀληθῆ ἔμαθον, ὠργίζοντο τοῖς ῥήτορσι καὶ μάντεσιν· τοῖς δὲ πιστεύοντες ἠλπίκεσαν τὸν εἰς Σικελίαν πλοῦν τῇ πόλει συνοίσειν. Τῶν δὲ πολλῶν ὁπλιτῶν ἀφαιρεθέντων κίνδυνος ἦν, μὴ ἡ πόλις αἱρεθείη. Ἀλλὰ καίπερ δεδοικότες, μὴ οὐ σωθεῖεν, ἐπεμελοῦντο οἱ Ἀθηναῖοι, ὅπως ξύλα πορισθήσεται καὶ ναυτικὸν[1] παρασκευασθήσεται. Ἅμα δὲ εἵλοντο ἀρχὴν[2] γερόντων, οἵτινες περὶ τῶν παρόντων βουλεύσονται.

1) τὸ ναυτικόν, -οῦ: die Flotte – 2) ἡ ἀρχή, -ῆς: hier: die Behörde

72 Liebe am Ätna

Ἐν Σικελίᾳ Δάφνις, Ἑρμοῦ παῖς καὶ βουκόλος[1], δεινὸς ἦν σύριγγι[2] χρήσασθαι καὶ κάλλει πάντων ὑπερέσχεν. Οὗτος κατὰ τὴν Αἴτνην τοῖς βουσὶ τὸν νοῦν προσεῖχεν. Ἥρα δὲ αὐτοῦ Ἐχεναῖς νύμφη καὶ παρεκελεύσατο αὐτῷ· „Ἀπόσχου ἄλλων γυναικῶν· συγγνώμην οὐχ ἕξω σοι μὴ πειθομένῳ· ἀποβαλεῖς γὰρ τὴν ὄψιν. “ Δάφνις οὖν χρόνον μέν τινα ἀντεῖχε[3] καίπερ πολλῶν κορῶν ἔρωτι αὐτοῦ καιομένων. Τέλος δέ τις βασιλὶς[4] οἴνῳ πολλῷ αὐτὸν ἤγαγεν εἰς ἐπιθυμίαν τοῦ συγγενέσθαι[5] αὐτῇ. Ἐγένετο ἄρα τυφλὸς ὁ Δάφνις.

1) ὁ βου-κόλος, -ου: der Rinderhirt – 2) ἡ σῦριγξ, -ιγγος: die Hirtenflöte, Panflöte – 3) ἀντ-έχω: ich widerstehe, bin standhaft – 4) ἡ βασιλίς, -ίδος: die Prinzessin – 5) συγγίγνομαι (m. Dat.): ich schlafe (mit)

73 Ehrenrettung für Helena

Helena erschien in der griechischen Literatur entweder als gewissenlose Ehebrecherin, die einen Krieg verursachte, oder als edles Opfer, das schließlich unter die Götter aufgenommen wurde. In einer Musterrede für den Rhetorik-Unterricht beteiligte sich auch Gorgias aus dem sizilischen Leontinoi an der Diskussion. (Siehe auch V 45)

Γοργίας ῥήτωρ λαμπρότατος ἦν· ἐκ τοῦ στόματος αὐτοῦ τὰ ἔπη ἐπαγώγιμα[1] ῥυῆναι λέγεται. Τετιμημένος δὲ ἀνὰ πᾶσαν τὴν Ἑλλάδα ἐτελεύτησεν ὑπερ-βὰς (!) ἑκατὸν ἔτη. Ἔγραψε τὸ Ἑλένης Ἐγκώμιον[2], καὶ τούτῳ τῷ λόγῳ ἀπεφήνατο τάδε·

Ὅστις ἂν νόμους παραβῇ, ζημιοῦσθαι δεῖ.
Ἑλένη μέντοι οὐκ ἀπέδρα ὥσπερ δούλη (!),
ἀλλ᾽ ἀποβᾶσα ἐκ Σπάρτης εἰς Τροίαν μετέβη
ἢ θεῶν βουλαῖς ἀχθεῖσα
ἢ βίᾳ ἁρπασθεῖσα
ἢ λόγοις πεισθεῖσα
ἢ ἔρωτι νικηθεῖσα.
Τίς οὐκ ἂν ὁμολογοίη τὴν γυναῖκα αὐτὴν οὐδαμῶς αἰτίαν ἔχειν τῶν συμβεβηκότων;

1) ἐπ-αγώγιμος, -ον: verführerisch – 2) τὸ ἐγ-κώμιον, -ου: das Lob, die Lobrede

Pan lehrt Daphnis das Panflötenspiel, römische Kopie einer hellenistische Skulptur aus dem 2. Jh. v. Chr. (Neapel, Museo Nazionale Archeologico)

74 Die Wirkung der Liebe auf Sappho

Ἡ Σαπφώ, ἐπειδὴ ἔρωτί τε καὶ ζηλοτυπίᾳ[1] ἑάλω, τὰ ἐν τῷ ἑαυτῆς σώματι γιγνόμενα ἔγνω. Ὥστε μέλει τινὶ σαφῶς τάδε τὰ πάθη ἔφρασεν.

Ὁ Ἔρως με τοῦ λόγου στερεῖ, οὐ γὰρ οἵα τέ εἰμι οὔτε τῇ γλώττᾳ χρῆσθαι οὔτε ὁρᾶν οὔτε ἀκούειν. Καὶ τὸ χρῶμα[2] τὸ τοῦ σώματος ἠλλάκται λευκὸν γενόμενον. Μέσον μὲν εἰς πῦρ δῦσα καίεσθαι φαίνομαι, πανταχοῦ δὲ ἱδρὼς[3] κατ-ερρύη (!). Ἤδη παυοίμην ἂν βιοῦσα. Ἀλλ' ἔγνων, ὅτι ἔξεστι πᾶν τολμᾶν[4].

1) ἡ ζηλο-τυπία, -ας: die Eifersucht (daher engl. jealousy) – 2) τὸ χρῶμα, -ατος: die Farbe – 3) ὁ ἱδρώς, -ῶτος: der Schweiß – 4) τολμάω: hier im Sinne von ὑπομένω

75 Grundsätze aus dem Eid des Hippokrates

Μὰ[1] Ἀπόλλωνα καὶ Ἀσκληπιὸν καὶ θεοὺς πάντας τε καὶ πάσας ἅγιον ὅρκον ποιοῦμαι. Τῇ ἐμῇ τέχνῃ ἀεὶ οὕτως χρήσομαι, ὥστε τοὺς κάμνοντας μὴ βλάπτειν, ἀλλ' αὐτοῖς συμ-φέρειν. Οὐ παρέξω δὲ φάρμακον θανάσι-μον (!) οὐδενὶ αἰτηθείς. Τοῦ γὰρ ἰατροῦ ἐστιν μηδένα ἀποθνῄσκειν ἐᾶν. Ἐπεὶ τὸν ἐμὸν βίον καὶ τὴν ἐμὴν τέχνην ἀεὶ ὁσίως φυλάξω, οὔποτε ἐρωτικῶς (!) ἕξω πρὸς τὰ τῶν καμνόντων σώματα. Ἃ δ' ἂν ἐν θερα-πείᾳ (!) ἢ ἴδω ἢ ἀκούσω, σιγήσομαι, ὡς ἡγοῦμαι περὶ τῶν τοιούτων ἔξω λέγειν οὐκ ἐξεῖναι.

1) μά + Akk. eines Gottes: bei (Schwurformel)

76 Eine schwere Geburt mit großer Nachwirkung

Ἡ Ἥρα εἰδυῖα τὴν Λητὼ ἐκ Διὸς κυοῦσαν[1] ἐκέλευσε πάντας τοὺς τοῦ κόσμου τόπους τὴν θεὰν μὴ δέξασθαι. Ἡ δὲ Λητὼ πανταχοῦ ἐπλανᾶτο χώραν ζητοῦσα, οὗ τεκεῖν ἐξῆν. Μόνη ἡ Δῆλος, μικρὰ ἐν τῷ Αἰγαίῳ πόντῳ νῆσος, τὴν Ἥραν οὐ δεδιυῖα ὑπέσχετο τὴν Λητώ, ᾗ οὐκέτι ἐλπίδα εἶχεν οὐδὲ ᾔδει, τί δρῴη, τεκεῖν ἐάσειν. Ἡ οὖν θεὰ ὅρκον ἐποιήσατο, ὅτι τὸ πρῶτον τοῦ υἱοῦ ἱερὸν ἐν ταύτῃ τῇ νήσῳ ἔσται, καὶ οὕτως ἐγένετο. Καὶ ἡ νῆσος ἡ πρότερον κατὰ θάλατταν πλανωμένη ἐξ ἐκείνου τοῦ χρόνου ἐν ἑνὶ τόπῳ ἑστάναι λέγεται.

1) κυέω ἐκ: ich bin schwanger von

Sappho und Alkaios, Ölgemälde von Sir Lawrence Alma Tadema, 1881 (The Walters Art Museum, Baltimore, USA)

77 Der größte griechische Held in Frauenkleidern

Ἐπεὶ ἡ Θέτις ᾔδει τὸν Ἀχιλλέα, ἐὰν εἰς πόλεμον ἴῃ, τελευτήσοντα, τὸν υἱὸν γυναικείᾳ (!) ἐσθῆτι κοσμήσασα[1] εἰς Σκῦρον τὴν νῆσον ἔπεμψεν. Ἐκεῖ δὲ μετὰ παρθένων τοὺς ἀστοὺς λαθὼν ἐβίου. Ἀλλ᾽ ὁ Ὀδυσσεὺς εἰς τὴν νῆσον ἧκεν, ἵνα τὸν Ἀχιλλέα πρὸς τὸν τῶν Ἀχαιῶν στόλον ἄγῃ. Τὸν δὲ νεανίαν μετὰ τῶν κορῶν οὐ γνοὺς ὁ Ὀδυσσεὺς ἐμηχανήσατο τήνδε τὴν τέχνην· συνέβαλεν ὅπλα εἰς τὴν γυναικωνῖτιν[2]. Ἐπεὶ Ὀδυσσέως κελεύσαντος ἐξαπίνης ἐσάλπιγξεν[3], πᾶσαι μὲν αἱ παρθένοι φυγῇ ἑαυτὰς ἔσωσαν, μόνος δὲ ὁ Ἀχιλλεὺς τὰ κείμενα ὅπλα ἔλαβε καί· „Εἰς πόλεμον“, ἔφη, „μεθ᾽ ὑμῶν εἶμι ὡς τῷ Μενελάῳ λυπηρῶς διακειμένῳ βοηθήσων.“

1) κοσμέω: ich schmücke – 2) ἡ γυναικωνῖτις, -ιδος: der Frauensaal – 3) σαλπίζει: die Kriegstrompete ertönt

78 Der Koloss von Rhodos

Οἱ Ῥόδιοι τῷ Δημητρίῳ Πολιορκητῇ πρὸς αὐτοὺς πολεμοῦντι καὶ τὴν πόλιν αὐτῷ ἐπιτρέψαι κελεύοντι θαρροῦντες εἶπον· „Ὀλιγωροῦμεν ὧν ᾔτησας.“ Ὑπέσχοντο δὲ τῷ Ἡλίῳ ἄγαλμά τι ποιήσειν, ἐὰν τῇ αὐτῶν πατρίδι βοηθῇ. Σωθέντων οὖν τῶν Ῥοδίων Χάρης ὁ Λίνδιος ἄγαλμα ἑπτάκις δέκα πηχέων[1] ἠργάσατο, ὃ τῷ μεγέθει πάντων ὑπερέχον ἴσμεν. Ὃ πᾶσιν τοῖς τότε ἤρεσκεν. Ἀρχαῖος γεωγράφος (!) τις γράφει τὸν κολοσσόν (!), ὃν ἔνιοι τῶν νῦν ἐν λιμένι ἑστάναι οἴονται, μετ᾽ ὀλίγον ὑπὸ σεισμοῦ (!) καταπεσεῖν (!) καὶ χρησμόν τινα τοῖς Ῥοδίοις παραινέσαι αὐτὸν μηκέτι κατορθοῦν.

1) ἑπτάκις δέκα πηχεών: siebenmal zehn / siebzig Ellen hoch

Der Koloss von Rhodos, nach einem Kupferstich von Matthäus Merian d.Ä. (1630)

79 Zehn Jahre Einsamkeit

Philoktet, der den Bogen und die vergifteten Pfeile des Herakles besaß, wurde auf dem Weg nach Troia von einer Schlange gebissen; die Wunde war derart übelriechend, dass ihn die Griechen auf Anraten des Odysseus kurzerhand auf der Insel Lemnos aussetzten ...

Οἱ Ἀχαιοὶ οὐκ ᾐσχύνθησαν τὸν Φιλοκτήτην νόσῳ κάμνοντα ἐν Λήμνῳ ἀπολιπεῖν. Ἐπεὶ οἱ Ἀχαιοὶ οὐχ οἷοί τε ἦσαν τὴν Τροίαν ἄνευ τοῦ Ἡρακλέους τόξου χειρώσασθαι, μετὰ δέκα ἔτη ἐπέμφθησαν Ὀδυσσεὺς καὶ Νεοπτόλεμος, ὁ τοῦ Ἀχιλλέως υἱός, ὡς Φιλοκτήτην μεταπεμψόμενοι. Ὁ δὲ ἑκατέρῳ ἄλλως διελέχθη· τὸν μὲν νέον ἱκέτευσεν· „Ἐλέησον καὶ σῶσον ἐμὲ ἐντεῦθεν εἰς τὴν πατρίδα κομίσας. Μὴ ἐκεῖνον μιμήσῃ.“ Τὸν δὲ Ὀδυσσέα ᾐτιάσατο· „Ἆρ᾽ οὐ τῆς ἀδικίας ἀναμιμνήσκῃ, ἀκόλαστε; Οὐχ ἕτοιμός εἰμί σοι διαλλάττεσθαι, ἐξουσία δέ σοι οὔποτε ἔσται ἐμὲ βιάζεσθαι. Μόνος ὁ σὸς θάνατος ἐμὲ ἰῷτο ἄν.“

Plötzlich erscheint Herakles als *deus ex machina*, als „Gott aus der Theatermaschine“, der, mit einem Kran einschwebend, am Ende einer Tragödie einen Konflikt löst. Er fordert Philoktet auf, mit den beiden nach Troia mitzufahren. Dieser gehorcht dem alten Freund bereitwillig.

80 Ein Wunder auf der Akropolis

Im Sommer 480 v. Chr. hatte der Perserkönig Xerxes Athen erobert:

Καταλυθείσης σχεδὸν πάσης τῆς πόλεως οἱ ἀμφὶ τὸν Ξέρξην διενοήθησαν ἀφανίσαι τὴν ἀκρόπολιν. Οἱ οὖν Πέρσαι ὁρμηθέντες ἐπὶ τὸ χωρίον εἷλον αὐτό. Ἐφόνευσαν δὲ τοὺς ἐναντιωθέντας κοὐκ ᾐδέσθησαν τοὺς ἱκετεύοντας. Τέλος δὲ ἐνέπρησαν[1] τὸ ἱερόν. Ὁ δὲ Ξέρξης ἢ τῇ ὕβρει ἢ ἐνυπνίῳ[2] τινὶ ἐκπλαγεὶς ἐκέλευσεν οὐ πολλῷ ὕστερον Ἀθηναίους τινάς, οἳ αὐτῷ εἵποντο, θῦσαι τοῖς ἐν τῇ ἀκροπόλει θεοῖς. Οὗτοι μὲν οὐκ ἠρνήθησαν, αὐτοῖς δὲ βουλομένοις θῦσαι τόδε τὸ θαῦμα ἐγένετο· εἶδον βλάστην[3] μεγάλην φυομένην ἐκ τῆς καυθείσης ἐλαίας[4] τῆς Ἀθηνᾶς.

1) ἐν-έπρησα (Aor.): ich zündete an – 2) τὸ ἐν-ύπνιον, -ου: das Traumbild, der Traum – 3) ἡ βλάστη, -ης: der Zweig – 4) ἡ ἐλαία, -ας: der Ölbaum, Olivenbaum

81 Streng geheim!

Eines der interessantesten und geheimnisvollsten Feste, das die Athener feierten, waren die Eleusinien:

Τελευτήσαντος τοῦ θέρους[1] οἱ Ἀθηναῖοι πομπὴν[2] μεγάλην ἐποίησαν· προεθυμήθησαν γὰρ τῇ Δήμητρι χάριν ἀποδοῦναι ὧν δέδωκεν καρπῶν. Τῆς δ' ἑορτῆς μετέδοσαν πᾶσι πλὴν τῶν κακούργων τε καὶ τῶν τῆς Ἑλληνικῆς γλώττης ἀπείρων. Ἐπορεύθησαν δ' εἰς τὴν Ἐλευσῖνα, οὗ κατὰ μῦθόν τινα ὁ Ἅιδης ἀποδοὺς τὴν ἁρπασθεῖσαν Κόρην διήλλαξε τὴν Δήμητρα· ἡ γὰρ θεὰ ἐν τῷ ἔμπροσθεν[3] διὰ λύπην ἐπαύσατο ὠφελοῦσα τὸν τῶν ἀνθρώπων βίον. Ἐν δὲ τῇ Ἐλευσῖνι οἱ συλλεγέντες μυστήρια ἤγαγον[4] οὐδαμῶς προδιδόντες τὰ ἐν αὐτοῖς δρώμενα.

1) τὸ θέρος, -ους: der Sommer – 2) ἡ πομπή, -ῆς: die Prozession, der Festzug – 3) ergänze χρόνῳ – 4) μυστήρια ἄγειν: Mysterien (= Geheimrituale) vollziehen

82 Laureion – Bergbau in Attika

Die Südspitze Attikas, das Bergland von Laureion, war schon seit der Zeit des Peisistratos eine der Quellen athenischen Wohlstands.

Χρεὼν τὰς Ἀθήνας ἀεὶ πολλοῖς χρήμασι κοσμῆσαι ὁ Λαυρεωτικὸς τόπος πλείστου ἄξιος ἦν τοῖς ἄρχουσιν. Ἐκεῖ γὰρ ἦν τὰ μέταλλα[1], ἃ παρ-εδόθη (!) ἰδιώταις τισὶν ἰδίου καὶ δημοσίου κέρδους ἕνεκα. Οὗτοι δ' ἐκέκτηντο πολλὰ ἀνδράποδα, ἃ ἠναγκάσθη ἐξεργάζεσθαι ἔργα χαλεπώτατα καὶ ἀλγεινότατα ἐν χωρίῳ τραχεῖ. Ἐν πολλῷ χρόνῳ οἱ μὲν δοῦλοι ὤρυξαν[2] ὡς[3] δισχιλίους ὑπονόμους[4] καὶ ἀν-ήνεγκον (!) μυρίους λίθους εἰς φῶς, ἐξ ὧν ἀργύριον παρεσκευάσθη. Οἱ δὲ κύριοι ὄλβιοι ἐγένοντο ἔχοντες τὸ πλεῖστον μέρος τούτου. Ἀλλὰ μετέδοσαν αὐτοῦ καὶ τῇ τῶν Ἀθηναίων πολιτείᾳ. Ἐκ δὲ τοῦ δοθέντος ἀργυρίου ἐκόπησαν[5] καὶ αἱ λεγόμεναι γλαῦκες[6], αἳ ἀπεδόθησαν τοῖς ἀστοῖς, εἰ ἔπραξάν τι ἐπ' ὠφελίᾳ τῆς πόλεως.

1) τὸ μέταλλον, -ου: das Bergwerk – 2) ὀρύττω: ich grabe – 3) ὡς (m. Zahlenangabe): ungefähr – 4) ὁ ὑπό-νομος, -ου: der (unterirdische) Gang, Stollen – 5) ἐκόπησαν (starker Aorist Passiv zu κόπτω: ich schlage) hier: sie wurden geprägt – 6) ἡ γλαῦξ, γλαυκός: die Eule; hier: die Tetradrachme (Vierdrachmen-Münze mit der Abbildung einer Eule, vgl. Abb. 1, S. 67)

Antiker Stollen eines Silberbergwerkes in Laureion

83 Blinde Politik

Auch wenn sie es nicht gerne hörten – die Athener mussten sich oft auch aus den eigenen Reihen Kritik anhören:

Θουκυδίδης οὐδαμῶς ὡμολόγησε τοῖς τοὺς Ἀθηναίους ἄγαν ἐπαινοῦσιν, ἀλλ᾽ ἐπεκάλεσε τοῖς πολιτευομένοις, ὅτι τὰ τῆς πόλεως πολλάκις κακῶς διέθεσαν κοὐκ ἔγνωσαν τὰ συμφέροντα. Ταῦτα δ᾽ ἔγραψεν ἐπιτιθεὶς τοιάδε· Πρὸ τοῦ εἰς τὴν Σικελίαν πλοῦ οἱ Ἀθηναῖοι πρῶτον μὲν τὸν Ἀλκιβιάδην ἔθεσαν στρατηγόν. Ἔπειτα δ᾽ ὠργίσθησαν αὐτῷ ὡς ἀτιμάσαντι τοὺς ἱεροὺς Ἑρμᾶς[1], οἳ ἀν-ετέθησαν (!) ἐν ταῖς ὁδοῖς ὑπὸ τῶν προγόνων. Ὁ οὖν Ἀλκιβιάδης φυγὼν εἰς τὴν Σπάρτην προέδωκε τὰ ὑπὸ τῶν Ἀθηναίων βεβουλευμένα. Ὅμως δ᾽ ἐκεῖνοι οὐ μετήλλαξαν τὴν γνώμην καὶ ἡττήθησαν οὐ πολλῷ ὕστερον δεινῶς ἐν τῇ Σικελίᾳ.

1) οἱ Ἑρμαῖ, -ῶν: die Hermen (Bildstöcke des Gottes Hermes, die Unheil abwenden sollten, z.B. an Wegkreuzungen)

84 Ἀγεωμέτρητος[1] μηδεὶς εἰσίτω[2]

... so lautete der Wahlspruch der wohl berühmtesten Philosophenschule der Antike, der Akademie Platons. Dieser näherte sich 367 v. Chr. ein junger Mann, der noch von sich reden machen sollte:

Ὁ Ἀριστοτέλης ᾤετο αὐτῷ οὐδαμῶς ἀμελητέον εἶναι τῆς φιλοσοφίας. Ἐν δὲ τῇ Ἀκαδημείᾳ αὐτῷ πολλὰ μαθήματα ἀσκητέα ἦν· φυσικά (!), μαθηματικά (!), ἠθικά (!), λογικά (!), οἷον οἱ σοφιστικοὶ[3] ἔλεγχοι.
Εὐσυνετώτατος[4] δὲ καὶ φρονιμώτατος ὢν τῶν τῷ Πλάτωνι συγγιγνομένων ὁ Ἀριστοτέλης ζηλωτὸς ἦν πᾶσι τοῖς ἐν τῇ Ἀκαδημείᾳ σπουδάζουσιν. Καὶ ἐν βραχεῖ αὐτὸς διδάσκαλος θαυμαστὸς ἐγένετο. Ἔλιπε δὴ τὴν Ἀκαδήμειαν μετὰ εἴκοσιν ἔτη. Ἄ-γνωστον (!) δ᾽ ἐστίν, εἰ ὠργίζετο ὡς ἀδικηθείς· ὁ γὰρ Πλάτων οὐ τὸν Ἀριστοτέλη διάδοχον[5] ἔθηκεν, ἀλλὰ τὸν Σπεύσιππον συγγενῆ[6] ὄντα.

1) ἀ-γεωμέτρητος, -ον: nicht geometrisch (= mathematisch) gebildet — 2) εἰσ-ίτω: er, sie, es soll eintreten — 3) σοφιστικός, -ή, -όν: sophistisch; spitzfindig, betrügerisch — 4) εὐ-σύν-ετος, -ον: scharfsinnig — 5) ὁ διάδοχος, -ου: der Nachfolger — 6) συγ-γενής, -ές: verwandt

85 Λάθε βιώσας

... das war der berühmte Wahlspruch der Epikureer. Was er bedeutet, ahnst du vielleicht jetzt schon. Du kannst es aber genauer herausfinden, wenn du folgenden Text übersetzt:

Ὁ Ἐπίκουρος ἔλεγε δεῖν ἐφίεσθαι μὲν ἡδονῆς, φεύγειν δὲ πᾶσαν ταραχήν (!), ὥσπερ πόνους καὶ ἄλγη. Καὶ ἐσπούδαζεν, ὅπως οἱ συνόντες μεθήσουσι τοῦ φόβου τοῦ τῶν θεῶν ἢ δαιμόνων τινῶν· ἔφασκε γὰρ τούτους οὐ φροντίζειν τοῦ κόσμου, ἀλλὰ πάντα, καὶ τὰ σώματα καὶ τὰς ψυχάς, γίγνεσθαι ἐξ ἀ-τόμων (!) καὶ πάλιν καταλύεσθαι εἰς αὐτά. Αὐτάρκως δὲ διῆγε μετὰ φίλων ἐν κήπῳ[1] τινὶ οὐκ ἐφιέμενος τῶν πολιτικῶν, ἀλλὰ ζητῶν τὴν ἀ-ταραξίαν (!). Πολλοὶ μὲν οὐ συνεῖσαν ταύτην τὴν φιλοσοφίαν, διέβαλον δὲ τοὺς Ἐπικουρείους ἅτε φθονοῦντες αὐτοῖς τοῦ ἐν ἡσυχίᾳ ζῆν.

1) ὁ κῆπος, -ου: der Garten (οἱ ἀπὸ τῶν κήπων wird zum Synonym für die Epikureer)

Gruppe von Philosophen in der Akademie von Athen, Mosaik aus Pompeji, 1. Jh. n. Chr. (Neapel, Museo Archeologico Nazionale)

86 Freiheit trotz Unfreiheit

Wie das funktionieren kann, darauf hatten die Philosophen der Stoá eine ganz eigentümliche Antwort gefunden:

Οἱ Στωϊκοὶ τὸν λόγον θεὸν καλοῦσι καθιστάμενον πάντα τὰ ὄντα. Κατὰ τοῦτον, ὥσπερ λέγουσιν, καὶ ὁ κόσμος μεταβάλλεται ἐν κύκλῳ τινί· γίγνεται γὰρ ἐν πολλῷ χρόνῳ ἐκ πυρὸς καὶ διαφθείρεται ἐκπυρώσει[1]. Τῷ οὖν ἀνθρώπῳ ἅτε μέρει ὄντι τοῦ κόσμου οὐκ ἔξεστιν ἀντι-στῆναι (!) τῷ λόγῳ. Ὁ δὲ σοφὸς οὐ ταράττεται ταύτῃ τῇ ἀνάγκῃ, ἀλλὰ δέχεται αὐτὴν ἐλευθέρως. Κατὰ τὸ καθῆκον[2] οὖν πάντα διατίθησι καὶ οὐκ ἀπέχεται τῆς πολιτείας ὡς ἄριστα καταστησόμενος αὐτήν. Ἀ-παθὴς (!) δὲ γενόμενος τῇ φιλοσοφίᾳ ὀλιγωρεῖ χρημάτων ἢ δυνάμεως, νόσων βαρειῶν ἢ θανάτου ὡς ἀδιαφόρων[3] ὄντων.

1) ἡ ἐκ-πύρωσις, -εως: der Brand, das Aufgehen in Flammen — 2) τὸ καθ-ῆκον, -οντος: die Pflicht — 3) ἀ-διά-φορος, -ον: gleichgültig

87 Die Wiederentdeckung der Aigineten

Man schreibt April 1811. Das heutige Griechenland ist noch fest in türkischer Hand, als im Hafen von Piräus zwei Freunde nach Aigina aufbrechen: der aus der Nähe von Nürnberg stammende Carl Freiherr Haller von Hallerstein (1774-1817) und der Engländer Charles Robert Cockerell (1788-1863).

Πλέοντες ἐν νηῒ μικρᾷ ἀμφὶ τὴν νῆσον ὁρῶσι κείμενον ἐν ὄρει τινὶ τὸν τῆς Ἀφαίας ναὸν καὶ θαυμάζουσι τὸ κάλλος αὐτοῦ. Ἔρωτος δὲ τῶν παλαιῶν ἔργων ἐμπεπλησμένοι γιγνώσκουσιν ἐξετάσαι τοῦτον τὸν τόπον. Καὶ ἐν βραχεῖ εὑρίσκουσιν εἰκόνας τινὰς κεκρυμμένας ἐν τῇ γῇ, ἃς Αἰγινήτας καλοῦσιν. Χρήματα ἐκ-τελέσαντες (!) τοῖς τῶν Τούρκων[1] ἄρχουσι δύνανται ἐκ-φέρειν (!) αὐτὰς πρῶτον μὲν εἰς τὴν Ζάκυνθον, ἔπειτα δὲ εἰς τὴν Μελίτην. Ἆρ' ἠκούσατε Λουδοβῖκον[2] τὸν τῶν Βαυαρῶν[3] δυνάστην κτησάμενον τοὺς Αἰγινήτας καίπερ σχεδὸν πάντων τῶν Εὐρωπαϊκῶν (!) βασιλέων ἐπιθυμούντων αὐτῶν; Ἔλαβε δὲ αὐτοὺς ἀποδοὺς μέγα μέρος τῆς ἰδίας οὐσίας, ὥστε καὶ ἡμεῖς οἱ νῦν θεωρεῖν δυνάμεθα τοὺς Αἰγινήτας ἐν τῇ τοῦ Μονάχου[4] Γλυπτοθήκῃ[5].

1) οἱ Τοῦρκοι, -ων: die Türken — 2) ὁ Λουδοβῖκος, -ου: Ludwig (damals noch Kronprinz, ab 1825 König von Bayern) — 3) οἱ Βαυαροί, -ῶν: die Bayern — 4) τὸ Μόναχον, -ου: München — 5) ἡ Γλυπτο-θήκη, -ης: die Glyptothek (Kannst du die wörtliche Bedeutung erklären?)

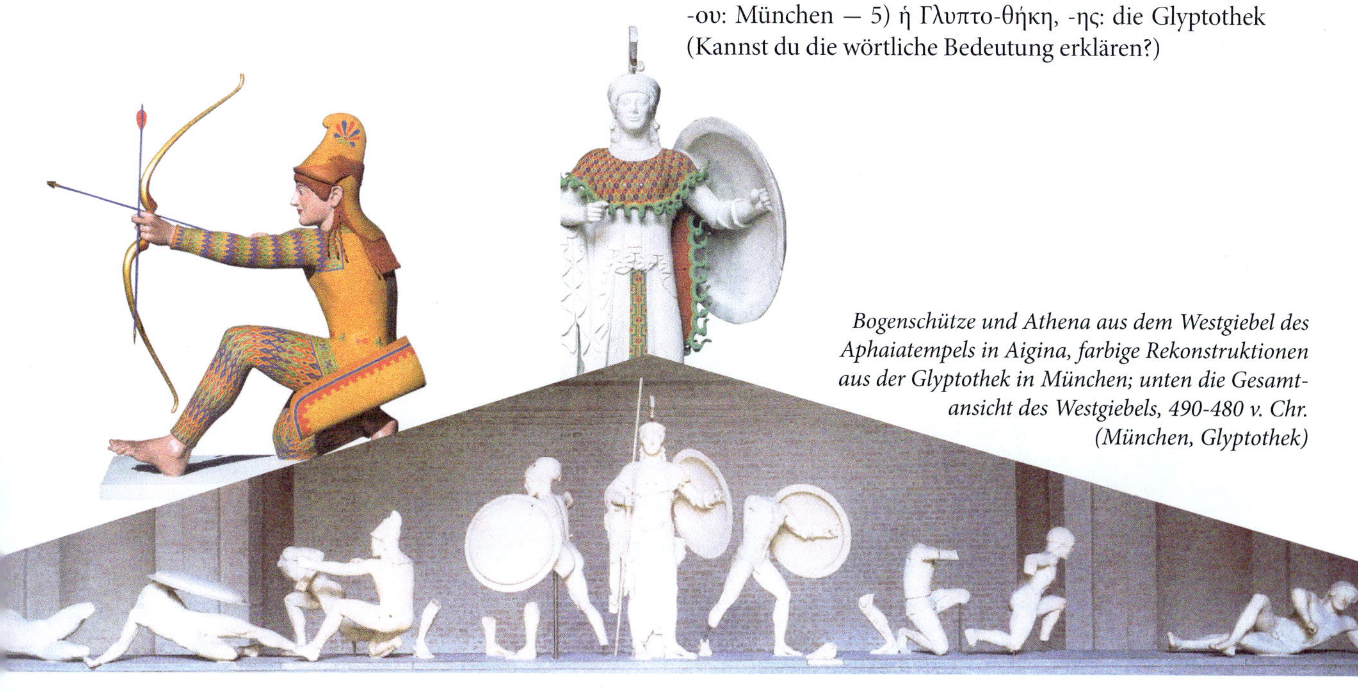

Bogenschütze und Athena aus dem Westgiebel des Aphaiatempels in Aigina, farbige Rekonstruktionen aus der Glyptothek in München; unten die Gesamtansicht des Westgiebels, 490-480 v. Chr. (München, Glyptothek)

88 Ein Griesgram wird bekehrt

Anders als in den politischen Komödien des Aristophanes ging es bei Menander vor allem um familiäre Verwicklungen. Das zeigt auch ein Blick auf den Inhalt des Stückes „Dyskolos", das in der rauen Berglandschaft um Athen spielt:

Πυνθανόμεθα νεανίαν τινά, Σώστρατον τὸ ὄνομα, ἀθλίως διακείμενον· ἠράσθη[1] γὰρ παρθένου, ἀλλ᾽ οὐκ ἐξῆν αὐτῷ συνεῖναι τῇ ἐρωμένῃ. Ἐφυλάχθη γὰρ ὑπὸ Κνήμονος, τοῦ χαλεποῦ πατρὸς αὐτῆς, ὃς ἔφυγε τὴν πόλιν δείξων τὴν μισ-ανθρωπίαν (!). Ὑπὸ δὲ τούτου οὐκ ἐξ-εδόθη (!) εἰς γάμον ἡ κόρη. Ἀλλ᾽ ὁ Κνήμων ἔμελλε δίκην δώσειν. Ἔτυχε γὰρ πεσὼν εἰς φρέαρ[2] ὕδατος πλῆρες. Ἀπώλετο δ᾽ ἂν κακῶς, εἰ μὴ ἐσώθη Σωστράτου βοηθοῦντος. Οὕτω δ᾽ αὐτῷ ἀπεδείχθη, ὅτι πάντες οἱ ἄνθρωποι δέονται ἀλλήλων. Κνήμωνος οὖν οὐκέτι ἄκοντος ἡ παρθένος εἰς γάμον ἐξ-εδόθη (!) Σωστράτῳ.

1) ἠράσθην: ingressiver Aorist zu ἐράω – 2) τὸ φρέαρ, -ατος: der Brunnen

89 Ein Tyrann kehrt teilweise zurück

Nach seiner Vertreibung aus Athen war Hippias zum Perserkönig Dareios geflohen. Als dieser etwa zwei Jahrzehnte später gegen Griechenland in den Krieg zog, war Hippias als Berater dabei. Folgende Episode ereignete sich vor der Schlacht bei Marathon (490 v. Chr.):

Ὁ Ἱππίας ἤλπισε τιμωρήσεσθαι τοὺς Ἀθηναίους· ἀφείλοντο γὰρ αὐτὸν τὴν τυραννίδα. Καὶ ᾤετο τοὺς Πέρσας νίκης λαμπρᾶς τεύξεσθαι, ἐπεὶ δι᾽ ὀνείρου ἐπύθετο πάλιν ἀφίξεσθαι εἰς τὴν Ἑλλάδα. Ἀλλ᾽ ἥμαρτε τοῦ ὀρθοῦ· αὐτὸν γὰρ τάττοντα τὸν στρατὸν πταρμὸς[1] κατέλαβεν, ὥστε οἱ ὀδόντες μέγα ἐσείσθησαν[2]. Τοῦ δ᾽ Ἱππίου τὴν ἡλικίαν νέου οὐκέτι ὄντος εἷς αὐτῶν κατ-έπεσεν (!) εἰς τὴν γῆν. Οἱ μὲν στρατιῶται οὐκ ἐδυνήθησαν εὑρεῖν αὐτὸν λευκὸν οὐκέτι ὄντα. Ὁ δ᾽ Ἱππίας ᾔσθετο ψευσθεὶς τῆς ἐλπίδος[3]· κατ-ῆλθε (!) γὰρ μόνον μέρος τι αὐτοῦ εἰς τὴν Ἑλλάδα.

1) ὁ πταρμός, -οῦ: das Niesen – 2) σείω: ich erschüttere – 3) ψεύδομαι (m. Genitiv): ich täusche mich in (etwas)

Menander mit Muse und Theatermasken, römische Kopie eines griechischen Reliefs aus dem 4. Jahrhundert v. Chr. (Rom, Vatikanische Museen)

90 Bewundernswerte Konsequenz oder tödlicher Starrsinn?

Nach seiner Verurteilung zum Tode 399 v. Chr. sitzt Sokrates im Gefängnis. Da ermöglicht ihm sein reicher Freund Kriton, der die Wachen bestochen hat, die Flucht. Doch Sokrates lehnt ab. Weil Kriton das nicht versteht, lässt Sokrates unter anderem die personifizierten Gesetze auftreten und folgendermaßen argumentieren:

Ὦ Σώκρατες, μεγάλα ἡμῖν τεκμήρια γέγονεν, ὅτι σοι καὶ ἡμεῖς ἠρέσκομεν καὶ ἡ πόλις. Οὐ γὰρ ἄν ποτε τῶν ἄλλων Ἀθηναίων ἁπάντων διαφερόντως (!) ἐν αὐτῇ ἔμενες, εἰ μή σοι διαφερόντως ἤρεσκεν ἡ πόλις. Οὐ γὰρ ἐβουλήθης ἐξ-ελθεῖν (!) εἰ μὴ ὡς στρατευσόμενος καὶ μαχούμενος τοῖς τῆς πόλεως ἐναντίοις. Οὐδέ σε ἐπιθυμία ἄλλων νόμων ἔλαβεν, ἀλλὰ ἡμεῖς σοι ἱκανοὶ ἦμεν. Καὶ ὡμολόγησας καθ᾽ ἡμᾶς πολιτεύσεσθαι ἔργῳ, ἀλλ᾽ οὐ λόγῳ. Καὶ ἐν αὐτῇ τῇ δίκῃ τὸν θάνατον προείλου ἐξὸν καθ᾽ ἡμᾶς φυγῆς τιμήσασθαι[1]. Νῦν δέ, ὅτε δεῖ σε ἀποθανεῖσθαι, κακὰ πεισόμεθα ὑπό σου· ἀμελεῖς γὰρ τῶν ὡμολογημένων καὶ ἐπιχειρεῖς διαφθεῖραι ἡμᾶς ἀποδιδράσκειν βουλόμενος. – Τί φῶμεν πρὸς ταῦτα, ὦ Κρίτων;

1) φυγῆς τιμᾶσθαι: auf Verbannung plädieren, Verbannung beantragen

Sokrates, röm. Kopie eines hellenist. Originals um 400 v. Chr. (Neapel, Museo Archeologico Nazionale)

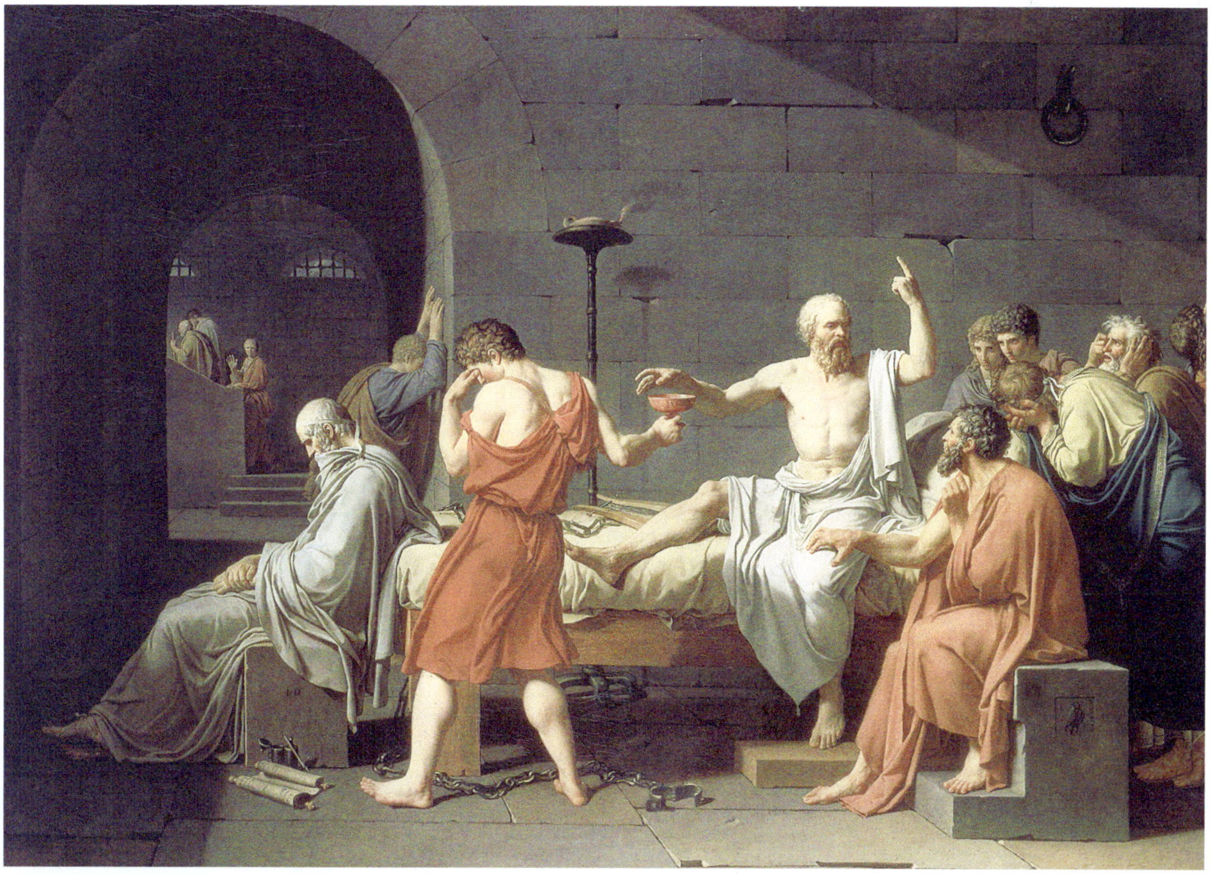

Der Tod des Sokrates, von Jacques-Louis David, 1787 (New York, The Metropolitan Museum of Art). Das Bild zeigt neben namentlich nicht bestimmbaren Nebenfiguren: Xanthippe (links hinten am Fuß des Aufgangs), Platon, Scharfrichter, Sokrates und Kriton (im Vordergrund von links). Charakterisiere die Haltung (Pose, Gesten, Blick, Gesichtsfarbe usw.) der fünf Hauptfiguren. Das Gemälde entstand 1787. Welchen Bezug zum damaligen Frankreich wollte der Maler wohl herstellen? Beachte auch die Gegenstände auf dem Fußboden.

Wortschatz und Grammatik

In diesem Teil des Lehrbuches Kairos finden sich der Wortschatz und der Grammatikstoff zu den einzelnen Lektionen des Textteils aufbereitet.

Entsprechend dem Vorschlag, für die Behandlung einer Einzellektion im Allgemeinen zwei Unterrichtsstunden anzusetzen, ist auch im Wortschatz und in der Grammatikdarbietung eine Zweiteilung in A und B vorgenommen worden.

Im **Wortschatz** ist der Paradigmenwortschatz zusammengefasst und farbig gekennzeichnet, ansonsten sind die Wörter nach ihrem Vorkommen im Lektionstext angeordnet. Durch die über jedem Wortschatz angegebenen Wörter wird zur immanenten und eigenverantwortlichen Wortschatzwiederholung angeleitet.

Das Vokabelverzeichnis ist dreispaltig aufgebaut: griechische Wörter – deutsche Übersetzung – Lernhilfe (Wortfamilie, Fremdwörter oder indoeuropäische Verwandtschaft). Mit einfachen Beispielsätzen oder Wendungen werden syntaktische Phänomene zu den einzelnen Wörtern einprägsam vorgestellt.

Das Lehrwerk führt kurz die wichtigsten Grammatikphänomene der Lektionen an; diese finden sich in Tabellen oder kurzen Beispielsätzen aufbereitet.

Durch die Farbgebung aller Tabellen des Bandes sollen den Schülerinnen und Schülern wesentliche Orientierungshilfen gegeben werden: rot für Konjugationstabellen, blau für Deklinationstabellen, grün für Syntaxwissen. Bei der Darbietung der Verbformen in Konjugationstabellen oder Stammformenreihen sind drei Darstellungsarten zu unterscheiden: Zentraler Lernstoff, der im Mittelpunkt des Lektionstextes, der Einführungssätze und der Übungen steht, findet sich in Normaldruck. Formen, die etwas weniger häufig verwendet werden – sowohl in griechischen Originaltexten als auch in Übungen im Buch –, sind kleiner gedruckt. Als dritte Kategorie finden sich Formen, die eingeklammert in Kleindruck stehen. Diese Formen sind in der griechischen Sprache zwar vorhanden, werden aber selten gebraucht. Sie sind der Vollständigkeit halber aufgeführt, werden in Texten und Übungen jedoch nicht behandelt. Grundsätzlich gilt, dass eine passive Formenbeherrschung (korrekte Übersetzung der griechischen Form) ausreicht. Lautliche Erläuterungen sind mit ! gekennzeichnet. Daneben sind zu einigen komplexeren grammatikalischen Erscheinungen (Modi, Kasuslehre) am Ende des Grammatikteils **Übersichten** eingebaut (S. 215-224), die Wesentliches noch einmal prägnant und anschaulich vor Augen führen sollen. Daran schließen sich die wichtigsten **Formentabellen** (S. 225-231) sowie alphabetisch geordnete **Stammformenlisten** (S. 232-237) an.

A Die konditionale Periode (1): Indefiniter Fall und Irrealis

W: πάνυ (36B), μόνον (11B), κήδομαι (20A), ἡ κώμη (18A), ἀπο-λείπω (34B)

εἰ	wenn; ob	
ἄν	Modalpartikel	
ἀ-δύνατος, -ον	unmöglich; unfähig, machtlos	δυνατός, δυνάστης
ἀ-σθενής, -ές	schwach, kraftlos, krank	
νέμομαι	ich bebaue (Ackerland), bewohne; nähre mich	
κοινῇ (Adverb)	gemeinsam, öffentlich, im Staatsinteresse	κοινός
τὸ κτῆμα, -ατος	der Besitz	
τὸ τεῖχος, -ους	die Mauer	
ἐπι-τήδειος, -α, -ον	geeignet, passend; befreundet	ἐπι-τηδεύω

1 Die **konditionale Periode** besteht aus einem untergeordneten Satz, in dem eine **Bedingung** (lat. *condicio*) formuliert wird, und einem übergeordneten Satz (meist Hauptsatz), der die **Folgerung** daraus enthält.
In der einfachsten Form der konditionalen Periode steht – genauso wie im Deutschen – im Bedingungs- wie im Folgerungssatz der **Indikativ** (aller Zeitstufen). In diesem Fall bleibt unbestimmt, ob die Bedingung wirklich eintritt; man spricht daher vom **indefiniten Fall** (lat. *indefinitus* = unbestimmt):

Bedingungssatz	Folgerungssatz
Εἰ τοῦτο βουλεύονται,	βλάπτουσιν ἡμᾶς.
Wenn sie dies beschließen,	schaden sie uns.
Εἰ τοῦτο ἐβουλεύσαντο,	ἔβλαψαν ἡμᾶς.
Wenn sie dies beschlossen,	schadeten sie uns.

Die **Negation im Bedingungssatz** ist **immer μή**.

2 Im **Irrealis** wird die Bedingung als **unwirklich** (lat. *irrealis*) dargestellt. Anders als im Deutschen wird der griechische Irrealis durch den **Indikativ eines Vergangenheitstempus** gebildet, zu dem im Folgerungssatz zusätzlich die **Modalpartikel ἄν** tritt. Man unterscheidet im Wesentlichen zwei Fälle:

Irrealis der Gegenwart

Bedingungssatz Indikativ Imperfekt	Folgerungssatz Indikativ Imperfekt + ἄν
Εἰ τοῦτο **ἐβουλεύοντο**,	**ἔβλαπτον ἂν** ἡμᾶς.
Wenn sie dies beschließen **würden**,	**würden** sie uns schaden.

Irrealis der Vergangenheit

Bedingungssatz Indikativ Aorist	Folgerungssatz Indikativ Aorist + ἄν
Εἰ τοῦτο **ἐβουλεύσαντο**,	**ἔβλαψαν ἂν** ἡμᾶς.
Wenn sie dies beschlossen **hätten**,	**hätten** sie uns geschadet.

Indikativ im Griechischen – Irrealis im Deutschen

B

W: συχνός, -ή, -όν (42A), σύν-ειμι (43B), ἔπειτα (16B), τὸ ὄνομα (33B), πάλαι (29B)

ἔδει / (ἐ)χρῆν / ἀνάγκη ἦν	es war nötig; es wäre nötig (gewesen)	
ἐξῆν / παρῆν / δυνατὸν ἦν	es war möglich; es wäre möglich (gewesen)	
ὀλίγου / μικροῦ (δεῖν)	beinahe	
ἰσχύω	ich bin stark, mächtig	ἰσχύς, ἰσχυρός
προσ-έρχομαι (m. Dat.)	ich gehe hin, nähere mich; greife an	ἔρχομαι
ἡ ὠφελία, -ας	der Nutzen, Vorteil, die Hilfe	
ὁ εὐ-εργέτης, -ου	der Wohltäter	εὖ, ἐργάζομαι, ἔργον
πως (enklitisch)	irgendwie; ungefähr	πῶς

Οἱ Ἕλληνες προσῆλθον τοῖς Πέρσαις. Die Griechen griffen die Perser an.

51

Bei **Ereignissen, die nicht eingetreten sind, obwohl sie eintreten hätten müssen, sollen oder können**, sowie bei **nur beinahe eingetretenen Ereignissen** gibt es einen grundsätzlichen Unterschied zwischen der deutschen und der griechischen Betrachtungsweise:
Das Griechische betont das wirkliche Vorhandensein der Notwendigkeit bzw. der Möglichkeit eines Ereignisses und setzt daher den **Indikativ**.
Das Deutsche dagegen betont das Nicht-Eintreten des Ereignisses und setzt daher den **Konjunktiv** als Zeichen der Nicht-Wirklichkeit:

Ἔδει τὸν δοῦλον πείθεσθαι τῷ κυρίῳ· **ἀλλ' οὐκ ἐβούλετο.**

Es wäre nötig gewesen, dass der Sklave dem Herrn gehorcht; **aber er wollte nicht.**

Διὸ **ὀλίγου (δεῖν) ἐκολάσθη.**

Deshalb **wäre er beinahe bestraft worden.**

Ist dagegen das Ereignis tatsächlich eingetreten, steht im Deutschen wie im Griechischen der Indikativ:

Ἔδει τὸν δοῦλον πείθεσθαι τῷ κυρίῳ· **διὸ ἐπείθετο.**

Es war nötig, dass der Sklave dem Herrn gehorchte; **deshalb gehorchte er.**

Ob ἔδει o. Ä. im Deutschen mit Indikativ oder Konjunktiv übersetzt wird, ist allein aufgrund des Textzusammenhangs zu entscheiden.

52

A Die Konjugation des Verbs: Konjunktiv Präsens; Konjunktiv im Hauptsatz (1): Hortativ, Deliberativ

W: φείδομαι (39B), ὁ βασιλεύς (45A), ἀντί (mit Gen.) (15B), παρα-κελεύομαι (23B), ὁ ἑταῖρος (25A)

εὐ-μενής, -ές	wohlwollend, freundlich	εὖ
εἱλόμην (starker Aorist; Inf. ἑλέσθαι)	ich wählte	
δι-αλλάττω	ich versöhne	ἄλλος, ἀπ-αλλάττω
δι-αλλάττομαι (m. Dat.)	ich versöhne mich (mit)	
ἑξῆς	der Reihe nach	
εἶτα	da, dann; ferner	ἔπ-ειτα

Διαλλαττόμεθα τοῖς ἐχθροῖς. — Wir versöhnen uns mit unseren Feinden.

1 Kennzeichen („**Moduszeichen**") des **Konjunktivs** ist der **gedehnte Themavokal** (**ε → η** und **ο → ω**). Die Endungen sind dieselben wie im Indikativ:

	Aktiv (damit) ich erziehe ...	Medium / Passiv (damit) ich mir erziehe ... / (damit) ich erzogen werde ...
1. Pers. Sg.	παιδεύ-ω	παιδεύ-ω-μαι
2. Pers. Sg.	παιδεύ-ῃ-ς	παιδεύ-ῃ
3. Pers. Sg.	παιδεύ-ῃ	παιδεύ-η-ται
1. Pers. Pl.	παιδεύ-ω-μεν	παιδευ-ώ-μεθα
2. Pers. Pl.	παιδεύ-η-τε	παιδεύ-η-σθε
3. Pers. Pl.	παιδεύ-ω-σι(ν)	παιδεύ-ω-νται

In der 2. und 3. Pers. Sg. Aktiv wird bei der Dehnung der Ausgänge das Iota zu einem Iota subscriptum:

-εις → -ῃς und -ει → -ῃ

In der 2. Pers. Sg. Medium / Passiv ist erneut der Schwund des intervokalischen Sigmas sowie eine anschließende Kontraktion zu beobachten (vgl. 10 A):

*παιδεύ-η-σαι → παιδεύ-ηαι → παιδεύ-ῃ

2 Der griechische Konjunktiv ist ein **Modus des Wollens oder der persönlichen Erwartung**. Im **Hauptsatz** kann er folgende Funktionen haben:

Hortativ (Selbstaufforderung an die 1. Pers. Pl.; lat. *hortari* = ermutigen); Negation: μή

Πειθώμεθα τοῖς νόμοις.	**Lasst uns / Wollen wir** den Gesetzen **gehorchen**!
Μὴ θαυμάζωμεν τὴν ἀδικίαν.	**Lasst uns / Wollen wir** die Ungerechtigkeit **nicht bewundern**!

Deliberativ (überlegende bzw. zweifelnde Frage; lat. *deliberare* = überlegen); Negation: μή

Τί **λέγωμεν** τοῖς φίλοις;	Was **sollen wir** den Freunden **sagen**?
(Ἆρα) **πειθώμεθα** τοῖς νόμοις;	**Sollen wir** den Gesetzen **gehorchen**?
(Ἆρα) **μὴ πείθωμαι** τῷ πατρί;	**Soll ich** dem Vater **nicht gehorchen**?

52 B Der Konjunktiv Präsens von εἰμί; Konjunktiv im Nebensatz (1): Finalsätze

W: οἱ γονεῖς (45A), ἄρχομαι (25A), ἄριστος, -η, -ον (42B), ὁ τάφος (49B), ἀ-μήχανος, -ον (39A)

ἵνα / ὅπως (m. Konj.)	damit	
ἵνα μή / ὅπως μή / μή (m. Konj.)	damit nicht	
ἐγγύς (Adverb)	nahe, in der Nähe	
(Präp. m. Gen.)	nahe (bei), in der Nähe von	
φάσκω	ich sage	
δῆτα	bestimmt	
in Fragen: τί δῆτα;	Was denn?	
ἄθλιος, -ον	elend, unglücklich	ἆθλος
ἀπο-λαύω (m. Gen.)	ich genieße, habe Vorteil (von)	
ἡ ζωή, -ῆς	das Leben	**zoo**logischer Garten
πιστός, -ή, -όν	treu, zuverlässig, glaubwürdig	

ἐγγὺς τοῦ ἱεροῦ	nahe dem Heiligtum
Ἀπολαύωμεν τοῦ βίου.	Lasst uns das Leben genießen!

1 Die Formen des **Konjunktivs Präsens von εἰμί** entsprechen den **Ausgängen des Konjunktivs Präsens Aktiv von παιδεύω** (vgl. 52 A 1):

	Singular (damit) ich bin ...	Plural
1. Pers.	ὦ	ὦμεν
2. Pers.	ᾖς	ἦτε
3. Pers.	ᾖ	ὦσι(ν)

2 Finalsätze sind adverbiale Nebensätze, die eine **Absicht** oder einen **Zweck** (lat. *finis*) angeben. Sie werden durch die Konjunktionen **ἵνα** oder **ὅπως** (verneint **ἵνα μή**, **ὅπως μή** bzw. **μή**) eingeleitet und stehen im **Konjunktiv**:

Ἔρχομαι πρὸς τὸν φίλον, **ἵνα διαλέγωμαι** αὐτῷ.	Ich komme zu meinem Freund, **damit ich mich** mit ihm **unterhalte / um mich** mit ihm **zu unterhalten**.
Πειθώμεθα τοῖς νόμοις, **(ἵνα) μὴ κολαζώμεθα**.	Lasst uns den Gesetzen gehorchen, **damit wir nicht bestraft werden / um nicht bestraft zu werden**!

Eine gleichbedeutende Konstruktion ist das adverbial gebrauchte Partizip Futur (vgl. 39 A 3):
Ἔρχομαι πρὸς τὸν φίλον **(ὡς) διαλεξόμενος** αὐτῷ.

Die Konjugation des Verbs: Konjunktiv Aorist Aktiv und Medium; Aspekt; Konjunktiv im Hauptsatz (2): Prohibitiv

W: νομίζω (11B), λαμπρός, -ά, -όν (17A), βέβαιος, -ον (35B), περί (mit Gen.) (22B), ἡ γενεά (16A)

τὸ ἦθος, -ους	der Charakter, die (innere) Haltung, Gewohnheit	Ethik
πιστεύω	ich glaube, vertraue	πιστός
περιττός, -ή, -όν	übermäßig, überflüssig	περί
θαυμάσιος, -α, -ον	erstaunlich, seltsam; bewundernswert	θαῦμα, θαυμάζω, θαυμαστός
τὸ μέγεθος, -ους	die Größe	μέγας
τὸ παρά-δειγμα, -ατος	das Beispiel, Vorbild	Paradigma, paradigmatisch

1 Der **Konjunktiv Aorist Aktiv und Medium** wird gebildet, indem an den (**schwachen** bzw. **starken**) **Aoriststamm** dieselben **Moduszeichen** und **Endungen** angehängt werden wie im Konjunktiv Präsens (vgl. 52 A 1). Dabei fehlt der für den schwachen Aorist typische Charaktervokal α.

	Aktiv		Medium	
	schwache Bildung	starke Bildung	schwache Bildung	starke Bildung
Stamm	παιδευ-σ-	φυγ-	παιδευ-σ-	γεν-
Über-setzung	(damit) ich erziehe ...	(damit) ich ent-komme ...	(damit) ich mir erziehe ...	(damit) ich werde ...
1. Pers. Sg.	παιδεύ-σ-ω	φύγ-ω	παιδεύ-σ-ω-μαι	γέν-ω-μαι
2. Pers. Sg.	παιδεύ-σ-ῃ-ς	φύγ-ῃ-ς	παιδεύ-σ-ῃ	γέν-ῃ
3. Pers. Sg.	παιδεύ-σ-ῃ	φύγ-ῃ	παιδεύ-σ-η-ται	γέν-η-ται
1. Pers. Pl.	παιδεύ-σ-ω-μεν	φύγ-ω-μεν	παιδευ-σ-ώ-μεθα	γεν-ώ-μεθα
2. Pers. Pl.	παιδεύ-σ-η-τε	φύγ-η-τε	παιδεύ-σ-η-σθε	γέν-η-σθε
3. Pers. Pl.	παιδεύ-σ-ω-σι(ν)	φύγ-ω-σι(ν)	παιδεύ-σ-ω-νται	γέν-ω-νται

Der schwache Konjunktiv Aorist darf auf keinen Fall mit dem Futur verwechselt werden. Generell ist zu beachten, dass es im Griechischen keinen Konjunktiv Futur gibt.
Besonderes Augenmerk ist allerdings auf mehrdeutige Formen zu legen, deren Bedeutung sich allein aus dem Kontext erschließen lässt, z.B.:

παιδεύσω: ich werde erziehen (Futur Aktiv)
(damit) ich erziehe (Konjunktiv Aorist Aktiv)

2 Der Konjunktiv Aorist hat kein Augment und damit **keine Vergangenheitsbedeutung**, er unterscheidet sich vom Konjunktiv Präsens nur durch den **Aspekt** (vgl. Bd. 1, Übersicht S. 231):

Ὁ στρατηγὸς πολὺν χρόνον σύνεστι τοῖς στρατιώταις,	Der Feldherr ist lange Zeit mit den Soldaten zusammen,
• ἵνα **πιστεύωσιν** αὐτῷ.	• damit sie zu ihm **Vertrauen haben.** (linear / hier: durativ)
• ἵνα **πιστεύσωσιν** αὐτῷ.	• damit sie zu ihm **Vertrauen fassen.** (punktuell / hier: ingressiv)

3 Als **Prohibitiv** (lat. *prohibere* = abhalten) drückt der **Konjunktiv Aorist in der Verbindung mit μή** – seinem punktuellen Aspekt entsprechend – ein **Verbot in einem konkreten Einzelfall** aus.
Ein **allgemein gültiges Verbot** wird dagegen durch den **Imperativ Präsens in Verbindung mit μή** ausgedrückt:

Μὴ νῦν **ψεύσησθε.**	**Lügt** jetzt **nicht**!
Μὴ ψεύδεσθε.	**Lügt nicht** (d.h. niemals)!

B Die Konjugation des Verbs: Konjunktiv Aorist Passiv

W: γίγνομαι, ἐγενόμην (17A, 27B), βλέπω (19A), ἐκ-πλήττω (43A), δέχομαι (16B), κηρύττω (30A)

τὸ πῦρ, πυρός	das Feuer	**Pyro**mane, **Pyro**technik
ἔστιν, οἵ / εἰσίν, οἵ	einige, manche (wörtl. es gibt welche, die)	
εἰκάζω	ich vermute	ἔοικα
πρός (m. Dat.)	bei; außer	
πρὸς τούτοις	außerdem	
ὁ μάντις, -εως	der Seher, Wahrsager	μαντεῖον, μαντεύομαι, μαίνομαι
τὸ σημεῖον, -ου	das Zeichen, Vorzeichen	

πρὸς τῇ πόλει	bei der Stadt

Der **Konjunktiv Aorist Passiv** wird gebildet, indem
- beim **schwachen Aorist** an das Tempuszeichen -**θη**- und
- beim **starken Aorist** an die Verbalstockerweiterung -**η**-

(aktive) **Ausgänge wie die Konjunktivformen von εἶναι** (vgl. 52 B 1) **angehängt** und mit diesen **kontrahiert** werden.

Die Kontraktion verläuft nach dem Muster (θ)η + ω → (θ)ῶ bzw. (θ)η + η → (θ)ῇ, z.B.:

*παιδευ-θή-ω → παιδευ-θῶ

	schwache Bildung	starke Bildung
Stamm	παιδευ-θη-	ἀπαλλαγ-η-
Über-setzung	(damit) ich erzogen werde ...	(damit) ich befreit werde ...
1. Pers. Sg.	παιδευ-θ-ῶ	ἀπαλλαγ-ῶ
2. Pers. Sg.	παιδευ-θ-ῇ-ς	ἀπαλλαγ-ῇ-ς
3. Pers. Sg.	παιδευ-θ-ῇ	ἀπαλλαγ-ῇ
1. Pers. Pl.	παιδευ-θ-ῶ-μεν	ἀπαλλαγ-ῶ-μεν
2. Pers. Pl.	παιδευ-θ-ῆ-τε	ἀπαλλαγ-ῆ-τε
3. Pers. Pl.	παιδευ-θ-ῶ-σι(ν)	ἀπαλλαγ-ῶ-σι(ν)

54

A Die konditionale Periode (2): Eventualis und Iterativ der Gegenwart

W: (ἐ)θέλω (7A), τὸ ἄλγος (41A), ἔστιν (11A), ὁ ὀφθαλμός (13B), ἄλλος, -η, -ο (13A)

ἐάν (= εἰ + ἄν)	wenn	
ἕπομαι (m. Dat.) (Impf. εἱπόμην)	ich folge; befolge, gehorche	
ῥᾴδιος, -α, -ον (Komp. ῥᾴων, ῥᾷον / Superl. ῥᾷστος, -η, -ον)	leicht	
ἡ κεφαλή, -ῆς	der Kopf	Elektroen**zephalo**gramm (EEG)
χωρίς (m. Gen.)	getrennt von, ohne	

Ἀεὶ εἵπετο τοῖς ἀρίστοις.	Er folgte immer den Besten.
χωρὶς τῶν φίλων	ohne die Freunde

1 Der **Eventualis** bringt zum Ausdruck, dass eine **Bedingung in der Zukunft „eventuell" eintreten** (lat. *evenire*) **kann**. Dabei steht im **Bedingungssatz der Konjunktiv** (je nach Aspekt Präsens oder Aorist) **in Verbindung mit der Modalpartikel ἄν**. Diese verschmilzt mit der einleitenden Konjunktion εἰ zu ἐάν. Da der Eventualis auf die Zukunft ausgerichtet ist, steht **im Folgerungssatz** ein **Futur** oder (seltener) ein **futurähnlicher Begriff** (z.B. **Imperativ**):

Bedingungssatz	Folgerungssatz
Konjunktiv + ἄν	Futur (oder futurähnlicher Begriff)
Ἐὰν τοῦτο **βουλεύωνται**,	**βλάψουσιν** ἡμᾶς.
Wenn / Falls sie dies beschließen,	**werden** sie uns schaden.
Ἐὰν τοῦτο **βουλεύσησθε**,	**εἴπετε** ἡμῖν.
Wenn / Falls ihr dies beschließt,	**sagt** es uns!

2 Der **Iterativ der Gegenwart** drückt aus, dass ein Fall gegenwärtig **immer wieder** (lat. *iterum*) **eintreten kann**. Formal wird er ähnlich gebildet wie der Eventualis: **Im Bedingungssatz** steht **ἐάν mit Konjunktiv**. Da sich die Aussage jedoch auf die Gegenwart bezieht, steht **im Folgerungssatz** – anders als beim Eventualis – in der Regel der **Indikativ Präsens**:

Bedingungssatz	Folgerungssatz
Konjunktiv + ἄν	Präsens
Ἐὰν τοῦτο **βουλεύωνται**,	**βλάπτουσιν** ἡμᾶς.
Wenn (immer) / Sooft sie dies beschließen,	**schaden** sie uns.

Eventualis und Iterativ der Gegenwart im Relativsatz

W: τυγχάνω (28B), βούλομαι (14B), ὅλος, -η, -ον (25A), ἔχω (mit Adverb) (11A), ὡς (mit Superlativ) (46A)

τὸ μέρος, -ους	der Teil, Anteil; die Aufgabe	μοῖρα, Moiren
ἡ ὑγίεια, -ας	die Gesundheit	ὑγιαίνω, Hygiene, γειά σου (ngr.)
ὑγιής, -ές	gesund	ὑγίεια
ἡ ψυχή, -ῆς	die Seele; das Leben	**Psycho**loge
ἡ ἐπι-μέλεια, -ας	die Sorge, Fürsorge	μέλει, μελέτη
πάντως	ganz (und gar), gewiss	πᾶς
πορίζω	ich verschaffe	

Eventualis oder **Iterativ der Gegenwart** können auch in Verbindung mit einem **Relativsatz** auftreten. Für den Modusgebrauch gelten dann **dieselben Regeln wie in der konditionalen Periode**:

Eventualis

Relativsatz Konjunktiv + ἄν	übergeordneter Satz Futur (oder futurähnlicher Begriff)
Οἵ / Οἵτινες ἄν τοῦτο **βουλεύωνται,**	**βλάψουσιν** ἡμᾶς.
Diejenigen / Alle, die dies beschließen,	**werden** uns **schaden**.

Iterativ der Gegenwart

Relativsatz Konjunktiv + ἄν	übergeordneter Satz Präsens
Οἵ / Οἵτινες ἄν τοῦτο **βουλεύωνται,**	**βλάπτουσιν** ἡμᾶς.
Diejenigen / Alle, die (auch immer) dies beschließen,	**schaden** uns.

55

A Die Konjugation des Verbs: Optativ Präsens Aktiv; Optativ im Hauptsatz: der Optativ als Wunschmodus

W: ὁ τέκτων (34A), μέγας, μεγάλη, μέγα (14A), ὁ πόντος (3), πέμπω (7A), εἶπον (27A)

εἰ γάρ, εἴθε (m. Opt.)	(häufig unübersetzt); hoffentlich (m. Ind.)	
ἡνίκα	als, nachdem, sobald	
ὁ χειμών, -ῶνος	der Winter; der Sturm; die Not	
δια-λύω	ich löse auf, zerstöre	λύω, Dialyse
χαλεπός, -ή, -όν	schwer, schwierig; hart	
πικρός, -ά, -όν	bitter, widerwärtig; scharf	
εὖ (κακῶς) ἀκούω ὑπό (m. Gen.)	ich stehe in gutem (schlechtem) Ruf (bei), habe einen guten (schlechten) Ruf (bei)	

Ὁ Ἀλέξανδρος εὖ ἤκουσεν ὑπὸ τῶν στρατιωτῶν.	Alexander hatte einen guten Ruf bei den Soldaten.

1 Das Griechische hat – anders als das Deutsche – aus der indoeuropäischen Grundsprache neben Indikativ, Konjunktiv und Imperativ noch einen **vierten Modus** bewahrt: den **Optativ**. Der **Optativ Präsens Aktiv** wird gebildet, indem an den **Präsensstamm**, der in diesem Fall durchgängig auf den **Themavokal** -**ο**- auslautet, das **Moduszeichen** -**ι**- sowie die entsprechenden aktiven Endungen treten:

Stamm	παιδευ-ο-ι-	
Übersetzung	ich möge erziehen ...	
	Singular	Plural
1. Pers.	παιδεύ-οι-μι	παιδεύ-οι-μεν
2. Pers.	παιδεύ-οι-ς	παιδεύ-οι-τε
3. Pers.	παιδεύ-οι	παιδεύ-οι-εν

Der **Optativ von εἰμί** wird mit dem **Moduszeichen** -**ιη**- (im Singular) bzw. -**ι**- (im Plural) gebildet:

Stamm	ε-ἰη- / ε-ἰ-	
Übersetzung	ich möge sein ...	
	Singular	Plural
1. Pers.	εἴη-ν	εἶ-μεν
2. Pers.	εἴη-ς	εἶ-τε
3. Pers.	εἴη	εἶ-εν

2 Der Optativ bringt einen **Wunsch** (lat. *optare* = wünschen) zum Ausdruck und kann durch die Partikeln εἴθε oder εἰ γάρ eingeleitet werden. Die Negation ist μή:

(**Εἴθε / Εἰ γὰρ**) οἱ θεοὶ **φυλάττοιεν** τήνδε τὴν πόλιν.	**Mögen** die Götter diese Stadt **beschützen**! **Hoffentlich beschützen** die Götter diese Stadt!
(**Εἴθε / Εἰ γὰρ**) μὴ **εἶτε** ἥττονες τῶν πολεμίων.	**Möget** ihr nicht schwächer als die Feinde **sein**! **Hoffentlich seid** ihr nicht schwächer als die Feinde!

Die Konjugation des Verbs: Optativ Präsens Medium und Passiv; der Potentialis – die konditionale Periode (3)

B

W: μηδ-είς, μηδε-μία, μηδ-έν (40B), βλάπτω (23A), ὁ δεσμός (14A), καρτερός, -ά, -όν (37A), κλαίω (45B)

εὐ-σεβής, -ές	fromm, pflichtbewusst, gewissenhaft	εὖ, σέβομαι
πρός (m. Gen.)	von (– her); (bei Schwüren) bei	
ἄ-δικος, -ον	ungerecht	ἀ-δικία, δίκη
σημαίνω	ich zeige (an), gebe ein Zeichen; befehle	σημεῖον, Semantik
ὡσ-αύτως	ebenso	ὡς, αὐτός
ὀδύρομαι	ich (be)klage, jammere	
ὁμοῦ (Adv.)	zusammen, zugleich	**homo**sexuell
(m. Dat.)	zusammen mit, zugleich mit	

πρὸς τῶν θεῶν	von den Göttern; bei den Göttern (im Schwur)
ὁμοῦ τοῖς φίλοις	zusammen mit den Freunden

1 Der **Optativ Präsens Medium / Passiv** wird auf dieselbe Weise gebildet wie der Optativ Präsens Aktiv (vgl. 55 A 1), es werden allerdings die **medio-passiven Sekundärendungen** (vgl. 20 A 1) angehängt:

Stamm	παιδευ-ο-ι-	
Übersetzung	ich möge mir erziehen ... / ich möge erzogen werden ...	
	Singular	Plural
1. Pers.	παιδευ-οί-μην	παιδευ-οί-μεθα
2. Pers.	παιδεύ-οι-ο	παιδεύ-οι-σθε
3. Pers.	παιδεύ-οι-το	παιδεύ-οι-ντο

In der 2. Pers. Sg. ist erneut der Schwund des intervokalischen Sigmas zu beobachten (vgl. 10 A bzw. 20 A 1), diesmal allerdings ohne nachfolgende Kontraktion:

*παιδεύοι-σο → παιδεύοι-ο

2 **In der Verbindung mit der Modalpartikel ἄν** wird der Optativ als **Potentialis** zum Ausdruck einer **vorsichtigen, abgemilderten Behauptung** verwendet, bei der der Sprecher aus **Höflichkeit** oder **Bescheidenheit** eine Tatsache als nur möglich („potentiell") hinstellt:

Λέγοι ἄν τις ...	Einer **könnte / dürfte (wohl) sagen** ...
Κρείττονες **ἂν εἶμεν** ὑμῶν.	Wir **könnten / dürften (wohl)** stärker sein als ihr.

In der **konditionalen Periode** wird der **Potentialis** durch den **Optativ im Bedingungssatz** und den **Optativ in der Verbindung mit ἄν im Folgerungssatz** ausgedrückt:

Bedingungssatz	Folgerungssatz
Optativ	Optativ + ἄν
Εἰ τοῦτο **βουλεύοιντο,**	**βλάπτοιεν ἂν** ἡμᾶς.
Wenn sie dies **beschließen (sollten),**	**könnten / dürften** sie uns **(wohl) schaden.**

Die Konjugation des Verbs: Optativ Aorist Aktiv und Medium; Aspekt

W: ἔοικα (50B), τὸ κλέος (41A), ἡ δίκη (34B), ἡ αἰδώς (41A), μάχομαι (17A)

δαιμόνιος, -α, -ον	göttlich, übermenschlich; unbegreiflich	Dämon
αἰσχύνομαι (m. Akk.)	ich schäme mich (vor)	αἰσχρός, αἰσχύνη
(m. Part. oder Inf.)	ich schäme mich (zu)	
μυρίος, -α, -ον	unzählig, unendlich viel, unendlich groß	μύριοι, Myriade
τὸ πεδίον, -ου	die Ebene, das freie Feld	στρατό-πεδον
ἡ ἀσπίς, -ίδος	der Schild	
τὸ δόρυ, δόρατος	der Speer	**Dory**phoros (vgl. Abb. S. 86)
ἀπ-άγω	ich führe weg	ἄγω
(Aor. ἀπ-ήγαγον)		

Αἰσχύνομαι τοὺς φίλους.	Ich schäme mich vor den Freunden.
Αἰσχύνομαι ἄδικα πράττων / πράττειν.	Ich schäme mich, ungerechte Dinge zu tun.

1 Der **Optativ Aorist Aktiv und Medium** wird gebildet, indem an den (**schwachen** bzw. **starken**) **Aoriststamm** das **Moduszeichen** -ι- sowie die entsprechenden Endungen angehängt werden.
Der **schwache Aorist** weist den typischen **Charaktervokal α** auf, beim **starken Aorist** tritt – wie im Präsens – durchgängig der **Themavokal -ο-** auf, sodass die Ausgänge des starken Optativs Aorist mit denen des Optativs Präsens identisch sind (vgl. 55 A 1):

	Aktiv		Medium	
	schwache Bildung	starke Bildung	schwache Bildung	starke Bildung
Stamm	παιδευ-σ-α-ι-	φυγ-ο-ι-	παιδευ-σ-α-ι-	γεν-ο-ι-
Übersetzung	ich möge erziehen ...	ich möge entkommen ...	ich möge mir erziehen ...	ich möge werden ...
1. Pers. Sg.	παιδεύ-σ-αι-μι	φύγ-οι-μι	παιδευ-σ-αί-μην	γεν-οί-μην
2. Pers. Sg.	παιδεύ-σ-**ει-ας**	φύγ-οι-ς	παιδεύ-σ-αι-ο	γέν-οι-ο
3. Pers. Sg.	παιδεύ-σ-**ει-ε(ν)**	φύγ-οι	παιδεύ-σ-αι-το	γέν-οι-το
1. Pers. Pl.	παιδεύ-σ-αι-μεν	φύγ-οι-μεν	παιδευ-σ-αί-μεθα	γεν-οί-μεθα
2. Pers. Pl.	παιδεύ-σ-αι-τε	φύγ-οι-τε	παιδεύ-σ-αι-σθε	γέν-οι-σθε
3. Pers. Pl.	παιδεύ-σ-**ει-αν**	φύγ-οι-εν	παιδεύ-σ-αι-ντο	γέν-οι-ντο

In der 2. und 3. Pers. Sg. Aktiv sowie in der 3. Pers. Pl. Aktiv des schwachen Aorists sind die hervorgehobenen unregelmäßigen Ausgänge häufiger als die regelmäßigen -αις, -αι und -αιεν.

Im Medium werden die sogenannten Sekundärendungen angehängt (vgl. 20 A 1). Dabei ist in der 2. Pers. Sg. wieder der Schwund des intervokalischen Sigmas zu beobachten, erneut ohne nachfolgende Kontraktion (vgl. 55 B 1):
*παιδεύ-σ-αι-σο → παιδεύ-σ-αι-ο / *γέν-οι-σο → γέν-οι-ο

2 Der Optativ Aorist hat – genauso wie der Konjunktiv Aorist – kein Augment und damit **keine Vergangenheitsbedeutung**, er unterscheidet sich vom Optativ Präsens nur durch den **Aspekt** (vgl. 53 A 2).

B Die Konjugation des Verbs: Optativ Aorist Passiv

W: ὀνειδίζω (43A), ἡ νίκη (16A), ὑπό (mit Gen.) (10A), παύομαι (39B), γλυκύς, -εῖα, -ύ (44B)

ἡ βοήθεια, -ας	die Hilfe	
ἄλλοτε	ein andermal	ἄλλος, ποτέ
χαλεπαίνω	ich zürne, bin verärgert	χαλεπός
τέρπομαι (m. Dat.)	ich freue mich (über)	Eu**terpe**, **Terpsi**chore
ὁ ἔρως, -ωτος	die Liebe, das Verlangen	Eros, erotisch
(ὁ) βροτός, -οῦ	der Sterbliche; sterblich	Am**brosia**
τοτέ	(irgend)einmal	τότε, πότε, ποτέ
τοτὲ μέν ... τοτὲ δέ = ἄλλοτε μέν ... ἄλλοτε δέ	einmal ... ein andermal, bald ... bald	

Τέρπομαι τῷ ἐπαίνῳ. — Ich freue mich über das Lob.

Der **Optativ Aorist Passiv** wird mit dem gekürzten Tempuszeichen **-θε-** (statt -θη-) bzw. der gekürzten Verbalstockerweiterung **-ε-** (statt -η-) gebildet. Das Moduszeichen ist im Singular **-ιη-** und im Plural **-ι-**, die Endungen sind aktiv.

Damit entsprechen die Ausgänge lautlich exakt den Optativformen von εἰμί (vgl. 55 A 1):

	schwache Bildung	starke Bildung
Stamm	παιδευ-θε-ιη- bzw. παιδευ-θε-ι-	ἀπαλλαγ-ε-ιη- bzw. ἀπαλλαγ-ε-ι-
Übersetzung	ich möge erzogen werden ...	ich möge befreit werden ...
1. Pers. Sg.	παιδευ-θ-είη-ν	ἀπαλλαγ-είη-ν
2. Pers. Sg.	παιδευ-θ-είη-ς	ἀπαλλαγ-είη-ς
3. Pers. Sg.	παιδευ-θ-είη	ἀπαλλαγ-είη
1. Pers. Pl.	παιδευ-θ-εῖ-μεν	ἀπαλλαγ-εῖ-μεν
2. Pers. Pl.	παιδευ-θ-εῖ-τε	ἀπαλλαγ-εῖ-τε
3. Pers. Pl.	παιδευ-θ-εῖ-εν	ἀπαλλαγ-εῖ-εν

57 A

Die konditionale Periode (4): Iterativ der Vergangenheit

W: πρέπει (45A), ὁ δικαστής (41B), κατά (mit Akk.) (11B), σφάλλω (10A), τὸ κέρδος (44B)

ἡ φρήν, φρενός	das Denken, der Verstand; das Gefühl	φρόνιμος, Schizo**phrenie**
φιλό-τιμος, -ον	ehrliebend, ehrgeizig	τιμή
εἵλκυσα (Aor. von ἕλκω)	ich zog, schleppte	
τὸ ξίφος, -ους	das Schwert	
ὀξύς, -εῖα, -ύ	scharf; hitzig; (von Tönen) hoch, schrill	Oxydation
ἡ ἄτη, -ης	das Unheil; die Verblendung	

Der **Iterativ der Vergangenheit** drückt aus, dass ein Fall in der Vergangenheit **immer wieder** (lat. *iterum*) **eintrat**. Formal wird er durch den iterativen **Optativ** (je nach Aspekt Präsens oder Aorist) **im Bedingungssatz** und durch den **Indikativ Imperfekt im Folgerungssatz** gebildet.

Bedingungssatz	Folgerungssatz
Optativ	Imperfekt
Εἰ τοῦτο **βουλεύοιντο,**	**ἔβλαπτον** ἡμᾶς.
Wenn (immer) / Sooft sie dies beschlossen,	**schadeten** sie uns.

Eine **Gesamtübersicht** über den Modusgebrauch in konditionalen Perioden findest du auf S. 215f.

B Optativ im Nebensatz: der oblique Optativ

W: μαίνομαι (46A), αἰσθάνομαι, ᾐσθόμην (14B, 27B), ἑαυτόν, αὐτόν (22A), μανθάνω, ἔμαθον (5, 27A), ἀσπάζομαι (24A)

πλήττω (Aor. Pass. ἐπλήγην)	ich schlage	ἐκ-πλήττω
τὸ πρό-βατον, -ου	das Schaf	
ἀπο-κτείνω	ich töte	
περί (m. Akk.)	um (... herum); hinsichtlich	**Peri**ode
εὐ-τυχής, -ές	glücklich, vom Schicksal gesegnet	εὖ, τύχη
ὅμοιος, -α, -ον	gleich, ähnlich	ὁμοῦ, **homo**gen

τὸν ἵππον περὶ τὸ στρατόπεδον ἄγειν	das Pferd um das Lager (herum) führen
οἱ περὶ Ἀλκιβιάδην	die Leute um Alkibiades; Alkibiades und seine Leute
σπουδάζειν περὶ τὴν φιλοσοφίαν	sich hinsichtlich der (= um die) Philosophie bemühen

Nach einem **Vergangenheitstempus** im übergeordneten Satz kann **der Optativ im Nebensatz zum Ausdruck eines subjektiven Standpunkts** für den Indikativ oder Konjunktiv eintreten. Man spricht in diesem Fall von einem **obliquen Optativ** (lat. *obliquus* = indirekt). **Im Deutschen** übersetzt man den obliquen Optativ am besten mit dem **Konjunktiv** der indirekten Rede:

Ὁ κύριος ἐκόλασε τοὺς δούλους, ὅτι οὐκ **ἐργάσαιντο**.	Der Herr bestrafte die Sklaven, weil sie nicht **gearbeitet hätten**. (subjektive Meinung des Herrn)
jedoch:	
Ὁ κύριος ἐκόλασε τοὺς δούλους, ὅτι οὐκ ἠργάσαντο.	Der Herr bestrafte die Sklaven, weil sie nicht gearbeitet hatten. (objektive Tatsache)

Der Temporalsatz; Modi in temporalen Perioden

W: ἰσχυρός, -ά, -όν (18B), ὁ υἱός (8A), ἡ γῆ (28A), ὁ κίνδυνος (8A), καρτερός, -ά, -όν (37A)

ὁπότε	als, wenn
ὡς	als, nachdem
ὡς (τάχιστα)	sobald
μέχρι(ς) (m. Gen.)	bis (zu)
μέχρι (οὗ)	solange (als), bis
ἀφ' οὗ / ἐξ οὗ	seitdem
ἐν ᾧ	während

μέχρι τῆς θαλάττης	bis zum Meer
μέχρις ἐκείνου τοῦ χρόνου	bis zu jener Zeit

1 Der **Temporalsatz** ist ein Nebensatz zur Angabe der **zeitlichen Umstände**. Er wird durch folgende Konjunktionen eingeleitet:

ὅτε (25 A), ὅποτε	als, wenn
ἐπεί (24 A), ἐπειδή (24 A), ἡνίκα (55 A), ὡς	als, nachdem
ὡς (τάχιστα), ἡνίκα (55 A)	sobald
ἕως (37 A), μέχρι (οὗ)	solange (als), bis
ἀφ' οὗ, ἐξ οὗ	seitdem
ἐν ᾧ, ἕως (37 A)	während

2 Für die **Modi in temporalen Perioden** gelten **dieselben Regeln wie in konditionalen Perioden** (vgl. Übersicht auf S. 215f.), z.B. für den Iterativ der Gegenwart (vgl. 54 A 2):

Temporalsatz	übergeordneter Satz
Konjunktiv + ἄν	Präsens
Ὅταν τοῦτο **βουλεύωνται,**	**βλάπτουσιν** ἡμᾶς.
Wenn (immer) / Sooft sie dies beschließen,	**schaden** sie uns.

Wie dieses Beispiel zeigt, können einige der oben genannten Konjunktionen – ähnlich wie εἰ zu ἐάν – mit der Modalpartikel ἄν verschmelzen:

ὅταν (= ὅτε + ἄν), ὅποταν (= ὅποτε + ἄν) m. Konj.	wenn (immer), sooft
ἐπειδάν (= ἐπειδή + ἄν) m. Konj.	nachdem, wenn, sobald

58 B Temporalsätze mit πρίν

W: βάλλω (9B, 28B), ἥττων, ἧττον (46B), ἐκεῖ (6A), εὑρίσκω, ηὗρον (26A)

πρίν	ehe, bevor	
ἡ εἰκών, -όνος	das Bild, die Statue	εἰκάζω, Ikone, icon (engl.)
ἀμύνομαι (m. Akk.)	ich wehre mich, verteidige mich (gegen)	ἀμύνω
ἄγριος, -α, -ον	ländlich; wild, grausam	ἀγρός
ὁ σύμ-μαχος, -ου	der Verbündete, Bundesgenosse	σύν, μάχομαι, μάχη
τὸ βέλος, -ους	das Geschoss, der Pfeil	βάλλω
εἴσω	hinein; drinnen	εἰς
(m. Gen.)	innerhalb	
ἀπ-εικάζω	ich bilde ab, bilde nach	εἰκών, εἰκάζω

Οἱ Ἕλληνες ἠμύνοντο τοὺς Πέρσας.	Die Griechen wehrten sich gegen die Perser.
εἴσω τῆς πόλεως	innerhalb der Stadt

Eine Sonderstellung nehmen die **Temporalsätze mit πρίν** ein. Bei diesen sind **zwei Fälle** zu unterscheiden:

1. Ist der **übergeordnete Satz negativ, d.h. verneint**, so steht **im πρίν-Satz ein finites Verb** gemäß den bereits bekannten Modusregeln für Temporalsätze (vgl. 58 A 2):

Οἱ ξένοι οὐκ ἐβούλοντο ἐλθεῖν, πρὶν **ἐπείσαμεν** αὐτούς.	Die Gäste wollten nicht kommen, bevor wir sie **überredeten / überredet hatten**.

2. Ist der **übergeordnete Satz positiv, d.h. nicht verneint**, so steht **im πρίν-Satz** bei gleichbleibendem Subjekt eine einfache **Infinitivkonstruktion**, bei wechselndem Subjekt ein **AcI**. In der deutschen Übersetzung muss diese Infinitivkonstruktion aufgelöst werden:

Ὁ κακοῦργος ἔφυγεν, πρὶν **κολασθῆναι**.	Der Verbrecher floh, bevor er **bestraft wurde / werden konnte**.
Ὁ κακοῦργος ἔφυγεν, πρὶν **τὸν κύριον κολάσαι** αὐτόν.	Der Verbrecher floh, bevor **der Herr** ihn **bestrafte / bestrafen konnte**.

Verba contracta auf -εω: Kontraktionsregeln; Präsensstamm Aktiv (1)

W: τίς, τί (11B, 7A, 29A), ἡ φύσις (44A), ἡ ἀρχή (47A), ἡ ψυχή (54B), ὁ σίδηρος (37A)

ποιέω	ich tue, mache, verfertige; dichte	ποιητής, Poet, Poesie
(mit dopp. Akk.)	ich mache zu	
φιλο-σοφέω	ich philosophiere, strebe nach Wissen / Weisheit	φιλόσοφος
ζητέω	ich suche, untersuche; versuche	
δοκέω	ich scheine; meine	δόξα
δοκεῖ μοι	es scheint mir (gut)	
σκοπέω	ich betrachte, prüfe	σκέπτομαι, Tele**skop**
κινέω	ich bewege	Kinetik, Kino
μάλιστα	am meisten, besonders	μάλα, μᾶλλον

Οἱ Ἀθηναῖοι Περικλέα στρατηγὸν ἐποίουν. — Die Athener machten Perikles zum Strategen.

1 Bei den **Verba contracta** wird der **vokalische Auslaut des Verbalstocks** (z.B. ποιε-) **mit dem vokalischen Anlaut des Ausgangs kontrahiert** (lat. *contrahere* = zusammenziehen). Die Kontraktion erfolgt stets **nach festen Regeln**. Für die Verba contracta auf -εω lauten diese:

1. ε + ε → ει
2. ε + ο → ου
3. Lange Vokale (η, ω) und Diphthonge (ει, ῃ, οι, ου) „verschlingen" das auslautende ε.

2 Entsprechend diesen Regeln ergeben sich für den **Präsensstamm Aktiv** (1) der Verba contracta auf -εω folgende Formen:

Stamm		ποιε-			
Übersetzung		ich tue, mache, verfertige; dichte ...			
		Singular		Plural	
		unkontrahiert	kontrahiert	unkontrahiert	kontrahiert
Indikativ	1. Pers.	ποιέ-ω	ποιῶ	ποιέ-ομεν	ποιοῦμεν
	2. Pers.	ποιέ-εις	ποιεῖς	ποιέ-ετε	ποιεῖτε
	3. Pers.	ποιέ-ει	ποιεῖ	ποιέ-ουσι(ν)	ποιοῦσι(ν)
Konjunktiv	1. Pers.	ποιέ-ω	ποιῶ	ποιέ-ωμεν	ποιῶμεν
	2. Pers.	ποιέ-ῃς	ποιῇς	ποιέ-ητε	ποιῆτε
	3. Pers.	ποιέ-ῃ	ποιῇ	ποιέ-ωσι(ν)	ποιῶσι(ν)
Optativ	1. Pers.	ποιε-οίην	ποιοίην	ποιέ-οιμεν	ποιοῖμεν
	2. Pers.	ποιε-οίης	ποιοίης	ποιέ-οιτε	ποιοῖτε
	3. Pers.	ποιε-οίη	ποιοίη	ποιέ-οιεν	ποιοῖεν
Infinitiv		ποιέ-ε(ι)ν	ποιεῖν		

Im Unterschied zur Konjugation von παιδεύω bilden die **Verba contracta** den **Optativ Präsens Singular Aktiv** mit den Ausgängen **-οίην** / **-οίης** / **-οίη** (statt -οιμι / -οις / -οι).

B Verba contracta auf -εω: Präsensstamm Aktiv (2)

W: ἡ ἐπι-στήμη (35B), πίπτω, ἔπεσον (10B, 26A), μόνος, -η, -ον (17B), ἡμεῖς (21A), κατα-γέλαστος, -ον (35B)

εὐ-δοκιμέω	ich bin berühmt, habe einen guten Ruf	εὖ, δοκέω
θεωρέω	ich betrachte, bin Zuschauer; besuche	Theorie
καλέω	ich rufe, nenne	
ἐπι-καλέω	ich rufe herbei	καλέω
(m. Dat.)	ich mache Vorwürfe, beschuldige	
ὁμιλέω (m. Dat.)	ich habe Umgang (mit), verkehre (mit)	
ἀ-μελέω (m. Gen.)	ich kümmere mich nicht (um), vernachlässige	μέλει, ἐπι-μέλεια
γαμέω	ich heirate (eine Frau)	γάμος, poly**gam**, Mono**gamie**
νοέω	ich denke, beabsichtige, erkenne	νοῦς, διά-νοια
τὰ μετ-έωρα, -ων	die Himmelserscheinungen	**Meteor**it, **Meteoro**loge
ἄ-τοπος, -ον	unpassend, seltsam	τόπος

Οἱ Ἀθηναῖοι ἐπεκάλουν τῷ Σωκράτει.	Die Athener machten Sokrates Vorwürfe.
ὁμιλεῖν κακοῖς ἀνδράσιν	mit schlechten Menschen Umgang haben, in schlechten Kreisen verkehren
Διὰ τί ἀμελεῖς τῶν φίλων;	Warum kümmerst du dich nicht um deine Freunde?

Die noch fehlenden Formen des **Präsensstammes Aktiv** (2) der Verba contracta auf -εω lauten:

Stamm		ποιε-			
Übersetzung		ich tue, mache, verfertige; dichte ...			
		Singular		Plural	
		unkontrahiert	kontrahiert	unkontrahiert	kontrahiert
Imperativ		ποίε-ε	ποίει	ποιέ-ετε	ποιεῖτε
Imperfekt	1. Pers.	ἐ-ποίε-ον	ἐποίουν	ἐ-ποιέ-ομεν	ἐποιοῦμεν
	2. Pers.	ἐ-ποίε-ες	ἐποίεις	ἐ-ποιέ-ετε	ἐποιεῖτε
	3. Pers.	ἐ-ποίε-ε	ἐποίει	ἐ-ποίε-ον	ἐποίουν
Partizip	m.	ποιέ-ων,	ποιῶν,	ποιέ-οντες,	ποιοῦντες,
		ποιέ-οντος ...	ποιοῦντος ...	ποιε-όντων ...	ποιούντων ...
	f.	ποιέ-ουσα,	ποιοῦσα,	ποιέ-ουσαι,	ποιοῦσαι,
		ποιε-ούσης ...	ποιούσης ...	ποιε-ουσῶν ...	ποιουσῶν ...
	n.	ποιέ-ον,	ποιοῦν,	ποιέ-οντα,	ποιοῦντα,
		ποιέ-οντος ...	ποιοῦντος ...	ποιε-όντων ...	ποιούντων ...

Unterscheide anhand des Akzents: ποίει (Mache!) und ποιεῖ (er, sie, es macht).

60 A

Verba contracta auf -εω: Präsensstamm Medium, Passiv (1)

W: ὅστις, ἥτις, ὅ τι (30B), χαλεπός, -ή, -όν (55A), σαφής, -ές (50A), διδάσκω (2), μετ-έχω (46A)

ἐπι-μελέομαι (m. Gen.)	ich kümmere mich, sorge mich (um)	ἐπι-μέλεια, ἀ-μελέω
προ-θυμέομαι	ich bin bereit; bemühe mich	θυμός
ἡγέομαι (m. Gen.)	ich führe	ἡγεμών, Hegemonie
(m. AcI)	ich glaube	
(m. dopp. Akk.)	ich halte für	
φρονέω	ich (be)denke, habe Verstand	φρήν, φρόνιμος, σώ-φρων
κατα-φρονέω (m. Gen.)	ich denke gering (von), verachte	φρονέω
περὶ πολλοῦ (πλείονος / πλείστου) ποιέομαι	ich schätze hoch (höher / am höchsten) ein, halte für wichtig (wichtiger / am wichtigsten)	
ἡ φιλο-σοφία, -ας	die Philosophie, Liebe zur Weisheit	φιλό-σοφος, φιλο-σοφέω
ἡ αἰτία, -ας	der Grund, die Ursache; Schuld	

Ἐπιμελεῖται τῶν ἄλλων.	Er kümmert sich um die anderen.
Ἀλέξανδρος στρατοῦ ἡγεῖτο.	Alexander führte ein Heer.
Ἀλέξανδρος Κλεῖτον φίλον ἡγεῖτο.	Alexander hielt Kleitos für einen Freund.
Ἡράκλειτος κατεφρόνει τῶν ἄλλων.	Heraklit verachtete die anderen.
Σωκράτης περὶ πλείστου ἐποιεῖτο τὴν σοφίαν.	Sokrates hielt die Weisheit für das Wichtigste.

Stamm		ποιε-			
Übersetzung		ich tue, mache, verfertige für mich (med.); werde gemacht (pass.) ...			
		Singular		Plural	
		unkontrahiert	kontrahiert	unkontrahiert	kontrahiert
Indikativ	1. Pers.	ποιέ-ομαι	ποιοῦμαι	ποιε-όμεθα	ποιούμεθα
	2. Pers.	ποιέ-ῃ	ποιῇ	ποιέ-εσθε	ποιεῖσθε
	3. Pers.	ποιέ-εται	ποιεῖται	ποιέ-ονται	ποιοῦνται
Konjunktiv	1. Pers.	ποιέ-ωμαι	ποιῶμαι	ποιε-ώμεθα	ποιώμεθα
	2. Pers.	ποιέ-ῃ	ποιῇ	ποιέ-ησθε	ποιῆσθε
	3. Pers.	ποιέ-ηται	ποιῆται	ποιέ-ωνται	ποιῶνται
Optativ	1. Pers.	ποιε-οίμην	ποιοίμην	ποιε-οίμεθα	ποιοίμεθα
	2. Pers.	ποιέ-οιο	ποιοῖο	ποιέ-οισθε	ποιοῖσθε
	3. Pers.	ποιέ-οιτο	ποιοῖτο	ποιέ-οιντο	ποιοῖντο
Infinitiv		ποιέ-εσθαι	ποιεῖσθαι		

B Verba contracta auf -εω: Präsensstamm Medium, Passiv (2)

W: ὁ νοῦς (28B), κοινός, -ή, -όν (19B), οὕτω(ς) (11A), ἡ πόλις (44A), τέλος (17B), ἡ νόσος (25B)

αἰδέομαι	ich respektiere, habe Ehrfurcht (vor)	αἰδώς
ἀγανακτέω (m. Dat.)	ich ärgere mich, bin empört (über)	
προ-αιρέομαι (m. Akk. u. Gen.) (Aor. προειλόμην)	ich ziehe vor, will lieber	
ἀφ-ικνέομαι (Aor. ἀφικόμην)	ich komme an, gelange	ἥκω
ἀ-πιστέω	ich glaube nicht, misstraue	πιστός, πιστεύω
εὐ-λαβέομαι (m. Akk.)	ich nehme mich in Acht, hüte mich (vor)	λαμβάνω
(m. Inf. + μή)	ich hüte mich (davor) (zu tun)	
ὁ καλούμενος	der sogenannte	καλέω
φαίνομαι	ich zeige mich, erscheine	φανερός, Phänomen
κενός, -ή, -όν	leer; nutzlos	**Keno**taph

Ἀγανακτοῦσι τῷ φθόνῳ.	Sie sind empört über die Missgunst.
Προαιροῦμαι τὴν σοφίαν τῆς ῥώμης.	Ich ziehe die Weisheit der Kraft vor.
Εὐλαβεῖσθε τοὺς κινδύνους.	Hütet euch vor den Gefahren!
Εὐλαβεῖσθε μὴ κινδυνεῦσαι.	Hütet euch davor, in Gefahr zu geraten!

Stamm		ποιε-			
Übersetzung		ich tue, mache, verfertige für mich (med.); werde gemacht (pass.) ...			
		Singular		Plural	
		unkontrahiert	kontrahiert	unkontrahiert	kontrahiert
Imperativ		ποιέ-ου	ποιοῦ	ποιέ-εσθε	ποιεῖσθε
Imperfekt	1. Pers.	ἐ-ποιε-όμην	ἐποιούμην	ἐ-ποιε-όμεθα	ἐποιούμεθα
	2. Pers.	ἐ-ποιέ-ου	ἐποιοῦ	ἐ-ποιέ-εσθε	ἐποιεῖσθε
	3. Pers.	ἐ-ποιέ-ετο	ἐποιεῖτο	ἐ-ποιέ-οντο	ἐποιοῦντο
Partizip	m.	ποιε-όμενος ...	ποιούμενος ...	ποιε-όμενοι ...	ποιούμενοι ...
	f.	ποιε-ομένη ...	ποιουμένη ...	ποιε-όμεναι ...	ποιούμεναι ...
	n.	ποιε-όμενον ...	ποιούμενον ...	ποιε-όμενα ...	ποιούμενα ...

Das attische Futur

W: ἁθροίζω (30A), ὀνειδίζω (43A), λογίζομαι (24A), νομίζω (11B), ὑβρίζω (14A), ἀγωνίζομαι (20B), χαρίζομαι (28B), πορίζω (54B)

ὀκνέω	ich zögere	
πόρρω	weiter	
(m. Gen.)	weit (hinein) in	
	weit entfernt von	
πρό-θυμος, -ον	bereitwillig, eifrig	θυμός, προ-θυμέομαι
ἄρα	also, folglich	
φαῦλος, -η, -ον	wertlos, schlecht	
κατα-λείπω	ich lasse zurück, hinterlasse	λείπω, ἀπο-λείπω, λοιπός

καθεύδειν πόρρω τῆς ἡμέρας	weit in den Tag hinein schlafen
πόρρω εἶναι τοῦ οἴεσθαι	weit davon entfernt sein zu glauben

61

Die mehr als zweisilbigen Verben auf -ίζω bzw. -ίζομαι bilden ein kontrahiertes Futur. Dieses sogenannte **attische Futur** zeigt **dieselben Ausgänge wie** der Indikativ Präsens **ποιῶ** (im Aktiv) bzw. **ποιοῦμαι** (im Medium) (vgl. 59 A 2 bzw. 60 A):

	Aktiv	Medium
	ich werde glauben ...	ich werde rechnen, überlegen, bedenken ...
1. Pers. Sg.	νομι-ῶ	λογι-οῦμαι
2. Pers. Sg.	νομι-εῖς	λογι-ῇ
3. Pers. Sg.	νομι-εῖ	λογι-εῖται
1. Pers. Pl.	νομι-οῦμεν	λογι-ούμεθα
2. Pers. Pl.	νομι-εῖτε	λογι-εῖσθε
3. Pers. Pl.	νομι-οῦσι(ν)	λογι-οῦνται
Infinitiv	νομι-εῖν	λογι-εῖσθαι
Partizip	νομι-ῶν, νομι-οῦντος ...	λογι-ούμενος, λογι-ουμένου ...
	νομι-οῦσα, νομι-ούσης ...	λογι-ουμένη, λογι-ουμένης ...
	νομι-οῦν, νομι-οῦντος ...	λογι-ούμενον, λογι-ουμένου ...

B

Mediales Futur mit aktiver bzw. passiver Bedeutung

W: κομίζω (12A), ἐλπίζω (32A), ἐθίζω (20A), φροντίζω (10A), ἀφανίζω (21B), ὁρίζω (24A), καθίζομαι (14B), ὀργίζομαι (15A)

ὑπ-άρχει	er, sie, es steht zur Verfügung, ist vorhanden; macht den Anfang	ἄρχω, ἀρχή
συγ-χωρέω	ich gestehe zu, erlaube	χώρα, χωρίον
εὐθύ(ς) (Adverb)	sofort	
ἀπ-έχομαι (m. Gen.)	ich halte mich fern (von), lasse die Hände (von); enthalte mich	ἔχω, κατ-έχω, μετ-έχω, παρ-έχω
τὸ ἔθνος, -ους	das Volk, der Volksstamm	ethnisch, **Ethno**graphie
ἀνα-παύομαι	ich ruhe (mich) aus, erhole mich	παύω, παύομαι
τὸ συμ-πόσιον, -ου	das Trinkgelage	Symposium

οἴνου ἀπέχεσθαι — sich des Weins enthalten

1 Eine Reihe aktiver griechischer Verben hat – ähnlich wie εἰμί / ἔσομαι – ein **mediales Futur mit aktiver Bedeutung**, z.B.:

ἀκούω	→	ἀκούσομαι	ich werde hören
ἀπολαύω	→	ἀπολαύσομαι	ich werde genießen, Vorteil haben
θαυμάζω	→	θαυμάσομαι	ich werde staunen, mich wundern, bewundern
σπουδάζω	→	σπουδάσομαι	ich werde mich beeilen, bemühen
φεύγω	→	φεύξομαι	ich werde fliehen, vermeiden, in die Verbannung gehen

Es genügt, wenn dir diese Besonderheit griechischer Formenbildung bewusst ist. In der Regel ergibt sich die aktive deutsche Bedeutung einer solchen medialen Form eindeutig **aus dem Kontext**.

2 Eine weitere Gruppe aktiver griechischer Verben bildet ein **mediales Futur**, das neben der medialen auch **passive Bedeutung** haben kann, z.B.:

ἄγω	→	ἄξομαι	medial: ich werde für mich führen, heiraten
			passiv: ich werde geführt werden
ἄρχω	→	ἄρξομαι	medial: ich werde beginnen
			passiv: ich werde beherrscht werden
τρέφω	→	θρέψομαι	medial: ich werde für mich aufziehen
		Hauchdissimilation, vgl. 25 A2	passiv: ich werde aufgezogen werden
φυλάττω	→	φυλάξομαι	medial: ich werde mich hüten
			passiv: ich werde bewacht werden

Erneut ergibt sich die mediale bzw. passive Bedeutung einer solchen Form in der Regel eindeutig **aus dem Kontext**.

A Verba contracta auf -αω: Kontraktionsregeln; Präsensstamm Aktiv

W: ὧδε (23A), ἔνθα (31B), ἡ παρθένος (25B), ὁ ἔρως (56B)

τολμάω	ich wage, nehme auf mich	
τελευτάω	ich beende; (intransitiv) ende	τέλος
νικάω	ich siege, besiege	νίκη
ὁράω (Impf. ἑώρων)	ich sehe	Pan**ora**ma
ἐράω (m. Gen.)	ich liebe, begehre	ἔρως, Erotik
τιμάω	ich ehre	τιμή, ἀ-τιμάζω, τιμωρία
ἐπι-τιμάω (m. Dat.)	ich werfe vor, tadle	τιμάω
σιγάω	ich schweige, verschweige	σιγή

τελευτᾷ (τὸν βίον)	er, sie, es stirbt
τοῦ καλοῦ καὶ ἀγαθοῦ ἐρᾶν	das Schöne und Gute lieben
ἐπιτιμᾶν τοῖς ἐναντίοις	die Gegner tadeln

1 Die **Kontraktionsregeln der Verba contracta auf -αω** lauten:

1. **α + e-Laut** (ε, ει, η, ῃ) → **α** (**ᾳ**)
2. **α + o-Laut** (ο, οι, ου, ω) → **ω** (**ῳ**)

Dabei gilt: **Ein Iota wird in der Kontraktion zum Iota subscriptum**
(d.h. α + ει oder ῃ → ᾳ /
α + οι → ῳ).

2 Entsprechend diesen Regeln ergeben sich für den **Präsensstamm Aktiv** der Verba contracta auf -αω folgende Formen:

Stamm		τιμα-			
Übersetzung		ich ehre ...			
		Singular		Plural	
		unkontrahiert	kontrahiert	unkontrahiert	kontrahiert
Indikativ	1. Pers.	τιμά-ω	τιμῶ	τιμά-ομεν	τιμῶμεν
Präsens	2. Pers.	τιμά-εις	τιμᾷς	τιμά-ετε	τιμᾶτε
	3. Pers.	τιμά-ει	τιμᾷ	τιμά-ουσι(ν)	τιμῶσι(ν)
Indikativ	1. Pers.	ἐ-τίμα-ον	ἐτίμων	ἐ-τιμά-ομεν	ἐτιμῶμεν
Imperfekt	2. Pers.	ἐ-τίμα-ες	ἐτίμας	ἐ-τιμά-ετε	ἐτιμᾶτε
	3. Pers.	ἐ-τίμα-ε	ἐτίμα	ἐ-τίμα-ον	ἐτίμων
Infinitiv		τιμά-ε(ι)ν	τιμᾶν		
Partizip	m.	τιμά-ων,	τιμῶν,	τιμά-οντες,	τιμῶντες,
		τιμά-οντος ...	τιμῶντος ...	τιμα-όντων ...	τιμώντων ...
	f.	τιμά-ουσα,	τιμῶσα,	τιμά-ουσαι,	τιμῶσαι,
		τιμα-ούσης ...	τιμώσης ...	τιμα-ουσῶν ...	τιμωσῶν ...
	n.	τιμά-ον,	τιμῶν,	τιμά-οντα,	τιμῶντα,
		τιμά-οντος ...	τιμῶντος ...	τιμα-όντων ...	τιμώντων ...
Konjunktiv	1. Pers.	τιμά-ω	τιμῶ	τιμά-ωμεν	τιμῶμεν
	2. Pers.	τιμά-ῃς	τιμᾷς	τιμά-ητε	τιμᾶτε
	3. Pers.	τιμά-ῃ	τιμᾷ	τιμά-ωσι(ν)	τιμῶσι(ν)
Optativ	1. Pers.	τιμα-οίην	τιμῴην	τιμά-οιμεν	τιμῷμεν
	2. Pers.	τιμα-οίης	τιμῴης	τιμά-οιτε	τιμῷτε
	3. Pers.	τιμα-οίη	τιμῴη	τιμά-οιεν	τιμῷεν
Imperativ		τίμα-ε	τίμα	τιμά-ετε	τιμᾶτε

Besonders gebildet werden der Optativ Singular und der Infinitiv Präsens. Dieser kontrahiert ohne Iota: τιμά-ε(ι)ν → τιμᾶν.

Beachte: Die Formen des Indikativ Präsens sind gleichlautend mit denen des Konjunktivs (gilt für Aktiv sowie für Medium / Passiv).

62 B Verba contracta auf -αω: Präsensstamm Medium und Passiv

W: τὸ ὄνομα (33B), ὡς τάχιστα (58A), ἡ ὕβρις (44A), ἐμ-πίπτω εἰς (25B)

πειράομαι	ich versuche	ἄ-πειρος, ἔμ-πειρος
ἡττάομαι (m. Gen.)	ich bin schwächer (als), bin unterlegen	ἥττων
θεάομαι	ich schaue an, betrachte	θέα, θέατρον, θεωρέω
δι-ηγέομαι	ich erzähle, beschreibe	ἡγέομαι, ἡγεμών
ἡ πέτρα, -ας	der Fels, Stein	**Petr**oleum, Petra
= ὁ πέτρος, -ου		Petrus, Peter
ἡ ὥρα, -ας	die Jahreszeit; Blütezeit, rechte Zeit	**Horo**skop
παρά (m. Akk.)	1. zu (jdm.) hin; entlang an	
	2. während	
	3. gegen	**para**dox

τῶν ἐναντίων ἡττᾶσθαι	schwächer als die Gegner sein, den Gegnern unterlegen sein
δούλους παρὰ Φίλιππον πέμπειν	Sklaven zu Philipp hinschicken
παρ᾽ ἐκεῖνον τὸν χρόνον	während jener Zeit
παρὰ νόμον	gegen ein Gesetz, gesetzwidrig

Stamm		τιμα-			
Übersetzung		ich ehre für mich (med.), werde geehrt (pass.) ...			
		Singular		Plural	
		unkontrahiert	kontrahiert	unkontrahiert	kontrahiert
Indikativ	1. Pers.	τιμά-ομαι	τιμῶμαι	τιμα-όμεθα	τιμώμεθα
Präsens	2. Pers.	τιμά-ῃ	τιμᾷ	τιμά-εσθε	τιμᾶσθε
	3. Pers.	τιμά-εται	τιμᾶται	τιμά-ονται	τιμῶνται
Indikativ	1. Pers.	ἐ-τιμα-όμην	ἐτιμώμην	ἐ-τιμα-όμεθα	ἐτιμώμεθα
Imperfekt	2. Pers.	ἐ-τιμά-ου	ἐτιμῶ	ἐ-τιμά-εσθε	ἐτιμᾶσθε
	3. Pers.	ἐ-τιμά-ετο	ἐτιμᾶτο	ἐ-τιμά-οντο	ἐτιμῶντο
Infinitiv		τιμά-εσθαι	τιμᾶσθαι		
Partizip	m.	τιμα-όμενος ...	τιμώμενος ...	τιμα-όμενοι ...	τιμώμενοι ...
	f.	τιμα-ομένη ...	τιμωμένη ...	τιμα-όμεναι ...	τιμώμεναι ...
	n.	τιμα-όμενον ...	τιμώμενον ...	τιμα-όμενα ...	τιμώμενα ...

		Singular		Plural	
		unkontrahiert	kontrahiert	unkontrahiert	kontrahiert
Konjunktiv	1. Pers.	τιμά-ωμαι	τιμῶμαι	τιμα-ώμεθα	τιμώμεθα
	2. Pers.	τιμά-ῃ	τιμᾷ	τιμά-ησθε	τιμᾶσθε
	3. Pers.	τιμά-ηται	τιμᾶται	τιμά-ωνται	τιμῶνται
Optativ	1. Pers.	τιμα-οίμην	τιμῴμην	τιμα-οίμεθα	τιμῴμεθα
	2. Pers.	τιμά-οιο	τιμῷο	τιμά-οισθε	τιμῷσθε
	3. Pers.	τιμά-οιτο	τιμῷτο	τιμά-οιντο	τιμῷντο
Imperativ		τιμά-ου	τιμῶ	τιμά-εσθε	τιμᾶσθε

Verba contracta auf -οω: Kontraktionsregeln; Präsensstamm Aktiv

W: ἔξω (m. Gen.) (44B), θεῖος, -α, -ον (17A), τὸ κτῆμα (51A), πῶς (31B)

δηλόω	ich mache klar, zeige	δῆλος
βιόω	ich lebe	βίος
ζηλόω (m. Akk.)	ich eifere nach, bewundere; erstrebe eifrig	jealous (engl.)
δουλόω	ich mache zum Sklaven, unterdrücke	δοῦλος, δουλεία
ἀξιόω	ich fordere, bitte;	ἄξιος, Axiom
(m. Gen.)	ich halte würdig (für etw.)	
κατ-ορθόω	ich richte auf; führe erfolgreich durch	ὀρθός
ἐλευθερόω	ich befreie	ἐλεύθερος, ἐλευθερία
ἡ δίαιτα, -ης	die Lebensweise; der Lebensunterhalt	Diät

Ἀξιοῦμεν πάντας ἀληθῆ λέγειν.	Wir fordern, dass alle die Wahrheit sagen.
Πολλοὶ ἑαυτοὺς μεγίστων τιμῶν ἀξιοῦσιν.	Viele halten sich würdig für höchste Ehren.

1 Die **Kontraktionsregeln der Verba contracta auf -οω** lauten:

1.	**ο + ε, ο, ου**	→	**ου**
2.	**ο + η, ω**	→	**ω**
3.	**ο + Laut mit Iota** (ει, ῃ, οι)	→	**οι**

2 Entsprechend diesen Regeln ergeben sich für den **Präsensstamm Aktiv** der Verba contracta auf -οω folgende Formen:

Stamm		δηλ**ο**-			
Übersetzung		ich mache klar, zeige ...			
		Singular		Plural	
		unkontrahiert	kontrahiert	unkontrahiert	kontrahiert
Indikativ	1. Pers.	δηλό-ω	δηλῶ	δηλό-ομεν	δηλοῦμεν
Präsens	2. Pers.	δηλό-εις	δηλοῖς	δηλό-ετε	δηλοῦτε
	3. Pers.	δηλό-ει	δηλοῖ	δηλό-ουσι(ν)	δηλοῦσι(ν)
Indikativ	1. Pers.	ἐ-δήλο-ον	ἐδήλουν	ἐ-δηλό-ομεν	ἐδηλοῦμεν
Imperfekt	2. Pers.	ἐ-δήλο-ες	ἐδήλους	ἐ-δηλό-ετε	ἐδηλοῦτε
	3. Pers.	ἐ-δήλο-ε	ἐδήλου	ἐ-δήλο-ον	ἐδήλουν
Infinitiv		δηλό-ε(ι)ν	δηλοῦν		
Partizip	m.	δηλό-ων,	δηλῶν,	δηλό-οντες,	δηλοῦντες,
		δηλό-οντος ...	δηλοῦντος ...	δηλο-όντων ...	δηλούντων ...
	f.	δηλό-ουσα,	δηλοῦσα,	δηλό-ουσαι,	δηλοῦσαι,
		δηλο-ούσης ...	δηλούσης ...	δηλο-ουσῶν ...	δηλουσῶν ...
	n.	δηλό-ον,	δηλοῦν,	δηλό-οντα,	δηλοῦντα,
		δηλό-οντος ...	δηλοῦντος ...	δηλο-όντων ...	δηλούντων ...
Konjunktiv	1. Pers.	δηλό-ω	δηλῶ	δηλό-ωμεν	δηλῶμεν
	2. Pers.	δηλό-ῃς	δηλοῖς	δηλό-ητε	δηλῶτε
	3. Pers.	δηλό-ῃ	δηλοῖ	δηλό-ωσι(ν)	δηλῶσι(ν)
Optativ	1. Pers.	δηλο-οίην	δηλοίην	δηλό-οιμεν	δηλοῖμεν
	2. Pers.	δηλο-οίης	δηλοίης	δηλό-οιτε	δηλοῖτε
	3. Pers.	δηλο-οίη	δηλοίη	δηλό-οιεν	δηλοῖεν
Imperativ		δήλο-ε	δήλου	δηλό-ετε	δηλοῦτε

Besonders gebildet werden der Optativ Singular und der Infinitiv Präsens. Dieser kontrahiert ohne Iota: δηλό-ε(ι)ν → δηλοῦν (vgl. 62 A 2).

Verba contracta auf -οω: Präsensstamm Medium und Passiv

W: ἄκων, ἄκουσα, ἆκον (35A), ἥδομαι (21A), τὸ σῶμα (37A), κατ-έχω (37A), τὸ πῦρ (53B)		
ἐν-αντιόομαι (Impf. ἠν-αντιούμην)	ich widersetze mich, widerspreche	ἀντί, ἐν-αντίος
ἡ ἐπι-θυμία, -ας	die Begierde, das Verlangen	θυμός, πρό-θυμος, προ-θυμέομαι
ἡ ἡδονή, -ῆς	die Lust, Freude, das Vergnügen	ἥδομαι, ἡδύς
οἰκο-δομέω	ich baue (ein Haus)	οἶκος, οἰκία, οἰκέτης
ἀναγκαῖος, -α, -ον	notwendig	ἀνάγκη, ἀναγκάζω
τὸ ἔτος, -ους	das Jahr	
τὸ ζῷον, -ου	das Lebewesen, Tier	ζωή, **Zoo**logischer Garten

Stamm		δηλ**ο**-			
Übersetzung		ich mache mir klar, zeige (med.); werde gezeigt (pass.) ...			
		Singular		Plural	
		unkontrahiert	kontrahiert	unkontrahiert	kontrahiert
Indikativ	1. Pers.	δηλό-ομαι	δηλοῦμαι	δηλο-όμεθα	δηλούμεθα
Präsens	2. Pers.	δηλό-ῃ	δηλοῖ	δηλό-εσθε	δηλοῦσθε
	3. Pers.	δηλό-εται	δηλοῦται	δηλό-ονται	δηλοῦνται
Indikativ	1. Pers.	ἐ-δηλο-όμην	ἐδηλούμην	ἐ-δηλο-όμεθα	ἐδηλούμεθα
Imperfekt	2. Pers.	ἐ-δηλό-ου	ἐδηλοῦ	ἐ-δηλό-εσθε	ἐδηλοῦσθε
	3. Pers.	ἐ-δηλό-ετο	ἐδηλοῦτο	ἐ-δηλό-οντο	ἐδηλοῦντο
Infinitiv		δηλό-εσθαι	δηλοῦσθαι		
Partizip	m.	δηλο-όμενος ...	δηλούμενος ...	δηλο-όμενοι ...	δηλούμενοι ...
	f.	δηλο-ομένη ...	δηλουμένη ...	δηλο-όμεναι ...	δηλούμεναι ...
	n.	δηλο-όμενον ...	δηλούμενον ...	δηλο-όμενα ...	δηλούμενα ...
Konjunktiv	1. Pers.	δηλό-ωμαι	δηλῶμαι	δηλο-ώμεθα	δηλώμεθα
	2. Pers.	δηλό-ῃ	δηλοῖ	δηλό-ησθε	δηλῶσθε
	3. Pers.	δηλό-ηται	δηλῶται	δηλό-ωνται	δηλῶνται

63

		Singular		Plural	
		unkontrahiert	kontrahiert	unkontrahiert	kontrahiert
Optativ	1. Pers.	δηλο-οίμην	δηλοίμην	δηλο-οίμεθα	δηλοίμεθα
	2. Pers.	δηλό-οιο	δηλοῖο	δηλό-οισθε	δηλοῖσθε
	3. Pers.	δηλό-οιτο	δηλοῖτο	δηλό-οιντο	δηλοῖντο
Imperativ		δηλό-ου	δηλοῦ	δηλό-εσθε	δηλοῦσθε

64

A Verba contracta auf -ηω: Präsensstamm

W: ἡ ὁδός (25B), τὸ ὄρος (41A), δύο (40B), ὁ ἡγεμών (34A), τὸ μαντεῖον (49B), ἐνταῦθα (28B)

χρήω	ich gebe (als Gott) ein Orakel, prophezeie	χρησμός
χρήομαι (m. Dat.)	1. ich befrage (einen Gott oder ein Orakel)	χρή, χρῆμα,
	2. ich gebrauche, habe Umgang (mit)	χρεία, χρηστός
ζήω	ich lebe	ζωή, ζῷον
ὁρμάω = ὁρμάομαι	ich setze mich in Bewegung, breche auf	Hormon
πλήρης, πλῆρες	voll	πλῆθος, πλέων
τὸ σῆμα, σήματος	das Zeichen; Grab(mal)	σημεῖον
που	irgendwo; wohl, vielleicht	ποῦ

Ἀπόλλωνι / μαντείῳ χρῆσθαι	Apollon / ein Orakel befragen
λόγοις βραχέσι χρῆσθαι	(kurze Worte gebrauchen =) kurz und bündig sprechen
Φιλίππῳ χρῆσθαι (ὡς) φίλῳ	Philipp (als Freund gebrauchen =) zum Freund haben

1 Die **Kontraktionsregeln der Verba contracta auf -ηω** entsprechen genau denen der Verba contracta auf -αω – mit dem einzigen Unterschied, dass statt des α jeweils ein η steht:

1.	**η + e-Laut** (ε, ει, η, ῃ)	→	**η** (ῃ)
2.	**η + o-Laut** (ο, οι, ου, ω)	→	**ω** (ῳ)

Dabei gilt: **Ein Iota wird in der Kontraktion zum Iota subscriptum**
(d.h. η + ει oder ῃ → ῃ /
η + οι → ῳ).

2 Entsprechend diesen Regeln ergeben sich für den **Präsensstamm** folgende Formen:

		Aktiv		Medium bzw. Passiv	
Stamm		χρη-		χρη-	
Übersetzung		ich prophezeie ...		ich gebrauche / (werde prophezeit)	
		Singular	Plural	Singular	Plural
Indikativ	1. Pers.	χρῶ	χρῶμεν	χρῶμαι	χρώμεθα
Präsens	2. Pers.	χρῇς	χρῆτε	χρῇ	χρῆσθε
	3. Pers.	χρῇ	χρῶσι(ν)	χρῆται	χρῶνται
Indikativ	1. Pers.	ἔχρων	ἐχρῶμεν	ἐχρώμην	ἐχρώμεθα
Imperfekt	2. Pers.	ἔχρης	ἐχρῆτε	ἐχρῶ	ἐχρῆσθε
	3. Pers.	ἔχρη	ἔχρων	ἐχρῆτο	ἐχρῶντο
Infinitiv		χρῆν		χρῆσθαι	
Partizip	m.	χρῶν,	χρῶντες,	χρώμενος ...	χρώμενοι ...
		χρῶντος ...	χρώντων ...		
	f.	χρῶσα,	χρῶσαι,	χρωμένη ...	χρώμεναι ...
		χρώσης ...	χρωσῶν ...		
	n.	χρῶν,	χρῶντα,	χρώμενον ...	χρώμενα ...
		χρῶντος ...	χρώντων ...		
Konjunktiv	1. Pers.	χρῶ	χρῶμεν	χρῶμαι	χρώμεθα
	2. Pers.	χρῇς	χρῆτε	χρῇ	χρῆσθε
	3. Pers.	χρῇ	χρῶσι(ν)	χρῆται	χρῶνται
Optativ	1. Pers.	χρῴην	χρῷμεν	χρῴμην	χρῴμεθα
	2. Pers.	χρῴης	χρῷτε	χρῷο	χρῷσθε
	3. Pers.	χρῴη	χρῷεν	χρῷτο	χρῷντο
Imperativ		χρῆ	χρῆτε	χρῶ	χρῆσθε

Besonders gebildet werden der Optativ Singular und der Infinitiv Präsens. Dieser kontrahiert ohne Iota subscriptum: χρή-ε(ι)ν → χρῆν (vgl. 62 A 2).

Beachte: Die Formen des Indikativ Präsens sind gleichlautend mit denen des Konjunktivs.

B Verba contracta: Futur, Aorist, Perfekt; die Stammformenreihe

W: ὅσος, -η, -ον / ὅσοι, -αι, -α (31A), εἶτα (52A), ἡ πρᾶξις (44A), τὸ γένος (41A)

πλανάομαι	ich verirre mich, irre umher	Planet
γεννάω	ich zeuge; gebäre	γενναῖος, γένος, γενεά, γί-γν-ομαι
ζημιόω	ich (be)strafe	ζημία
βοάω	ich rufe, schreie	βοή-θεια
τὸ τεκμήριον, -ου	das Kennzeichen, der Beweis	

1 Bei den **Verba contracta** auf -εω, -αω und -οω wird im **Futur, Aorist und Perfekt** der kurze **Stockauslaut** des Präsensstammes **gedehnt** (ε → η / α → η / ο → ω), bei den Verba contracta auf -ηω bleibt das η unverändert:

Präsens	Futur Aktiv	Aorist Aktiv	Perfekt Aktiv	Perfekt Medium / Passiv	Aorist Passiv	Futur Passiv
ποιέ-ω	ποι**ή**-σω	ἐποί**η**-σα	πεποί**η**-κα	πεποί**η**-μαι	ἐποι**ή**-θην	ποι**η**-θήσομαι
τιμά-ω	τιμ**ή**-σω	ἐτίμ**η**-σα	τετίμ**η**-κα	τετίμ**η**-μαι	ἐτιμ**ή**-θην	τιμ**η**-θήσομαι
δηλό-ω	δηλ**ώ**-σω	ἐδήλ**ω**-σα	δεδήλ**ω**-κα	δεδήλ**ω**-μαι	ἐδηλ**ώ**-θην	δηλ**ω**-θήσομαι

Bei einigen Verben auf -αω tritt die sogenannte „Eira-Regel“ in Kraft (vgl. 16 A), z.B. bei
πειρά-ομαι → πειρ**ά**-σομαι → ἐπειρ**α**-σάμην → πεπείρ**α**-μαι

2 Die Tabelle in Abschnitt 1 zeigt bereits die typisch griechische **Stammformenreihe**, d.h. die geordnete Zusammenstellung der Formen eines Verbums, die man beherrschen muss, um dessen gesamten Formenbestand bilden zu können:

Präsens Aktiv	Futur Aktiv	Aorist Aktiv	Perfekt Aktiv	Perfekt Medium / Passiv	Aorist Passiv	Futur Passiv
παιδεύω	**παιδεύσω**	**ἐπαίδευσα**	**πεπαίδευκα**	**πεπαίδευμαι**	**ἐπαιδεύθην**	**παιδευθήσομαι**

Der Infinitiv der näheren Bestimmung bei Adjektiven; der finale Infinitiv; der absolute Infinitiv

W: καινός, -ή, -όν (24A), ὁ ἀριθμός (50A), ἑξῆς (52A), ἔφη (38A), ἡ μνήμη (47A)

ἄξιος θαυμάζειν	bewundernswert	
δεινὸς λέγειν	fähig im Reden, redegewandt	
(ὡς) ἐμοὶ δοκεῖν	wie mir scheint, meiner Meinung nach	
ὡς (ἔπος) εἰπεῖν	sozusagen	
τὸ νῦν εἶναι	für den Augenblick	
τὸ γράμμα, -ατος	der Buchstabe	γράφω, Grammatik
τὸ μάθημα, -ατος	der Unterrichtsgegenstand; die Kenntnis	μανθάνω, Mathematik
τὸ ἔπος, -ους	das Wort	εἶπον, Epos
ἄλλος μέν ... ἄλλος δέ	einer ... ein anderer	
ἡ βλάβη, -ης	der Schaden	βλάπτω
ἐν-αντίος, -α, -ον	entgegengesetzt	ἐν-αντιόομαι

1 Der **Infinitiv** bei einem Adjektiv kann **der näheren Bestimmung** dienen:

Ὁ Περικλῆς ἦν **δεινὸς λέγειν**.	Perikles war **redegewandt**.

2 Nach Verben des Habens, Gebens und Nehmens kann, ähnlich wie im Deutschen, zur Angabe des Zwecks oder der Absicht ein **finaler Infinitiv** stehen:

Οἱ Ἀθηναῖοι εἵλοντο Σόλωνα **νόμους γράψαι**.	Die Athener wählten Solon **zum Gesetze-Schreiben / damit er Gesetze schreibe**.

3 In einigen feststehenden Wendungen erscheint der Infinitiv **absolut**, d.h. „losgelöst" (lat. *absolutus*) von der Konstruktion des ihn umgebenden Satzes:

Οὐδὲν ἀληθὲς εἶπες **(ὡς) ἐμοὶ δοκεῖν**.	Du sagtest **meiner Meinung nach** nichts Wahres.

65 B

Infinitiv mit μή nach Verben mit negativem Sinn; die Krasis

W: τίκτω (20A, 27A), κρίνω (19A), ἡ ὠφελία (51B), ἡ βοή-θεια (56B)		
ἀρνέομαι	ich leugne, weigere mich	
ἀμφισ-βητέω (Impf. ἠμφεσ-βήτουν)	ich bestreite, bezweifle	
ἀπ-αγορεύω (Aor. ἀπ-εῖπον)	ich verbiete	ἀγορεύω
καλὸς κἀγαθός	schön und gut (körperlich und moralisch), vortrefflich	
συμ-φέρει	es nützt	φέρω
τὸ συμ-φέρον, -οντος / τὰ συμ-φέροντα, -όντων	der Vorteil, Nutzen	συμ-φέρει
οὔκ-ουν	also nicht, folglich nicht	οὐκ, οὖν
δεξιός, -ά, -όν	recht(s)	δέχομαι

1 Steht nach **Verben des Vermeidens, Hinderns, Bezweifelns und Leugnens** ein **Infinitiv**, so wird dieser mit **μή** verneint. Sind solche Verben selbst verneint, wird der nachfolgende Infinitiv mit μὴ οὐ verneint. **Im Deutschen bleibt die Negation des Infinitivs in jedem Fall unübersetzt**:

Εὐλαβοῦ **μὴ** ψεύδεσθαι.	Hüte dich (davor), zu lügen!
Ἀρνοῦμαι ταῦτα **μὴ** πεποιηκέναι.	Ich leugne, dies getan zu haben.
Οὐκ ἀρνοῦμαι ταῦτα **μὴ** οὐ πεποιηκέναι.	Ich leugne nicht, dies getan zu haben.

2 Wird der auslautende Vokal oder Diphthong eines Wortes mit dem anlautenden des folgenden Wortes kontrahiert, sodass sich beide Wörter zu einem einzigen verbinden, spricht man von einer **Krasis** (ἡ κρᾶσις = die **Mischung**). Zeichen einer Krasis ist die Koronis (κορωνίς = gekrümmt), die äußerlich wie ein Spiritus lenis aussieht. Häufig sind neben καλὸς κἀγαθός (= καλὸς καὶ ἀγαθός) auch folgende Ausdrücke:

κἀγώ (= καὶ ἐγώ / und ich, auch ich)
κἀν (= καὶ ἐν / und in, auch in)
κἄν (= καὶ ἐάν / auch wenn)
τἄλλα (= τὰ ἄλλα / die anderen Dinge; im Übrigen)
ταὐτό bzw. **ταὐτά** (= τὸ αὐτό bzw. τὰ αὐτά / dasselbe)
τοὐναντίον (= τὸ ἐναντίον / das Gegenteil; im Gegenteil)
ὠγαθέ (= ὦ ἀγαθέ / mein Guter)

Einsilbige Verba contracta auf -εω; Verben mit dem Stockauslaut ϝ; Zeitbestimmungen: Substantive im Genitiv und Dativ

W: κλαίω (45B), εὔχομαι (15B), ἐάν (m. Konj.) (54A), ἡ εὐχή (12B), τὸ δέος (47B)

χέω	ich (ver)gieße, schütte	Chemie
θέω	ich laufe, eile	βοή-θεια
πλέω	ich fahre (mit einem Schiff)	πλοῦς, πλοῖον
δέομαι (m. Gen.)	ich brauche, habe nötig; bitte (um)	δεῖ, ἐν-δεής
καίω	ich zünde an, (ver)brenne (etwas)	
ἡ λύπη, -ης	das Leid, der Kummer	λυπηρός
ἡ νύξ, νυκτός	die Nacht	
ἡ ἑσπέρα, -ας	der Abend	Vesper

Οἱ στρατιῶται σίτων καὶ ὕδατος δέονται.	Die Soldaten brauchen Nahrung und Wasser.
Δέομαι τοῦ φίλου παρεῖναί μοι.	Ich bitte meinen Freund, mir beizustehen.

1 Bei den **Verba contracta auf -εω mit einsilbigem Verbalstock** ist die Kontraktion durch ein ursprünglich vorhandenes Digamma (ϝ) teilweise verhindert worden. Sie erfolgt nur dann, wenn nach den Regeln der Verba contracta auf -εω (vgl. 59 A 1) **als Kontraktionsprodukt ein -ει** entsteht.
So lautet z.B. der Indikativ Präsens Aktiv:
χέω, χ**εῖ**ς, χ**εῖ**, χέομεν, χ**εῖ**τε, χέουσι(ν).

2 Neben den Verba contracta auf -εω mit einsilbigem Verbalstock gibt es noch weitere **Verben mit dem Stockauslaut auf ϝ**. Für diese ergeben sich folgende **Stammformenreihen** (vgl. 64 B 2):

πλέω (πλεϝ-)	πλεύσομαι	ἔπλευσα	(πέπλευκα)			
χέω (χεϝ- / χϝ-)	χέω	ἔχεα	(κέχυκα)	κέχυται	ἐχύθη	χυθήσεται
καίω (καϝ-)	καύσω	ἔκαυσα	(κέκαυκα)	(κέκαυται)	ἐκαύθη	καυθήσεται
κλαίω (κλαϝ-)	κλαύσομαι	ἔκλαυσα	(κέκλαυκα)	(κέκλαυμαι)	ἐκλαύ(σ)θην	κλαυ(σ)θήσομαι

3 Als **Zeitbestimmungen** dienen im Griechischen neben den schon bekannten Adverbien (z.B. νῦν, τότε), Präpositionalausdrücken (z.B. ἀπὸ τούτου τοῦ χρόνου, μετὰ δὲ ταῦτα) und Substantiven im Akkusativ (z.B. πολὺν χρόνον; vgl. 15 B) auch **Substantive im Genitiv und Dativ**. Dabei gibt der Genitiv einen Zeitraum an, der Dativ einen Zeitpunkt:

Οἱ πολέμιοι ἦλθον **νυκτός**.	Die Feinde kamen **nachts** (= **während der Nacht**).
Οἱ πολέμιοι ἦλθον **τῇ αὐτῇ νυκτί**.	Die Feinde kamen **in derselben Nacht**.

B Verbalstöcke auf -σ-; Verben auf -εω mit beschränkter Dehnung

W: τυγχάνω ποιῶν (40A), χαρίζομαι (28B), θαυμάσιος, -α, -ον (53A), ἁρπάζω (25B)

ἀρκέω	ich bin stark genug, genüge	aut**ark**
τελέω	ich vollende; bezahle	τέλος, τελευτάω
ἐπ-αινέω	ich lobe	ἔπαινος
γελάω	ich lache (aus)	κατα**γέλα**στος
κέκλημαι (Perf. Pass. zu καλέω)	ich heiße	

Bei einigen Verben (z.B. ἀκούω) ist ein ursprünglich auf **-σ endender Verbalstock** (ἀκουσ-) noch in manchen Formen (z.B. ἤκουσμαι, ἠκούσθην) sichtbar, andere (z.B. ἐπαινέω, καλέω) dehnen entgegen der bisher gelernten Regel (vgl. 64 B 1) den Stockauslaut nicht in jedem Fall (z.B. ἐκάλεσα):

ἀκούω (ἀκουσ-)	ἀκούσομαι	ἤκουσα	ἀκήκοα	ἤκου**σ**μαι	ἠκού**σ**θην	ἀκου**σ**θήσομαι
τελέω (τελεσ-)	τελῶ	ἐτέλεσα	(τετέλεκα)	τετέλε**σ**ται	ἐτελέ**σ**θη	τελε**σ**θήσεται
ἀρκέω (ἀρκεσ-)	ἀρκέσω	ἤρκεσα				
γελάω (γελασ-)	γελάσομαι	ἐγέλασα	(γεγέλακα)	(γεγέλασμαι)	ἐγελά**σ**θην	γελα**σ**θήσομαι
ἐπαινέω	ἐπαινέσομαι	ἐπῄνεσα	(ἐπῄνεκα)	(ἐπῄνημαι)	ἐπῃνέθην	ἐπαινεθήσομαι
καλέω	καλῶ	ἐκάλεσα	κέκληκα	κέκλημαι	ἐκλήθην	κληθήσομαι

Das Perfekt von ἀκούω zeigt – anders als das der übrigen vokalisch anlautenden Verben (vgl. 48 A 3) – die traditionelle **attische Reduplikation**, das Tempuszeichen -κ- fehlt: **ἀκ-ήκο**-α (Plusquamperfekt: ἠκ-ηκό-ειν).

Verba liquida: Präsens und Verbalstock; Futur Aktiv und Medium

W: περὶ πολλοῦ ποιοῦμαι (60A), οἷός τέ εἰμι (37A), ἰσχυρός, -ά, -όν (18B), ἀμύνομαι (58B), ἀ-δύνατος, -ον (51A), σημαίνω (55B), νέμομαι (51A)

ἀγγέλλω	ich melde	ἄγγελος
περαίνω	ich vollende	ἄ-πειρος, πορεύομαι
φαίνω	ich mache sichtbar, zeige	φαίνομαι, φανερός, ἀ-φανίζω, Phänomen
ἀπο-φαίνομαι	ich lege dar, äußere mich	φαίνω

1 Verba liquida sind Verben, deren **Verbalstock auf -λ, -ρ, -μ oder -ν** – also auf einen „flüssig" (vgl. lat. *liquidus*) aussprechbaren Konsonanten – auslautet.
Bei den meisten Verba liquida führte der Wegfall einer **Iota-Erweiterung** im **Präsensstamm** häufig zu lautlichen Veränderungen (z.B. Assimilation oder Ersatzdehnung), z.B.:

Verbalstock	Verb im Präsensstamm		
ἀγγελ-	*ἀγγέλ-j-ω	→	ἀγγέ**λλ**ω
φαν-	*φάν-j-ω	→	φα**ί**νω
σπερ-	*σπέρ-j-ω	→	σπε**ί**ρω

Der eigentliche Verbalstock ohne Iota-Erweiterung ist in vielen Fällen bei verwandten Wörtern gut zu erkennen, z.B. bei ὁ **ἄγγελ**ος, **φαν**ερός und τὸ **σπέρ**μα (= der Samen).

2 Das **Futur der Verba liquida** wird mit dem **Verbalstock** nach den Regeln des **attischen Futurs** (vgl. 61 A) gebildet, z.B.:

	Aktiv ich werde melden ...	Medium ich werde versprechen ...
1. Pers. Sg.	ἀγγελ-ῶ	ἐπαγγελ-οῦμαι
2. Pers. Sg.	ἀγγελ-εῖς	ἐπαγγελ-ῇ
3. Pers. Sg.	ἀγγελ-εῖ	ἐπαγγελ-εῖται
1. Pers. Pl.	ἀγγελ-οῦμεν	ἐπαγγελ-ούμεθα
2. Pers. Pl.	ἀγγελ-εῖτε	ἐπαγγελ-εῖσθε
3. Pers. Pl.	ἀγγελ-οῦσι(ν)	ἐπαγγελ-οῦνται
Infinitiv	ἀγγελ-εῖν	ἐπαγγελ-εῖσθαι
Partizip	ἀγγελ-ῶν, ἀγγελ-οῦντος ...	ἐπαγγελ-ούμενος, ἐπαγγελ-ουμένου ...
	ἀγγελ-οῦσα, ἀγγελ-ούσης ...	ἐπαγγελ-ουμένη, ἐπαγγελ-ουμένης ...
	ἀγγελ-οῦν, ἀγγελ-οῦντος ...	ἐπαγγελ-ούμενον, ἐπαγγελ-ουμένου ...

B Verba liquida: Aorist Aktiv und Medium

W: εὐ-μενής, -ές (52A), ἡ κεφαλή (54A), ἡ συμ-φορά (32A), ὀδύρομαι (55B), τὸ δάκρυον (9A)

κτάομαι	ich erwerbe (mir)	
κέκτημαι (Perf.)	ich besitze (= ich habe mir erworben)	κτῆμα
τὸ γόνυ, -ατος	das Knie	
θερμός, -ή, -όν	warm, heiß	**Thermo**meter, Thermik
ἔσχατος, -η, -ον	äußerster, letzter	
πονέω	ich arbeite hart; habe Schmerzen	πόνος, πονηρός

Der **Aorist Aktiv bzw. Medium der Verba liquida** war ursprünglich ein Sigma-Aorist, dessen σ später unter **Ersatzdehnung** des vorausgehenden Vokals schwand, z.B.:

Verbalstock	Verb im Aorist		
ἀγγελ-	*ἤγγελ-σ-α	→	ἤγγ**ει**λ-α
φαν-	*ἔ-φαν-σ-α *ἀπ-ε-φαν-σ-άμην	→	ἔ-φ**η**ν-α ἀπ-ε-φ**η**ν-άμην
σπερ-	*ἔ-σπερ-σ-α	→	ἔ-σπ**ει**ρ-α

67

Für die Ersatzdehnung gelten folgende Regeln:

ᾰ	→	η (ᾱ)	z.B.	*ἔ-φαν-σ-α	→	ἔ-φ**η**να
	→			*ἐ-πέρᾰν-σ-α	→	ἐ-πέρ**ᾱ**να (Eira-Regel, vgl. 16 A)
ε	→	ει	z.B.	*ἔ-σπερ-σ-α	→	ἔ-σπ**ει**ρα
ῐ	→	ῑ	z.B.	*ἔ-κρῐν-σ-α	→	ἔ-κρ**ῑ**να
ῠ	→	ῡ	z.B.	*ἤμῠν-σ-α	→	ἤμ**ῡ**να

68 A

Verba liquida: Aorist und Futur Passiv; der Dativ der näheren Bestimmung

W: ὑβρίζω (14A), ἐπι-βουλεύω (23A), ὑπ-οπτεύω (9B), μέλλω (32A), ἴδιος, -α, -ον (17A), ἑκών, -οῦσα, -όν (35A)

μιαίνω	ich färbe; beschmutze, entweihe
(τῷ) ὀνόματι	dem Namen nach
(τῷ) λόγῳ	dem Wort nach
(τῷ) ἔργῳ	in Wirklichkeit
(τῇ) ἀληθείᾳ	in Wahrheit
φύσει	von Natur (aus)
αἰτέω / αἰτέομαι (m. doppeltem Akk.)	ich (er)bitte, fordere, verlange

αἰτῶ σε ἀργύριον — ich bitte dich um Geld; ich verlange von dir Geld

1 Aorist und Futur Passiv der nachfolgenden **Verba liquida** werden vom Verbalstock aus regelmäßig (vgl. 42 A und 43 B 1) gebildet:

Präsens	Verbalstock	Aorist Passiv	Futur Passiv
ἀγγέλλω	ἀγγελ-	ἠγγέλ-θη	ἀγγελ-θή-σ-εται
περαίνω	περαν-	ἐ-περάν-θη	περαν-θή-σ-εται
καθαίρω	καθαρ-	ἐ-καθάρ-θη	καθαρ-θή-σ-εται
σημαίνω	σημαν-	ἐ-σημάν-θη	σεμαν-θή-σ-εται

2 Der **Dativ der näheren Bestimmung** gibt – ähnlich dem Akkusativ der Beziehung (vgl. 44 B 2) – an, **in welcher Hinsicht** ein Vorgang abläuft bzw. ein Sachverhalt zutrifft. Er findet sich vor allem
1. bei Verben des Einschätzens / Beurteilens,
2. bei Verben des Übertreffens,
3. bei bestimmten adverbialen Wendungen:

1. Κρίνομεν τοὺς φίλους **τοῖς ἔργοις**.	Wir beurteilen die Freunde **nach ihren Taten**.
2. Οἱ Ἕλληνες περιεγένοντο τῶν ἐναντίων **ἀρετῇ**.	Die Griechen waren ihren Gegnern **an Tüchtigkeit** überlegen.
3. Πάντες ἄνθρωποι **φύσει** ἐλεύθεροί εἰσιν.	Alle Menschen sind **von Natur (aus)** frei.

B Verba liquida: Perfekt und Plusquamperfekt; der Akkusativ des Inhalts

W: ἡ ἀνάγκη (12A), ἀφ-ικνέομαι (60B), ἡ τιμωρία (16A), ἀπο-λύω (11A), καθαίρω (13B), παρα-κελεύομαι (23B)

ἡ πίστις, -εως	die Treue, das Vertrauen	πείθω, πειθώ, πιστός, πιστεύω
ἡ φιλία, -ας	die Zuneigung, Freundschaft	φίλος
ἐσθλός, -ή, -όν	vornehm, edel; tüchtig	
πολιτικός, -ή, -όν	zu einer Polis gehörig; politisch	πόλις, πολίτης, πολιτεία, πολιτεύομαι

1 Das **Perfekt (bzw. Plusquamperfekt) der Verba liquida** wird in vielen Fällen vom Verbalstock aus regelmäßig (vgl. 47 A bzw. 50 A) gebildet, z.B.:

	Aktiv	Medium / Passiv
	ich habe gemeldet ...	ich habe versprochen / bin versprochen worden ...
1. Pers. Sg.	ἤγγελ-κ-α	ἐπήγγελ-μαι
2. Pers. Sg.	ἤγγελ-κ-ας	ἐπήγγελ-σαι
3. Pers. Sg.	ἤγγελ-κ-ε(ν)	ἐπήγγελ-ται
1. Pers. Pl.	ἠγγέλ-κ-αμεν	ἐπηγγέλ-μεθα
2. Pers. Pl.	ἠγγέλ-κ-ατε	ἐπήγγελ-**θε**
3. Pers. Pl.	ἠγγέλ-κ-ασι(ν)	ἐπηγγελ-**μένοι εἰσί(ν)**
Infinitiv	ἠγγελ-κ-έναι	ἐπηγγέλ-**θαι**

Partizip	ἠγγελ-κ-ώς, ἠγγελ-κ-ότος ...	ἐπηγγελ-μένος, ἐπηγγελ-μένου ...
	ἠγγελ-κ-υῖα, ἠγγελ-κ-υίας ...	ἐπηγγελ-μένη, ἐπηγγελ-μένης ...
	ἠγγελ-κ-ός, ἠγγελ-κ-ότος ...	ἐπηγγελ-μένον, ἐπηγγελ-μένου ...

Bei den Formen im Medium / Passiv ist Folgendes zu beachten:

- Die Endungen -σθε und -σθαι verlieren das Sigma.
- Die 3. Pers. Pl. wird im Perfekt (bzw. im Plusquamperfekt) – wie bei den Verba muta (vgl. 49 A) – umschrieben: ἐπηγγελμένοι εἰσί(ν) (bzw. ἐπηγγελμένοι ἦσαν).
- **Bei den ν-Stämmen gilt zusätzlich folgende abweichende Lautregel: ν + μ → σμ**, z.B. *πέ-φαν-μαι → πέφασμαι (ich habe mich gezeigt / bin gezeigt worden).

2 Der **Akkusativ des Inhalts** steht bei einem mit dem jeweiligen Substantiv stammverwandten (oder wenigstens sinnverwandten) Verb.
Im Deutschen empfiehlt sich im Allgemeinen eine freiere Übersetzung, die das Spiel mit der Stammverwandtschaft vermeidet:

(δεινὴν) μάχην μάχεσθαι	einen (fürchterlichen) Kampf ausfechten
(λαμπρὰν) νίκην νικᾶν	einen (glänzenden) Sieg erringen
(μέγαν) κίνδυνον κινδυνεύειν	eine (große) Gefahr auf sich nehmen
(ἀγαθὸν) βίον ζῆν	ein (gutes) Leben führen

69 A

Verba liquida: Besonderheiten in der Tempusbildung (1); Stammformenreihen (1)

W: τὸ ἦθος (53A), ἄ-δικος, -ον (55B), ὁ γέρων, -οντος (35A), ἐπι-τήδειος, -α, -ον (51A)

δια-βάλλω	ich verleumde	βάλλω, δια-βολή, diabolisch, Teufel
ἀπο-στέλλω	ich sende ab, schicke weg	στόλος, ἐπι-στολή, Apostel, stellen
τείνω	ich dehne, spanne, strecke	Hypotenuse, Ton
ὁ πλοῦτος, -ου	der Reichtum	πλούσιος, πολύς
ἡ στάσις, -εως	der Aufstand, die Revolution	
τελευταῖος, -α, -ον	letzter	τελευτάω, τελέω, τέλος

Die folgenden **Verba liquida** zeigen neben starker Formenbildung (z.B. im Aorist ἔβαλον) in einigen Tempora einen Verbalstock mit Ablaut, z.B. e / o-Ablaut bei ἀπέκτονα, Schwundstufe bei διαφθείρω (φθερ- / φθρ- / φθαρ-). Die wichtigsten **Stammformenreihen** dieser Gruppe der Verba liquida lauten:

ἀποκτείνω	ἀποκτενῶ	ἀπέκτεινα	ἀπέκτονα			
βάλλω	βαλῶ	ἔβαλον	βέβληκα	βέβλημαι	ἐβλήθην	βληθήσομαι
ἀποστέλλω	ἀποστελῶ	ἀπέστειλα	(ἀπέσταλκα)	(ἀπέσταλμαι)	ἀπεστάλην	ἀποσταλήσομαι
διαφθείρω	διαφθερῶ	διέφθειρα	(διέφθαρκα)	διέφθαρμαι	διεφθάρην	διαφθαρήσομαι
σφάλλω	σφαλῶ	ἔσφηλα	(ἔσφαλκα)	ἔσφαλμαι	ἐσφάλην	σφαλήσομαι

B Verba liquida: Besonderheiten in der Tempusbildung (2); Stammformenreihen (2)

W: δοκέω (59A), ἑταῖρος (25A), πάντως (54B), ἔνδον (49A)

νέμω	ich teile zu; besitze, verwalte	νέμομαι, νόμος
κλίνω	ich neige (mich), beuge	Klinik, Enklise, Klima
ἐγείρω	ich wecke; errege	
ἐγείρομαι	ich wache auf; erwache	
ἐγρήγορα (Perf.)	ich bin wach	Gregor („der Erweckte“)
τὸ πρᾶγμα, -ατος	die Tat; Sache	πράττω, πρᾶξις
τὰ πράγματα, -άτων	die Verhältnisse, Angelegenheiten	pragmatisch
πλήν (m. Gen.)	außer	πλησίον

Τίς ἂν τολμήσειε τοῦτο πλὴν Ἡρακλέους; Wer außer Herakles könnte dies wagen?

Weitere **Besonderheiten in der Tempusbildung** sind:
Ein leicht **veränderter Verbalstock** findet sich z.B. bei κλίνω (κλιν- / κλι-) und κρίνω (κριν- / κρι-).
Attische Reduplikation im Perfekt weist ἐγείρω auf.

Weitere wichtige **Stammformenreihen** aus der Gruppe der Verba liquida lauten:

μένω	μενῶ	ἔμεινα				
νέμω	νεμῶ	ἔνειμα	(νενέμηκα)	(νενέμηται)	(ἐνεμήθη)	(νεμηθήσεται)
κλίνω	κλινῶ	ἔκλινα	(κέκλικα)	κέκλιται	ἐκλίθη	κλιθήσεται
κρίνω	κρινῶ	ἔκρινα	(κέκρικα)	κέκριμαι	ἐκρίθην	κριθήσομαι
ἐγείρω	ἐγερῶ	ἤγειρα	(ἐγήγερκα)	(ἐγήγερμαι)	ἠγέρθην	ἐγερθήσομαι

Verben der Mischklasse (1): ἀγορεύω, ἐρωτάω, ἐσθίω

W: ἡ ἀρετή (12B), ἀνδρεῖος, -α, -ον (42B), ἀπο-κρίνομαι (34B), μακάριος, -α, -ον (30B), ἄθλιος, -ον (52B)

ἐρωτάω	ich frage	
ἡ δικαιοσύνη, -ης	die Gerechtigkeit	δίκη, δίκαιος, ἄ-δικος
φοβέομαι	ich fürchte	φόβος, φοβερός
ἀ-πορέω	ich bin in Verlegenheit / Not, bin ratlos	πορεύομαι, πορίζω
τρέπω	ich wende; schlage in die Flucht	ἀπο-τρέπω, Tropen
τρέπομαι	ich wende mich, fliehe	
(Aor.) ἐτραπόμην		
ὁ λιμήν, λιμένος	der Hafen	
ὁ πρεσβευτής, -οῦ	der Gesandte	
(Pl. οἱ πρέσβεις, -εων)		
ἤ ... ἤ	entweder ... oder	

Zu den Verben der **Mischklasse** gehören alle Verben, die ihre Tempora aus **unterschiedlichen Verbalstöcken** „zusammengemischt" bilden, z.B. ἀγορεύω, das seine Formen aus den Verbalstöcken ἀγορευ-, ἐρε- / ῥη- und εἰπ- bildet.

Wichtige Stammformenreihen dieser Gruppe sind:

ἀγορεύω	ἐρῶ	εἶπον	εἴρηκα	εἴρηται	ἐρρήθη	ῥηθήσεται
ἐρωτάω	ἐρήσομαι	ἠρόμην	(ἠρώτηκα)	(ἠρώτημαι)	(ἠρωτήθην)	(ἐρωτηθήσομαι)
ἐσθίω	ἔδομαι	ἔφαγον	(ἐδήδοκα)	(ἐδήδεσται)	(ἠδέσθη)	

Die unterschiedlichen Wurzeln von ἀγορεύω finden sich in bereits gelernten Wörtern wie τὸ **ἔπ**ος, ὁ **ῥή**τωρ oder τὸ **ῥῆ**μα (vgl. 65 A, 33 A, 49 B) sowie in Fremdwörtern wie z.B. **Ep**ik oder **Rhe**torik.
Neben den häufigeren „unregelmäßigen" Bildungen in Futur und Aorist Aktiv bildet ἐρωτάω auch die regelmäßigen Formen ἐρωτήσω und ἠρώτησα.
Die Wurzel φαγ- ist in Fremdwörtern wie z.B. „bakterio**phag**" (vgl. 41 B) erkennbar.

70 B

Verben der Mischklasse (2): ἔρχομαι, τρέχω, ὁράω

W: χαλεπαίνω (56B), ζητέω (59A), οὔ-πω (47B), ἡ ὀργή (16B), ὁ πλοῦς (28B)

δι-έρχομαι	ich gehe durch; erörtere	ἔρχομαι, ἐπ-έρχομαι
παρ-έρχομαι	ich gehe vorbei; ich vergehe	προσ-έρχομαι, ἐπ-ανέρχομαι
τρέχω	ich laufe, renne	
καθ-οράω	ich sehe herab; bemerke, sehe ein	ὁράω

Παῦλος· Ἐλεύσομαι πρὸς ὑμᾶς, ὅταν Μακεδονίαν διέλθω.	Paulus: Ich werde zu euch kommen, wenn ich durch Mazedonien gereist bin. (1 Kor 16,5)
Ὁ φιλόσοφος τὴν δικαιοσύνην (περὶ τῆς δικαιοσύνης) διέρχεται.	Der Philosoph erörtert die Gerechtigkeit.
Ὁ οὐρανὸς καὶ ἡ γῆ παρελεύσονται, οἱ δὲ λόγοι μου οὐ παρελεύσονται.	Himmel und Erde werden vergehen, aber meine Worte werden nicht vergehen. (Mk 13,31)

Weitere Stammformenreihen von Verben der Mischklasse lauten:

ἔρχομαι	ἐλεύσομαι	ἦλθον	ἐλήλυθα			
τρέχω	δραμοῦμαι	ἔδραμον				
ὁράω	ὄψομαι	εἶδον	ἑώρακα	ἑώραμαι	ὤφθην	ὀφθήσομαι

Die Wurzel δραμ- liegt auch in ὁ **δρόμ**ος (vgl. 20 B) sowie in den Fremdwörtern „Moto**drom**“ und „**Drom**edar“ vor.
δραμοῦμαι ist attisches (vgl. 61 A) sowie mediales Futur in aktiver Bedeutung (vgl. 61 B 1).
Die Wurzel ὀπ- (assimiliert ὀφ-) liegt auch in ὁ ὀφθαλμός (vgl. 13 B) sowie im Fremdwort „**Op**tik“ vor.

Verben der Mischklasse (3): αἱρέω, φέρω

W: πόρρω (61A), ὁ σύμ-μαχος (58B), πιέζω (27B), ὁ ποταμός (33B), τὸ ὕδωρ (42A), τὸ δόρυ (56A), ὑψηλός, -ή, -όν (48B)

αἱρέω	ich nehme, ergreife, erobere	
ἀν-αιρέω	ich hebe empor (und bringe weg); beseitige, töte; weissage	
καθ-αιρέω	ich reiße nieder, vernichte	
αἱρέομαι	ich nehme mir, wähle	προ-αιρέομαι
ἀφ-αιρέομαι (m. dopp. Akk.)	ich nehme (jdm. etwas) weg	

Οἱ πειραταὶ (!) τὸν ἔμπορον ἀφείλοντο τὸ πλοῖον.	Die Seeräuber nahmen dem Kaufmann das Schiff weg.

Die Stammformenreihen einer weiteren Gruppe von **Verben der Mischklasse** lauten:

αἱρέω	αἱρήσω	εἷλον	(ᾕρηκα)	(ᾕρημαι)	ᾑρέθην	αἱρεθήσομαι
αἱρέομαι	αἱρήσομαι	εἱλόμην (vgl. 52A)	(ᾕρημαι)	(ᾕρημαι)	ᾑρέθην	αἱρεθήσομαι
φέρω	οἴσω	ἤνεγκον / ἤνεγκα	(ἐνήνοχα)	(ἐνήνεγμαι)	ἠνέχθην	ἐνεχθήσομαι

Im Präsens- und im Perfektstamm sind die Formen von αἱρέομαι doppeldeutig, so z.B.:

αἱρέομαι:	(Medium:)	ich nehme mir, wähle
	(Passiv:)	ich werde gewählt / ich werde genommen, ergriffen, erobert

71 B Nebensätze nach Verben der Fürsorge und Verben des Befürchtens

W: σπουδάζω (30B), ἐπιμελέομαι (60A), μέλει μοι (32B), προθυμέομαι (60A), φροντίζω (10A), κίνδυνός ἐστιν (8A), δέδοικα (50B)

σκοπέω, ὅπως (μή) (m. Ind. Fut. / Konj. / Opt.)	ich achte darauf, dass (nicht)	
φοβέομαι, μή (οὐ) (m. Konj. / Opt.)	ich fürchte, dass (nicht)	
δια-βαίνω	ich überschreite, überquere	παρα-βαίνω
ἀθρόος, -α, -ον	versammelt, dicht gedrängt	ἀθροίζω
χωρέω	ich weiche; gehe	χώρα, χωρίον, χωρίς, συγ-χωρέω
τὸ σκεῦος, -ους	der Ausrüstungsgegenstand	κατα-σκευάζω,
τὰ σκεύη, -ῶν	die Ausrüstung, das Gepäck	παρα-σκευάζω
πίνω	ich trinke	
τὸ ξύλον, -ου	das Holz	**Xylo**phon

1 Nach **Verben der Fürsorge** steht im Griechischen ein mit **ὅπως** (seltener ὡς) eingeleiteter Nebensatz mit **Indikativ Futur** oder **Konjunktiv** bzw. bei Vergangenheitstempus im übergeordneten Satz auch **obliquem Optativ** (vgl. 57 B):

Ἄρχοντες σοφοὶ **σκοποῦσιν, ὅπως** οἱ πολῖται ἀσφαλεῖς **ἔσονται / ὦσιν.**	Kluge Anführer **achten darauf, dass** die Bürger sicher **sind.**
Καὶ τῷ Περικλεῖ **ἔμελεν, ὅπως** οἱ Ἀθηναῖοι **μὴ** ἐν κινδύνῳ **ἔσονται / ὦσιν / εἶεν.**	Auch Perikles **lag es am Herzen, dass** die Athener **nicht** in Gefahr **sind (seien).**

2 Nach **Verben und Ausdrücken des Befürchtens** steht im Griechischen ein mit **μή** („dass") bzw. **μὴ οὐ** („dass nicht") eingeleiteter Nebensatz mit **Konjunktiv** oder bei Vergangenheitstempus im übergeordneten Satz auch **obliquem Optativ**:

Οἱ Ἀθηναῖοι **φοβοῦνται, μὴ** βλάπτ**ωνται.**	Die Athener **fürchten, dass sie** Schaden **erleiden.**
Κίνδυνος γὰρ **ἦν, μὴ** οἱ σύμμαχοι βέβαιοι **οὐκ ὦσιν / εἶεν.**	Denn **es bestand die Gefahr, dass** die Verbündeten **nicht** zuverlässig **sind (seien).**

Das Verb ἔχω; Genitivus subiectivus und Genitivus obiectivus

W: κατέχω (37A), ἀπέχομαι (61B), μετέχω (46A), ὑπερέχω (36A), παρέχω (6B), εἷς, μία, ἕν (40B), ὁ οἰκέτης (21B)

ἀπ-έχω (m. Gen.)	ich bin entfernt (von)	ἀπ-έχομαι
ἐπ-έχω (m. Gen.)	ich halte fest, halte zurück (von); warte	κατ-έχω, μετ-έχω, παρ-έχω, Epoche
προσ-έχω	ich lenke hin	
προσ-έχω (τὸν νοῦν) (m. Dat.)	ich achte (auf), kümmere mich (um)	
ἀν-έχομαι (Impf. ἠνειχόμην, Aor. ἠνεσχόμην) (m. Gen. o. Akk. u. Part.)	ich halte aus, ertrage	

Τὸ μαντεῖον ἀπέχει ὀκτὼ ἡμερῶν ὁδὸν (ἀπὸ) τῆς θαλάττης.	Das Orakel ist acht Tagesmärsche vom Meer entfernt.
Τοῖς τῶν λεγόντων λόγοις (τὸν νοῦν) δεῖ προσέχειν.	Man muss auf die Worte der Sprechenden achten.
Οὐκ ἀνέχομαι διαβαλλόμενος.	Ich halte es nicht aus, verleumdet zu werden.
Οἱ Ἀθηναῖοι οὐκ ἠνείχοντο τῆς γῆς τεμνομένης (τὴν γῆν τεμνομένην).	Die Athener ertrugen es nicht, dass ihr Land verwüstet wurde.

1 Die Stammformenreihe von **ἔχω** und seinen Komposita wird über die **Verbalstöcke ἐχ-**, **σχ-** und **σχη-** gebildet:

ἔχω	ἕξω / σχήσω	ἔσχον	(ἔσχηκα)
ἀπ-έχομαι	ἀφ-έξομαι / ἀπο-σχήσομαι	ἀπ-εσχόμην	(ἀπ-έσχημαι)

Die Formen im Aorist Aktiv lauten:

Indikativ:	ἔσχον, ἔσχες, ἔσχε(ν), ἔσχομεν, ἔσχετε, ἔσχον
Infinitiv:	σχεῖν
Partizip:	σχών, σχόντος ... / σχοῦσα, σχούσης ... / σχόν, σχόντος ...
Konjunktiv:	σχῶ, σχῇς, σχῇ, σχῶμεν, σχῆτε, σχῶσι(ν)
Optativ:	σχοίην, σχοίης, σχοίη, σχοῖμεν, σχοῖτε, σχοῖεν
Imperativ:	**σχές**, σχέτε

2 Beim **Genitivus subiectivus** stellt das Genitivattribut das Subjekt einer im Beziehungswort steckenden Empfindung oder Handlung dar.

Beim **Genitivus obiectivus** dagegen bildet es das Objekt der jeweiligen Empfindung oder Handlung; das Deutsche gebraucht zur Übersetzung des Genitivus obiectivus in der Regel einen Präpositionalausdruck. Ob ein Genitivus subiectivus oder ein Genitivus obiectivus vorliegt, kann man meist nur aus dem Sinnzusammenhang entscheiden.

ὁ **τοῦ τυράννου** φόβος / ὁ φόβος ὁ **τοῦ τυράννου**
1. die Furcht **des Tyrannen** (**Der Tyrann** fürchtet sich, er ist **Subjekt** der Empfindung.)
2. die Furcht **vor dem Tyrannen** (Man fürchtet **den Tyrannen**, er ist **Objekt** der Empfindung.)

B Das Verb ἕπομαι; indirekte Satzfragen; direkte und indirekte Wahlfragen

W: ἐξ-ετάζω (50A), πρέπει (45A), γέγονα (50B), φάσκω (52B), εἴωθα (50B), τελευτάω (62A)

εἰ (... ἤ)	indirekte Frage: ob (... oder)	
πότερος, -α, -ον	welcher (von zweien)	
πότερον ... ἤ	direkte Frage: (unübersetzt) ... oder indirekte Frage: ob ... oder	
εἴτε ... εἴτε	sei es, dass ... oder dass indirekte Frage: ob ... oder	εἰ, τε
τὸ φῶς, φωτός	das Licht	φαίνω, φανερός, ἀ-φαν-ίζω, Foto
ὁ κρατήρ, -ῆρος	der Mischkrug	Krater, Krasis
ἀπο-δημέω	ich bin verreist; verreise	δῆμος
ἡ συγ-γνώμη, -ης	die Verzeihung, Nachsicht	γι-γνώ-σκω, γνώμη
ἀπο-βάλλω	ich werfe weg; verliere	βάλλω
ἡ ὄψις, -εως	die Sehkraft; das Aussehen	**Op**tik

1 Die Formenreihe von **ἕπομαι** lautet:

ἕπομαι	ἕψομαι	ἑσπόμην

Das Imperfekt lautet, wie bereits gelernt (vgl. 54 A), εἱπόμην.
Die Formen im Aorist lauten:

Indikativ:	ἑσπόμην, ἕσπου, ἕσπετο, ἑσπόμεθα, ἕσπεσθε, ἕσποντο
Infinitiv:	σπέσθαι
Partizip:	σπόμενος, σπομένη, σπόμενον ...
Konjunktiv:	σπῶμαι, σπῇ, σπῆται, σπώμεθα, σπῆσθε, σπῶνται
Optativ:	σποίμην, σποῖο, σποῖτο, σποίμεθα, σποῖσθε, σποῖντο
Imperativ:	σποῦ, σπέσθε

2 **Indirekte Satzfragen** werden im Griechischen mit der **Konjunktion εἰ** („**ob**") eingeleitet. Die Modi enstprechen denen des direkten Fragesatzes, nach einem Vergangenheitstempus im übergeordneten Satz kann der oblique Optativ (vgl. 57 B) eintreten:

Εἰπέ, **εἴ** μοι **παρέσῃ**.	Sag, **ob du** mir **helfen wirst**!
Οἱ στρατιῶται ἤροντο, **εἰ** ἡ ὁδὸς **φυλάττεται** / **φυλάττοιτο**.	Die Soldaten fragten, **ob** der Weg **bewacht wird** / **werde**.
Οἱ Μακεδόνες ἐβουλεύοντο, **εἰ** τὸν Ἀλέξανδρον **λίπωσιν** / **λίποιεν**.	Die Makedonen überlegten, **ob sie** Alexander **verlassen sollten**. (Deliberativ)

3 **Wahlfragen** sind Satzfragen, die zwei (oder mehr) Alternativen zur Auswahl stellen.
Direkte Wahlfragen werden im Griechischen mit **πότερον** (im Deutschen unübersetzt) eingeleitet und mit **ἤ** („oder") fortgeführt. Die Einleitung durch πότερον kann auch fehlen:

(**Πότερον**) φεύγωμεν **ἢ** μένωμεν;	Sollen wir fliehen **oder** bleiben?

Bei **indirekten Wahlfragen** steht im Griechischen **πότερον ... ἤ**, **εἰ ... ἤ** oder **εἴτε ... εἴτε** („ob ... oder"):

Ὁ ξένος ἐρωτᾷ, **πότερον** ὁ κύριος πάρεστιν **ἢ** ἄπεστιν.	Der Gast fragt, **ob** der Herr da **oder** abwesend ist.
Ὁ Κροῖσος ἤρετο τὸν ἐν Δελφοῖς θεόν, **εἰ** ἐπὶ τοὺς Πέρσας στρατεύηται (στρατεύοιτο) **ἢ** μή.	Kroisos fragte den Gott in Delphi, **ob** er einen Feldzug gegen die Perser unternehmen solle **oder** nicht.
Σκοπεῖτε, **εἴτε** καλῶς λογίζομαι ταῦτ' **εἴτε** κακῶς.	Prüft, **ob** diese Überlegung von mir gut ist **oder** schlecht.

73 A Wurzelaorist (1): ἔβην, ἔστην; das Verb βαίνω

W: ἡ φύσις (44A), κινέω (59A), ἕτερος, -α, -ον (22B), ἄλλοτε (56B), προσ-έρχομαι (51B)

βαίνω	ich gehe	παρα-βαίνω, δια-βαίνω
μετα-βαίνω	ich gehe hinüber, übersiedle	
ἀπο-βαίνω	ich gehe weg	
ἀπο-βαίνει	es ergibt sich, kommt heraus	
συμ-βαίνει	es ereignet sich, passiert	
τὸ συμβεβηκός, -ότος	das (zufällige) Ereignis, Geschehen	
ἔστην (Aor.)	ich stellte mich hin, trat hin	
ἡ δύναμις, -εως	die Kraft, Macht, Fähigkeit	Dynamik, Dynamo

1 Der **Wurzelaorist** ist neben schwachem (vgl. 23 A 1) und starkem Aorist (vgl. 26 A) eine weitere Möglichkeit der Aoristbildung. Hier treten die **Endungen** im Indikativ **unmittelbar an die Wortwurzel**, d.h. an den (ein- oder zweisilbigen) Bestandteil eines Wortes, der den Wortbegriff (Sinn, Inhalt) darstellt und in verschiedenen Ablautformen (e / o-Ablaut; vgl. 2) oder Stufen (Voll-, Dehn- oder Schwundstufe; vgl. 33 A) erscheinen kann.

Wurzel		βη- / βᾰ-		στη- / στα-	
Bedeutung		ich ging		ich stellte mich hin, trat hin	
		Singular	Plural	Singular	Plural
Indikativ	1. Pers.	ἔ-βη-ν	ἔ-βη-μεν	ἔ-στη-ν	ἔ-στη-μεν
Aorist	2. Pers.	ἔ-βη-ς	ἔ-βη-τε	ἔ-στη-ς	ἔ-στη-τε
	3. Pers.	ἔ-βη	ἔ-βη-σαν	ἔ-στη	ἔ-στη-σαν
Infinitiv		βῆ-**ναι**		στῆ-**ναι**	
Partizip	m.	βάς, βά-ντος ...	βά-ντες, βά-ντων ...	στάς, στά-ντος ...	στά-ντες, στά-ντων ...
	f.	βᾶσα, βάσης ...	βᾶσαι, βασῶν ...	στᾶσα, στάσης ...	στᾶσαι, στασῶν ...
	n.	βάν, βά-ντος ...	βά-ντα, βά-ντων ...	στάν, στά-ντος ...	στά-ντα, στά-ντων ...

		Singular	Plural	Singular	Plural
Konjunktiv	1. Pers.	βῶ	βῶ-μεν	στῶ	στῶ-μεν
	2. Pers.	βῇ-ς	βῆ-τε	στῇ-ς	στῆ-τε
	3. Pers.	βῇ	βῶ-σι(ν)	στῇ	στῶ-σι(ν)
Optativ	1. Pers.	βαίη-ν	βαῖ-μεν	σταίη-ν	σταῖ-μεν
	2. Pers.	βαίη-ς	βαῖ-τε	σταίη-ς	σταῖ-τε
	3. Pers.	βαίη	βαῖ-εν	σταίη	σταῖ-εν
Imperativ		βῆ-**θι**	βῆ-τε	στῆ-**θι**	στῆ-τε

Im Infinitiv und im Imperativ finden sich die von εἰμί und dem Aorist Passiv her bekannten Endungen -ναι und -θι.

2 Die Stammformenreihe von **βαίνω** lautet:

βαίνω	βήσομαι	ἔβην	βέβηκα

βήσομαι ist mediales Futur mit aktiver Bedeutung (vgl. 61 B 1).

Wurzelaorist (2): ἀπέδραν, ἐρρύη

B

W: χρήομαι (64A), σκοπέω (59A), δεῦρο (7B), ἐξ-απίνης (15B), τὸ ξίφος (57A)

ἀπο-διδράσκω (m. Akk.)	ich laufe davon, entlaufe	ἔδραμον
ῥεῖ	er, sie, es fließt, strömt	Rheuma
μισέω	ich hasse	**Mis**anthrop
ἀκολουθέω	ich folge	An**akoluth**
τὸ στόμα, -ατος	der Mund	
ὁμο-λογέω	ich stimme überein, stimme zu	ὅμοιος, ὁμοῦ, λέγω, λόγος

Ὁ παῖς με ἀπέδρα. — Mein Sklave entlief mir.

73

ἀπέδραν und **ἐρρύη** sind die Wurzelaoriste von ἀποδιδράσκω und ῥεῖ. Deren Stammformenreihen lauten:

ἀπο-διδράσκω	ἀπο-δράσομαι	ἀπ-έδραν	(ἀπο-δέδρακα)
ῥεῖ	ῥυήσεται	ἐρρύη	(ἐρρύηκε)

Die Formen von **ἀπ-έδραν** werden wie die von ἔβην gebildet. Allerdings steht **wegen der Eira-Regel** (vgl. 16 A) stets **ein ᾱ anstelle des η**.

Die Formen von ἐρρύη lauten:
Indikativ: ἐρρύη, ἐρρύησαν
Infinitiv: ῥυῆναι
Partizip: ῥυείς, ῥυέντος ... / ῥυεῖσα, ῥυείσης ... / ῥυέν, ῥυέντος ...
Konjunktiv: ῥυῇ, ῥυῶσιν

Bei ἀποδράσομαι und ῥυήσεται liegt jeweils mediales Futur mit aktiver Bedeutung vor (vgl. 61 B 1).

74

A Wurzelaorist (3): ἔγνων, ἐβίων, ἑάλων

W: ἐπ-αινέω (66B), ὁ ἔρως (56B), ἡ λύπη (66A), τὸ μέλος (41A), ἐράω (62A), κάθ-ημαι (31B)

ἀνα-γιγνώσκω	ich lese, lese vor	γιγνώσκω
ἁλίσκομαι	ich werde gefangen, erobert; (m. Part.) werde überführt	
ἡ ᾠδή, -ῆς	der Gesang, das Lied; Gedicht	ᾄδω, Ode
ἡ εὐ-δαιμονία, -ας	das Glück, die Glückseligkeit, der Wohlstand	εὖ, δαιμόνιος
ἴσος, -η, -ον	gleich; gerecht	**iso**tonisch
ἡ σελήνη, -ης	der Mond	
μέσος, -η, -ον	der mittlere; (präd.) mitten	**Meso**potamien
ὑμνέω	ich besinge, preise	Hymne

Ἡ πόλις ὑπὸ τῶν πολεμίων ἑάλω.	Die Stadt wurde von den Feinden erobert.
Ὁ Τάνταλος τὸν υἱὸν φονεύσας ἑάλω.	Tantalos wurde überführt, seinen Sohn getötet zu haben.
ἐν τῇ μέσῃ οἰκίᾳ	im mittleren Haus
ἐν μέσῃ τῇ οἰκίᾳ	mitten im Haus

1 Die Verben **γιγνώσκω**, **βιόω** und **ἁλίσκομαι**, deren Wurzeln auf einen **o-Laut** enden (γνω- / γνο-; βιω- / βιο-; ἁλω- / ἁλο-), bilden ebenfalls einen **Wurzelaorist**. Wie beim Wurzelaorist auf einen a-Laut treten die Endungen im Indikativ unmittelbar an die Wortwurzel (vgl. 73 A 1):

Wurzel		γνω- / γνο-	
Bedeutung		ich erkannte; wusste; beschloss	
		Singular	Plural
Indikativ	1. Pers.	ἔ-γνω-ν	ἔ-γνω-μεν
Aorist	2. Pers.	ἔ-γνω-ς	ἔ-γνω-τε
	3. Pers.	ἔ-γνω	ἔ-γνω-σαν
Infinitiv		γνῶ-**ναι**	
Partizip	m.	γνούς, γνό-ντος ...	γνό-ντες, γνό-ντων ...
	f.	γνοῦσα, γνούσης ...	γνοῦσαι, γνουσῶν ...
	n.	γνόν, γνό-ντος ...	γνό-ντα, γνό-ντων ...
Konjunktiv	1. Pers.	γνῶ	γνῶ-μεν
	2. Pers.	γνῷ-ς	γνῶ-τε
	3. Pers.	γνῷ	γνῶ-σι(ν)
Optativ	1. Pers.	γνοίη-ν	γνοῖ-μεν
	2. Pers.	γνοίη-ς	γνοῖ-τε
	3. Pers.	γνοίη	γνοῖ-εν
Imperativ		γνῶ-**θι**	γνῶ-τε

Nach dem Muster von **ἔγνων** werden auch **ἐβίων** und **ἑάλων** konjugiert.

Bei **ἑάλων** ist besonders auf das syllabische Augment (vgl. 19 A 1) mit dem Spiritus asper zu achten: z.B. **ἑάλων** („ich wurde gefangen"), aber **ἁλῶναι** („gefangen zu werden / gefangen worden zu sein").

2 Die Stammformenreihen von **γιγνώσκω**, **βιόω** und **ἁλίσκομαι** lauten:

γιγνώσκω	γνώσομαι	ἔγνων	(ἔγνωκα)	(ἔγνωσται)	ἐγνώσθη	γνωσθήσεται
βιόω	βιώσομαι	ἐβίων	(βεβίωκα)			
ἁλίσκομαι	ἁλώσομαι	ἑάλων	(ἑάλωκα)			

γνώσομαι und βιώσομαι sind mediale Futurbildungen mit aktiver Bedeutung (vgl. 61 B 1), ἁλώσομαι mit passiver Bedeutung („ich werde gefangen werden").

B Wurzelaorist (4): ἔφυν, ἔδυν; Infinitiv bzw. Partizip mit ἄν

W: καθ-εύδω (12B), ἡ νύξ (66A), παρ-έρχομαι (70B), τὸ κάλλος (41A), ἐγ-κωμιάζω (47A)

δύομαι	ich tauche (selbst) unter	
φύω	ich lasse wachsen, lasse entstehen, erzeuge	φύσις
φύομαι	ich wachse, entstehe	
πέφυκα (Perfekt zu φύομαι)	ich bin (von Natur aus), bin veranlagt, bin begabt	
(ἀπο-)στερέω (mit Akk. u. Gen.)	ich (be)raube	
ἡ γλῶττα, -ης	die Zunge; Sprache	Glosse, poly**glott**
(μετ-)ἀλλάττω	ich ändere, wechsle	ἀπ-αλλάττω, δι-αλλάττω
λευκός, -ή, -όν	weiß	**Leuko**zyten

Τύραννος ἀδικεῖν πέφυκεν.	Ein Gewaltherrscher tut von Natur aus Unrecht.
Ὁ κακοῦργος τὸν γέροντα τῶν χρημάτων στερεῖ.	Der Verbrecher beraubt den alten Mann des Geldes. / Der Verbrecher raubt dem alten Mann das Geld.

1 Auch zwei Verben, deren Verbalstock auf υ endet, bilden einen **Wurzelaorist**: **φύομαι** (Wurzel φῡ- / φῠ-) und **δύομαι** (Wurzel δῡ- / δῠ-):

Wurzel		φῡ- / φῠ-	
Bedeutung		ich wuchs, entstand	
		Singular	Plural
Indikativ	1. Pers.	ἔ-φυ-ν	ἔ-φυ-μεν
Aorist	2. Pers.	ἔ-φυ-ς	ἔ-φυ-τε
	3. Pers.	ἔ-φυ	ἔ-φυ-σαν
Infinitiv		φῦ-**ναι**	

		Singular	Plural
Partizip	m.	φύς, φύ-ντος …	φύ-ντες, φύ-ντων …
	f.	φῦσα, φύσης …	φῦσαι, φυσῶν …
	n.	φύν, φύ-ντος …	φύ-ντα, φύ-ντων …
Konjunktiv	1. Pers.	φύ-ω	φύ-ω-μεν
	2. Pers.	φύ-ῃ-ς	φύ-η-τε
	3. Pers.	φύ-ῃ	φύ-ω-σι(ν)

Nach dem Muster von **ἔφυν** wird auch **ἔδυν** („ich tauchte unter") konjugiert.

2 Die Stammformenreihen von **δύομαι** und **φύομαι** lauten:

δύομαι	δύσομαι	ἔδυν	δέδυκα
φύομαι	φύσομαι	ἔφυν	πέφυκα

Beachte: Die aktiv gebildeten Perfektformen **δέδυκα** bzw. **πέφυκα** („ich bin von Natur aus …") **gehören zu δύομαι** bzw. **φύομαι**.

Das aktive φύω bildet regelmäßige Formen in Futur und Aorist:

φύω	φύσω	ἔφυσα

3 In Verbindung mit einem **Infinitiv** oder einem **Partizip** dient die **Modalpartikel ἄν** zur Bezeichnung eines Irrealis oder Potentialis. Welcher Aussagemodus im Einzelfall vorliegt, lässt sich oft nur aus dem Sinnzusammenhang erschließen. In konditionalen Perioden kann bei der Bestimmung allerdings auch der Bedingungssatz helfen:

Οἴομαι σὲ **σῴζειν ἄν** με ἐκ κινδύνου.	Ich glaube, dass du mich aus Gefahr **retten würdest.** (Irrealis der Gegenwart) Ich glaube, dass du mich aus Gefahr **wohl retten dürftest.** (Potentialis)
Οἴομαι σὲ **σῶσαι ἄν** με ἐκ κινδύνου.	Ich glaube, dass du mich aus Gefahr **gerettet hättest.** (Irrealis der Vergangenheit)

74

Εἰ ἐκινδύνευσα, σὲ **σῶσαι ἄν** με οἴομαι.	Wenn ich in Gefahr geraten wäre, **hättest du** mich **gerettet**, glaube ich. (Irrealis der Vergangenheit wg. ἐκινδύνευσα; vgl. 51 A 2)
Γιγνώσκω σὲ **σῴζοντα ἄν** με ἐκ κινδύνου.	Ich erkenne, dass du mich aus Gefahr **retten würdest**. (Irrealis der Gegenwart) Ich erkenne, dass du mich aus Gefahr **wohl retten dürftest**. (Potentialis)
Γιγνώσκω σὲ **σώσαντα ἄν** με ἐκ κινδύνου.	Ich erkenne, dass du mich aus Gefahr **gerettet hättest**. (Irrealis der Vergangenheit)

75

A Der Kausalsatz

W: γράφω (2), τὸ ἱερόν (12A), ἡ παρθένος (25B), πάρ-ειμι (43B), τὸ ἔπος (65A), σαφής, -ές (50A)

μηχανάομαι	ich denke (mir) aus, bewerkstellige	μηχανή
τὸ στοιχεῖον, -ου	das Element, der Urstoff; Buchstabe	
ὁ καρπός, -οῦ	die Frucht	Herbst
ἀνα-λαμβάνω	ich nehme auf	λαμβάνω
στρέφω	ich drehe, wende	Strophe
(ἐξ-)ἀπατάω	ich betrüge, täusche	

Der **Kausalsatz** ist ein Nebensatz zur Angabe des **Grundes** (Negation: οὐ). Er wird durch folgende Konjunktionen eingeleitet:

ὅτι (7 B), ὡς (7 B), ἐπεί (24 A), ἐπειδή (24 A)	da, weil

Kausalsätze stehen in der Regel im **Indikativ** (aller Tempora), wenn ein **objektiver Grund** angegeben wird:

Ἐπεὶ οἱ Ἀχαιοὶ ἐν ἀπορίᾳ (!) ἦσαν, ὁ Ὀδυσσεὺς τέχνην ἐμηχανήσατο.

Weil die Achaier ratlos waren, dachte sich Odysseus eine List aus.

Zur Angabe eines **subjektiven Grundes** kann nach Vergangenheitstempus im übergeordneten Satz der **oblique Optativ** stehen (vgl. 57 B). Dieser sollte **im Deutschen** mit **Konjunktiv** übersetzt werden:

Οἱ Τρῶες μεγάλην ἑορτὴν ἤγαγον, ὡς ὁ πόλεμος **τελευτήσειεν**.

Die Troer veranstalteten ein großes Fest, da der Krieg (ihrer Meinung nach) **beendet sei**.

Der Konsekutivsatz

W: ὁ γάμος (5), πρό (mit Gen.) (15A), ἑκάστοτε (36A), τελέω (66B), τέλος (17B)		
ἅγιος, -α, -ον	heilig	**Hagia** Sophia
ὁ ὅρκος, -ου	der Eid, Schwur	
ἐάω (Impf. εἴων / Aor. εἴασα)	ich lasse, lasse zu	
τοι (enklitisch)	sicher, gewiss	
ἐπι-θυμέω (m. Gen.)	ich begehre, will	ἐπι-θυμία
τὸ εἶδος, -ους	die Gestalt, das Aussehen; die Idee	εἶδον
Ἐλευθερίας ἐπιθυμοῦμεν.	Wir begehren / wollen Freiheit.	

Der **Konsekutivsatz** ist ein Nebensatz zur Angabe einer **Folge**. Er wird durch die Konjunktion ὥστε („dass, sodass") eingeleitet. Im übergeordneten Satz finden sich häufig Wörter mit der Bedeutung „so, so sehr" (z.B. οὕτως, τοιοῦτος, τοσοῦτος).

Bei einer **tatsächlichen Folge** steht ὥστε – wie im Deutschen – mit dem **Indikativ**, die Negation ist οὐ:

Οἱ Τρῶες τῷ ἵππῳ οὕτως ἔχαιρον, ὥστε αὐτὸν εἰς τὴν πόλιν εἵλκυσαν.

Die Troer freuten sich so über das Pferd, dass sie es in die Stadt zogen.

Eine **mögliche** Folge wird – anders als im Deutschen – durch ὥστε in Verbindung mit einem Infinitiv (bei einem neuen Subjekt AcI) ausgedrückt. Die Negation ist μή:

Ὁ Ὀδυσσεὺς οὕτω σοφὸς ἦν, ὥστε μηδένα αὐτὸν **ἐξαπατῆσαι.**

Odysseus war so klug, dass niemand ihn **täuschen konnte**.

Außerdem kann **ὥστε** auch **Hauptsätze** einleiten. In diesem Fall wird es mit „**daher**" oder „**demnach**" übersetzt:

Ὁ φίλος οὐκ ἦλθεν. **Ὥστε** εἰς φόβον ἐνέπεσον.

Der Freund kam nicht. **Daher** geriet ich in Furcht.

76 A

Wurzelperfekt (1): **δέδια, ἑστᾶσιν, τεθνᾶσιν**

W: κρείττων, -ον (35B), συμ-φέρει (65B), ἀ-σθενής, -ές (51A), ἡ δύναμις (73A), ὁ σύμ-μαχος (58B), παρα-βαίνω (44A)

δέδια	ich fürchte (50 B)	
τεθνήκασιν / τεθνᾶσιν	sie sind tot	ἀποθνῄσκει, θάνατος, θνητός
ἕστηκα	ich habe mich gestellt, stehe	ἔστην, στάσις
ἑστᾶσιν	sie haben sich gestellt, stehen	
προσ-ήκει	es kommt zu, gehört sich	πρός, ἥκω
ἐπι-χειρέω (m. Dat.)	ich versuche, unternehme; greife an	ἐπί, χείρ
δήπου	doch wohl, sicherlich	δή, που
ἡ ἡγεμονία, -ας	die Vorherrschaft, Führung	ἡγεμών, ἡγέομαι, Hegemonie
νόμιμος, -η, -ον	gesetzmäßig, gesetzlich	νόμος

ἐπιχειρεῖν πόλει	eine Stadt angreifen
ἐπιχειρεῖν ἔργῳ	sich an ein Werk machen, ein Werk in Angriff nehmen

Neben den regelmäßigen Perfektbildungen δέδοικα („ich fürchte"; vgl. 50 B), ἑστήκασιν („sie haben sich gestellt, stehen") und τεθνήκασιν („sie sind tot"), die mit dem Tempuszeichen -κ- gebildet sind, gibt es noch die älteren Formen δέ-**δι**-α, ἑ-**στᾶ**-σιν und τε-**θνᾶ**-σιν, die aus der bloßen **Verbalwurzel** gebildet sind. Bei diesen spricht man vom **Wurzelperfekt**. Die Formenreihe des Wurzelperfekts ist bei diesen Verben nicht vollständig, es begegnen vor allem folgende Formen:

1. δέδια	
Indikativ	δέδια, δέδιας, δέδιεν, δέδιμεν, δέδιτε, δεδίασιν
Infinitiv	δεδιέναι
Partizip	δεδιώς, -ότος / δεδιυῖα, -υίας / δεδιός, -ότος
2. ἑστᾶσιν	
Indikativ Perfekt Pl.	ἕσταμεν, ἕστατε, ἑστᾶσιν
Indikativ Plusquamperfekt 3. Pers. Pl.	ἕστασαν
Infinitiv	ἑστάναι
Partizip	ἑστώς, -ῶτος / ἑστῶσα, -ώσης / ἑστός, -ῶτος

3.	τεθνᾶσιν	
	Indikativ Perfekt Pl.	τέθναμεν, τέθνατε, τεθνᾶσιν
	Infinitiv	τεθνάναι
	Partizip	τεθνεώς, -ῶτος / τεθνεῶσα, -ώσης / τεθνεός, -ῶτος
	Optativ	τεθναίην, τεθναίης, τεθναίη, τεθναῖμεν, τεθναῖτε, τεθναῖεν

Wurzelperfekt (2): οἶδα

W: χείρων, -ον (46B), ἡ βουλή (21A), περί (m. Gen.) (22B), βουλεύομαι (14B), ἡγέομαι (60A)

οἶδα	ich kenne, ich weiß	εἶδον, εἶδος, wissen, Witz
(m. ὅτι od. Part.)	ich weiß, dass	
σύν-οιδα ἐμαυτῷ (m. Part.)	ich bin mir bewusst, dass	
ἡ ἐλπίς, -ίδος	die Hoffnung, Erwartung	ἐλπίζω
χρήσιμος, -η, -ον	nützlich, brauchbar, tüchtig	χρήομαι, χρηστός
ὠφέλιμος, (-η,) -ον	nützlich	ὠφελία
ἀνθρώπειος, -α, -ον	menschlich	ἄνθρωπος
πλεον-εκτέω	ich bin überlegen, bin im Vorteil; will mehr haben	πλείων, ἔχω
δράω	ich tue	Drama, drastisch
οὐδ-έτερος, -α, -ον	keiner von beiden	οὐδέ, ἕτερος

Οἶδα οὐδὲν εἰδώς.	Ich weiß, dass ich nichts weiß.
Σύνοιδα ἐμαυτῷ οὐδὲν εἰδώς / εἰδότι.	Ich bin mir bewusst, dass ich nichts weiß.

οἶδα ist ein **Wurzelperfekt mit Präsensbedeutung**, zu dem es keine Formen eines Präsensstammes gibt. Der ursprüngliche Verbalstock lautete Ϝιδ- („gesehen haben"; vgl. lat. **vid**ere „sehen" bzw. deutsch **wis**sen). Die Form οἶδα bedeutete also zunächst „ich habe gesehen (und weiß daher)". Die Formen von οἶδα werden von den Wurzeln οἰδ- (assimiliert zu οἰσ-), ἰδ- (assimiliert zu ἰσ-), εἰδ- und εἰδε- gebildet:

Wurzel		οἰδ- / ἰδ- / εἰδ- / εἰδε-	
Bedeutung		ich kenne, weiß	
		Singular	Plural
Indikativ	1. Pers.	οἶδ-α	ἴσ-μεν
Perfekt	2. Pers.	οἶσ-θα	ἴσ-τε
	3. Pers.	οἶδ-ε(ν)	ἴσ-ασιν

		Singular	Plural
Plusquam-	1. Pers.	ᾔδ-ειν (ᾔδ-η)	ᾔδ-ε-μεν
perfekt	2. Pers.	ᾔδ-εις (ᾔδ-ησθα)	ᾔδ-ε-τε
	3. Pers.	ᾔδ-ει	ᾔδ-ε-σαν
Infinitiv		εἰδ-έ-ναι	
Partizip	m.	εἰδ-ώς, εἰδ-ότος ...	εἰδ-ότες, εἰδ-ότων ...
	f.	εἰδ-υῖα, εἰδ-υίας ...	εἰδ-υῖαι, εἰδ-υιῶν ...
	n.	εἰδ-ός, εἰδ-ότος ...	εἰδ-ότα, εἰδ-ότων ...
Konjunktiv	1. Pers.	εἰδ-ῶ	εἰδ-ῶ-μεν
	2. Pers.	εἰδ-ῇ-ς	εἰδ-ῆ-τε
	3. Pers.	εἰδ-ῇ	εἰδ-ῶ-σι(ν)
Optativ	1. Pers.	εἰδ-είη-ν	εἰδ-εῖ-μεν
	2. Pers.	εἰδ-είη-ς	εἰδ-εῖ-τε
	3. Pers.	εἰδ-είη	εἰδ-εῖ-εν
Imperativ		ἴσ-θι	ἴσ-τε

Beachte: Die Form **ἴσθι** ist doppeldeutig: „**wisse**“ oder „**sei**“ (vgl. 43 B 2).

Ergänzend wird zu οἶδα ein eigenes **Futur** gebildet:

εἴσομαι / εἰδήσω	ich werde wissen

Wurzelpräsens (1): φημί

W: ὀδύρομαι (55B), δυσ-τυχής, -ές (41B), ἔρημος, -η , -ον (13A), χωρίς (mit Gen.) (54 A), ὁ ἑταῖρος (25A)

φημί	ich sage, behaupte	ἔφη, φάσκω
οὔ φημι (m. Inf. / AcI)	ich leugne	
(m. Inf. Futur)	ich weigere mich	
ἡ τυραννίς, -ίδος	die Tyrannenherrschaft	τύραννος, Tyrannei
ἡ φυγή, -ῆς	die Flucht; Verbannung	φεύγω
δια-τελέω	ich vollende; verharre	τέλος, τελέω,
(m. Part.)	ich tue andauernd	τελευτάω, τελευταῖος
ἡ ἀγορά, -ᾶς	der Marktplatz; die Versammlung	ἀγορεύω
φιλέω	ich liebe	φίλος, φιλία
(m. Inf.)	ich pflege zu tun, tue gewöhnlich	

Οὔ φημι ταῦτα ποιῆσαι.	Ich leugne, das getan zu haben.
Οὔ φημι ταῦτα ποιήσειν.	Ich weigere mich das zu tun.
Διατελεῖς ὀργιζόμενος.	Du bist andauernd zornig.
Φιλοῦμεν μέλη τινὰ ἀκούειν.	Wir pflegen gewisse Lieder anzuhören. / Wir hören gewöhnlich gewisse Lieder an.

Bei einigen griechischen Verben treten im Präsensstamm die Personalendungen direkt an die Wurzel. Man spricht dann von **Wurzelpräsens**. Schon bekannt ist das Wurzelpräsens **εἰμί** („ich bin"; vgl. 11 A 1), ein weiteres Wurzelpräsens ist **φημί** („ich sage, behaupte"):

Wurzel		φη- / φα-	
Bedeutung		ich sage, behaupte	
		Singular	Plural
Indikativ	1. Pers.	φη-μί	φα-μέν
Präsens	2. Pers.	φή-ς	φα-τέ
	3. Pers.	φη-σί(ν)	φα-σί(ν)
Imperfekt	1. Pers.	ἔ-φη-ν	ἔ-φα-μεν
	2. Pers.	ἔ-φη-σθα	ἔ-φα-τε
	3. Pers.	ἔ-φη	ἔ-φα-σαν
Infinitiv		φά-ναι	

		Singular	Plural
(Konjunktiv	1. Pers.	φῶ	φῶ-μεν
	2. Pers.	φῇ-ς	φῆ-τε
	3. Pers.	φῇ	φῶ-σι(ν))
Optativ	1. Pers.	φαίη-ν	φαῖ-μεν
	2. Pers.	φαίη-ς	φαῖ-τε
	3. Pers.	φαίη	φαῖ-εν
Imperativ		φά-θι	φά-τε

Die Formen des Indikativs Präsens sind, mit Ausnahme von φής, enklitisch (vgl. 11 A 3).
Das Partizip φάς, φᾶσα, φάν ist selten, es wird im Allgemeinen durch die Formen φάσκων, φάσκουσα, φάσκον (vgl. 52 B) ersetzt.
Wie das bereits bekannte ἔφη (vgl. 38 A) werden auch φησί(ν) und φασί(ν) häufig in die direkte Rede eingeschoben:

„Οὐδεὶς ἄν“, φησιν, „εἰδείη πάντα.“ „Keiner dürfte alles wissen“, sagt er.

B Wurzelpräsens (2): εἶμι, κεῖμαι

W: ἡ ναῦς (45B), ὁ χειμών (55A), ὁ λιμήν (70A), ἀ-σφαλής, -ές (47B), ὀκνέω (61A), φοβερός, -ά, -όν (36A)

εἶμι	ich werde gehen	
κεῖμαι (Fut. κείσομαι)	ich liege; ich bin gestellt / gesetzt / gelegt	
διά-κειμαι (oft mit Adverb)	ich bin (befinde mich) in einem Zustand	
συμ-βάλλω (m. Dat.)	ich werfe / bringe zusammen; vergleiche (mit)	βάλλω, Symbol
ὁ κυβερνήτης, -ου	der Steuermann	Kybernetik, **Cyber**space, Gouverneur
βοη-θέω	ich helfe	βοή-θεια, βοάω, θέω
ὁ ἀστός, -οῦ	der Bürger	ἄστυ

Κακῶς διάκειμαι ὑπὸ τῆς νόσου.	Ich bin in einem schlechten Zustand infolge der Krankheit. / Mir geht es schlecht infolge der Krankheit.
Συμβάλλεις, ὦ φίλε, μικρὰ μεγάλοις.	Du vergleichst Kleines mit Großem, mein Freund.

Weitere Verben mit **Wurzelpräsens** sind **εἶμι** und **κεῖμαι**. **εἶμι** (Wurzel εἰ- / ἰ-) hat **im Indikativ** stets **Futurbedeutung** („ich werde gehen"). Infinitiv und Partizip können präsentisch oder futurisch sein:

Wurzel		εἰ- / ἰ-	
Bedeutung		ich werde gehen	
		Singular	Plural
Indikativ	1. Pers.	εἶ-μι	ἴ-μεν
Präsens	2. Pers.	εἶ	ἴ-τε
	3. Pers.	εἶ-σι(ν)	ἴ-ασι(ν)
Imperfekt	1. Pers.	ᾔ-ειν (ᾖ-α)	ᾖ-μεν
	2. Pers.	ᾔ-εις	ᾖ-τε
	3. Pers.	ᾔ-ει	ᾖ-σαν
Infinitiv		ἰ-έ-ναι	
Partizip	m.	ἰ-ών, ἰ-όντος ...	ἰ-όντες, ἰ-όντων ...
	f.	ἰ-οῦσα, ἰ-ούσης ...	ἰ-οῦσαι, ἰ-ουσῶν ...
	n.	ἰ-όν, ἰ-όντος ...	ἰ-όντα, ἰ-όντων ...
Konjunktiv	1. Pers.	ἴ-ω	ἴ-ω-μεν
	2. Pers.	ἴ-ῃ-ς	ἴ-η-τε
	3. Pers.	ἴ-ῃ	ἴ-ω-σι(ν)
Optativ	1. Pers.	ἴ-οι-μι	ἴ-οι-μεν
	2. Pers.	ἴ-οι-ς	ἴ-οι-τε
	3. Pers.	ἴ-οι	ἴ-οι-εν
Imperativ		ἴ-θι	ἴ-τε

Die Formen von εἶμι dienen als Ersatz für das Futur von ἔρχομαι. Dabei gibt es einen Bedeutungsunterschied zwischen **ἐλεύσομαι** („**ich werde kommen**"; vgl. 70 B) und **εἶμι** („**ich werde gehen**").

77

Achtung Verwechslungsgefahr!

Die Formen von εἶμι und εἰμί sind, wie man sieht, einander oft sehr ähnlich und in einem Fall sogar identisch:

εἶ	**du wirst gehen / du bist**

Nur durch den Akzent unterscheiden lassen sich:

εἶμι	**ich werde gehen**	**εἰμί**	**ich bin**
εἶσι(ν)	**er/sie/es wird gehen**	**εἰσί(ν)**	**sie sind**

Nur durch das Iota subscriptum unterscheiden sich:

ᾖμεν, ᾖτε, ᾖσαν	**wir gingen, ihr gingt, sie gingen**	**ἦμεν, ἦτε, ἦσαν**	**wir waren, ihr wart, sie waren**

Nur durch das Iota unterscheiden sich:

ἴω ...	**(damit) ich gehe ...**	**ὦ ...**	**(damit) ich bin ...**
ἰών ...	**einer, der geht / gehen wird ...**	**ὤν ...**	**einer, der ist ...**

78

A Relativer Satzanschluss; verschränkter Relativsatz

W: λείπω, ἔλιπον (27A), αἰσχύνομαι (56A), ἡ ἀσπίς (56A), τὸ κλέος (41A), ἀ-μελέω (59B), πικρός, -ά, -όν (55A)

ἡ πατρίς, -ίδος	die Heimat, das Vaterland	πατήρ, Patriotismus
δια-τρίβω	ich verbringe die Zeit, beschäftige mich	
(m. Part.)	ich tue andauernd	
χάριν (Postposition m. Gen.)	um ... willen, zuliebe	χάρις
πολεμέω	ich führe Krieg	πόλεμος, πολέμιος
ὀλιγωρέω (m. Gen.)	ich schätze gering, verachte	ὀλίγος
ἀρχαῖος, -α, -ον	alt, früher	ἀρχή, **Archäo**logie
κατά (m. Gen.)	von ... herab; gegen	
κατ-ηγορέω (m. Gen.)	ich klage an	κατά, ἀγορεύω, Kategorie

Φιλόσοφος τῆς γνώμης χάριν ἐρωτῶν διατρίβει.	Ein Philosoph stellt der Einsicht zuliebe andauernd Fragen.
Τίς τιμῆς ὀλιγωρεῖ;	Wer verachtet Ehre?
κατὰ τοῦ τυράννου λέγειν	eine Rede gegen den Tyrannen halten
κατὰ τοῦ ὄρους βαίνειν	vom Berg herabsteigen
Κατηγοροῦμεν τοῦ δεσπότου.	Wir klagen den Herrscher an.

1 Manchmal steht ein **Relativsatz selbstständig**, ohne einem anderen Satz untergeordnet zu sein. Der Relativsatz wird dadurch zu einem eigenen Hauptsatz. In diesem Fall muss das Relativpronomen, das sich auf ein Wort im vorangehenden Satz oder den ganzen Satz bezieht, im Deutschen mit einem **Demonstrativpronomen** wiedergegeben werden. Man spricht von einem **relativen Satzanschluss**:

Οἱ Ἀχαιοὶ ἵππον κατέλιπον ἐν τῷ πεδίῳ. **Ὃν** οἱ Τρῶες εἰς τὴν πόλιν εἵλκυσαν.
Die Achaier ließen ein Pferd in der Ebene zurück. Dieses zogen die Troer in die Stadt.
Οἱ Τρῶες τοὺς Ἀχαιοὺς νικῆσαι ἐβούλοντο· **ὃ** αὐτοῖς δυνατὸν οὐκ ἦν.
Die Troer wollten die Achaier besiegen; das war ihnen nicht möglich.

2 Ein Relativsatz kann mit einer anderen in ihm enthaltenen Konstruktion, d.h. einer Infinitiv- oder Partizipialkonstruktion bzw. einem Nebensatz, eine enge syntaktische Verbindung eingehen. Man spricht in diesem Fall von einem **verschränkten Relativsatz**.
Da im Deutschen eine solche Verschränkung nicht möglich ist, muss bei der Übersetzung die Struktur des griechischen Relativsatzes verändert werden. Bei **Verschränkungen mit einem AcI** oder **prädikativen Partizip** gibt es vor allem drei Möglichkeiten:

1. Hilfskonstruktion „**von dem**“, „**von der**“, „**von denen**“
2. **Parenthese** (Einschub) **eines „wie“-Satzes**
3. **Präpositionalausdruck**

Ὁ Ὀδυσσεύς, **ὃν** σοφώτατον πάντων εἶναι οἱ Ἀχαιοὶ **ἐνόμιζον**, τοὺς Τρῶας ἐξηπάτησεν.

1. Odysseus, **von dem** die Achaier **glaubten**, dass er der Klügste von allen sei, täuschte die Troer.
2. Odysseus, der, **wie** die Achaier **glaubten**, der Klügste von allen war, täuschte die Troer.
3. Odysseus, der **nach Meinung** der Achaier der Klügste von allen war, täuschte die Troer.

Ὀδυσσεύς, ὃν σοφώτατον πάντων ὄντα οἱ Ἀχαιοὶ ἔγνωσαν, τοὺς Τρῶας ἐξηπάτησεν.

1. Odysseus, **von dem** die Achaier erkannten, dass er der Klügste von allen sei, täuschte die Troer.
2. Odysseus, der, **wie** die Achaier erkannten, der Klügste von allen war, täuschte die Troer.
3. Odysseus, der **nach** der Erkenntnis der Achaier der Klügste von allen war, täuschte die Troer.

Etwas schwieriger aufzulösen ist eine **Verschränkung mit einem adverbialen Partizip** oder einem **Nebensatz**. Hier hilft – ausgehend von einer wörtlichen Hilfsübersetzung – meistens nur ein **Aufgliedern in zwei deutsche Sätze**, d.h. der Relativsatz sollte zu einem eigenständigen Satz gemacht werden, indem man das Relativpronomen – **ähnlich wie beim relativen Satzanschluss** – zum Demonstrativpronomen macht:

Ὁ Ὀδυσσεύς, ᾧ πιστεύοντες οἱ Ἀχαιοὶ τοὺς Τρῶας ἐνίκησαν, σοφώτατος ἦν.

(Hilfsübersetzung: Odysseus, dem vertrauend die Achaier die Troer besiegten, war der Klügste.)
Odysseus war der Klügste. Weil die Achaier **diesem** vertrauten, besiegten sie die Troer.

Οἱ Ἀχαιοὶ τῷ Ὀδυσσεῖ, ᾧ εἰ μὴ ἐπίστευσαν οὐκ ἂν ἐνίκησαν, χάριν εἶχον.

(Hilfsübersetzung: Die Achaier dankten Odysseus, dem wenn sie nicht vertraut hätten, sie nicht gesiegt hätten.)
Die Achaier dankten Odysseus. Wenn sie **diesem** nicht vertraut hätten, hätten sie nicht gesiegt.

B Relativsatz: Assimilation, Attraktion, Ausfall des Beziehungsworts

W: ὁ στρατηγός (47A), αἰσχρός, -ά, -όν (17A), μέλει (32B), ὁ θυμός (39B), ἄγαν (37A)

ἀρέσκω	ich gefalle	
θαρρέω	ich bin mutig, zuversichtlich	θρασύς
ἡ πενία, -ας	die Armut	πόνος, πονέω, πονηρός
παρ-αινέω (m. Dat.)	ich rede zu, empfehle, ermuntere	ἐπ-αινέω, ἔπ-αινος
ὑπέρ (m. Akk.)	über ... hinaus	**hyper**aktiv

ὑπὲρ μέτρον	über das rechte Maß hinaus

Eine typische stilistische Erscheinung bei griechischen Relativsätzen sind **Assimilation** und **Attraktion**.
Unter **Assimilation** („Angleichung“; vgl. lat. *similis* „ähnlich“) versteht man die **Kasusangleichung eines Relativpronomens**, das eigentlich im Akkusativ stehen müsste, **an sein Beziehungswort** im übergeordneten Satz, das im Genitiv oder Dativ steht:

Assimilation

Χαίρομεν **τῇ ἐλευθερίᾳ, ᾗ** ἔχομεν. (statt ... τῇ ἐλευθερίᾳ, ἣν ...)

Wir freuen uns über die Freiheit, die wir haben.

Assimilation

Διὸ οὐδὲν **τούτων, ὧν** ὁ τύραννος κελεύει, ποιοῦμεν. (statt ... τούτων, ἃ ...)

Deshalb tun wir nichts von dem, was der Tyrann befiehlt.

Häufig folgt der Assimilation eine sogenannte **Attraktion** (vgl. lat. *attrahere* „heranziehen“). Darunter versteht man **das „Heranziehen“ des Beziehungsworts an das Ende des Relativsatzes**, wobei der Artikel wegfällt:

Attraktion

Χαίρομεν, **ᾗ** ἔχομεν **ἐλευθερίᾳ**. (statt: Χαίρομεν (τῇ) ἐλευθερίᾳ, ᾗ ἔχομεν.)

Wir freuen uns über die Freiheit, die wir haben.

Ist das Beziehungswort ein Demonstrativpronomen im Genitiv oder Dativ, kommt es meist zu einem **Ausfall des Beziehungsworts** und zur **Assimilation** des Relativpronomens:

Διὸ οὐδέν, ὧν ὁ τύραννος κελεύει, ποιοῦμεν. (statt ... οὐδὲν τούτων, ἃ ...)

Deshalb tun wir nichts von dem, was der Tyrann befiehlt.

Wie diese Beispiele zeigen, müssen Assimilation, Attraktion und Ausfall des Demonstrativpronomens bei der Übersetzung ins Deutsche stets rückgängig gemacht werden.

79 A

Besonderheiten im Gebrauch der Genera verbi: 1. Gruppe

W: σύν-ειμι (43B), σφόδρα (16B), ἀμφότεροι (20B), πειράομαι (62B), καίπερ (15A)

αἰτιάομαι	ich beschuldige	αἰτία
χειρόομαι	ich unterwerfe, überwältige	χείρ
ἰάομαι	ich heile	ἰατρός
μιμέομαι	ich ahme nach	Mimik, Mime
ἡ ἔρις, ἔριδος (Akk. ἔριν)	der Streit, Wettstreit	ἐρίζω
ἀ-κόλαστος, -ον	ungestraft; unverschämt	κολάζω
ἡ ἐξ-ουσία, -ας	die Erlaubnis, Möglichkeit; Willkür	ἔξ-εστιν
οὐκ-οῦν	nicht wahr?; also, folglich	οὐκ, οὖν

Οὐκοῦν ὁμολογεῖς;	Nicht wahr, du stimmst doch zu?
Ἀληθῆ λέγεις. Οὐκοῦν ὁμολογῶ σοι.	Du hast Recht. Ich stimme dir also zu.

Einige Verben haben ihre aktiven Formen vollständig abgelegt und bilden nur **mediale oder passive Formen**. Man bezeichnet sie daher als **Deponentien** (lat. *deponere* „ablegen“). Nach den **Besonderheiten im Gebrauch der Genera verbi** lassen sich diese Verben in drei Gruppen unterteilen.

1. Gruppe
Deponentien, die in allen Tempora **mediale Formen in aktiver Bedeutung** aufweisen, zusätzlich aber auch noch **passive Formen mit passiver Bedeutung** bilden. Schon bekannt sind z.B. βιάζομαι, δέχομαι, ἐργάζομαι, θεάομαι, κτάομαι, λογίζομαι, μέμφομαι und μεταπέμπομαι:

	Präsens	Futur	Aorist	Perfekt
mediale Formen	δέχομαι	δέξομαι	ἐδεξάμην	δέδεγμαι
aktive Bedeutung	ich nehme auf	ich werde aufnehmen	ich nahm auf	ich habe aufgenommen
passive Formen		δεχθήσομαι	ἐδέχθην	δέδεγμαι
passive Bedeutung		ich werde aufgenommen werden	ich wurde aufgenommen	ich bin aufgenommen (worden)

Besonderheiten im Gebrauch der Genera verbi: 2. Gruppe

W: ἡ συμ-φορά (32A), ὁ πούς (48B), ῥίπτω (19A), ἡ ἡμέρα (29B), προσ-ήκει (76A), ἡδύς, ἡδεῖα, ἡδύ (44B)

(ἀνα-)μιμνῄσκομαι (m. Gen. / Akk.)	ich erinnere mich (an)	μνήμη, μνημονεύω, Anamnese, Amnesie
μέμνημαι (m. Gen. / Part.)	ich erinnere mich	
ἐκ-πλήττομαι	ich erschrecke (selbst)	ἐκ-πλήττω
ψεύδομαι	ich lüge; täusche mich	
ἕτοιμος, -η, -ον	bereit	
ἐντεῦθεν (örtl.)	von hier, von dort	ἐνταῦθα
(zeitl.)	von da an	
(übertr.)	daher	
ὁ ἀήρ, ἀέρος	die Luft	**Aero**dynamik, engl. air
ἐλεέω	ich habe Mitleid, bedaure	ὁ ἔλεος, Kyrie **eleison**
ἑκάτερος, -α, -ον	jeder von beiden	ἕκαστος
ἐγ-κρατής, -ές	(selbst-)beherrscht, enthaltsam	κρατέω, κράτος, κράτιστος

Ἀναμιμνῄσκομαι τῆς βοηθείας / τὴν βοήθειαν.	Ich erinnere mich an die Hilfe.
Μέμνημαί σε Σωκράτει συνόντα.	Ich erinnere mich, dass du mit Sokrates Umgang hattest.

2. Gruppe
Deponentien, die im Futur und Aorist ausschließlich **passive Formen** bilden, die im Deutschen **aktiv** (bzw. **reflexiv**) übersetzt werden:

	Präsens	Futur	Aorist	Perfekt
passive Formen	ἡττάομαι	ἡττηθήσομαι	ἡττήθην	ἥττημαι
aktive Bedeutung	ich bin schwächer / unterlegen	ich werde schwächer / unterlegen sein	ich war schwächer / unterlegen	ich bin schwächer / unterlegen gewesen

79

Präsens		Aorist	
passive Form	aktive Bedeutung	passive Form	aktive Bedeutung
αἰσχύνομαι	ich schäme mich	ᾐσχύνθην	ich schämte mich
ἀναμιμνῄσκομαι	ich erinnere mich	ἀνεμνήσθην	ich erinnerte mich
ἥδομαι	ich freue mich	ἥσθην	ich freute mich
ὀργίζομαι	ich bin zornig, zürne	ὠργίσθην	ich war zornig, zürnte
φαίνομαι	ich zeige mich, erscheine	ἐφάνην	ich zeigte mich, erschien

Aktive (bzw. **reflexive**) sowie **passive** Übersetzung ist – je nach Sinnzusammenhang – bei folgenden Verben möglich:

		passive Form	mediale / passive Bedeutung
ἀθροιζόμεθα	→	ἠθροίσθημεν	wir versammelten uns / wir wurden versammelt
ἀπαλλάττομαι	→	ἀπηλλάγην (ἀπηλλάχθην) (vgl. 43 A)	ich entfernte mich / ich wurde entfernt
διαλλάττομαι	→	διηλλάγην (διηλλάχθην)	ich versöhnte mich / ich wurde versöhnt
ἐκπλήττομαι	→	ἐξεπλάγην (vgl. 43 A)	ich erschrak / ich wurde erschreckt
κινέομαι	→	ἐκινήθην	ich bewegte mich / ich wurde bewegt
στρέφομαι	→	ἐστράφην (starker Aorist Passiv; vgl. 43 A)	ich wandte mich / ich wurde gewandt
σφάλλομαι	→	ἐσφάλην	ich täuschte mich / ich wurde getäuscht
ψεύδομαι	→	ἐψεύσθην	ich täuschte mich / ich wurde getäuscht

Unterscheide:

ἐψευσάμην ich log ⟷ ἐψεύσθην ich täuschte mich / ich wurde getäuscht

Besonderheiten im Gebrauch der Genera verbi: 3. Gruppe (1)

W: καλέω (59B), μάλιστα (59A), ἡ χώρα (17B), αὐτίκα (29A), ποιέω (59A)

ἄχθομαι (m. Dat.)	ich bin unwillig, ärgere mich (über)	
δια-νοέομαι	ich denke, überlege, beabsichtige	νοῦς
κτίζω	ich gründe	
ὠφελέω (m. Akk.)	ich unterstütze, nütze, helfe	ὠφελία, ὠφέλιμος
οἰκέω	ich wohne, bewohne	οἶκος, οἰκία, οἰκέτης, οἰκεῖος, οἰκο-δομέω

Ποσειδῶν ἠχθέσθη τῇ κρίσει.	Poseidon ärgerte sich über das Urteil.
Καθ' Ὅμηρον Ζεὺς βλάπτει καὶ ὠφελεῖ τοὺς ἀνθρώπους.	Laut Homer schadet und nützt Zeus den Menschen.

3. Gruppe

Deponentien, die **im Futur mediale** und **im Aorist passive Formen in aktiver** (bzw. **reflexiver**) **Bedeutung** aufweisen:

Präsens	Futur	Aorist	Perfekt
πορεύομαι	πορεύσομαι	ἐπορεύθην	πεπόρευμαι
ich reise, marschiere	ich werde reisen, marschieren	ich reiste, marschierte	ich bin gereist, marschiert

Präsens		Aorist	
passive Form	aktive Bedeutung	passive Form	aktive Bedeutung
αἰδέομαι	ich respektiere, habe Ehrfurcht	ᾐδέσθην	ich respektierte, hatte Ehrfurcht
ἀρνέομαι	ich leugne, weigere mich	ἠρνήθην	ich leugnete, weigerte mich
ἄχθομαι	ich bin unwillig, ärgere mich	ἠχθέσθην	ich war unwillig, ärgerte mich
βούλομαι	ich will	ἐβουλήθην	ich wollte
δέομαι	ich brauche, habe nötig, bitte	ἐδεήθην	ich brauchte, hatte nötig, bat
διαλέγομαι	ich unterhalte mich	διελέχθην	ich unterhielt mich

διανοέομαι	ich denke, überlege, beabsichtige	διενοήθην	ich dachte, überlegte, beabsichtigte
ἐναντιόομαι	ich widersetze mich, widerspreche	ἠναντιώθην	ich widersetze mich, widersprach

B Besonderheiten im Gebrauch der Genera verbi: 3. Gruppe (2); der Genitiv des Grundes (Genitivus causae)

W: φύω (74B), τὸ δῶρον (9A), προ-αιρέομαι (60B), ἡ θεά (17B), ἐκ (mit Gen.) (10A)

ἐν-θυμέομαι	ich bedenke, überlege	θυμός, προ-θυμέομαι, πρό-θυμος
τύπτω	ich schlage	Typ
ἀμφί (m. Akk.)	um ... herum	**Amphi**theater
αὐτ-άρκης, -ες	eigenständig, unabhängig	αὐτός, ἀρκέω, Autarkie

ἀμφὶ τὴν πόλιν	um die Stadt herum
οἱ ἀμφὶ τὸν Κέκροπα	Kekrops und seine Leute

1 Zur 3. Gruppe der Deponentien gehören ferner:

Präsens	Futur	Aorist	Perfekt
ὁρμάομαι	ὁρμήσομαι	ὡρμήθην	(ὥρμημαι)
ich setze mich in Bewegung, breche auf	ich werde mich in Bewegung setzen, aufbrechen	ich setzte mich in Bewegung, brach auf	(ich habe mich in Bewegung gesetzt, bin aufgebrochen)

Präsens		Aorist	
passive Form	aktive Bedeutung	passive Form	aktive Bedeutung
ἐνθυμέομαι	ich bedenke, überlege	ἐνεθυμήθην	ich bedachte, überlegte
προθυμέομαι	ich bin bereit, bemühe mich	προεθυμήθην	ich war bereit, bemühte mich
ἐπιμελέομαι	ich kümmere mich, sorge mich	ἐπεμελήθην	ich kümmerte mich, sorgte mich

Präsens		Aorist	
passive Form	aktive Bedeutung	passive Form	aktive Bedeutung
εὐλαβέομαι	ich nehme mich in Acht, hüte mich	ηὐλαβήθην	ich nahm mich in Acht, hütete mich
οἴομαι / οἶμαι	ich glaube, meine	ᾠήθην	ich glaubte, meinte
πείθομαι	ich gehorche	ἐπείσθην	ich gehorchte
πλανάομαι	ich irre umher, verirre mich	ἐπλανήθην	ich irrte umher, verirrte mich
φοβέομαι	ich fürchte	ἐφοβήθην	ich fürchtete

2 Der **Genitiv des Grundes** (Genitivus causae) steht bei Ausdrücken der **Gemütsbewegung** (z.B. θαυμάζειν, ἐπαινεῖν, ὀργίζεσθαι, χαλεπαίνειν, ἐλεεῖν, ζηλοῦν), um deren **Ursache** anzugeben. Im Deutschen empfiehlt sich eine Übersetzung mit „**wegen**“:

Οἱ Ἀχαιοὶ τὸν μὲν Ἀχιλλέα ἐθαύμασαν **τῆς ἀνδρείας**, τὸν δὲ Ὀδυσσέα ἐπῄνεσαν **τῆς σοφίας**.	Die Achaier bewunderten Achilleus **wegen seiner Tapferkeit**, sie lobten Odysseus **wegen seiner Klugheit**.
Ὁ δὲ Αἴας ἦν θαυμαστὸς **τοῦ μεγέθους**.	Aias war bewundernswert **wegen seiner Größe**.

81 A Verben auf -μι mit Präsensreduplikation; δίδωμι: Präsensstamm (Aktiv)

W: σύμ-πας, σύμ-πασα, σύμ-παν (38B), ὁ ἄρχων (35A), ὁ ἀνήρ (33A), παντοῖος, -α, -ον (23B), παρέχω (6B), ἡ εἰρήνη (30A), ἐπιβουλεύω (23A)

δίδωμι	ich gebe	Dosis
δίκην δίδωμι (m. Gen.)	ich zahle Strafe (für), werde bestraft (für)	
ἀπο-δίδωμι	ich gebe zurück; bezahle	
χάριν ἀπο-δίδωμι (m. Gen.)	ich statte Dank ab (für), bedanke mich (für), danke (für)	
ὁ ἰδιώτης, -ου	der Privatmann, Laie	ἴδιος, Idiot
ἡ φυλακή, -ῆς	die Wache, Bewachung	φυλάττω
ἡ εὔ-νοια, -ας	das Wohlwollen, die Zuneigung	εὖ, νοῦς
ἔμ-προσθεν (Adv.)	örtl.: (von) vorne zeitl.: vorher, früher	πρό
(Präp. m. Gen.)	vor	

Δίκην δίδωσι τῆς ἀδικίας.	Er wird für das Unrecht bestraft.
Χάριν ἀποδίδομεν τῷ κυρίῳ τῆς εὐνοίας.	Wir danken dem Herrn für sein Wohlwollen.
ἔμπροσθεν τῆς στοᾶς	vor der Säulenhalle

1 Neben den bereits bekannten Verben εἰμί („ich bin"; vgl. 11 A 1), εἶμι („ich werde gehen"; vgl. 77 B) und φημί („ich sage"; vgl. 77 A) gibt es eine weitere Gruppe von Verben auf -μι. Diese bilden alle Formen des **Präsensstammes mit Reduplikation** des Verbalstockes.
Das Verb δί-δω-μι („ich gebe") und seine Komposita gehören zu dieser Gruppe. Die **Präsensreduplikation** lautet **δι-**, der **Auslaut des Verbalstockes** kann **lang** (δω-) oder **kurz** (δο-) sein:

Präsensstamm			
Präsensreduplikation	Verbalstock	Endung	Bedeutung
δί-	δω-	μι	ich gebe
δί-	δο-	μεν	wir geben

2 Die **Formen des Präsensstammes von δίδωμι** werden gebildet, indem an den (langen oder kurzen) Stammauslaut die Endungen angehängt werden. Diese sind in den meisten Fällen dieselben wie bei den Verben auf -ω. Im Optativ kommt, ebenfalls wie bei den Verben auf -ω, noch das Moduszeichen -ι- hinzu (vgl. 55 A 1):

Präsensstamm		δι-δω- / δι-δο-	
Bedeutung		ich gebe	
		Singular	Plural
Indikativ	1. Pers.	δί-δω-**μι**	δί-δο-μεν
Präsens	2. Pers.	δί-δω-ς	δί-δο-τε
	3. Pers.	δί-δω-**σι**(ν)	δι-δό-**ασι**(ν)
Imperfekt	1. Pers.	ἐ-δί-δου-ν (← ἐ-δί-δο-ον)	ἐ-δί-δο-μεν
	2. Pers.	ἐ-δί-δου-ς (← ἐ-δί-δο-ες)	ἐ-δί-δο-τε
	3. Pers.	ἐ-δί-δου (← ἐ-δί-δο-ε)	ἐ-δί-δο-σαν
Infinitiv		δι-δό-ναι	
Partizip	m.	δι-δούς, δι-δό-ντος ...	δι-δό-ντες, δι-δό-ντων
	f.	δι-δοῦσα, δι-δούσης ...	δι-δοῦσαι, δι-δουσῶν ...
	n.	δι-δό-ν, δι-δό-ντος ...	δι-δό-ντα, δι-δό-ντων
Konjunktiv	1. Pers.	δι-δῶ	δι-δῶ-μεν
	2. Pers.	δι-δῷ-ς	δι-δῶ-τε
	3. Pers.	δι-δῷ	δι-δῶ-σι(ν)
Optativ	1. Pers.	δι-δο-ί-η-ν	δι-δο-ῖ-μεν
	2. Pers.	δι-δο-ί-η-ς	δι-δο-ῖ-τε
	3. Pers.	δι-δο-ί-η	δι-δο-ῖ-εν
Imperativ		δί-δου (← δί-δο-ε)	δί-δο-τε

Unterscheide: δίδωσιν er, sie, es gibt ⟷ διδόασιν sie geben ⟷ διδοῦσιν denen, die geben

B δίδωμι: Futur, Aorist, Perfekt (Aktiv)

W: ἡ κόρη (14A), σεμνός, -ή, -όν (29A), ἡ εἰκών (58B), πρό-θυμος, -ον (61A), τὸ πλῆθος (45A)

μετα-δίδωμι (m. Gen.)	ich gebe Anteil (an), lasse teilnehmen (an)	
προ-δίδωμι	ich gebe preis, liefere aus, verrate	
καλύπτω	ich verhülle, bedecke	Apo**kalyp**se, Eu**kalyp**tus
κοσμέω	ich ordne, schmücke	κόσμος, Kosmetik
ὁ ἱερεύς, -έως	der Priester	ἱερός, ἱερόν, ἱέρεια
δημόσιος, -α, -ον (Adv. δημοσίᾳ)	öffentlich, auf Staatskosten	δῆμος
ἡ συν-ουσία, -ας	das Zusammensein, der Umgang	σύν-ειμι

Ὁ φιλόσοφος μεταδίδωσι τοῖς συνοῦσι τῆς σοφίας. — Der Philosoph gibt den Schülern Anteil an seiner Weisheit.

Bei allen Tempora außerhalb des Präsensstammes fehlt die Präsensreduplikation δι-. Die **Formen des Futurs, des Aorists und des Perfekts** werden ausgehend von dem **nicht reduplizierten Verbalstock δω-** bzw. **δο-** gebildet:

Futur	Aorist	Perfekt
ich werde geben	ich gab	ich habe gegeben
δώ-σ-ω	ἔ-**δω**-κ-α	δέ-**δω**-κ-α

δώσω wird wie παιδεύσω, δέδωκα wie πεπαίδευκα konjugiert.

Eine Besonderheit ist **das Tempuszeichen -κ- im Singular Indikativ Aorist Aktiv**. Die Formen des Aorists lauten:

Aoriststamm		δω- / δο-	
Bedeutung		ich gab	
		Singular	Plural
Indikativ	1. Pers.	ἔ-δω-**κ**-α	ἔ-δο-μεν
Präsens	2. Pers.	ἔ-δω-**κ**-ας	ἔ-δο-τε
	3. Pers.	ἔ-δω-**κ**-ε(ν)	ἔ-δο-**σαν**
Infinitiv		δοῦ-ναι (← δο-έναι)	

Partizip	m.	δούς, δό-ντος ...	δό-ντες, δό-ντων ...
	f.	δοῦσα, δούσης ...	δοῦσαι, δουσῶν ...
	n.	δό-ν, δό-ντος ...	δό-ντα, δό-ντων ...
Konjunktiv	1. Pers.	δῶ	δῶ-μεν
	2. Pers.	δῷ-ς	δῶ-τε
	3. Pers.	δῷ	δῶ-σι(ν)
Optativ	1. Pers.	δο-ί-η-ν	δο-ῖ-μεν
	2. Pers.	δο-ί-η-ς	δο-ῖ-τε
	3. Pers.	δο-ί-η	δο-ῖ-εν
Imperativ		δό-ς	δό-τε

Die Partizip-, Konjunktiv- und Optativformen des Aorists entsprechen exakt denen des Präsens, wenn man die dortige Präsensreduplikation jeweils weglässt.

82 A

δίδωμι: Präsensstamm (Medium / Passiv); der Genitiv des Wertes (Genitivus pretii); der Genitiv der Beschaffenheit (Genitivus qualitatis)

W: τὸ ἄστυ (44A), τιμάω (62A), ἡ ἡδονή (63B), περὶ πολλοῦ ποιέομαι (60A), ἡ δίαιτα (63A)

ἀπο-δίδομαι (m. Gen.)	ich gebe (von mir) weg, verkaufe (für)
ὄλβιος, -α, -ον	glücklich, gesegnet, reich
τραχύς, -εῖα, -ύ	rau, uneben; hart, streng

Ἀποδίδονται τοὺς καρποὺς πολλοῦ.	Sie verkaufen die Früchte teuer (= für viel).

1 Die **medio-passiven Präsensformen von δίδωμι** werden ausschließlich über den **kurzen Präsensstamm δι-δο-** gebildet. An diesen werden **dieselben Endungen wie bei den Verben auf -ω** angehängt. Im Optativ tritt erneut das Moduszeichen -ι- auf (vgl. 81 A 2).
Mit Ausnahme des medialen Kompositums ἀποδίδομαι („ich gebe von mir weg, verkaufe") sind Formen von δίδομαι in der Regel passiv zu übersetzen:

Präsensstamm		δι-δο-	
Bedeutung		ich werde gegeben	
		Singular	Plural
Indikativ	1. Pers.	δί-δο-μαι	δι-δό-μεθα
Präsens	2. Pers.	δί-δο-**σαι**	δί-δο-σθε
	3. Pers.	δί-δο-ται	δί-δο-νται
Imperfekt	1. Pers.	ἐ-δι-δό-μην	ἐ-δι-δό-μεθα
	2. Pers.	ἐ-δί-δο-**σο**	ἐ-δί-δο-σθε
	3. Pers.	ἐ-δί-δο-το	ἐ-δί-δο-ντο
Infinitiv		δί-δο-σθαι	
Partizip	m.	δι-δό-μενος, δι-δο-μένου ...	δι-δό-μενοι, δι-δο-μένων ...
	f.	δι-δο-μένη, δι-δο-μένης ...	δι-δό-μεναι, δι-δο-μένων ...
	n.	δι-δό-μενον, δι-δο-μένου ...	δι-δό-μενα, δι-δο-μένων ...
Konjunktiv	1. Pers.	δι-δῶ-μαι	δι-δώ-μεθα
	2. Pers.	δι-δῷ	δι-δῶ-σθε
	3. Pers.	δι-δῶ-ται	δι-δῶ-νται
Optativ	1. Pers.	δι-δο-ί-μην	δι-δο-ί-μεθα
	2. Pers.	δι-δο-ῖ-ο	δι-δο-ῖ-σθε
	3. Pers.	δι-δο-ῖ-το	δι-δο-ῖ-ντο
Imperativ		δί-δο-**σο**	δί-δο-σθε

Bei den Formen δίδοσαι, ἐδίδοσο und δίδοσο gibt es keinen Schwund des intervokalischen Sigmas.

2 Der **Genitiv des Wertes (Genitivus pretii)** gibt den **Wert** oder **Preis** einer Sache bzw. einer Person an. Häufig steht er **nach Verben des Kaufens, Verkaufens** oder **Einschätzens**:

Ἀποδίδομαι τὸν ἵππον **πολλοῦ / ὀλίγου**.	Ich verkaufe das Pferd **teuer (für viel) / billig (für wenig)**.
Τὴν εὐδαιμονίαν (περὶ) **πλείστου** ποιούμεθα.	Wir schätzen das Glück **am höchsten** ein.
ἀνὴρ **οὐδενὸς** ἄξιος	ein **nichts**würdiger Mann

3 Der **Genitiv der Beschaffenheit (Genitivus qualitatis)** gibt **das Material, die Abmessung** oder **das Alter** einer Sache bzw. einer Person an:

ἀγάλματα **χρυσοῦ**	Götterbilder **aus Gold**
ὁδὸς **τριακοσίων σταδίων**	ein Weg **von dreihundert Stadien**
Σωκράτης, ἀνὴρ **ἑβδομήκοντα ἐτῶν**	Sokrates, ein **70-jähriger** Mann (ein Mann **von 70 Jahren**)

δίδωμι: Futur, Aorist, Perfekt (Medium und Passiv); Stammformen; der absolute Akkusativ — B

W: ἕπομαι (54A), ἕκαστος, -η, -ον (25A), πλούσιος, -α, -ον (36B), ἀγωνίζομαι (20A), θεάομαι (62B)

δέον / χρεών	da (obwohl, wenn) es nötig ist (war, wäre, gewesen wäre)	δεῖ, χρή
ἐξόν / παρόν	da (obwohl, wenn) es möglich ist (war, wäre, gewesen wäre)	ἔξ-εστιν, πάρ-εστιν
πρέπον / προσῆκον	da (obwohl, wenn) es sich gehört (gehörte, gehört hätte)	πρέπει, προσ-ήκει

1 Die **Formen des Futurs, des Aorists und des Perfekts in Medium und Passiv** werden wie im Aktiv (vgl. 81 B) **ohne die Präsensreduplikation δι-** über den **Verbalstock δω-** bzw. **δο-** gebildet:

Medium		
Futur	Aorist	Perfekt
ich werde verkaufen	ich verkaufte	ich habe verkauft
ἀπο-**δώ**-σ-ομαι	ἀπ-ε-**δό**-μην	ἀπο-δέ-**δο**-μαι

Das Futur ἀποδώσομαι wird wie παιδεύσομαι konjugiert, das Perfekt ἀποδέδομαι wie πεπαίδευμαι. Die medialen Aoristformen lauten:

Indikativ:	ἀπεδόμην, ἀπέδου (← ἀπέδοσο), ἀπέδοτο, ἀπεδόμεθα, ἀπέδοσθε, ἀπέδοντο
Infinitiv:	ἀποδόσθαι
Partizip:	ἀποδόμενος, ἀποδομένη, ἀποδόμενον ...
(Konjunktiv:	ἀποδῶμαι, ἀποδῷ (← ἀποδόησαι), ἀποδῶται, ἀποδώμεθα, ἀποδῶσθε, ἀποδῶνται
Optativ:	ἀποδοίμην, ἀποδοῖο, ἀποδοῖτο, ἀποδοίμεθα, ἀποδοῖσθε, ἀποδοῖντο
Imperativ:	ἀπόδου (← ἀπόδοσο), ἀπόδοσθε)

Passiv Futur	Aorist	Perfekt
ich werde gegeben werden	ich wurde gegeben	ich bin gegeben (worden)
δο-θή-σ-ομαι	ἐ-**δό**-θη-ν	δέ-**δο**-μαι

δοθήσομαι wird wie παιδευθήσομαι konjugiert, ἐδόθην wie ἐπαιδεύθην und δέδομαι wie πεπαίδευμαι.

2 Die **Stammformen von δίδωμι** lauten:

Aktiv / Passiv						
δίδωμι	δώσω	ἔδωκα	δέδωκα	δέδομαι	ἐδόθην	δοθήσομαι
Medium						
ἀποδίδομαι	ἀποδώσομαι	ἀπεδόμην	ἀποδέδομαι			

3 Der **absolute Akkusativ** steht wie der absolute Genitiv (vgl. 37 A) **in Vertretung eines adverbialen Nebensatzes**. Die Sinnrichtung kann vielfältig sein (temporal, konditional, kausal oder konzessiv).
Er ist auf **unpersönliche Verben**, z.B. ἔξεστιν („es ist erlaubt / möglich“), beschränkt und besteht (meist) aus einem Partizip Singular Neutrum. Je nach Textzusammenhang kann er gleich- oder vorzeitig übersetzt werden. Auch eine Wiedergabe mit dem Irrealis ist möglich (vgl. 51 B):

Χρεὼν ἡσυχίαν ἄγειν σιγῶμεν.	Wir schweigen, **da es nötig ist**, Ruhe zu bewahren.
Ἐξὸν εἰρήνην ἔχειν εἵλοντο πόλεμον.	**Obwohl es möglich gewesen wäre**, Frieden zu halten, wählten sie Krieg.

Bei der Form χρεών liegt ein **Quantitätentausch** vor (vgl. 44 A):
χρὴ ὄν → χρεών

τίθημι: Präsensstamm (Aktiv und Medium / Passiv)

W: ὁμολογέω (73B), ἡμέτερος, -α, -ον (22B), φημί (77A), ἐλεύθερος, -α, -ον (20A), εἴργω (34A)

τίθημι	ich setze, stelle, lege	These, Theke, Apo**theke**,
(m. dopp. Akk.)	ich mache (jdn. zu etwas)	Biblio**thek**, Disko**thek**
παρα-τίθημι	ich setze daneben, setze vor	
(m. Akk. und Dat.)	ich vergleiche (jdn. mit jdm. / etwas)	
συν-τίθημι	ich setze / stelle / fasse zusammen, verfasse	Synthese
δια-τίθημι	ich ordne; versetze in einen Zustand	
ἐπι-τίθημι	ich lege darauf, füge (hin)zu	

Οἱ Ἀθηναῖοι τιθέασιν τὸν Σόλωνα ἄρχοντα. Die Athener machen Solon zum Archonten.

1 Wie δί-δω-μι gehören auch **τί-θη-μι** („ich setze, stelle, lege") und seine Komposita zur Gruppe der Verben auf -μι mit **Präsensreduplikation**. Die **Präsensreduplikation** lautet **τι-**, der **Auslaut des Verbalstockes** kann **lang** (θη-) oder **kurz** (θε-) sein:

Präsensstamm			
Präsensreduplikation	Verbalstock	Endung	Bedeutung
τί-	θη-	μι	ich setze, stelle, lege
τί-	θε-	μεν	wir setzen, stellen, legen

Bei der Präsensreduplikation τι- liegt eine **Hauchdissimilation** vor (vgl. 25 A 2):
*θί-θη-μι → τί-θη-μι

2 Die **Formen des Präsensstammes** von τί-θη-μι werden nach genau denselben Regeln wie die Formen von δί-δω-μι (vgl. 81 A 2 und 82 A 1) gebildet:

		Aktiv		Medium / Passiv	
Präsensstamm		τι-θη- / τι-θε-		τι-θε-	
Bedeutung		ich setze, stelle, lege		ich setze für mich / ich werde gesetzt	
		Singular	Plural	Singular	Plural
Indikativ	1. Pers.	τί-θη-**μι**	τί-θε-μεν	τί-θε-μαι	τι-θέ-μεθα
Präsens	2. Pers.	τί-θη-ς	τί-θε-τε	τί-θε-**σαι**	τί-θε-σθε
	3. Pers.	τί-θη-**σι(ν)**	τι-θέ-**ασι(ν)**	τί-θε-ται	τί-θε-νται

		Aktiv		Medium / Passiv	
		Singular	Plural	Singular	Plural
Imperfekt	1. Pers.	ἐ-τί-θη-ν	ἐ-τί-θε-μεν	ἐ-τι-θέ-μην	ἐ-τι-θέ-μεθα
	2. Pers.	ἐ-τί-θει-ς (← ἐ-τί-θε-ες)	ἐ-τί-θε-τε	ἐ-τί-θε-σο	ἐ-τί-θε-σθε
	3. Pers.	ἐ-τί-θει (← ἐ-τί-θε-ε)	ἐ-τί-θε-σαν	ἐ-τί-θε-το	ἐ-τί-θε-ντο
Infinitiv		τι-θέ-ναι		τί-θε-σθαι	
Partizip	m.	τι-θείς, τι-θέ-ντος ...	τι-θέ-ντες, τι-θέ-ντων ...	τι-θέ-μενος, τι-θε-μένου ...	τι-θέ-μενοι, τι-θε-μένων ...
	f.	τι-θεῖσα, τι-θείσης ...	τι-θεῖσαι, τι-θεισῶν ...	τι-θε-μένη, τι-θε-μένης ...	τι-θέ-μεναι, τι-θε-μένων ...
	n.	τι-θέ-ν, τι-θέ-ντος ...	τι-θέ-ντα, τι-θέ-ντων ...	τι-θέ-μενον, τι-θε-μένου ...	τι-θέ-μενα, τι-θε-μένων ...
Konjunktiv	1. Pers.	τι-θῶ	τι-θῶ-μεν	τι-θῶ-μαι	τι-θώ-μεθα
	2. Pers.	τι-θῇ-ς	τι-θῆ-τε	τι-θῇ	τι-θῆ-σθε
	3. Pers.	τι-θῇ	τι-θῶ-σι(ν)	τι-θῆ-ται	τι-θῶ-νται
Optativ	1. Pers.	τι-θε-ί-η-ν	τι-θε-ῖ-μεν	τι-θε-ί-μην	τι-θε-ί-μεθα
	2. Pers.	τι-θε-ί-η-ς	τι-θε-ῖ-τε	τι-θε-ῖ-ο	τι-θε-ῖ-σθε
	3. Pers.	τι-θε-ί-η	τι-θε-ῖ-εν	τι-θε-ῖ-το	τι-θε-ῖ-ντο
Imperativ		τί-θει (← τί-θε-ε)	τί-θε-τε	τί-θε-**σο**	τί-θε-σθε

B τίθημι: Futur, Aorist, Perfekt (Aktiv, Medium, Passiv); Stammformen

W: κρύπτω (9B), ὁ πόνος (6A), τολμάω (62A), εἴωθα (50B), ἐν-δεής, -ές (41B), πλήν (mit Gen.) (69B)

ὁ πρό-γονος, -ου	der Vorfahr, Ahnherr	πρό, γονεῖς, γέ-γον-α
ἀσκέω	ich übe (aus)	Asket
καί-τοι	und doch	καί, τοι, μέντοι
ἰδίᾳ (Adv.)	persönlich, privat	ἴδιος
τοιόσδε, τοιάδε, τοιόνδε	so beschaffen, ein solcher	τοιοῦτος
ὁ σοφιστής, -οῦ	der Sophist; der Weise, Gelehrte	σοφός, Sophistik

1 Bei allen Tempora außerhalb des Präsensstammes fehlt die Präsensreduplikation τι-. Die **Formen des Futurs, des Aorists und des Perfekts** werden ausgehend vom **Verbalstock θη-** bzw. **θε-** gebildet:

Aktiv		
Futur	Aorist	Perfekt
ich werde setzen, stellen, legen	ich setzte, stellte, legte	ich habe gesetzt, gestellt, gelegt
θή-σ-ω	ἔ-**θη**-κ-α	τέ-**θη**-κ-α

θήσω wird wie παιδεύσω konjugiert, τέθηκα (mit Hauchdissimilation; vgl. 25 A 2) wie πεπαίδευκα. Die Formen von ἔθηκα entsprechen denen von ἔδωκα (vgl. 81 B), sie lauten:

Indikativ:	ἔθηκα, ἔθηκας, ἔθηκε(ν), ἔθεμεν, ἔθετε, ἔθεσαν
Infinitiv:	θεῖναι (← θεέναι)
Partizip:	θείς, θέντος ... / θεῖσα, θείσης ... / θέν, θέντος ...
Konjunktiv:	θῶ, θῇς, θῇ, θῶμεν, θῆτε, θῶσι(ν)
Optativ:	θείην, θείης, θείη, θεῖμεν, θεῖτε, θεῖεν
Imperativ:	θές, θέτε

Medium	
Futur	Aorist
ich werde für mich setzen, stellen, legen	ich setzte, stellte, legte für mich
θή-σ-ομαι	ἐ-**θέ**-μην

θήσομαι wird nach dem Muster von παιδεύσομαι konjugiert. Die Formen von ἐθέμην entsprechen im Allgemeinen denen von ἀπεδόμην (vgl. 82 B 1), sie lauten:

Indikativ:	ἐθέμην, ἔθου (← ἔθεσο), ἔθετο, ἐθέμεθα, ἔθεσθε, ἔθεντο
Infinitiv:	θέσθαι
Partizip:	θέμενος, θεμένη, θέμενον ...
(Konjunktiv:	θῶμαι, θῇ (← θέησαι), θῆται, θώμεθα, θῆσθε, θῶνται
Optativ:	θείμην, θεῖο, θεῖτο, θείμεθα, θεῖσθε, θεῖντο
Imperativ:	θοῦ (← θέσο), θέσθε)

Passiv		
Futur	Aorist	Perfekt
ich werde gesetzt, gestellt, gelegt werden	ich wurde gesetzt, gestellt, gelegt	ich liege; bin gesetzt, gestellt, gelegt
τε-θή-σ-ομαι	ἐ-**τέ**-θη-ν	**κεῖμαι**

τεθήσομαι und ἐτέθην (bei beiden Formen Hauchdissimilation; vgl. 25 A 2) werden wie παιδευθήσομαι bzw. ἐπαιδεύθην konjugiert. Im Perfekt werden die fehlenden Formen durch das Wurzelpräsens κεῖμαι („ich liege; bin gesetzt, gestellt, gelegt“; vgl. 77 B) ersetzt.

83

2 Die **Stammformen von τίθημι** lauten:

Aktiv / Passiv						
τίθημι	θήσω	ἔθηκα	τέθηκα	κεῖμαι	ἐτέθην	τεθήσομαι
Medium						
τίθεμαι	θήσομαι	ἐθέμην				

84

A Das Verbaladjektiv auf -τός, -τή, -τόν

W: οἶδα (76B), ζηλόω (63A), χρήομαι (64B), ἡ παιδεία (19A), δέομαι (66A)

συγ-γίγνομαι (m. Dat.)	ich komme / bin zusammen (mit)	γίγνομαι, σύν-ειμι
δι-αιρέω	ich nehme auseinander, teile ein; analysiere	αἱρέω
ἡ ἐμ-πειρία, -ας	die Erfahrung	ἔμ-πειρος, empirisch
τὸ δικαστήριον, -ου	das Gericht	δίκη, δίκαιος, δικαστής, δικαιοσύνη
ἡ ἐκ-κλησία, -ας	die Volksversammlung; (in christlichen Texten) die Kirche	καλέω
ὁ διδάσκαλος, -ου	der Lehrer	διδάσκω

Verbaladjektive sind **Adjektive, die von einem Verb abgeleitet sind**. Im Griechischen gibt es **zwei Arten**, die sich in ihrer Bedeutung unterscheiden.

Die erste Art wird gebildet, indem an den Verbalstock das Suffix **-τός, -τή, -τόν** (bzw. -τος, -τη, -τον) angehängt wird. Die **Negation** erfolgt im Allgemeinen durch ein **α privativum,** das Verbaladjektiv wird in diesem Fall zweiendig (vgl. 35 B 1).

Verbaladjetive auf -τός, -τή, -τόν haben **passive Bedeutung** und bezeichnen entweder das **Ergebnis** oder (häufiger) die **Möglichkeit** einer Handlung:

	Ergebnis (Übersetzung durch Partizip Perfekt Passiv)	Möglichkeit (Übersetzung mit -bar o. Ä.)
παιδευ-τός, -τή, -τόν	erzogen	erziehbar
ἀπαίδευ-τος, -τον	unerzogen	unerziehbar
ἀνίκη-τος, -τον	unbesiegt	unbesiegbar
θαυμασ-τός, -τή, -τόν	bewundert	wunderbar, bewundernswert

Beim Anhängen des Suffixes kann sich der Auslaut des Verbalstockes ändern:

- bei den Verba contracta nach den bereits bekannten Dehnungsregeln (ε → η / α → η / ο → ω; vgl. 64 B 1)
- bei den Verba muta nach folgenden Regeln:
  K-Stämme: κ, γ, χ, ττ + τ → κτ (z.B. εὐ**κτ**ός)
  P-Stämme: π, β, φ, πτ + τ → πτ (z. B. γρα**πτ**ός)
  T-Stämme: τ, δ, θ, ζ + τ → στ (z. B. κολα**στ**ός)

Das Verbaladjektiv auf -τέος, -τέα, -τέον

B

W: πρός (mit Dat.) (53B), σέβομαι (35A), πυκνός, -ή, -όν (36B), εὑρίσκω, ηὗρον (26A), δῆλος, -η, -ον (13A)

τὸ ὄφελος, -ους	der Nutzen	ὠφελέω, ὠφελία, ὠφέλιμος
ἀ-δικέω (m. Akk.)	ich tue Unrecht	δίκη, ἄ-δικος ἀ-δικία
ἀ-γνοέω	ich weiß nicht, kenne nicht	νοέω, Agnostizismus
ὁ ἔλεγχος, -ου	die Prüfung, Widerlegung, der Beweis	ἐλέγχω
παντάπασι(ν) (Adv.)	völlig, ganz und gar; (als Antwort) ja natürlich	πᾶς
οὔ τοι / οὔτοι	bestimmt nicht, keinesfalls	

Οὐκ ἀδικοῦμεν τοὺς σοφιστάς. — Wir tun den Sophisten nicht Unrecht.

Die zweite Art von **Verbaladjektiven** wird gebildet, indem an den Verbalstock das Suffix **-τέος, -τέα, -τέον** angehängt wird.

Auch die Verbaladjektive auf -τέος, -τέα, -τέον haben **passive Bedeutung**. Sie finden sich ausschließlich **in Verbindung mit einer Form des Hilfsverbs εἶναι**, die allerdings auch ausgelassen werden kann (Ellipse; vgl. 22 A 2), und drücken die **Notwendigkeit** einer Handlung aus: Sie bezeichnen **etwas, das getan werden muss**, bzw. nach einer Negation (οὐ) **etwas, das nicht getan werden darf**:

παιδευ-τέος (-τέα, -τέον) ἐστίν	er (sie, es) muss erzogen werden
οὐ παιδευ-τέοι (-τέαι, -τέα) εἰσίν	sie dürfen nicht erzogen werden

Beim Anhängen des Suffixes -τέος, -τέα, -τέον kann der Auslaut des Verbalstockes dieselben Veränderungen erfahren wie bei der Bildung des Verbaladjektivs auf -τός, -τή, -τόν (vgl. 84 A).

Die Person, von der etwas getan werden muss bzw. nicht getan werden darf, steht im **Dativ der handelnden Person** (**Dativus auctoris**; vgl. 49 B). Es ist **persönliche** oder (häufiger) **unpersönliche Konstruktion** möglich:

persönliche Konstruktion: Ἡ ῥητορικὴ τέχνη ἀσκητέα (ἐστὶν) **ἡμῖν**. unpersönliche Konstruktion: Ἀσκητέον (ἐστὶν) **ἡμῖν** τὴν ῥητορικὴν τέχνην.	Die Redekunst muss **von uns** geübt werden. / **Wir** müssen die Redekunst üben.

Bei der Übersetzung ins Deutsche ist es oft besser, die passive Ausdrucksweise ins Aktiv umzuwandeln. Der Dativus auctoris wird dann zum Subjekt.

ἵημι: Präsensstamm (Aktiv und Medium / Passiv)

W: λόγῳ μέν ... ἔργῳ δέ (68A), σώ-φρων, -ον (34B), ὁ ἐν-αντίος (6A), κατ-ηγορέω (78A)

ἵημι	ich setze in Bewegung, schicke, werfe, lasse (los)	
ἀφ-ίημι	ich schicke weg, lasse los	
ἐφ-ίεμαι (m. Gen.)	ich strebe (nach)	
μεθ-ίημι	ich lasse los	
(m. Gen.)	ich lasse ab (von)	
συν-ίημι	ich verstehe, nehme wahr	
φθονέω (m. Dat. u. Gen.)	ich beneide (jdn. wegen/um etwas), missgönne (jdm. etwas)	φθόνος

Πάντες οἱ φιλόσοφοι ἐφίενται σοφίας.	Alle Philosophen streben nach Weisheit.
Οὐ μεθίησι τῆς ὀργῆς.	Er lässt nicht ab vom Zorn.
Οἱ Ἀθηναῖοι ἐφθόνουν τῷ Περικλεῖ τῆς δυνάμεως.	Die Athener beneideten Perikles wegen seiner Macht. / Die Athener missgönnten Perikles seine Macht.

1 Auch **ἵ-η-μι** („ich setze in Bewegung, schicke, werfe, lasse") und seine Komposita gehören zur Gruppe der Verben auf -μι mit **Präsensreduplikation**. Die **Präsensreduplikation** lautet **ἱ**-, der **Verbalstock** kann **lang** (**η**-) oder **kurz** (**ε**-) sein:

Präsensstamm			
Präsensreduplikation	Verbalstock	Endung	Bedeutung
ἵ-	η-	μι	ich setze in Bewegung ...
ἵ-	ε-	μεν	wir setzen in Bewegung ...

2 Die **Formen des Präsensstammes** von ἵ-η-μι sind, bis auf wenige Ausnahmen, identisch mit denen von τί-θη-μι (vgl. 83 A 2):

		Aktiv		Medium / Passiv	
Präsensstamm		ἱ-η- / ἱ-ε-		ἱ-ε-	
Bedeutung		ich setze in Bewegung ...		ich setze mich in Bewegung ... / ich werde in Bewegung gesetzt ...	
		Singular	Plural	Singular	Plural
Indikativ	1. Pers.	ἵ-η-**μι**	ἵ-ε-μεν	ἵ-ε-μαι	ἱ-έ-μεθα
Präsens	2. Pers.	ἵ-η-ς	ἵ-ε-τε	ἵ-ε-**σαι**	ἵ-ε-σθε
	3. Pers.	ἵ-η-**σι**(ν)	ἱ-**ᾶσι**(ν) (← ἱ-έ-ασιν)	ἵ-ε-ται	ἵ-ε-νται
Imperfekt	1. Pers.	ἵ-ει-ν	ἵ-ε-μεν	ἱ-έ-μην	ἱ-έ-μεθα
	2. Pers.	ἵ-ει-ς (← ἵ-ε-ες)	ἵ-ε-τε	ἵ-ε-σο	ἵ-ε-σθε
	3. Pers.	ἵ-ει (← ἵ-ε-ε)	ἵ-ε-σαν	ἵ-ε-το	ἵ-ε-ντο
Infinitiv		ἱ-έ-ναι		ἵ-ε-σθαι	
Partizip	m.	ἱ-είς, ἱ-έ-ντος ...	ἱ-έ-ντες, ἱ-έ-ντων ...	ἱ-έ-μενος, ἱ-ε-μένου ...	ἱ-έ-μενοι, ἱ-ε-μένων ...
	f.	ἱ-εῖσα, ἱ-είσης ...	ἱ-εῖσαι, ἱ-εισῶν ...	ἱ-ε-μένη, ἱ-ε-μένης ...	ἱ-έ-μεναι, ἱ-ε-μένων ...
	n.	ἱ-έ-ν, ἱ-έ-ντος ...	ἱ-έ-ντα, ἱ-έ-ντων ...	ἱ-έ-μενον, ἱ-ε-μένου ...	ἱ-έ-μενα, ἱ-ε-μένων ...
Konjunktiv	1. Pers.	ἱ-ῶ	ἱ-ῶ-μεν	ἱ-ῶ-μαι	ἱ-ώ-μεθα
	2. Pers.	ἱ-ῇ-ς	ἱ-ῆ-τε	ἱ-ῇ	ἱ-ῆ-σθε
	3. Pers.	ἱ-ῇ	ἱ-ῶ-σι(ν)	ἱ-ῆ-ται	ἱ-ῶ-νται
Optativ	1. Pers.	ἱ-ε-ί-η-ν	ἱ-ε-ῖ-μεν	ἱ-ε-ί-μην	ἱ-ε-ί-μεθα
	2. Pers.	ἱ-ε-ί-η-ς	ἱ-ε-ῖ-τε	ἱ-ε-ῖ-ο	ἱ-ε-ῖ-σθε
	3. Pers.	ἱ-ε-ί-η	ἱ-ε-ῖ-εν	ἱ-ε-ῖ-το	ἱ-ε-ῖ-ντο
Imperativ		ἵ-ει (← ἵ-ε-ε)	ἵ-ε-τε	ἵ-ε-**σο**	ἵ-ε-σθε

Achtung Verwechslungsgefahr!
Die aktiven Präsensformen von ἵημι sind in einigen Fällen denen von εἶμι („ich werde gehen"; vgl. 77 B) sehr ähnlich. Ein klares Unterscheidungsmerkmal ist in all diesen Fällen der Spiritus bzw. – bei einigen Komposita – die Aspiration, z.B.:

Form von ἵημι (mit Spiritus asper)	⟷	Form von εἶμι (mit Spiritus lenis)
ἱέναι	⟷	ἰέναι
ἀφ-ιέναι	⟷	ἀπ-ιέναι

B

ἵημι: Futur, Aorist, Perfekt (Aktiv, Medium, Passiv); Stammformen; der Genitiv bei Ausdrücken des Gerichtswesens (Genitivus criminis)

W: ἄ-τοπος, -ον (59B), ἦλθον (26A), εὐ-δοκιμέω (59B), αἰτιάομαι (79A), ἀπο-λύω (11A)

λυπέω	ich betrübe, füge Schmerz zu	λύπη, λυπηρός
κατα-ψηφίζομαι (m. Gen. u. Akk.)	ich verurteile (jdn. zu / wegen etwas)	
ἀπο-λογέομαι	ich verteidige (mich)	λόγος, Apologie
ἀγαπάω	ich liebe	Agape
(m. Dat.)	ich bin zufrieden (mit)	
ὁ / ἡ δαίμων, -ονος	das göttliche Wesen, der (gute / böse) Geist	Dämon

Οἱ Ἀθηναῖοι κατεψηφίσαντο τοῦ Σωκράτους θάνατον.	Die Athener verurteilten Sokrates zum Tod.
Οἱ Ἀθηναῖοι κατεψηφίσαντο τοῦ Σωκράτους ἀ-σέβειαν (!).	Die Athener verurteilten Sokrates wegen Gottlosigkeit.
Ἀγαπῶ ὀλίγῳ.	Ich bin mit wenigem zufrieden.

1 Bei allen Tempora außerhalb des Präsensstammes fehlt die Präsensreduplikation ἱ-. Die **Formen des Futurs, des Aorists und des Perfekts** werden ausgehend vom **Verbalstock ἡ-** bzw. **ἑ-** gebildet:

Aktiv		
Futur	Aorist	Perfekt
ich werde in Bewegung setzen ...	ich setzte in Bewegung ...	ich habe in Bewegung gesetzt ...
ἥ-σ-ω	**ἧ**-κ-α	**εἷ**-κ-α

Die Formen sind in den meisten Fällen nach denselben Regeln wie die von τίθημι gebildet (vgl. 83 B). Die **Aoristformen** lauten:

Indikativ:	ἧκα, ἧκας, ἧκε(ν), εἷμεν, εἷτε, εἷσαν
Infinitiv:	εἷναι (← ἑέναι)
Partizip:	εἵς, ἕντος ... / εἷσα, εἵσης ... / ἕν, ἕντος ...
Konjunktiv:	ὧ, ᾗς, ᾗ, ὧμεν, ἧτε, ὧσι(ν)
Optativ:	εἵην, εἵης, εἵη, εἷμεν, εἷτε, εἷεν
Imperativ:	ἕς, ἕτε

Achtung Verwechslungsgefahr!
Die aktiven Aoristformen von ἵημι sind in mehreren Fällen denen von εἰμί („ich bin") sehr ähnlich. Ein klares Unterscheidungsmerkmal ist erneut (vgl. 85 A 2) der Spiritus bzw. – bei einigen Komposita – die Aspiration, z.B.:

Form von ἵημι (mit Spiritus asper)		Form von εἰμί (mit Spiritus lenis)
εἷναι	⟷	εἶναι
ὧ ... / εἵην ...	⟷	ὦ ... / εἴην ...
ἀφ-εῖναι	⟷	ἀπ-εῖναι

Bei der Form συνεῖναι kann man nur aufgrund des Textzusammenhanges unterscheiden, ob sie mit „verstehen" oder „zusammen sein" übersetzt werden muss.

Medium		
Futur	Aorist	Perfekt
ich werde mich in Bewegung setzen ...	ich setzte mich in Bewegung ...	ich habe mich in Bewegung gesetzt ...
ἥ-σ-ομαι	**εἵ**-μην	**εἷ**-μαι

Erneut sind die Formen meist wie die von τίθημι gebildet, im **Aorist** lauten sie:

Indikativ:	εἵμην, εἷσο, εἷτο, εἵμεθα, εἷσθε, εἷντο
Infinitiv:	ἕσθαι
Partizip:	ἕμενος, ἑμένη, ἕμενον ...
(Konjunktiv:	ὧμαι, ᾗ (← ἕησαι), ἧται, ὥμεθα, ἧσθε, ὧνται
Optativ:	εἵμην, εἷο, εἷτο, εἵμεθα, εἷσθε, εἷντο
Imperativ:	οὗ (← ἕσο), ἕσθε)

Passiv		
Futur	Aorist	Perfekt
ich werde in Bewegung gesetzt werden ...	ich wurde in Bewegung gesetzt ...	ich bin in Bewegung gesetzt (worden) ...
ἑ-θή-σ-ομαι	**εἵ**-θη-ν	**εἷ**-μαι

Alle Formen werden wie die entsprechenden von παιδεύω gebildet.

2 Die **Stammformen von ἵημι** lauten:

Aktiv / Passiv						
ἵημι	ἥσω	ἧκα	εἷκα	εἷμαι	εἵθην	ἑθήσομαι
Medium						
ἵεμαι	ἥσομαι	εἵμην	εἷμαι			

3 Der **Genitiv bei Ausdrücken des Gerichtswesens (Genitivus criminis)** bezeichnet ein **Vergehen** oder eine **Schuld**. Er steht besonders **bei Verben der Gerichtssprache**:

αἰτιᾶσθαι **φόνου**	**des Mordes** beschuldigen
αἱρεῖν **κλοπῆς** (!)	**des Diebstahls** überführen
ἁλίσκεσθαι **προ-δοσίας** (!)	**des Verrats** überführt werden
ἀφιέναι / ἀπολύειν **ἀ-σεβείας** (!)	**vom Vorwurf der Gottlosigkeit** freisprechen

86 A

Verben auf -μι mit Präsensreduplikation; ἵστημι: Präsensstamm (Aktiv und Medium / Passiv)

πολλάκις (6A), ἔγνων (74A1), ἡ ἀνάγκη (12A), φοβέομαι (70A), ἡ γνώμη (12A)

ἵστημι	ich stelle (hin / auf), bringe zum Stehen	**στά**σις, ἔ**στη**ν, **ste**hen, Ikono**stase**
ἵσταμαι	ich stelle mich (hin), trete (hin); ich stelle für mich (hin / auf)	
ἀν-ίστημι	ich stelle auf, richte auf	
ἀν-ίσταμαι	ich stehe auf, breche auf	
καθ-ίστημι	ich stelle hin	
(m. dopp. Akk.)	ich setze ein als, mache zu	
(m. εἰς)	ich versetze in	
καθ-ίσταμαι	ich stelle mich hin, gelange nach / zu, gerate in; ich stelle für mich hin, ordne	

Οἱ Ἀθηναῖοι καθιστᾶσιν τὸν Μιλτιάδην στρατηγόν.	Die Athener machen Miltiades zum Feldherrn.
Καθίστης με εἰς φόβον.	Du versetzt mich in Furcht.

1 Auch **ἵ-στη-μι** („ich stelle hin / auf, bringe zum Stehen") und seine Komposita gehören zu den Verben auf -μι mit **Präsensreduplikation**. Die **Präsensreduplikation** lautet **ἱ**- (← **σι**-), der **Auslaut des Verbalstockes** kann **lang** (στ**η**-) oder **kurz** (στ**ᾰ**-) sein:

Präsensstamm			
Präsensreduplikation	Verbalstock	Endung	Bedeutung
ἵ-	στη-	μι	ich stelle (hin / auf) ...
ἵ-	στα-	μεν	wir stellen (hin / auf) ...

2 Die **Formen des Präsensstammes** werden im Wesentlichen nach denselben Regeln wie die von δίδωμι, τίθημι und ἵημι gebildet:

		Aktiv		Medium / Passiv	
Präsens-stamm		ἱ-στη- / ἱ-στᾰ-		ἱ-στᾰ-	
Bedeu-tung		ich stelle (hin / auf) ...		ich stelle (für) mich (hin / auf) ... / ich werde gestellt ...	
		Singular	Plural	Singular	Plural
Indikativ	1. Pers.	ἵ-στη-**μι**	ἵ-στα-μεν	ἵ-στα-μαι	ἱ-στά-μεθα
Präsens	2. Pers.	ἵ-στη-ς	ἵ-στα-τε	ἵ-στα-**σαι**	ἵ-στα-σθε
	3. Pers.	ἵ-στη-**σι**(ν)	ἱ-στ**ᾶσι**(ν) (← ἱ-στά-ασιν)	ἵ-στα-ται	ἵ-στα-νται
Imperfekt	1. Pers.	ἵ-στη-ν	ἵ-στα-μεν	ἱ-στά-μην	ἱ-στά-μεθα
	2. Pers.	ἵ-στη-ς	ἵ-στα-τε	ἵ-στα-**σο**	ἵ-στα-σθε
	3. Pers.	ἵ-στη	ἵ-στα-**σαν**	ἵ-στα-το	ἵ-στα-ντο
Infinitiv		ἱ-στά-ναι		ἵ-στα-σθαι	
Partizip	m.	ἱ-στάς, ἱ-στά-ντος ...	ἱ-στά-ντες, ἱ-στά-ντων ...	ἱ-στά-μενος, ἱ-στα-μένου ...	ἱ-στά-μενοι, ἱ-στα-μένων ...
	f.	ἱ-στᾶσα, ἱ-στάσης ...	ἱ-στᾶσαι, ἱ-στασῶν ...	ἱ-στα-μένη, ἱ-στα-μένης ...	ἱ-στά-μεναι, ἱ-στα-μένων ...
	n.	ἱ-στά-ν, ἱ-στά-ντος ...	ἱ-στά-ντα, ἱ-στά-ντων ...	ἱ-στά-μενον, ἱ-στα-μένου ...	ἱ-στά-μενα, ἱ-στα-μένων ...

Konjunktiv	1. Pers.	ἱ-στῶ	ἱ-στῶ-μεν	ἱ-στῶ-μαι	ἱ-στώ-μεθα
	2. Pers.	ἱ-στῇ-ς	ἱ-στῆ-τε	ἱ-στῇ	ἱ-στῆ-σθε
	3. Pers.	ἱ-στῇ	ἱ-στῶ-σι(ν)	ἱ-στῆ-ται	ἱ-στῶ-νται
Optativ	1. Pers.	ἱ-στα-ί-η-ν	ἱ-στα-ῖ-μεν	ἱ-στα-ί-μην	ἱ-στα-ί-μεθα
	2. Pers.	ἱ-στα-ί-η-ς	ἱ-στα-ῖ-τε	ἱ-στα-ῖ-ο	ἱ-στα-ῖ-σθε
	3. Pers.	ἱ-στα-ί-η	ἱ-στα-ῖ-εν	ἱ-στα-ῖ-το	ἱ-στα-ῖ-ντο
Imperativ		ἵ-στη	ἵ-στα-τε	ἵ-στα-**σο**	ἵ-στα-σθε

ἵστημι: Futur, Aorist, Perfekt (Aktiv, Medium, Passiv); Stammformen

B

W: ἡ ζημία (29B), τὰ τῆς πόλεως (21B), προσ-έχω (τὸν νοῦν) (72A), τὰ χρήματα (38B), τὸ κέρδος (44B)

μετα-βάλλω	ich werfe um, (ver)ändere; ändere mich	βάλλω
βαρύς, -εῖα, -ύ	schwer; beschwerlich; (von Tönen) tief	**Baro**meter
δικάζω	ich spreche Recht, entscheide	δίκη, δίκαιος, δικαστής, δικαστήριον
λυσιτελεῖ	es nützt	
ἐν-νοέω	ich (be)denke, erwäge; (be)merke	νοέω, νοῦς, δια-νοέομαι
αἴτιος, -α, -ον (m. Gen.)	schuld (an), verantwortlich (für), schuldig	αἰτία, αἰτιάομαι
πράγματα παρ-έχω	ich mache Schwierigkeiten	
ὁ κύκλος, -ου	der Kreis	Kykladen

αἴτιος τοῦ ὀλέθρου	schuld am Verderben, verantwortlich für den Untergang

1 Bei allen Tempora außerhalb des Präsensstammes fehlt die Präsensreduplikation ἱ-. Die **Formen des Futurs, des Aorists und des Perfekts** werden ausgehend vom **Verbalstock στη-** bzw. **στᾰ-** gebildet.
In **Futur** und **Aorist Aktiv** werden alle Formen nach denselben Regeln gebildet wie diejenigen der Verben auf -ω, d. h. anders als bei δίδωμι, τίθημι und ἵημι wird ein schwacher Aorist nach dem Muster ἐπαίδευσα gebildet:

Futur	Aorist	Perfekt
ich werde stellen ...	ich stellte (hin / auf) ...	
στή-σ-ω	ἔ-**στη**-σ-α	---

Auch im **Medium** wird das **Futur** regelmäßig gebildet. Eine Besonderheit ergibt sich im **Aorist**: Hier ist zwischen den **Formen des direkt reflexiven Mediums** („ich stelle mich") und des **indirekt reflexiven Mediums** („ich stelle für mich") (vgl. 14 B 1) zu unterscheiden:

direkt reflexiv Futur ich werde mich stellen ...	Aorist (Wurzelaorist) ich stellte mich ...	Perfekt (Wurzelperfekt) ich stehe (= ich habe mich gestellt) ...
στή-σ-ομαι	ἔ-**στη**-ν	ἕ-**στη**-κ-α
indirekt reflexiv Futur ich werde für mich stellen ...	Aorist (schwacher Aorist) ich stellte für mich ...	Perfekt
στή-σ-ομαι	ἐ-**στη**-σ-ά-μην	---

Die Formenbildung des Wurzelaorists ἔστην und des Perfekts ἕστηκα sind bereits bekannt (vgl. 73 A 1 und 76 A).
Die Formen des indirekt reflexiven Mediums sind seltener, neben ἵσταμαι in der Bedeutung „ich stelle für mich" sind sie vor allem auf καθίσταμαι in der Bedeutung „ich stelle für mich hin, ordne" beschränkt.

Doppeldeutig ist die Form **ἔστησαν**:
- sie stellten (hin / auf) (abgeleitet von ἔ-στη-σα)
- sie stellten sich hin (abgeleitet von ἔ-στη-ν)

Welche der beiden Bedeutungen vorliegt, ist aufgrund des Textzusammenhangs zu entscheiden.

Futur und **Aorist Passiv** werden regelmäßig nach dem Muster παιδευθήσομαι bzw. ἐπαιδεύθην gebildet:

Futur ich werde gestellt werden ...	Aorist ich wurde gestellt ...	Perfekt
στα-θή-σ-ομαι	ἐ-**στά**-θη-ν	---

2 Die **Stammformen von ἵστημι** lauten:

Aktiv / Passiv						
ἵστημι	στήσω	ἔστησα	---	---	ἐστάθην	σταθήσομαι
direkt reflexives Medium						
ἵσταμαι	στήσομαι	ἔστην	ἕστηκα			
indirekt reflexives Medium						
ἵσταμαι	στήσομαι	ἐστησάμην				

Weitere Verben auf -μι nach dem Muster ἵστημι bzw. ἵσταμαι

W: αἱρέω, εἷλον (71A), ἐπιχειρέω (76A), ἡ πατρίς (78A), ἡ ῥώμη (12A), δεινός, -ή, -όν (15A)

(ἐμ-)πίμπλημι (m. Gen.)	ich fülle an (mit)	πλῆθος, πλήρης
ἐπίσταμαι	ich verstehe, weiß (, dass)	ἐπιστήμη
(m. Part. oder ὅτι)		
(m. Inf.)	ich verstehe, weiß (zu tun), kann	
δύναμαι	ich kann, bin imstande, vermag	δυνατός, δύναμις, δυνάστης
ἴσως	gleich; vielleicht, wahrscheinlich	ἴσος
κρατέω (m. Gen.)	ich (be)herrsche	κράτος, κράτιστος
(m. Akk.)	ich besiege	
παρα-καλέω	ich rufe herbei, fordere auf	ngr. παρακαλῶ

Ὁ φιλόσοφος ἐμπίμπλησι τοὺς συνόντας σοφίας.	Der Philosoph erfüllt seine Schüler mit Weisheit.
Ἐπίσταμαι κινδυνεύων / ὅτι κινδυνεύω.	Ich weiß, dass ich in Gefahr bin.
Ἐπίσταμαι σιγᾶν.	Ich verstehe zu schweigen.
κρατεῖν **τῶν** ἐπιθυμι**ῶν**	seine Begierden **beherrschen**
κρατεῖν **τοὺς** πολεμί**ους**	die Feinde **besiegen**

Die Verben **(ἐμ-)πίμπλημι, ἐπίσταμαι und δύναμαι** werden im Präsensstamm wie ἵστημι bzw. ἵσταμαι konjugiert (vgl. 86 A 2). Ihre Stammformen lauten:

πίμπλημι / Verbalstock: πλη(σ)- / πλᾰ- ich fülle an						
πίμ-**πλη**-μι	**πλή**σω	ἔ**πλη**σα	πέ**πλη**κα	πέ**πλη**σμαι	ἐ**πλή**σθην	**πλη**σθήσομαι

ἐπίσταμαι / Verbalstock: ἐπιστη- / ἐπιστᾰ- ich verstehe, weiß			
ἐπίστα-μαι	**ἐπιστή**σομαι	**ἠπιστή**θην	---

δύναμαι / Verbalstock: δυνη- / δυνᾰ- ich kann, bin imstande, vermag			
δύνα-μαι	**δυνή**σομαι	**ἐδυνή**θην	(δε**δύνη**μαι)

ἐπίσταμαι und δύναμαι gehören, wie ihre Stammformenreihen zeigen, zur 3. Gruppe von Deponentien (vgl. 80 A und B).

B Verben mit unterschiedlichen Konstruktionen

W: ἀμύνω (11A), ὁ καρπός (75A), συχνός, -ή, -όν (42A), ὁ στρατιώτης (42B), ἐν-αντιόομαι (63B)

καρτερέω	ich bin standhaft, halte aus, ertrage	κράτος, κράτιστος
ἡ στρατεία, -ας	der Feldzug	στρατός, στρατιώτης
ἐτράπην (starker Aor. Pass. zu τρέπω)	ich wurde in die Flucht geschlagen, floh	
ἡ οὐσία, -ας	das Wesen, Sein; Vermögen	ὤν, **οὖσα**, ὄν

Einige **Verben** können sowohl **mit prädikativem Partizip oder ὅτι/ὡς-Satz** als auch **mit Infinitiv** verbunden werden, **wobei sich ihre Bedeutung jeweils ändert**:

	mit Partizip oder ὅτι/ὡς-Satz	mit Infinitiv
ἐπίσταμαι / οἶδα	ich weiß / verstehe, dass	ich weiß / verstehe zu (tun), kann (tun)
γιγνώσκω	ich erkenne, dass	ich beschließe zu (tun)
μανθάνω	ich lerne / erfahre, dass	ich lerne zu (tun)
μέμνημαι	ich erinnere mich, dass	ich denke daran zu (tun), bin darauf bedacht zu (tun)
φαίνομαι	es zeigt sich, dass ich / ich (tue) offensichtlich	ich scheine zu (tun), ich (tue) scheinbar
ἀπαγορεύω	ich werde müde zu (tun) (nur mit Partizip)	ich verbiete zu (tun) (mit Inf. + ggf. μή)

Beispiele:

Οἶδα οὐδὲν **εἰδώς**.	**Ich weiß, dass ich** nichts **weiß**.
Ὁ Περικλῆς **ᾔδει πείθειν** τὸν δῆμον.	Perikles **wusste** das Volk **zu überzeugen**.
Οἱ Ἀθηναῖοι **ἔγνωσαν προδοθέντες**.	Die Athener **erkannten, dass sie verraten worden waren**.
Ὁ Ἀλκιβιάδης **ἔγνω προδοῦναι** τοὺς Ἀθηναίους.	Alkibiades **beschloss**, die Athener **zu verraten**.
Ὁ ἀνὴρ **φαίνεται εἰπὼν** τὰ ἀληθῆ.	Der Mann **sagt offensichtlich** die Wahrheit.
Ὁ ἀνὴρ **φαίνεται** μὲν **εἰπεῖν** τὰ ἀληθῆ, ψεύδεται δέ.	Der Mann **sagt scheinbar** die Wahrheit, lügt aber.

87

Auch die **Verben ἀκούω und πυνθάνομαι** können **mit prädikativem Partizip, ὅτι/ὡς-Satz oder Infinitiv** konstruiert werden, allerdings **mit drei unterschiedlichen Bedeutungsmöglichkeiten**:

- **GcP** (Genitiv mit Partizip): **direkte Wahrnehmung einer Tatsache**
- **AcP** (Akkusativ mit Partizip) oder **ὅτι/ὡς-Satz**: **indirekte Wahrnehmung einer Tatsache**
- **AcI** (Akkusativ mit Infinitiv): **indirekte Wahrnehmung eines Gerüchts**

Ἀκούω **σου λέγοντος**.	Ich höre **dich sprechen**. / Ich höre, **wie du sprichst**.
Ἀκούω **σε λέγοντα**. / Ἀκούω, **ὅτι λέγεις**.	Ich höre (von anderen), **dass du sprichst**.
Ἀκούω **σε λέγειν**.	Ich höre, **dass du (angeblich) sprichst**.

88 A

Verben auf -νυμι: Präsensstamm (Aktiv und Medium / Passiv)

W: πλήρης, -ες (64A), ὧδε (23A), δια-τελέω (77A), εἴκοσι(ν) (48A), τὸ ἔτος (63B)

δείκνυμι	ich zeige, mache klar	δίκη, παρά-**δειγ**μα
ἐπι-δείκνυμι (und Med.)	ich zeige vor, stelle zur Schau; schildere	
ἀπο-δείκνυμι	ich zeige, lege dar, beweise	apodiktisch
(mit dopp. Akk.)	ich mache zu	
ὁ ὄχλος, -ου	die (ungeordnete) Menge, das (gemeine) Volk	**Ochlo**kratie
προσ-ποιέομαι	ich tue so, als ob	ποιέω

Ἀλκιβιάδην ἀποδεικνύναι στρατηγόν	Alkibiades zum Strategen machen
Κόρινθον ἐλευθέραν ἀποδεικνύναι	Korinth frei machen / befreien

Bei den **Verben auf -νυμι** ist im Präsensstamm die Silbe -νυ an den Verbalstock angefügt. **Muster für die Konjugation** dieser Verben **im Präsensstamm ist δείκ-νυ-μι** („ich zeige, mache klar"):

		Aktiv		Medium / Passiv	
		Singular	Plural	Singular	Plural
Indikativ	1. Pers.	δείκ-νυ-μι	δείκ-νυ-μεν	δείκ-νυ-μαι	δεικ-νύ-μεθα
Präsens	2. Pers.	δείκ-νυ-ς	δείκ-νυ-τε	δείκ-νυ-σαι	δείκ-νυ-σθε
	3. Pers.	δείκ-νυ-σι(ν)	δεικ-νύ-ασι(ν)	δείκ-νυ-ται	δείκ-νυ-νται
Imperfekt	1. Pers.	ἐ-δείκ-νυ-ν	ἐ-δείκ-νυ-μεν	ἐ-δεικ-νύ-μην	ἐ-δεικ-νύ-μεθα
	2. Pers.	ἐ-δείκ-νυ-ς	ἐ-δείκ-νυ-τε	ἐ-δείκ-νυ-σο	ἐ-δείκ-νυ-σθε
	3. Pers.	ἐ-δείκ-νυ	ἐ-δείκ-νυ-σαν	ἐ-δείκ-νυ-το	ἐ-δείκ-νυ-ντο
Infinitiv		δεικ-νύ-ναι		δείκ-νυ-σθαι	
Partizip	m.	δεικ-νύς, δεικ-νύ-ντος ...	δεικ-νύ-ντες, δεικ-νύ-ντων ...	δεικ-νύ-μενος, δεικ-νυ-μένου ...	δεικ-νύ-μενοι, δεικ-νυ-μένων ...
	f.	δεικ-νῦσα, δεικ-νύσης ...	δεικ-νῦσαι, δεικ-νυσῶν ...	δεικ-νυ-μένη, δεικ-νυ-μένης ...	δεικ-νύ-μεναι, δεικ-νυ-μένων ...
	n.	δεικ-νύ-ν, δεικ-νύ-ντος ...	δεικ-νύ-ντα, δεικ-νύ-ντων ...	δεικ-νύ-μενον, δεικ-νυ-μένου ...	δεικ-νύ-μενα, δεικ-νυ-μένων ...
Konjunktiv	1. Pers.	δεικ-νύ-ω	δεικ-νύ-ω-μεν	δεικ-νύ-ω-μαι	δεικ-νυ-ώ-μεθα
	2. Pers.	δεικ-νύ-ῃ-ς	δεικ-νύ-η-τε	δεικ-νύ-ῃ	δεικ-νύ-η-σθε
	3. Pers.	δεικ-νύ-ῃ	δεικ-νύ-ω-σι(ν)	δεικ-νύ-η-ται	δεικ-νύ-ω-νται
Optativ	1. Pers.	δεικ-νύ-οι-μι	δεικ-νύ-οι-μεν	δεικ-νυ-οί-μην	δεικ-νυ-οί-μεθα
	2. Pers.	δεικ-νύ-οι-ς	δεικ-νύ-οι-τε	δεικ-νύ-οι-ο	δεικ-νύ-οι-σθε
	3. Pers.	δεικ-νύ-οι	δεικ-νύ-οι-εν	δεικ-νύ-οι-το	δεικ-νύ-οι-ντο
Imperativ		δείκ-νυ	δείκ-νυ-τε	δείκ-νυ-σο	δείκ-νυ-σθε

Wie diese Tabelle zeigt, werden die Verben auf -νυμι in Konjunktiv und Optativ Präsens nach dem Muster von παιδεύω konjugiert (vgl. 52 A 1 und 55 A 1 bzw. B 1).

Verben auf -νυμι: Stammformen; der Dativ des Vorteils bzw. des Nachteils (Dativus commodi bzw. incommodi)

W: τίκτω, ἔτεκον (20A, 27A), προ-δίδωμι (81B), ταράττω (6A), πρίν (58B), ἐν βραχεῖ (47B)

μείγνυμι	ich mische, vermische	**misch**en, Mix
ὄμνυμι (m. Akk.)	ich schwöre (bei einem Gott), bekräftige durch Eid	
ἀπ-όλλυμι	ich richte zugrunde; verliere	**ὄλ**εθρος
ἀπ-όλλυμαι	ich gehe zugrunde; gehe verloren	

ὀμνύναι θεοὺς καὶ θεάς	bei Göttern und Göttinnen schwören
τὴν εἰρήνην ὀμνύναι	den Frieden durch einen Schwur bekräftigen

1 Die **Stammformen der wichtigsten Verben auf -νυμι** lauten:

δείκ-νυ-μι / Verbalstock: δεικ- ich zeige, mache klar

δείκ-νυ-μι	**δείξ**ω	**ἔδειξ**α	(δέδειχα)	δέ**δειγ**μαι	**ἐδείχ**θην	**δειχ**θήσομαι

μείγ-νυ-μι / Verbalstock: μειγ- ich mische, vermische

μείγ-νυ-μι	**μείξ**ω	**ἔμειξ**α	---	με**μεικ**ται	**ἐμείχ**θη **ἐμίγ**η	**μειχ**θήσεται **μιγ**ήσεται

ὄμ-νυ-μι / Verbalstöcke: ὀμ- / ὀμο- ich schwöre, bekräftige durch Eid

ὄμ-νυ-μι	**ὀμ**οῦμαι	**ὤμο**σα	(ὀμ-**ώμο**-κα)

ὄμνυμι hat **mediales, attisches Futur**.

ἀπ-όλ-λυ-μι (← ἀπ-όλ-νυ-μι) / Verbalstöcke: ὀλ- / ὀλε- ich richte zugrunde; verliere

ἀπ-**όλ**-λυ-μι	ἀπ-**ολ**ῶ	ἀπ-**ώλε**σα	(ἀπ-ολ-**ώλε**-κα)

ἀπ-όλ-λυ-μαι (← ἀπ-όλ-νυ-μαι) ich gehe zugrunde; gehe verloren

ἀπ-**όλ**-λυ-μαι	ἀπ-**ολ**οῦμαι	ἀπ-**ωλ**όμην	(ἀπ-όλ-**ωλ**-α)

ἀπόλλυμι und ἀπόλλυμαι haben **attisches Futur**.

88

2 Der **Dativ des Vorteils bzw. des Nachteils (Dativus commodi bzw. incommodi)** bezeichnet die **Person, zu deren Nutzen oder Schaden eine Handlung geschieht**. Im Deutschen ist eine wörtliche Übersetzung nicht immer möglich, in diesen Fällen empfiehlt sich häufig eine Übersetzung mit „für“:

Μανθάνομεν **ἡμῖν αὐτοῖς**.	Wir lernen **für uns**.
Τῷ κυρίῳ τῶν δούλων τινὲς ἔκαμον.	**Dem Herrn** erkrankten einige der Sklaven.

89

A Verben der Nasalklasse mit Präsenserweiterung (1)

W: ἡ εἰκών (58B), τὸ παρά-δειγμα (53A), ἀφ-αιρέομαι, ἀφ-ειλόμην (71A), παρα-σκευάζω (6B), ἤδη (19A)

τίνω	ich bezahle, büße, werde bestraft	
ὑπ-ισχνέομαι	ich verspreche	
ἡ καλο-κἀγαθία, -ας	die moralische Vortrefflichkeit, edle Gesinnung	καλός, ἀγαθός
ἡ ἱστορία, -ας	die (Geschichts-)Forschung, die Geschichtswissenschaft; das Geschichtswerk	Historiker
τιμωρέω / τιμωρέομαι		
(m. Dat.)	ich räche mich für; helfe	τιμωρία
(m. Akk.)	ich räche mich an; bestrafe	

φόνου (δίκην) τίνειν	für einen Mord büßen / bestraft werden
Οἱ Ἀθηναῖοι τιμωροῦνται τοῖς συμμάχοις.	Die Athener rächen sich für die / helfen den Bundesgenossen.
Οἱ Ἀθηναῖοι τιμωροῦνται τοὺς τυράννους.	Die Athener rächen sich an den Tyrannen.

1 Zu den **Verben der Nasalklasse mit Präsenserweiterung** gehören Verben, deren Verbalstock **im Präsensstamm durch den Nasallaut ν** (bzw. -νε- / -αν- / -ν- + -αν-) **erweitert** ist. In den Tempora **außerhalb des Präsensstammes fehlt diese Erweiterung**.

2 Bei folgenden Verben findet sich die **Erweiterung -ν- im Präsensstamm**:

κάμ-ν-ω (vgl. 34 A und 40 A) / Verbalstöcke: καμ- / (κμη-) ich mühe mich ab, werde müde; bin krank

κάμ-ν-ω	**καμ**οῦμαι	ἔ**καμ**ον	(κέ**κμη**κα)

καμοῦμαι ist **mediales, attisches Futur**.

τέμ-ν-ω (vgl. 36 A) / Verbalstöcke: τεμ- / (τμη-) ich schneide (ab); verwüste						
τέμ-ν-ω	**τεμῶ**	**ἔτεμ**ον	(τέ**τμη**κα)	(τέ**τμη**ται)	(ἐ**τμή**θη)	(**τμη**θήσεται)

τεμῶ ist **attisches Futur**.

πί-ν-ω (vgl. 71 B) / Verbalstöcke: πι- / (πο-) / (πω-) ich trinke						
πί-ν-ω	(**πί**ομαι)	**ἔπι**ον	(πέ**πω**κα)	(πέ**πο**ται)	(ἐ**πό**θη)	(**πο**θήσεται)

τί-ν-ω / Verbalstöcke: τι- / τει- ich bezahle, büße, werde bestraft			
τί-ν-ω	**τεί**σω	**ἔτει**σα	(τέ**τει**κα)

3 Die beiden nachfolgenden Verben haben eine **Erweiterung -νε- im Präsensstamm**:

ἀφ-ικ-νέ-ομαι (vgl. 60 B) / Verbalstock: ἱκ- ich komme an, gelange			
ἀφ-**ικ**-νέ-ομαι	ἀφ**ίξ**ομαι	ἀφ**ικ**όμην	ἀφ**ῖγ**μαι

ὑπ-ισχ-νέ-ομαι (vgl. 33 B) / Verbalstöcke: ἰσχ- / σχ- / σχη- ich verspreche			
ὑπ-**ισχ**-νέ-ομαι	ὑπο**σχή**σομαι	ὑπε**σχ**όμην	(ὑπέ**σχη**μαι)

Verben der Nasalklasse mit Präsenserweiterung (2) B

W: ἀπο-κτείνω (57B), ὁ ἀδελφός (15A), δουλόω (63A), ὁ ἀστός (77B), ὀργίζομαι (15A)

ἁμαρτάνω (m. Akk. o. Gen.)	ich verliere (etwas), verfehle (etwas); mache einen Fehler, sündige	
αὐξάνω	ich vermehre, fördere	Augment
συλ-λαμβάνω (m. Akk.)	ich nehme zusammen; nehme fest	
(m. Dat.)	(packe mit an =) ich helfe (jdm.)	
ὑπο-λαμβάνω	ich vermute; ergreife das Wort, entgegne	

Ἥμαρτες τοῦ ὀρθοῦ / τὸ ὀρθόν. — Du verfehltest das Richtige.

89

1 Bei den nachfolgenden Verben findet sich die **Erweiterung -αν- im Präsensstamm**:

ἁμαρτ-άν-ω / Verbalstöcke: ἁμαρτ- / ἁμαρτη- ich verliere, verfehle; mache einen Fehler, sündige						
ἁμαρτ-άν-ω	**ἁμαρτή**σομαι	**ἥμαρτ**ον	**ἡμάρτη**κα	**ἡμάρτη**ται	**ἡμαρτή**θη	(**ἁμαρτη**θήσεται)

ἁμαρτήσομαι ist **mediales Futur**.

αὐξ-άν-ω / Verbalstöcke: αὐξ- / αὐξη- ich vermehre, fördere						
αὐξ-άν-ω	**αὐξή**σω	**ηὔξη**σα	(**ηὔξη**κα)	**ηὔξη**μαι	**ηὐξή**θην	(**αὐξ**(ηθ)**ή**σομαι)

αἰσθ-άν-ομαι (vgl. 14 B und 27 B) / Verbalstöcke: αἰσθ- / αἰσθη- ich nehme wahr, bemerke			
αἰσθ-άν-ομαι	**αἰσθή**σομαι	**ᾐσθ**όμην	(**ᾔσθη**μαι)

2 Bei den nachfolgenden Verben findet im **Präsensstamm** eine **Erweiterung** mit **-ν und -αν**- statt:

λα-μ-β-άν-ω (← λα-ν-β-άν-ω) (vgl. 4 und 26 A) / Verbalstöcke: λαβ- / ληβ- ich nehme, ergreife, bekomme						
λα-μ-**β**-άν-ω	**λή**ψομαι	ἔ**λαβ**ον	(εἴ**ληφ**α)	(εἴ**λημ**μαι)	ἐ**λήφ**θην	(**ληφ**θήσομαι)

λήψομαι ist **mediales Futur.**

λα-ν-θ-άν-ω (vgl. 38 B) / Verbalstöcke: λαθ- / ληθ- ich bin verborgen (vor), entgehe			
λα-ν-**θ**-άν-ω	**λή**σω	ἔ**λαθ**ον	(λέ**ληθ**α)
ἐπι-λα-ν-θ-άν-ομαι (vgl. 38 A) ich vergesse			
ἐπι-**λα**-ν-**θ**-άν-ομαι	ἐπι**λή**σομαι	ἐπε**λαθ**όμην	(ἐπιλέ**λησ**μαι)

μα-ν-θ-άν-ω (vgl. 5 und 27 A) / Verbalstöcke: μαθ- / μαθη- ich lerne, erfahre; verstehe			
μα-ν-**θ**-άν-ω	**μαθή**σομαι	ἔ**μαθ**ον	(με**μάθη**κα)

μαθήσομαι ist **mediales Futur.**

πυ-ν-θ-άν-ομαι (vgl. 22 B und 29 B) / Verbalstöcke: πυθ- / πευθ- ich erkundige mich; erfahre			
πυ-ν-**θ**-άν-ομαι	**πεύσ**ομαι	ἐ**πυθ**όμην	(**πέπυσ**μαι)
τυ-γ-χ-άν-ω (vgl. 28 B und 40 A) / Verbalstöcke: τυχ- / τευχ- / (τυχη-) ich erhalte, bekomme / (m. Part.) (unübersetzt), gerade, zufällig			
τυ-γ-**χ**-άν-ω	**τεύξ**ομαι	ἔ**τυχ**ον	(τε**τύχη**κα)

τεύξομαι ist **mediales Futur**, ν wird vor einem K-Laut als γ geschrieben (vgl. 5).

Verben mit der Präsenserweiterung -(ι)σκ-; Verben mit Präsensreduplikation

W: ὁ στρατηγός (47A), ὁ χειμών (55A), κωλύω (26B), μετ-έχω (46A), ἡ ναῦς (45B)

(ἀνα-)μιμνῄσκω (m. Gen.)	ich erinnere (an)	μνήμη, μνημονεύω, ἀνα-μιμνῄσκομαι
τὸ τραῦμα, -ατος	die Wunde	Trauma
ἡ ψῆφος, -ου	der Stimmstein; die Abstimmung, der Beschluss	κατα-ψηφ-ίζομαι

Μὴ μ᾽ ἀναμνήσῃς τούτων τῶν κακῶν. Erinnere mich nicht an diese Übel!

1 Eine Gruppe von **Verben** weist **eine Präsenserweiterung durch das Suffix -(ι)σκ-** auf, durch das der **Beginn einer Handlung oder eines Zustands** angezeigt wird. Bei einigen Verben ist dies noch deutlich zu sehen, z.B. γιγνώ**σκ**ω „ich bin am Beginn einer Einsicht" (γνώμη), also „ich erkenne".

In den Tempora außerhalb des Präsensstammes fehlt dieses Suffix:

ἀρέ-σκ-ω (vgl. 78 B) / Verbalstock: ἀρε- ich gefalle

ἀρέ-σκ-ω	**ἀρέ**σω	**ἤρε**σα	---

εὑρ-ίσκ-ω (vgl. 26 A) / Verbalstöcke: εὑρ- / εὑρε- / εὑρη- ich finde, erfinde

εὑρ-ίσκ-ω	**εὑρή**σω	**ηὗρ**ον	**ηὕρη**κα	**ηὕρη**μαι	**ηὑρέ**θην	**εὑρε**θήσομαι

ἀπο-θνῄ-σκ-ω (vgl. 10 B und 26 A) / Verbalstöcke: θνη- / θαν- ich sterbe, werde getötet

ἀπο-**θνῄ**-σκ-ω	ἀπο**θαν**οῦμαι	ἀπέ**θαν**ον	τέ**θνη**κα

ἀποθανοῦμαι ist **mediales, attisches Futur**.

πά-σχ-ω (vgl. 29 A) / Verbalstöcke: πενθ- / πονθ- / παθ- (← πνθ-) (E-Stufe / O-Stufe / Schwundstufe; vgl. 33 A) ich erlebe, erleide

πά-σχ-ω (← πάθ-σκ-ω)	**πεί**σομαι (← πένθσομαι)	ἔ**παθ**ον	πέ**πονθ**α

πείσομαι ist **mediales, attisches Futur**.

Außerdem ist die Form **πείσομαι doppeldeutig**:
- ich werde erleben, erleiden (zu πάσχω)
- ich werde gehorchen (zu πείθομαι)

Welche der beiden Bedeutungen vorliegt, ist aufgrund des Textzusammenhangs zu entscheiden.

Auch die Verben ἁλ-ίσκ-ομαι („ich werde gefangen, erobert; m. Part.: ich werde überführt") und γι-γνώ-σκ-ω („ich erkenne, weiß; beschließe"), deren Stammformen bereits gelernt sind (vgl. 74 A 2), gehören zu dieser Gruppe.

2 Eine weitere Gruppe von **Verben** weist **eine Präsensreduplikation** auf. Wie bereits bei δίδωμι, τίθημι, ἵημι und ἵστημι beobachtet (vgl. z.B. 81 B), **fehlt diese Präsensreduplikation in den Tempora außerhalb des Präsensstammes**:

γί-γν-ομαι (vgl. 17 A und 27 B) / Verbalstöcke: γεν- / γενη- / γον- / γν- (E-Stufe / O-Stufe / Schwundstufe) ich werde (geboren)			
γί-**γν**-ομαι	**γενή**σομαι	ἐ**γενό**μην	γέ**γονα** / γε**γένη**μαι

πί-πτ-ω (vgl. 10 B und 26 A) / Verbalstöcke: πετ- / πτ- / (πτω-) ich falle			
πί-**πτ**-ω	**πεσοῦ**μαι	ἔ**πεσ**ον	(πέ**πτω**κα)

πεσοῦμαι ist **mediales, attisches Futur**.

τί-κτ-ω (vgl. 20 A und 27 A) / Verbalstöcke: τεκ- / τοκ- / (τκ-) (E-Stufe / O-Stufe / Schwundstufe) ich zeuge, gebäre; erzeuge			
τί-κτ-ω	**τέξ**ομαι	ἔ**τεκ**ον	(τέ**τοκ**α)

τέξομαι ist **mediales Futur**.

3 Einige Verben weisen **sowohl Präsensreduplikation als auch Präsenserweiterung durch das Suffix** -(ι)σκ- auf:

(ἀνα-)μι-μνῄ-σκ-ω / Verbalstock: μνη- ich erinnere (jdn. an)			
μι-**μνῄ**-σκ-ω	**μνή**σω	ἔ**μνη**σα	---
(ἀνα-)μι-μνῄ-σκ-ομαι (vgl. 79 B) ich erinnere mich (an)			
μι-**μνῄ**-σκ-ομαι	**μνη**σθήσομαι	ἐ**μνή**σθην	μέ**μνη**μαι

μιμνῄσκομαι gehört, wie die Stammformenreihe zeigt, zur 2. Gruppe der Deponentien (vgl. 79 B).

δι-δά-σκ-ω (vgl. 2) / Verbalstock: διδαχ- ich lehre						
δι-δά-σκ-ω	**διδάξ**ω	ἐ**δίδαξ**α	(δε**δίδαχ**α)	δε**δίδαγ**μαι	ἐ**διδάχ**θην	**διδαχ**θήσομαι

Wie die Stammformenreihe zeigt, wurde die ursprüngliche Präsensreduplikation δι- schon früh nicht mehr als solche empfunden, sodass sie auch in den Tempora außerhalb des Präsensstammes erhalten blieb.

Verben der E-Klasse

W: ἀν-αιρέω, ἀν-εῖλον (71A), κρίνω (19A), παρά (m. Akk.) (62B), κατά (m. Akk.) (11B)		
μεταμέλει (m. Dat. u. Gen.)	(etwas) reut (jdn.), (jd.) bereut (etwas)	μέλει
θορυβέω	ich lärme	
ἀπειλέω	ich drohe (an)	
Μεταμέλει τῷ βασιλεῖ τῆς ὕβρεως.	Der König bereut seinen Hochmut.	

Bei den folgenden **Verben der E-Klasse** ist der **Verbalstock** entweder nur im Präsensstamm oder nur in den Tempora außerhalb des Präsensstammes **durch ε oder η erweitert**:

E-Erweiterung im Präsensstamm:

δοκ-έ-ω (vgl. 59 A) / Verbalstock: δοκ- ich scheine; meine						
δοκ-έ-ω	**δό**ξω	ἔ**δο**ξα	---			
δοκεῖ (μοι) (vgl. 59 A) es scheint mir (gut), ich beschließe						
δοκεῖ	**δό**ξει	ἔ**δο**ξε(ν)	---	δέ**δοκ**ται „es ist beschlossen (worden)“	---	---

E-Erweiterung außerhalb des Präsensstammes:

βούλ-ομαι (vgl. 14 B) / Verbalstöcke: βουλ- / βουλη- ich will			
βούλομαι	βουλ**ή**σομαι	ἐβουλ**ή**θην	(βεβούλημαι)

βούλομαι gehört, wie die Stammformenreihe zeigt, zur 3. Gruppe der Deponentien (vgl. 80 A und B).

δεῖ (vgl. 32 A) / Verbalstöcke: δε(ϝ)- / δε(ϝ)η- man muss, es ist nötig; man braucht

δεῖ	δε**ή**σει	ἐδέ**η**σε(ν)	(δεδέ**η**κεν)

δέ-ομαι (vgl. 66 A) / Verbalstöcke: δε(ϝ)- / δε(ϝ)η- ich brauche, habe nötig; bitte

δέομαι	δε**ή**σομαι	ἐδε**ή**θην	(δεδέ**η**μαι)

δέομαι gehört ebenfalls zur 3. Gruppe der Deponentien.

(ἐ)θέλ-ω (vgl. 7 A) / Verbalstöcke: (ἐ)θελ- / (ἐ)θελη- ich bin bereit, will

(ἐ)θέλω	(ἐ)θελ**ή**σω	ἠθέλ**η**σα	(ἠθέλ**η**κα)

μάχ-ομαι (vgl. 17 B) / Verbalstöcke: μαχ- / μαχε- / μαχη- ich kämpfe

μάχομαι	μαχοῦμαι	ἐμαχ**ε**σάμην	(μεμάχ**η**μαι)

μέλ-ει (vgl. 32 B) / Verbalstöcke: μελ- / μελη- es liegt am Herzen, macht Sorgen

μέλει	μελ**ή**σει	ἐμέλ**η**σε(ν)	(μεμέλ**η**κεν)

μέλλ-ω (vgl. 32 A) / Verbalstöcke: μελλ- / μελλη- ich will, soll; zögere

μέλλω	μελλ**ή**σω	ἐμέλλ**η**σα	---

οἴ-ομαι (vgl. 14 B) / Verbalstöcke: οἰ- / οἰη- ich glaube, meine

οἴομαι / οἶμαι	οἰ**ή**σομαι	ᾠ**ή**θην	---

Auch οἴομαι gehört zur 3. Gruppe der Deponentien.

χαίρ-ω (vgl. 3 und 6 A) / Verbalstöcke: χαρ- / χαρη- ich freue mich

χαίρω (← χάρ-j-ω; vgl. 67 A 1)	χαιρ**ή**σω	ἐχάρ**η**ν	(κεχάρ**η**κα)

ἐχάρην ist **Wurzelaorist** (vgl. 73 A 1)

1. Aussagemodi in Konditional-, Temporal- und Relativsätzen

	untergeordneter Satz	übergeordneter Satz
1.	**indefiniter Fall** (als **unbestimmt** aufzufassende Aussage) (vgl. 51 A 1)	
	Indikativ aller Tempora	**Indikativ aller Tempora**
	Εἰ τοῦτο **βουλεύονται,**	**βλάπτουσιν** ἡμᾶς.
	Wenn sie dies beschließen,	schaden sie uns.
2.	**Irrealis der Gegenwart** (als **unwirklich** aufzufassende Aussage) (vgl. 51 A 2)	
	Indikativ Imperfekt	**Indikativ Imperfekt + ἄν**
	Εἰ τοῦτο **ἐβουλεύοντο,**	**ἔβλαπτον ἄν** ἡμᾶς.
	Wenn sie dies beschließen **würden,**	**würden** sie uns schaden.
3.	**Irrealis der Vergangenheit** (als **unwirklich** aufzufassende Aussage) (vgl. 51 A 2)	
	Indikativ Aorist	**Indikativ Aorist + ἄν**
	Εἰ τοῦτο **ἐβουλεύσαντο,**	**ἔβλαψαν ἄν** ἡμᾶς.
	Wenn sie dies beschlossen **hätten,**	**hätten** sie uns geschadet.
4.	**Potentialis** (als **möglich** aufzufassende Aussage) (vgl. 55 B 2)	
	Optativ	**Optativ + ἄν**
	Εἰ τοῦτο **βουλεύοιντο,**	**βλάπτοιεν ἄν** ἡμᾶς.
	Wenn sie dies beschließen / beschließen **sollten,**	**könnten / dürften** sie uns **(wohl)** schaden.
5.	**Eventualis** (als **eventuell zukünftig** aufzufassende Aussage) (vgl. 54 A 1)	
	Konjunktiv + ἄν	**Futur** (oder **futurähnlicher Begriff**)
	Ἐὰν τοῦτο **βουλεύωνται,**	**βλάψουσιν** ἡμᾶς.
	Wenn / Falls sie dies beschließen,	**werden** sie uns schaden.
6.	**Iterativ der Gegenwart** (als **sich wiederholend** aufzufassende Aussage) (vgl. 54 A 2)	
	Konjunktiv + ἄν	**Präsens**
	Ἐὰν τοῦτο **βουλεύωνται,**	**βλάπτουσιν** ἡμᾶς.
	Wenn (immer) / Sooft sie dies beschließen,	**schaden** sie uns.
7.	**Iterativ der Vergangenheit** (als **sich wiederholend** aufzufassende Aussage) (vgl. 57 A)	
	Optativ	**Imperfekt**
	Εἰ τοῦτο **βουλεύοιντο,**	**ἔβλαπτον** ἡμᾶς.
	Wenn (immer) / Sooft sie dies beschlossen,	**schadeten** sie uns.

Übersicht: Modi

Alle aufgeführten Aussagemodi finden sich auch in Temporal- und Relativsätzen (vgl. 58 A 2 bzw. 54 B). Es gelten exakt dieselben Modus- bzw. Tempus-Regeln wie in den Konditionalsätzen:

	untergeordneter Satz	übergeordneter Satz
1.	**indefiniter Fall** (als **unbestimmt** aufzufassende Aussage)	
	Indikativ aller Tempora	**Indikativ aller Tempora**
	Ὅτε τοῦτο **βουλεύονται,**	**βλάπτουσιν** ἡμᾶς.
	Wenn sie dies beschließen,	schaden sie uns.
	Οἵτινες τοῦτο **βουλεύονται,**	**βλάπτουσιν** ἡμᾶς.
	Alle, die dies beschließen,	schaden uns.
	…	
6.	Iterativ der Gegenwart (als sich wiederholend aufzufassende Aussage)	
	Konjunktiv + ἄν	**Präsens**
	Ὅταν τοῦτο **βουλεύωνται,**	**βλάπτουσιν** ἡμᾶς.
	Wenn (immer) / Sooft sie dies beschließen,	**schaden** sie uns.
	Οἵ / Οἵτινες ἄν τοῦτο **βουλεύωνται,**	**βλάπτουσιν** ἡμᾶς.
	Diejenigen / Alle, die (auch immer) dies beschließen,	**schaden** uns.
	…	

In Verbindung mit einem **Infinitiv** oder einem **Partizip** dient die Modalpartikel ἄν zur Bezeichnung eines **Irrealis** oder **Potentialis in Abhängigkeit** (vgl. 74 B 3).

Οἴομαι αὐτὸν **ἂν σῴζεσθαι,** εἰ ἐκινδύνευεν. Γιγνώσκω αὐτὸν **ἂν σῳζόμενον,** εἰ ἐκινδύνευεν.	Ich glaube / weiß, dass er gerettet würde, wenn er in Gefahr wäre. (Irrealis der Gegenwart in Abhängigkeit)
Οἴομαι αὐτὸν **ἂν σωθῆναι,** εἰ ἐκινδύνευσεν. Γιγνώσκω αὐτὸν **ἂν σωθέντα,** εἰ ἐκινδύνευσεν.	Ich glaube / weiß, dass er gerettet worden wäre, wenn er in Gefahr gewesen wäre. (Irrealis der Vergangenheit in Abhängigkeit)
Οἴομαι αὐτὸν **ἂν σῴζεσθαι,** εἰ κινδυνεύοι. Γιγνώσκω αὐτὸν **ἂν σωζόμενον,** εἰ κινδυνεύοι.	Ich glaube / weiß, dass er gerettet werden dürfte, wenn er in Gefahr ist / sein sollte. (Potentialis in Abhängigkeit)

2. Die vier grundlegenden Modi des Griechischen

Die nachfolgende Übersicht ist eine Ergänzung der Tabelle zu den Aussagemodi auf S. 215. Dort bereits aufgeführte Fälle werden durch Querverweise angezeigt. Darüber hinausgehend sind alle weiteren im Buch behandelten Erscheinungen nach den vier grundlegenden Modi des Griechischen geordnet und noch einmal mit kurzen Beispielen aufgelistet.

Indikativ
Der Indikativ bezeichnet im Griechischen im Allgemeinen genauso wie im Deutschen **etwas Wirkliches** bzw. **Tatsächliches** (vgl. Tabelle Nr. 1).
Anders als im Deutschen drückt er im Griechischen **in Verbindung mit** der Modalpartikel **ἄν** auch einen **Irrealis** aus (vgl. Tabelle Nr. 2 und Nr. 3).
Bei unpersönlichen Verben des Müssens, Sollens, Könnens sowie **bei ὀλίγου** oder **μικροῦ** („beinahe") steht **im Griechischen Indikativ**, **im Deutschen ein Irrealis** (vgl. 51 B):

Ἔδει σε ἐλθεῖν, ἀλλ' οὐκ ἦλθες.	**Es wäre nötig gewesen**, dass du kommst, aber du kamst nicht.

Konjunktiv
Im Hauptsatz hat der Konjunktiv folgende Funktionen:
Als **Hortativ** enthält er eine **Selbstaufforderung an die 1. Pers. Pl.** (vgl. 52 A 2):

Φειδώμεθα τῶν ἐναντίων.	**Lasst uns / Wollen wir** die Gegner **schonen**!

Als **Deliberativ** drückt er eine **überlegende** bzw. **zweifelnde Frage** aus (vgl. 52 A 2):

Τί **πράττωμεν;**	Was **sollen wir tun?**

In dieser Funktion erscheint er gelegentlich auch im untergeordneten Satz:

Οὐ γιγνώσκομεν, τί **πράττωμεν**.	Wir erkennen nicht, **was wir tun sollen**.

In Verbindung mit μή drückt der Konjunktiv Aorist der 2. Person als **Prohibitiv** ein **Verbot im Einzelfall** aus (vgl. 53 A 3; zum allgemeinen Verbot vgl. Imperativ):

Μὴ διώξῃς τὸν Σωκράτη.	**Klage** Sokrates **nicht an**!

Im **Nebensatz** findet sich der Konjunktiv in folgenden Fällen:
Er steht in **Finalsätzen** zum Ausdruck einer **Absicht** oder eines **Zwecks** (vgl. 52 B 2):

Οἱ νέοι παρεγένοντο, **ἵνα ἀκούσωσι** τοῦ Σωκράτους διαλεγομένου.	Die jungen Leute fanden sich ein, **damit sie** Sokrates bei seiner Unterhaltung **hörten**.

Außerdem begegnet der Konjunktiv **in Verbindung mit** der Modalpartikel **ἄν** beim **Eventualis** sowie beim **Iterativ der Gegenwart** (vgl. Tabelle Nr. 5 und Nr. 6).

Übersicht: Modi

Optativ

Der Optativ bringt einen **Wunsch** zum Ausdruck (vgl. 55 A 2):

(Εἴθε / Εἰ γὰρ) **γένοισθε** εὐτυχεῖς.	**Möget ihr** glücklich **werden**! **Hoffentlich werdet ihr** glücklich!

In Verbindung mit der Modalpartikel **ἄν** erscheint er als **Potentialis** zum Ausdruck einer **Möglichkeit** (vgl. Tabelle Nr. 4) bzw. zum Ausdruck einer vorsichtigen, abgemilderten Behauptung (vgl. 55 B 2):

Ὁ Σωκράτης **κινδυνεύοι ἄν**.	Sokrates **dürfte / könnte (wohl) in Gefahr sein**.

Im **Nebensatz** kann der **oblique Optativ** zur Bezeichnung eines **subjektiven Standpunkts** einen Indikativ oder einen Konjunktiv vertreten (nur nach Vergangenheitstempus im übergeordneten Satz; vgl. 57 B):

Οἱ δικασταὶ κατεψηφίσαντο τοῦ Σωκράτους, ὅτι **διαφθείρειε** τοὺς νέους.	Die Richter verurteilten Sokrates, weil er die Jugend **verdorben habe**.

In Konditional-, Temporal- und Relativsätzen findet sich nach einem Imperfekt im übergeordneten Satz der **iterative Optativ** zum Ausdruck des Iterativs der Vergangenheit (vgl. Tabelle Nr. 7).

Imperativ

Der Imperativ drückt im Griechischen genau wie im Deutschen einen **Befehl** bzw. eine **Aufforderung** aus, **in Verbindung mit μή** bezeichnet er als **Prohibitiv** ein **allgemeines Verbot** (vgl. 53 A 3; zum Verbot im Einzelfall vgl. Konjunktiv):

Λέγετε ἀεὶ τἀληθῆ.	**Sagt** immer die Wahrheit!
Μὴ διώκετε τοὺς τἀληθῆ λέγοντας.	**Klagt** diejenigen, die die Wahrheit sagen, **nicht an**!

Genitiv

1 Der eigentliche Genitiv (Grundfrage: „wessen?“)

1.1 Genitiv des Besitzes (**Genitivus possessivus**):

1.1.1 attributive Verwendung (vgl. 8 B):

τὸ **τοῦ φίλου** βιβλίον τὸ βιβλίον τὸ **τοῦ φίλου**	das Buch **des Freundes**

1.1.2 prädikative Verwendung (vgl. 11 A):

Τόδε τὸ βιβλίον **τοῦ φίλου** ἐστίν.	Dieses Buch gehört **dem Freund.**
Πατρός ἐστι τοὺς παῖδας καλῶς παιδεύειν.	Es ist Aufgabe / Pflicht / Eigenschaft **eines Vaters**, die Kinder gut zu erziehen.

1.2 **Subjektiver** und **objektiver** Genitiv (**Genitivus subiectivus** bzw. **Genitivus obiectivus**) (vgl. 72 A 2):

ὁ **τῶν βαρβάρων** φόβος	die Furcht **der Barbaren** (Genitivus subiectivus) die Furcht **vor den Barbaren** (Genitivus obiectivus)

1.3 Genitiv der **Beschaffenheit** (**Genitivus qualitatis**) zur Bezeichnung von **Material, Alter, Abmessung** (vgl. 82 A 3):

κρατὴρ **χρυσοῦ**	ein Mischkrug **aus Gold**
Ὁ Σωκράτης **ἑβδομήκοντα ἐτῶν** ἦν.	Sokrates war **70 Jahre alt.**
μῆκος **ἑκατὸν ποδῶν**	eine Länge **von hundert Fuß**

1.4 Genitiv des **Wertes** bzw. des **Preises** (**Genitivus pretii**) (vgl. 82 A 2):

τὸν σῖτον **πολλοῦ / ὀλίγου** ἀποδίδοσθαι	das Getreide **teuer (für viel)** / **billig (für wenig)** verkaufen

1.5 Genitiv zur Angabe eines **Zeitraums** (**Genitivus temporis**) (vgl. 66 A 3):

καὶ **ἡμέρας** καὶ **νυκτὸς** ἐργάζεσθαι	**Tag** und **Nacht** arbeiten

1.6 Genitiv des geteilten Ganzen (**Genitivus partitivus**):

1.6.1 bei Substantiven und Pronomen (vgl. 42 B 2):

οἱ πολλοὶ **τῶν ἀνθρώπων**	die große Masse **der Menschen**
ποῦ **γῆς;**	wo **auf der Erde?**

1.6.2 als (nur **teilweise** betroffenes) Objekt bei einigen Verben, wie z.B.:

ἄρχειν / παύεσθαι **τοῦ λόγου**	**mit der Rede** beginnen / aufhören
ἅπτεσθαι **ὤμου**	**an der Schulter / die Schulter** berühren
ἐσθίειν **τοῦ σίτου** καὶ πίνειν **τοῦ οἴνου**	**von der Speise** essen und **vom Wein** trinken
ἀπολαύειν **τοῦ δείπνου**	**am Abendessen** Genuss haben / **das Abendessen** genießen
μετέχειν **τῆς τιμῆς**	**an der Ehre** teilhaben

2 Der Genitiv als Separativ (Grundfrage: „woher?“ bzw. „von wo?“)

2.1 zur Bezeichnung des Ausgangspunkts einer **Trennung** oder eines **Entferntseins** (**Genitivus separationis**):

ἀπαλλάττειν τὸν φίλον **φόβου**	den Freund **von Furcht** befreien
ἀπέχειν δύο στάδια **τοῦ ποταμοῦ**	zwei Stadien **vom Fluss** entfernt sein
ἐλεύθερος **ζημίας**	frei **von Strafe**

2.2 als Genitiv des **Vergleichs** (**Genitivus comparationis**) nach Komparativen und Verben des Überlegen- und Unterlegenseins (vgl. 35 B 2 und 46 A 2):

ἀμείνων **τοῦ ἀδελφοῦ**	besser **als der Bruder**
περιγίγνεσθαι **τῶν ἑταίρων**	**den Gefährten** überlegen sein
ἡττᾶσθαι **τῶν Ἀθηναίων**	**den Athenern** unterlegen sein

2.3 als Genitiv des **Grundes** (**Genitivus causae**) (vgl. 80 B 2):

θαυμάζειν τινὰ **τῆς ἀνδρείας**	jemanden **wegen seiner Tapferkeit** bewundern

2.4 als Genitiv zur Angabe eines **Vergehens** (**Genitivus criminis**) (vgl. 85 B 3):

αἰτιᾶσθαί τινα **φόνου**	jemanden **des Mordes** beschuldigen / **wegen Mordes** anklagen

Dativ

1 Der eigentliche Dativ (Grundfrage: „wem?“ bzw. „für wen?“)

1.1 Dativ als Kasus des **Objekts**

1.1.1 Dativ als alleiniges Objekt:

Οἱ ἄνθρωποι **τοῖς θεοῖς** πείθονται.	Die Menschen gehorchen **den Göttern**.

1.1.2 Dativ als Objekt neben einem Akkusativobjekt:

Οἱ ἄνθρωποι **τοῖς θεοῖς** δῶρα φέρουσιν.	Die Menschen bringen **den Göttern** Geschenke.

1.2 Dativ des **Besitzers** (**Dativus possessoris**) bei den Verben εἶναι (vgl. 11 A) und γίγνεσθαι:

Ἄλλοις μὲν πολλὰ χρήματα **γίγνεται**, **ἡμῖν** δ' **εἰσὶν** ἀγαθοὶ φίλοι.	Anderen **wird** viel materieller Besitz **zuteil**, **wir** aber **haben** gute Freunde.

1.3 Dativ zur Angabe der **handelnden Person** beim Perfekt Passiv und beim Verbaladjektiv (**Dativus auctoris**) (vgl. 49 B und 84 B):

Ταῦτα **πατρὶ** οὕτως **εἴρηται.** **Ἡμῖν** οὖν **ποιητέα** (ἐστίν).	Dies ist **vom Vater** so **gesagt** worden. Wir **müssen** es also **tun**.

1.4 Dativ zur Bezeichnung einer Person, die einen **Vorteil erlangt** oder einen **Nachteil erleidet** (**Dativus commodi** bzw. **incommodi**) – Übersetzung zumeist mit der Präposition „für“ (vgl. 88 B 2):

Τοῦτ' ἐστὶ τὸ ζῆν, οὐχ **ἑαυτῷ** ζῆν μόνον.	Das ist das (wahre) Leben: nicht nur **für sich** (= zum eigenen Nutzen) zu leben.

2 Der Dativ als Instrumentalis (Grundfrage: „womit?“ bzw. „wodurch?“) und Soziativ (Grundfrage: „mit wem?“)

2.1 Dativ des **Mittels** bzw. **Werkzeugs**, mit dem eine Handlung durchgeführt wird (**Dativus instrumentalis**) (vgl. 9 B 2):

οὐ **λόγοις**, ἀλλ' **ἔργοις** μανθάνειν	nicht **durch Worte**, sondern **durch Taten** lernen

2.2 Dativ der **Art und Weise** (**Dativus modi**) (vgl. 19 A 2):

σπουδῇ ἐργάζεσθαι	**mit Eifer** arbeiten

Übersicht: Kasuslehre

2.3 Dativ des **Grundes** (**Dativus causae**) (vgl. 21 B 1) – oft bei Verben der Gemütsbewegung:

ὕβρει ποιεῖν τι	etwas **aus Hochmut** ausführen
ταῖς τιμαῖς ἥδεσθαι	sich **über die Ehren** freuen

2.4 Dativ der **näheren Bestimmung** einer Handlung oder eines Begriffs, häufig bei **Verben des Einschätzens und Beurteilens** bzw. **des Übertreffens und Unterlegenseins** und bei bestimmten **adverbialen Wendungen** (vgl. 68 A):

τοὺς ἀνθρώπους κρίνειν **τοῖς ἔργοις**	die Menschen **nach ihren Taten** beurteilen
περιγίγνεσθαι τῶν φίλων **γνώμῃ**	seinen Freunden **an Einsicht** überlegen sein
λόγῳ μὲν δημοκρατία, **ἔργῳ** δὲ ὑπὸ τοῦ πρώτου ἀνδρὸς ἀρχή	**dem Wort nach** eine Demokratie, **in Wirklichkeit** eine Herrschaft durch den ersten Mann

2.5 Dativ des **Unterschieds** (**Dativus discriminis**) bei Ausdrücken, die einen Vergleich enthalten, z.B. Komparationsformen (Frage „um wie viel?"; vgl. 38 A 2):

πολλῷ κρείττων	**(um) viel(es)** stärker

2.6 Dativ als **Soziativ** bei Verben, die ein (freundliches oder feindliches) **Zusammensein** oder ein **gemeinsames Handeln** bezeichnen (lat. *socius* der Gefährte), oft bei Komposita mit συν-, ἐν- und ἐπι-:

διαλέγεσθαι **φιλοσόφῳ**	sich **mit einem Philosophen** unterhalten
μάχεσθαι **πολεμίοις**	**mit Feinden** kämpfen
συνεῖναι **φιλοσόφῳ**	**mit einem Philosophen** Umgang pflegen
ἐντυγχάνειν **τοῖς φίλοις**	**auf die Freunde** treffen
ἐπιβουλεύειν **τῷ τυράννῳ**	einen Anschlag **auf den Tyrannen** planen

2.7 Dativ bei Adjektiven, Adverbien und Pronomen, die **Gleichheit** oder **Ähnlichkeit** bezeichnen (vgl. 17 B):

ἴσος **τῷ ἀδελφῷ**	gleich **dem Bruder** / gleich **wie der Bruder**
τὴν αὐτὴν γνώμην **τοῖς ἄλλοις** ἔχειν	dieselbe Meinung **wie die anderen** haben

Der Dativ des Vergleichs kann auch durch eine Konstruktion mit καί ersetzt werden (ἴσος καὶ ὁ ἀδελφός / τὴν αὐτὴν γνώμην καὶ οἱ ἄλλοι ἔχειν).

3 Der Dativ als Vertreter des Lokativs (Grundfrage: „wo?“ bzw. „wann?“)

3.1 Dativ zur Bezeichnung **des Ortes**:

Δελφοῖς	**in Delphi**

Daneben kann zur Bezeichnung von Ortsangaben auch die Präposition ἐν verwendet werden (ἐν Δελφοῖς).

3.2 Dativ zur Bezeichnung des **Zeitpunkts** (vgl. 66 A 3):

τῇ πρώτῃ ἡμέρᾳ	**am ersten Tag**

Akkusativ

1 Akkusativ als Objekt

1.1 Akkusativ als **äußeres Objekt**: Verwendung meist wie im Deutschen – mit folgenden **Ausnahmen**:

1.1.1 Akkusativobjekt bei Verben des **Nützens** bzw. des **Schadens**:

τοὺς υἱοὺς ὠφελεῖν	**den Söhnen** helfen
οὐδένα ἀδικεῖν	**niemandem** Unrecht tun

Beachte: Im Passiv werden diese Verben im Griechischen persönlich konstruiert, im Deutschen muss hierfür eine unpersönliche oder eine freiere Übersetzung gefunden werden, z.B.:

Οἱ υἱοὶ ὠφελοῦνται.	Man hilft den Söhnen. (unpersönlich)
	Die Söhne bekommen Hilfe. (freier)

1.1.2 Akkusativobjekt bei Verben der **Flucht** bzw. der **Abwehr**:

τοὺς τυράννους φεύγειν	**vor den Tyrannen** fliehen
τὸν κακοῦργον φυλάττεσθαι	**sich vor dem Verbrecher** hüten

1.1.3 Akkusativobjekt bei Verben des **Respektierens** bzw. des **Sich-Schämens**:

τοὺς προγόνους αἰδεῖσθαι	**vor den Vorfahren** Ehrfurcht haben
τοὺς γονέας αἰσχύνεσθαι	**sich vor den Eltern** schämen

1.1.4 Akkusativobjekt bei Verben des **Schwörens**:

τὸν Ἀπόλλωνα ὀμνύναι	**bei Apollon** schwören

1.1.5 **doppelter Akkusativ** nach Verben mit der Bedeutung „**halten für**“, „**machen zu**“, „**bezeichnen als**“, „**sich zeigen als**“ (vgl. 24 B 2):

τὸν Ὅμηρον ἄριστον ποιητὴν νομίζειν / ἡγεῖσθαι	**Homer für den besten Dichter** halten
τὸν Περικλέα στρατηγὸν ποιεῖν / καθιστάναι / τιθέναι	**Perikles zum Feldherrn** machen
τὸν τύραννον κακοῦργον λέγειν / ὀνομάζειν / καλεῖν	**den Tyrannen als Verbrecher** bezeichnen
ἑαυτὸν δίκαιον παρέχειν	**sich als gerecht** erweisen

1.1.6 **Akkusativ der Person und der Sache** nach bestimmten Verben:

τὸν πολέμιον τὰ ὅπλα ἀφαιρεῖσθαι	**dem Feind die Waffen** wegnehmen

1.2 Akkusativ als **inneres Objekt**:

1.2.1 in der **Verbindung eines Verbs mit einem stammverwandten Substantiv** – meist freier zu übersetzen (vgl. 68 B 2):

μάχην μάχεσθαι	**einen Kampf** ausfechten

1.2.2 **Neutrum eines Adjektivs**:

ὀξὺ βλέπειν	**scharf** sehen

2 Der adverbiale Akkusativ

2.1 Akkusativ der **zeitlichen** und **räumlichen Ausdehnung** (Fragen „wie lange?“ bzw. „wie weit?“; vgl. 15 B):

ἀγωνίζεσθαι **δέκα ἡμέρας**	**zehn Tage (lang)** wetteifern
τοὺς ἵππους **πολλὰ στάδια** ἄγειν	die Pferde **viele Stadien (weit)** führen

2.2 **adverbialer Akkusativ** (Frage: „auf welche Weise?“) und **Akkusativ der Beziehung** (**Accusativus Graecus**) (Frage: „in Beziehung worauf?“) (vgl. 44 B 2):

τὸν αὐτὸν τρόπον	**auf dieselbe Art und Weise**
κρείττων **σῶμα τὲ καὶ νοῦν**	**in Bezug auf Körper und Geist** überlegen / **körperlich und geistig** überlegen

o-Deklination

Singular	ὁ	φίλ-ος	ἄνθρωπ-ος	γεωργ-ός	δοῦλ-ος	πλοῦς (<πλό-ος)	τὸ	τέκν-ον
	τοῦ	φίλ-ου	ἀνθρώπ-ου	γεωργ-οῦ	δούλ-ου	πλοῦ (<πλό-ου)	τοῦ	τέκν-ου
	τῷ	φίλ-ῳ	ἀνθρώπ-ῳ	γεωργ-ῷ	δούλ-ῳ	πλῷ (<πλό-ῳ)	τῷ	τέκν-ῳ
	τὸν	φίλ-ον	ἄνθρωπ-ον	γεωργ-όν	δοῦλ-ον	πλοῦν (<πλό-ον)	τὸ	τέκν-ον
	(ὦ)	φίλ-ε	ἄνθρωπ-ε	γεωργ-έ	δοῦλ-ε		(ὦ)	τέκν-ον
Plural	οἱ	φίλ-οι	ἄνθρωπ-οι	γεωργ-οί	δοῦλ-οι		τὰ	τέκν-α
	τῶν	φίλ-ων	ἀνθρώπ-ων	γεωργ-ῶν	δούλ-ων		τῶν	τέκν-ων
	τοῖς	φίλ-οις	ἀνθρώπ-οις	γεωργ-οῖς	δούλ-οις		τοῖς	τέκν-οις
	τοὺς	φίλ-ους	ἀνθρώπ-ους	γεωργ-ούς	δούλ-ους		τὰ	τέκν-α
	(ὦ)	φίλ-οι	ἄνθρωπ-οι	γεωργ-οί	δοῦλ-οι		(ὦ)	τέκν-α
		G6A2; 6B1	G8A	G8A	G8A	G28B		G9A1

a-Deklination

Singular	ἡ	γνώμ-η	τιμ-ή	οἰκί-α	γενε-ά	δόξ-ᾰ	ἱέρει-ᾰ	γῆ
	τῆς	γνώμ-ης	τιμ-ῆς	οἰκί-ας	γενε-ᾶς	δόξ-ης	ἱερεί-ας	γῆς
	τῇ	γνώμ-ῃ	τιμ-ῇ	οἰκί-ᾳ	γενε-ᾷ	δόξ-ῃ	ἱερεί-ᾳ	γῇ
	τὴν	γνώμ-ην	τιμ-ήν	οἰκί-αν	γενε-άν	δόξ-ᾰν	ἱέρει-ᾰν	γῆν
	(ὦ)	γνώμ-η	τιμ-ή	οἰκί-α	γενε-ά	δόξ-ᾰ	ἱέρει-ᾰ	γῆ
Plural	αἱ	γνῶμ-αι	τιμ-αί	οἰκί-αι	γενε-αί	δόξ-αι	ἱέρει-αι	
	τῶν	γνωμ-ῶν	τιμ-ῶν	οἰκι-ῶν	γενε-ῶν	δοξ-ῶν	ἱερει-ῶν	
	ταῖς	γνώμ-αις	τιμ-αῖς	οἰκί-αις	γενε-αῖς	δόξ-αις	ἱερεί-αις	
	τὰς	γνώμ-ας	τιμ-άς	οἰκί-ας	γενε-άς	δόξ-ας	ἱερεί-ας	
	(ὦ)	γνῶμ-αι	τιμ-αί	οἰκί-αι	γενε-αί	δόξ-αι	ἱέρει-αι	
		G12A	G12B	G16A	G16A	G28A	G28A	G28A

Singular	ὁ	νεανί-ας	πολίτ-ης
	τοῦ	νεανί-ου	πολίτ-ου
	τῷ	νεανί-ᾳ	πολίτ-ῃ
	τὸν	νεανί-αν	πολίτ-ην
	(ὦ)	νεανί-α	πολῖτ-α
Plural	οἱ	νεανί-αι	πολῖτ-αι
	τῶν	νεανι-ῶν	πολιτ-ῶν
	τοῖς	νεανί-αις	πολίτ-αις
	τοὺς	νεανί-ας	πολίτ-ας
	(ὦ)	νεανί-αι	πολῖτ-αι
		G18B	G18B

Formentabellen

Dritte Deklination

Singular	ὁ	ῥήτωρ	πατήρ	παῖς	ἀγών	ἄρχων	βασιλεύ-ς
	τοῦ	ῥήτορ-ος	πατρ-ός	παιδ-ός	ἀγῶν-ος	ἄρχοντ-ος	βασιλέ-ως
	τῷ	ῥήτορ-ι	πατρ-ί	παιδ-ί	ἀγῶν-ι	ἄρχοντ-ι	βασιλεῖ
	τὸν	ῥήτορ-α	πατέρ-α	παῖδ-α	ἀγῶν-α	ἄρχοντ-α	βασιλέ-ᾱ
	(ὦ)	ῥῆτορ	πάτερ	παῖ	ἀγών	ἄρχον	βασιλεῦ
Plural	οἱ	ῥήτορ-ες	πατέρ-ες	παῖδ-ες	ἀγῶν-ες	ἄρχοντ-ες	βασιλεῖς
	τῶν	ῥητόρ-ων	πατέρ-ων	παίδ-ων	ἀγών-ων	ἀρχόντ-ων	βασιλέ-ων
	τοῖς	ῥήτορ-σι(ν)	πατρά-σι(ν)	παι-σί(ν)	ἀγῶ-σι(ν)	ἄρχου-σι(ν)	βασιλεῦ-σι(ν)
	τοὺς	ῥήτορ-ας	πατέρ-ας	παῖδ-ας	ἀγῶν-ας	ἄρχοντ-ας	βασιλέ-ᾱς
	(ὦ)	ῥήτορ-ες	πατέρ-ες	παῖδ-ες	ἀγῶν-ες	ἄρχοντ-ες	βασιλεῖς
		G33A	G33A	G33B	G34A	G35A	G45A1

Singular	ἡ	μήτηρ	γυνή	πόλις	ναῦ-ς
	τῆς	μητρ-ός	γυναικ-ός	πόλε-ως	νε-ώς
	τῇ	μητρ-ί	γυναικ-ί	πόλε-ι	νη-ΐ
	τὴν	μητέρ-α	γυναῖκ-α	πόλι-ν	ναῦ-ν
	(ὦ)	μῆτερ	γύναι	πόλι	ναῦ-ς
Plural	αἱ	μητέρ-ες	γυναῖκ-ες	πόλεις	νῆ-ες
	τῶν	μητέρ-ων	γυναικ-ῶν	πόλε-ων	νε-ῶν
	ταῖς	μητρά-σι(ν)	γυναιξί(ν)	πόλε-σι(ν)	ναυ-σί(ν)
	τὰς	μητέρ-ας	γυναῖκ-ας	πόλεις	ναῦ-ς
	(ὦ)	μητέρ-ες	γυναῖκ-ες	πόλεις	νῆ-ες
		G33A	G33B	G44A	G45B

Singular	τὸ	ὄνομα	γένος	ἄστυ
	τοῦ	ὀνόματ-ος	γένους	ἄστε-ως
	τῷ	ὀνόματ-ι	γένει	ἄστει
	τὸ	ὄνομα	γένος	ἄστυ
	(ὦ)	ὄνομα	γένος	ἄστυ
Plural	τὰ	ὀνόματ-α	γένη	ἄστη
	τῶν	ὀνομάτ-ων	γενῶν	ἄστε-ων
	τοῖς	ὀνόμα-σι(ν)	γένεσι(ν)	ἄστε-σι(ν)
	τὰ	ὀνόματ-α	γένη	ἄστη
	(ὦ)	ὀνόματ-α	γένη	ἄστη
		G33B	G41A	G44A

Adjektive (G13A1; 14A; 17A; 34B1; 35A; 35B1; 38B2; 41B1; 44B1)

Singular	καλός, -ή, -όν	μέγας, μεγάλη, μέγα	πολύς, πολλή, πολύ	σώφρων, σῶφρον
	καλοῦ, -ῆς	μεγάλου, -ης	πολλοῦ, -ῆς	σώφρονος
	καλῷ, -ῇ	μεγάλῳ, -ῃ	πολλῷ, -ῇ	σώφρονι
	καλόν, -ήν	μέγαν, μεγάλην, μέγα	πολύν, πολλήν, πολύ	σώφρονα, σῶφρον
Plural	καλοί, -αί, -ά	μεγάλοι, -αι, -α	πολλοί, -αί, -ά	σώφρονες, -α
	καλῶν	μεγάλων	πολλῶν	σωφρόνων
	καλοῖς, -αῖς	μεγάλοις, -αις	πολλοῖς, -αῖς	σώφροσι(ν)
	καλούς, -άς, -ά	μεγάλους, -ας, -α	πολλούς, -άς, -ά	σώφρονας, -α

Singular	πᾶς, πᾶσα, πᾶν	ἑκών, ἑκοῦσα, ἑκόν	ἡδύς, ἡδεῖα, ἡδύ	ἀληθής, ἀληθές
	παντός, πάσης	ἑκόντος, ἑκούσης	ἡδέος, ἡδείας	ἀληθοῦς
	παντί, πάσῃ	ἑκόντι, ἑκούσῃ	ἡδεῖ, ἡδείᾳ	ἀληθεῖ
	πάντα, πᾶσαν, πᾶν	ἑκόντα, ἑκοῦσαν, ἑκόν	ἡδύν, ἡδεῖαν, ἡδύ	ἀληθῆ, ἀληθές
Plural	πάντες, πᾶσαι, πάντα	ἑκόντες, ἑκοῦσαι, ἑκόντα	ἡδεῖς, ἡδεῖαι, ἡδέα	ἀληθεῖς, ἀληθῆ
	πάντων, πασῶν	ἑκόντων, ἑκουσῶν	ἡδέων, ἡδειῶν	ἀληθῶν
	πᾶσι(ν), πάσαις	ἑκοῦσι(ν), ἑκούσαις	ἡδέσι(ν), ἡδείαις	ἀληθέσι(ν)
	πάντας, πάσας, πάντα	ἑκόντας, ἑκούσας, ἑκόντα	ἡδεῖς, ἡδείας, ἡδέα	ἀληθεῖς, ἀληθῆ

Steigerung, Adverbbildung (G 45A2; 46A1; 46B1)

Positiv	Komparativ	Superlativ	Adverb
ἀνδρεῖος	ἀνδρειότερος, -τέρα, -τερον	ἀνδρειότατος, -τάτη, -τατον	ἀνδρείως
ἡδύς	ἡδίων, ἥδιον	ἥδιστος, -η, -ον	ἡδέως

Partizipien

Aktiv	Präsens	παιδεύων, παιδεύουσα, παιδεῦον, παιδεύοντος, -ούσης ... ὤν, οὖσα, ὄν, ὄντος, οὔσης, ὄντος ...	G36A
	Futur	παιδεύσων, -σουσα, παιδεῦσον, παιδεύσοντος, -σούσης ...	G39A1
	Aorist	παιδεύσας, -σασα, παιδεῦσαν, παιδεύσαντος, -σάσης ... λιπών, λιποῦσα, λιπόν, λιπόντος, λιπούσης ...	G38A1; G38B1
	Perfekt	πεπαιδευκώς, -κυῖα, -κός, πεπαιδευκότος, -κυίας ...	G47A
Medium/Passiv	Präsens	παιδευόμενος, -μένη, -μενον, παιδευομένου, -μένης ...	G15A1
	Perfekt	πεπαιδευμένος, -μένη, -μένον, πεπαιδευμένου, -μένης ...	G47B1
Medium	Futur	παιδευσόμενος, -σομένη, -σόμενον, παιδευσομένου ...	G39A1
	Aorist	παιδευσάμενος, -μένη, -μενον, παιδευσαμένου, -μένης ... γενόμενος, -μένη, -μενον, γενομένου, -μένης ...	G23B2; G27B
Passiv	Futur	παιδευθησόμενος, -μένη, -μενον, παιδευθησομένου, -μένης ...	G43B1
	Aorist	παιδευθείς, -θεῖσα, -θέν, παιδευθέντος, -θείσης ...	G42A

Formentabellen

Pronomen

		Personalpronomen G21A			Reflexivpronomen G22A1		
		1. Pers.	2. Pers.	3. Pers.	1. Pers.	2. Pers.	3. Pers.
Singular	Nom.	ἐγώ	σύ				
	Gen.	ἐμοῦ	σοῦ	αὐτοῦ	ἐμαυτοῦ	σ(ε)αυτοῦ	ἑαυτοῦ
	Dat.	ἐμοί	σοί	αὐτῷ	ἐμαυτῷ	σ(ε)αυτῷ	ἑαυτῷ
	Akk.	ἐμέ	σέ	αὐτόν	ἐμαυτόν	σ(ε)αυτόν	ἑαυτόν
Plural	Nom.	ἡμεῖς	ὑμεῖς				
	Gen.	ἡμῶν	ὑμῶν	αὐτῶν	ἡμῶν αὐτῶν	ὑμῶν αὐτῶν	ἑαυτῶν
	Dat.	ἡμῖν	ὑμῖν	αὐτοῖς	ἡμῖν αὐτοῖς	ὑμῖν αὐτοῖς	ἑαυτοῖς
	Akk.	ἡμᾶς	ὑμᾶς	αὐτούς	ἡμᾶς αὐτούς	ὑμᾶς αὐτούς	ἑαυτούς

		Demonstrativpronomen G26B + 27A2					
Singular	Nom.	οὗτος	αὕτη	τοῦτ**ο**	ὅδε	ἥδε	τόδε
	Gen.	τούτου	ταύτης	τούτου	τοῦδε	τῆσδε	τοῦδε
	Dat.	τούτῳ	ταύτῃ	τούτῳ	τῷδε	τῇδε	τῷδε
	Akk.	τοῦτον	ταύτην	τοῦτ**ο**	τόνδε	τήνδε	τόδε
Plural	Nom.	οὗτοι	αὗται	ταῦτα	οἵδε	αἵδε	τάδε
	Gen.	τούτων	τούτων	τούτων	τῶνδε	τῶνδε	τῶνδε
	Dat.	τούτοις	ταύταις	τούτοις	τοῖσδε	ταῖσδε	τοῖσδε
	Akk.	τούτους	ταύτας	ταῦτα	τούσδε	τάσδε	τάδε

		Relativpronomen G30B					
Singular	Nom.	ὅς	ἥ	ὅ	ὅστις	ἥτις	ὅ τι
	Gen.	οὗ	ἧς	οὗ	οὗτινος	ἧστινος	οὗτινος
	Dat.	ᾧ	ᾗ	ᾧ	ᾧτινι	ᾗτινι	ᾧτινι
	Akk.	ὅν	ἥν	ὅ	ὅντινα	ἥντινα	ὅ τι
Plural	Nom.	οἵ	αἵ	ἅ	οἵτινες	αἵτινες	ἅτινα
	Gen.	ὧν	ὧν	ὧν	ὧντινων	ὧντινων	ὧντινων
	Dat.	οἷς	αἷς	οἷς	οἷστισι(ν)	αἷστισι(ν)	οἷστισι(ν)
	Akk.	οὕς	ἅς	ἅ	οὕστινας	ἅστινας	ἅτινα

	Interrogativpronomen G29A		Indefinitpronomen G29B	
	Singular	Plural	Singular	Plural
Nom.	τίς, τί	τίνες, τίνα	τις, τι	τινές, τινά
Gen.	τίνος	τίνων	τινός	τινών
Dat.	τίνι	τίσι(ν)	τινί	τισί(ν)
Akk.	τίνα, τί	τίνας, τίνα	τινά, τι	τινάς, τινά

Possessivpronomen G22B	
1. Pers.	2. Pers.
ἐμός, ἐμή, ἐμόν	σός, σή, σόν
ἡμέτερος, -τέρα, -τερον	ὑμέτερος, -τέρα, -τερον

Verben auf -ω: Präsensstamm

		Aktiv		Medium/Passiv	
		Singular	Plural	Singular	Plural
Ind. Präs.	1. P.	παιδεύ-ω G7A	παιδεύ-ομεν	παιδεύ-ομαι G10A	παιδευ-όμεθα
	2. P.	παιδεύ-εις	παιδεύ-ετε	παιδεύ-ῃ	παιδεύ-εσθε
	3. P.	παιδεύ-ει	παιδεύ-ουσι(ν)	παιδεύ-εται	παιδεύ-ονται
Inf.		παιδεύ-ειν		παιδεύ-εσθαι	
Imp.		παίδευ-ε G9B1	παιδεύ-ετε	παιδεύ-ου G14B2	παιδεύ-εσθε
Konj.	1. P.	παιδεύ-ω G52A1	παιδεύ-ωμεν	παιδεύ-ωμαι G52A1	παιδευ-ώμεθα
	2. P.	παιδεύ-ῃς	παιδεύ-ητε	παιδεύ-ῃ	παιδεύ-ησθε
	3. P.	παιδεύ-ῃ	παιδεύ-ωσι(ν)	παιδεύ-ηται	παιδεύ-ωνται
Opt.	1. P.	παιδεύ-οιμι G55A1	παιδεύ-οιμεν	παιδευ-οίμην G55B1	παιδευ-οίμεθα
	2. P.	παιδεύ-οις	παιδεύ-οιτε	παιδεύ-οιο	παιδεύ-οισθε
	3. P.	παιδεύ-οι	παιδεύ-οιεν	παιδεύ-οιτο	παιδεύ-οιντο
Impf.	1. P.	ἐ-παίδευ-ον G19A	ἐ-παιδεύ-ομεν	ἐ-παιδευ-όμην 20A1	ἐ-παιδευ-όμεθα
	2. P.	ἐ-παίδευ-ες	ἐ-παιδεύ-ετε	ἐ-παιδεύ-ου	ἐ-παιδεύ-εσθε
	3. P.	ἐ-παίδευ-ε(ν)	ἐ-παίδευ-ον	ἐ-παιδεύ-ετο	ἐ-παιδεύ-οντο

Verben auf -ω: Perfektstamm

		Aktiv	Medium/Passiv
Indikativ	1. Sg.	πε-παίδευ-κα G47A	πε-παίδευ-μαι G47B1
	2.	πε-παίδευ-κας	πε-παίδευ-σαι
	3.	πε-παίδευ-κε(ν)	πε-παίδευ-ται
	1. Pl.	πε-παιδεύ-καμεν	πε-παιδεύ-μεθα
	2.	πε-παιδεύ-κατε	πε-παίδευ-σθε
	3.	πε-παιδεύ-κασι(ν)	πε-παίδευ-νται
Inf.		πε-παιδευ-κέναι	πε-παιδεῦ-σθαι
Plusquamperfekt	1. Sg.	ἐ-πε-παιδεύ-κειν G50A	ἐ-πε-παιδεύ-μην G50A
	2.	ἐ-πε-παιδεύ-κεις	ἐ-πε-παίδευ-σο
	3.	ἐ-πε-παιδεύ-κει	ἐ-πε-παίδευ-το
	1. Pl.	ἐ-πε-παιδεύ-κεμεν	ἐ-πε-παιδεύ-μεθα
	2.	ἐ-πε-παιδεύ-κετε	ἐ-πε-παίδευ-σθε
	3.	ἐ-πε-παιδεύ-κεσαν	ἐ-πε-παίδευ-ντο

Formentabellen

Verben auf -ω: Aorist- und Futurstamm

		Aktiv		Medium	Passiv
Indikativ Aorist	1. Sg.	ἐ-παίδευ-σα G23A1	ἔ-φυγ-ον G26A	ἐ-παιδευ-σάμην G23B1	ἐ-παιδεύ-θην G42A
	2.	ἐ-παίδευ-σας	ἔ-φυγ-ες	ἐ-παιδεύ-σω	ἐ-παιδεύ-θης
	3.	ἐ-παίδευ-σε(ν)	ἔ-φυγ-ε(ν)	ἐ-παιδεύ-σατο	ἐ-παιδεύ-θη
	1. Pl.	ἐ-παιδεύ-σαμεν	ἐ-φύγ-ομεν	ἐ-παιδευ-σάμεθα	ἐ-παιδεύ-θημεν
	2.	ἐ-παιδεύ-σατε	ἐ-φύγ-ετε	ἐ-παιδεύ-σασθε	ἐ-παιδεύ-θητε
	3.	ἐ-παίδευ-σαν	ἔ-φυγ-ον	ἐ-παιδεύ-σαντο	ἐ-παιδεύ-θησαν
Inf.		παιδεῦ-σαι	φυγ-εῖν	παιδεύ-σασθαι	παιδευ-θῆναι
Imp.		παίδευ-σον G24A3	φύγ-ε	παίδευ-σαι G24A3	παιδεύ-θητι
		παιδεύ-σατε	φύγε-τε	παιδεύ-σασθε	παιδεύ-θητε
Konjunktiv Aorist	1. Sg.	παιδεύ-σω G53A1	φύγ-ω G53A1	παιδεύ-σωμαι G53A1	παιδευ-θῶ G53B
	2.	παιδεύ-σῃς	φύγ-ῃς	παιδεύ-σῃ	παιδευ-θῇς
	3.	παιδεύ-σῃ	φύγ-ῃ	παιδεύ-σηται	παιδευ-θῇ
	1. Pl.	παιδεύ-σωμεν	φύγ-ωμεν	παιδευ-σώμεθα	παιδευ-θῶμεν
	2.	παιδεύ-σητε	φύγ-ητε	παιδεύ-σησθε	παιδευ-θῆτε
	3.	παιδεύ-σωσι(ν)	φύγ-ωσι(ν)	παιδεύ-σωνται	παιδευ-θῶσι(ν)
Optativ Aorist	1. Sg.	παιδεύ-σαιμι G56A1	φύγ-οιμι G56A1	παιδευ-σαίμην G56A1	παιδευ-θείην G56B
	2.	παιδεύ-σειας, -σαις	φύγ-οις	παιδεύ-σαιο	παιδευ-θείης
	3.	παιδεύ-σειε(ν), -σαι	φύγ-οι	παιδεύ-σαιτο	παιδευ-θείη
	1. Pl.	παιδεύ-σαιμεν	φύγ-οιμεν	παιδευ-σαίμεθα	παιδευ-θεῖμεν
	2.	παιδεύ-σαιτε	φύγ-οιτε	παιδεύ-σαισθε	παιδευ-θεῖτε
	3.	παιδεύ-σειαν, -σαιεν	φύγ-οιεν	παιδεύ-σαιντο	παιδευ-θεῖεν
Indikativ Futur	1. Sg.	παιδεύ-σω G32A		παιδεύ-σομαι G32B1	παιδευ-θήσομαι G43B1
	2.	παιδεύ-σεις		παιδεύ-σῃ	παιδευ-θήσῃ
	3.	παιδεύ-σει		παιδεύ-σεται	παιδευ-θήσεται
	1. Pl.	παιδεύ-σομεν		παιδευ-σόμεθα	παιδευ-θησόμεθα
	2.	παιδεύ-σετε		παιδεύ-σεσθε	παιδευ-θήσεσθε
	3.	παιδεύ-σουσι(ν)		παιδεύ-σονται	παιδευ-θήσονται
Inf. Fut.		παιδεύ-σειν		παιδεύ-σεσθαι	παιδευ-θήσεσθαι

Aoristbildung der Verba muta				
K-Stöcke (κ, γ, χ, ττ)	+ σ → ξ	διώκω → ἐδίωξα G25A1	+ θ → χθ	διώκω → ἐδιώχθην G42B1
P-Stöcke (π, β, φ, πτ)	+ σ → ψ	πέμπω → ἔπεμψα G24B1	+ θ → φθ	πέμπω → ἐπέμφθην
T-Stöcke (τ, δ, θ, ζ)	+ σ → σ	πείθω → ἔπεισα G24A2	+ θ → σθ	πείθω → ἐπείσθην

Verben auf -ω: Contracta

Verba contracta auf -εω

Kontraktionsregeln s. 59 A 1; Formentabellen s. 59 A 2; 59 B; 60 A; 60 B

Verba contracta auf -αω

Kontraktionsregeln s. 62 A 1; Formentabellen s. 62 A 2; 62 B

Verba contracta auf -οω

Kontraktionsregeln s. 63 A 1; Formentabellen s. 63 A 2; 63 B

Verba contracta auf -ηω

Kontraktionsregeln s. 64 A 1; Formentabellen s. 64 A 2

Verben auf -μι

εἰμί

	Indikativ Präsens	Konjunktiv Präsens	Optativ Präsens	Imperfekt	Futur
1. Sg.	εἰ-μί G11A1	ὦ G52B1	εἴη-ν G55A1	ἦ-ν G18A1	ἔσ-ομαι G32B2
2. Sg.	εἶ	ᾖ-ς	εἴη-ς	ἦ-σθα	ἔσ-ῃ
3. Sg.	ἐσ-τίν	ᾖ	εἴη	ἦ-ν	ἔσ-ται
1. Pl.	ἐσ-μέν	ὦ-μεν	εἶ-μεν	ἦ-μεν	ἐσ-όμεθα
2. Pl.	ἐσ-τέ	ἦ-τε	εἶ-τε	ἦ-τε	ἔσ-εσθε
3. Pl.	εἰ-σίν	ὦ-σι(ν)	εἶ-εν	ἦ-σαν	ἔσ-ονται

Inf.	εἶ-ναι				ἔσ-εσθαι
Imp.	ἴσ-θι / ἔσ-τε G43B2				

φημί s. 77 A

εἶμι s. 77 B

δίδωμι s. 81 A 2; 81 B; 82 A 1; 82 B 1

τίθημι s. 83 A 2; 83 B

ἵημι s. 85 A 2; 85 B 1

ἵστημι s. 86 A 2; 86 B

δείκνυμι s. 88 A

Stammformenlisten

Präsens	Futur	Aorist	Perfekt	Bedeutung
ἀγγέλλω	ἀγγελῶ ἀγγελθήσομαι	ἤγγειλα ἠγγέλθην	ἤγγελκα ἤγγελμαι	ich melde; 67-68
ἀγορεύω	ἐρῶ ῥηθήσεται	εἶπον ἐρρήθη	εἴρηκα εἴρηται	ich sage, spreche, rede; 38B, 70A
ἄγω	ἄξω ἀχθήσομαι/ἄξομαι	ἤγαγον ἤχθην	ἦχα ἦγμαι	ich führe, führe durch; 4, 27A1, 61B
αἰδέομαι	αἰδέσομαι	ᾐδέσθην	ᾔδεσμαι	ich respektiere, habe Ehrfurcht; 80A
αἱρέω	αἱρήσω αἱρεθήσομαι	εἷλον ᾑρέθην	(ᾕρηκα) (ᾕρημαι)	ich nehme, ergreife, erobere; 71A
αἰσθάνομαι	αἰσθήσομαι	ᾐσθόμην	(ᾔσθημαι)	ich nehme wahr, bemerke; 14B, 27B, 89B1
αἰσχύνομαι	αἰσχυνθήσομαι	ᾐσχύνθην	ᾔσχυμμαι	ich schäme mich; 56A, 79B
ἀκούω	ἀκούσομαι ἀκουσθήσομαι	ἤκουσα ἠκούσθην	ἀκήκοα ἤκουσμαι	ich höre; 4, 61B1, 66B
ἁλίσκομαι	ἁλώσομαι	ἑάλων	(ἑάλωκα)	ich werde gefangen, erobert; 74A2
ἁμαρτάνω	ἁμαρτήσομαι (ἁμαρτηθήσεται)	ἥμαρτον ἡμαρτήθη	ἡμάρτηκα ἡμάρτηται	ich verfehle, verliere; 89B1
ἀμύνω	ἀμυνῶ	ἤμυνα	ἤμυγκα	ich wehre ab, halte fern; 11A, 58B
(ἀνα)μιμνῄσκομαι	ἀναμνησθήσομαι	ἀνεμνήσθην	μέμνημαι	ich erinnere mich (an); 79B, 90A3
(ἀνα)μιμνῄσκω	ἀναμνήσω	ἀνέμνησα		ich erinnere (an); 90A3
ἀνέχομαι	ἀνέξομαι	ἠνεσχόμην	ἠνέσχημαι	ich halte aus, ertrage; 72A
ἀπαλλάττω	ἀπαλλάξω ἀπαλλαγήσομαι	ἀπήλλαξα ἀπηλλάχθην/ ἀπηλλάγην	ἀπήλαχα ἀπήλαγμαι	ich entferne, befreie (von); 25A, 43A, 79B
ἀπέχομαι	ἀποσχήσομαι	ἀπεσχόμην	(ἀπέσχημαι)	ich halte mich fern (von), lasse die Hände (von), enthalte mich; 61B, 72A1
ἀποδιδράσκω	ἀποδράσομαι	ἀπέδραν	(ἀποδέδρακα)	ich laufe davon, ich entlaufe; 73B
ἀποθνῄσκει	ἀποθανεῖται	ἀπέθανε	τέθνηκε	er, sie, es stirbt, wird getötet; 10B, 26A, 76A, 90A1
ἀποκρίνομαι	ἀποκρινοῦμαι	ἀπεκρινάμην	(ἀποκέκριμαι)	ich antworte; 34B, 67B
ἀποκτείνω	ἀποκτενῶ	ἀπέκτεινα	ἀπέκτονα	ich töte; 57B, 69A
ἀπόλλυμαι	ἀπολοῦμαι	ἀπωλόμην	(ἀπόλωλα)	ich gehe zugrunde, gehe verloren; 88B1

ἀπόλλυμι	ἀπολῶ	ἀπώλεσα	(ἀπολώλεκα)	ich richte zugrunde, verliere; 88B1
ἀποστέλλω	ἀποστελῶ ἀποσταλήσομαι	ἀπέστειλα ἀπεστάλην	(ἀπέσταλκα) (ἀπέσταλμαι)	ich sende ab, schicke weg; 69A
ἀρέσκω	ἀρέσω	ἤρεσα		ich gefalle; 78B, 90A1
ἀρκέω	ἀρκέσω	ἤρκεσα		ich bin stark genug, genüge; 66B
ἄρχω	ἄρξω ἀρχθήσομαι	ἦρξα ἤρχθην	ἦρχα ἦργμαι	ich beginne, herrsche; 6A
αὐξάνω	αὐξήσω (αὐξ(ηθ)ήσομαι)	ηὔξησα ηὐξήθην	(ηὔξηκα) ηὔξημαι	ich vermehre, fördere; 89B1
ἀφικνέομαι	ἀφίξομαι	ἀφικόμην	ἀφῖγμαι	ich komme an, gelange; 60B, 89A3
ἄχθομαι	ἀχθέσομαι	ἠχθέσθην		ich bin unwillig, ärgere mich; 80A
βαίνω	βήσομαι	ἔβην	βέβηκα	ich gehe; 73A
βάλλω	βαλῶ βληθήσομαι	ἔβαλον ἐβλήθην	βέβληκα βέβλημαι	ich (be)werfe, (be)-schieße, treffe; 9B, 28B, 69A
βιόω	βιώσομαι	ἐβίων	(βεβίωκα)	ich lebe; 63A, 74A
βλάπτω	βλάψω βλαβήσομαι	ἔβλαψα ἐβλάβην	βέβλαφα βέβλαμμαι	ich schädige, schade; 23A, 43A, B1
βούλομαι	βουλήσομαι	ἐβουλήθην	(βεβούλημαι)	ich will; 14B, 80A, 90B
γελάω	γελάσομαι γελασθήσομαι	ἐγέλασα ἐγελάσθην	(γεγέλακα) (γεγέλασμαι)	ich lache (aus); 66B
γίγνομαι	γενήσομαι	ἐγενόμην	γεγένημαι / γέγονα	ich werde (geboren); 17A, 27B, 50B, 90A2
γιγνώσκω	γνώσομαι γνωσθήσεται	ἔγνων ἐγνώσθη	(ἔγνωκα) (ἔγνωσται)	ich erkenne, weiß, beschließe; 3, 74A
γράφω	γράψω γραφήσεται	ἔγραψα ἐγράφη	γέγραφα γέγραπται	ich schreibe, zeichne; 2, 43A, 48B
δεῖ	δεήσει	ἐδέησε(ν)	(δεδέηκεν)	man muss, es ist nötig; 32A, 90B
δείκνυμι	δείξω δειχθήσομαι	ἔδειξα ἐδείχθην	(δέδειχα) δέδειγμαι	ich zeige, mache klar; 88B1
δέομαι	δεήσομαι	ἐδεήθην	(δεδέημαι)	ich brauche, habe nötig, ich bitte (um); 66A, 80A, 90B
διαλέγομαι	διαλέξομαι	διελέχθην	διείλεγμαι	ich unterhalte mich (mit); 18A, 80A

Stammformenlisten

διαφθείρω	διαφθερῶ διαφθαρήσομαι	διέφθειρα διεφθάρην	(διέφθαρκα) διέφθαρμαι	ich zerstöre, vernichte, verderbe; 9A, 69A
διδάσκω	διδάξω διδαχθήσομαι	ἐδίδαξα ἐδιδάχθην	(δεδίδαχα) δεδίδαγμαι	ich lehre; 2, 90A3
δίδωμι	δώσω δοθήσομαι	ἔδωκα ἐδόθην	δέδωκα δέδομαι	ich gebe; 81, 82A1+B1
δοκέω	δόξω	ἔδοξα		ich scheine, meine; 59A, 90B
δύναμαι	δυνήσομαι	ἐδυνήθην	(δεδύνημαι)	ich kann, bin imstande, vermag; 87A
δύομαι	δύσομαι	ἔδυν	δέδυκα	ich tauche (selbst) unter; 74B
ἐάω	ἐάσω	εἴασα	εἴακα	ich lasse, lasse zu; 75B
ἐγείρομαι	ἐγεροῦμαι	ἠγρόμην	ἐγρήγορα	ich wache auf, erwache; 69B
ἐγείρω	ἐγερῶ	ἤγειρα ἠγέρθην	(ἐγήγερκα) (ἐγήγερμαι)	ich wecke, errege; 69B
(ἐ)θέλω	(ἐ)θελήσω	ἠθέλησα	(ἠ)θέληκα	ich bin bereit, will; 7A, 90B
ἐκπλήττω	ἐκπλήξω ἐκπλαγήσομαι	ἐξέπληξα ἐξεπλάγην	ἐκπέπληγα ἐκπέπληγμαι	ich erschrecke (jdn.); 43A, 79B
ἕλκω (=ἑλκύω)	ἕλξω ἑλκυσθήσομαι	εἵλκυσα εἱλκύσθην	εἵλκυκα εἵλκυσμαι	ich ziehe, schleppe; 10B, 57A
ἐπαινέω	ἐπαινέσομαι ἐπαινεθήσομαι	ἐπῄνεσα ἐπῃνέθην	(ἐπῄνεκα) (ἐπῄνημαι)	ich lobe; 66B
ἐπιλανθάνομαι	ἐπιλήσομαι	ἐπελαθόμην	ἐπιλέλησμαι	ich vergesse; 38A, 89B2
ἐπίσταμαι	ἐπιστήσομαι	ἠπιστήθην		ich verstehe, weiß; 87A
ἕπομαι	ἕψομαι	ἑσπόμην		ich folge, befolge; 54A, 72B1
ἔρχομαι	εἶμι, ἐλεύσομαι	ἦλθον	ἐλήλυθα	ich komme, gehe; 30B, 70B, 77B
ἐρωτάω	ἐρωτήσω / ἐρήσομαι (ἐρωτηθήσομαι)	ἠρώτησα / ἠρόμην (ἠρωτήθην)	(ἠρώτηκα) (ἠρώτημαι)	ich frage; 70A
ἐσθίω	ἔδομαι	ἔφαγον (ἠδέσθη)	(ἐδήδοκα) (ἐδήδεσται)	ich esse; 41B, 70A
εὑρίσκω	εὑρήσω εὑρεθήσομαι	ηὗρον ηὑρέθην	ηὕρηκα ηὕρημαι	ich finde, erfinde; 26A, 90A1
ἔχω	ἕξω, σχήσω	ἔσχον	(ἔσχηκα)	ich habe, besitze, halte fest; verhalte mich; 6A, 11A, 72A1

ἥδομαι	ἡσθήσομαι	ἥσθην		ich freue mich (über); 21A, 79B
θάπτω	θάψω ταφήσεται	ἔθαψα ἐτάφη	τέταφα τέθαπται	ich bestatte, begrabe; 37B, 43A
ἵημι	ἥσω ἑθήσομαι	ἧκα εἵθην	εἷκα εἷμαι	ich setze in Bewegung, schicke, werfe; 85
ἵσταμαι	στήσομαι	ἔστην	ἕστηκα	ich stelle mich (hin); 73B, 76A, 86, 87A
ἵστημι	στήσω σταθήσομαι	ἔστησα ἐστάθην		ich stelle hin, bringe zum Stehen; 86
καθαίρω	καθαρῶ καθαρθήσομαι	ἐκάθηρα ἐκαθάρθην	κεκάθαρκα κεκάθαρμαι	ich reinige; 13B, 68A
καίω	καύσω καυθήσομαι	ἔκαυσα ἐκαύθην	(κέκαυκα) (κέκαυμαι)	ich zünde an, (ver)bren-ne (etwas); 66A2
καλέω	καλῶ κληθήσομαι	ἐκάλεσα ἐκλήθην	κέκληκα κέκλημαι	ich rufe, nenne; 59B, 66B
κάμνω	καμοῦμαι	ἔκαμον	(κέκμηκα)	ich mühe mich ab, werde müde, bin krank; 34A, 89A2
κλαίω	κλαύσομαι κλαυ(σ)θήσομαι	ἔκλαυσα ἐκλαύ(σ)θην	(κέκλαυκα) (κέκλαυμαι)	ich weine, beweine; 45B, 66A
κλίνω	κλινῶ κλιθήσεται	ἔκλινα ἐκλίθη	(κέκλικα) κέκλιται	ich neige (mich), beuge; 69B
κρίνω	κρινῶ κριθήσομαι	ἔκρινα ἐκρίθην	(κέκρικα) κέκριμαι	ich (be)urteile, richte; unterscheide; 19A, 67B, 69B
λαμβάνω	λήψομαι (ληφθήσομαι)	ἔλαβον ἐλήφθην	(εἴληφα) (εἴλημμαι)	ich nehme, ergreife, bekomme; 4, 26A, 89B2
λανθάνω	λήσω	ἔλαθον	(λέληθα)	ich bin verborgen (vor), entgehe; 38B, 89B2
λείπω	λείψω λειφθήσομαι	ἔλιπον ἐλείφθην	λέλοιπα λέλειμμαι	ich verlasse, lasse zu-rück/ übrig; 27A, 48B
μανθάνω	μαθήσομαι	ἔμαθον	(μεμάθηκα)	ich lerne, erfahre; verstehe; 5, 27A, 89B2
μάχομαι	μαχοῦμαι	ἐμαχεσάμην	(μεμάχημαι)	ich kämpfe (mit); 17A, 90B
μείγνυμι	μείξω μιγήσεται/ μειχθήσεται	ἔμειξα ἐμίγη/ἐμείχθη	 μέμεικται	ich mische, vermische; 88B1
μέλει	μελήσει	ἐμέλησε	(μεμέληκεν)	es liegt jdm. etw. am Herzen, jdm. macht etw. Sorgen; 32B, 90B
μέλλω	μελλήσω	ἐμέλλησα		ich will, soll, zögere; 32A, 90B

Stammformenlisten

μένω	μενῶ	ἔμεινα		ich bleibe, (er)warte; 44B, 67, 69B
μιαίνω	μιανῶ	ἐμίανα ἐμιάνθην	μεμίαγκα μεμίασμαι	ich färbe; beschmutze, entweihe; 68A
νέμω	νεμῶ (νεμηθήσεται)	ἔνειμα (ἐνεμήθη)	(νενέμηκα) (νενέμηται)	ich teile zu; besitze, verwalte; 51A, 69B
ὀδύρομαι	ὀδυροῦμαι	ὠδυράμην		ich (be)klage, jammere; 55B
οἴομαι	οἰήσομαι	ᾠήθην		ich glaube; 14B, 80B1, 90B
ὄμνυμι	ὀμοῦμαι	ὤμοσα	(ὀμώμοκα)	ich schwöre; 88B1
ὁράω	ὄψομαι ὀφθήσομαι	εἶδον ὤφθην	ἑώρακα ἑώραμαι	ich sehe; 62A, 70B
πάσχω	πείσομαι	ἔπαθον	πέπονθα	ich erlebe, erleide; 29A, 90A1
πείθομαι	πείσομαι	ἐπείσθην	πέπεισμαι πέποιθα	ich gehorche; 14B ich vertraue; 50B
περαίνω	περανῶ περανθήσεται	ἐπέρανα ἐπεράνθη	πεπέραγκα πεπέρανται	ich vollende; 67A, 68A1
πίμπλημι	πλήσω πλησθήσομαι	ἔπλησα ἐπλήσθην	πέπληκα πέπλησμαι	ich fülle an; 87A
πίνω	(πίομαι) (ποθήσεται)	ἔπιον (ἐπόθη)	(πέπωκα) (πέποται)	ich trinke; 71B, 89A2
πίπτω	πεσοῦμαι	ἔπεσον	(πέπτωκα)	ich falle; 10B, 26A, 90A2
πλάττω	πλάσω πλασθήσεται	ἔπλασα ἐπλάσθη	πέπλακα πέπλασται	ich bilde, forme, erdichte; 31B
πλέω	πλεύσομαι	ἔπλευσα	(πέπλευκα)	ich fahre (mit einem Schiff); 66A2
πυνθάνομαι	πεύσομαι	ἐπυθόμην	(πέπυσμαι)	ich erkundige mich (bei), erfahre (von); 22B, 29B, 89B2
ῥεῖ	ῥυήσεται	ἐρρύη	(ἐρρύηκε)	er fließt, strömt; 73B
σημαίνω	σημανῶ σημανθήσεται	ἐσήμηνα ἐσημάνθη	σεσήμαγκα σεσήμανται	ich zeige (an), gebe ein Zeichen, befehle; 55B, 67-68
σπείρω	σπερῶ	ἔσπειρα ἐσπάρη	ἔσπαρκα ἔσπαρται	ich streue (aus), säe; 42B, 69A
στρέφω	στρέψω στραφήσομαι	ἔστρεψα ἐστράφην	(ἔστροφα) (ἔστραμμαι)	ich drehe, wende; 75A, 79B
συλλέγω	συλλέξω συλλεγησόμεθα	συνέλεξα συνελέγημεν	συνείλοχα συνειλέγμεθα	ich sammle, versammle; 8B, 43A, 48B

σφάλλω	σφαλῶ σφαλήσομαι	ἔσφηλα ἐσφάλην	ἔσφαλκα ἔσφαλμαι	ich bringe zu Fall, täusche; 10A, 69A
τείνω	τενῶ (ταθήσομαι)	ἔτεινα (ἐτάθην)	(τέτακα) (τέταμαι)	ich dehne, spanne, strecke; 69A
τελέω	τελῶ τελεσθήσεται	ἐτέλεσα ἐτελέσθη	(τετέλεκα) τετέλεσται	ich vollende, bezahle; 66B
τέμνω	τεμῶ (τμηθήσεται)	ἔτεμον ἐτμήθη	(τέτμηκα) (τέτμηται)	ich schneide (ab), verwüste; 36A, 89A2
τίθημι	θήσω τεθήσομαι	ἔθηκα ἐτέθην	τέθηκα κεῖμαι	ich setze, stelle, lege, mache zu; 83
τίκτω	τέξομαι	ἔτεκον	(τέτοκα)	ich zeuge, gebäre, erzeuge; 20B, 27A1, 90A2
τίνω	τείσω	ἔτεισα	(τέτεικα)	ich bezahle, büße, werde bestraft; 89A2
τρέπομαι	τραπήσομαι	ἐτραπόμην	τέτραμμαι	ich wende mich, fliehe; 70A
τρέπω	τρέψω τραπήσομαι	ἔτρεψα ἐτράπην	(τέτροφα) (τέτραμμαι)	ich wende, schlage in die Flucht; 70A
τρέφω	θρέψω θρέψομαι	ἔθρεψα ἐτράφην	(τέτροφα) (τέθραμμαι)	ich ernähre, ziehe auf; 19A, 43A, 48B, 61B
τρέχω	δραμοῦμαι	ἔδραμον	(δεδράμηκα)	ich laufe, renne; 70B
τυγχάνω	τεύξομαι	ἔτυχον	(τετύχηκα)	ich erhalte, bekomme; 28B, 89B2
ὑγιαίνω	ὑγιανῶ	ὑγίανα		ich bin gesund; 4
ὑπισχνέομαι	ὑποσχήσομαι	ὑπεσχόμην	(ὑπέσχημαι)	ich verspreche; 33A, 89A3
φαίνομαι	φανοῦμαι / φανήσομαι	ἐφάνην	πέφασμαι	ich zeige mich, erscheine; 60B, 67-68, 79B
φαίνω	φανῶ φανθήσομαι	ἔφηνα ἐφάνθην	πέφαγκα πέφασμαι	ich mache sichtbar, zeige; 67-68
φέρω	οἴσω ἐνεχθήσομαι	ἤνεγκον ἠνέχθην	(ἐνήνοχα) (ἐνήνεγμαι)	ich trage, bringe; ertrage; 2, 71A
φεύγω	φεύξομαι	ἔφυγον	πέφευγα	ich fliehe, vermeide; gehe in die Verbannung; 8B, 26A, 48B
φύομαι	φύσομαι	ἔφυν	πέφυκα	ich wachse, entstehe; 74B
χαίρω	χαιρήσω	ἐχάρην	(κεχάρηκα)	ich freue mich (über); 6A, 90B
χέω	χέω χυθήσεται	ἔχεα ἐχύθη	(κέχυκα) κέχυται	ich (ver)gieße, schütte; 66A2
ψεύδομαι	ψεύσομαι	ἐψευσάμην ἐψεύσθην	ἔψευσμαι	ich lüge; ich täusche mich; 29B, 79B

Grammatikregister

Dieses Register ist in Laut- und Schriftlehre, Formenlehre (Deklination der Adjektive, Pronomen, Substantive und Zahlen; Verben) und in Satzlehre (Syntax) dreigeteilt; innerhalb der Bereiche ist die Anordnung alphabetisch. Dabei werden bei den einzelnen Unterpunkten zuerst die Wörter in lateinischer Schrift, danach die in griechischer Schrift behandelt. Die angegebenen Zahlen beziehen sich auf den Wortschatz- und Grammatikteil mit Ausnahme der Zahlen, vor denen die Sigle L steht: Damit wird auf eine Lektion im Textteil verwiesen.

1) Laut- und Schriftlehre

2) Formenlehre

3) Satzlehre (Syntax)

Verzeichnis der Eigennamen

Die Betonung der deutschen Formen von griechischen Eigennamen, die häufig nicht mit der griechischen Akzentuierung übereinstimmt, wird durch Unterpunktung angezeigt, bei zweisilbigen Wörtern nur dann, wenn diese auf der zweiten Silbe betont sind. „R" bei Herrschern bedeutet die Regierungszeit.

Ἄβδηρα, -ων Ạbdera, griechische Kolonie an der →thrạkischen Ägäisküste

Ἄβυδος, -ου (ἡ) Abỵdos, Kolonie →Mịlets am →Hellespọnt

Ἀγάθων, -ωνος Agathon, attischer Tragödiendichter in der zweiten Hälfte des 5. Jh.s

Ἀγαμέμνων, -ονος Agamẹmnnon, mythischer König von →Mykẹnai, Oberbefehlshaber des griechischen Heeres vor →Troia

Ἄδμητος, -ου Admẹt(os), mythischer König in →Thessạlien, Ehemann der →Alkẹstis

Ἀθηνᾶ, -ᾶς (Ἀθήνη, -ης) Athẹne, Göttin der Kunstfertigkeit und Weisheit

Ἀθῆναι, -ῶν (αἱ) Athen

Ἀθηναῖοι, -ων (οἱ) (die) Athener, Einwohner der Stadt Athen

Αἴας, -αντος Ạias, nach →Achịlleus tapferster Held vor →Troia

Αἰγαῖος, -α, -ον ägäisch, von →Aigeus gebildetes Adjektiv

Αἰγεύς, -έως Aigeus, mythischer König von →Ạttika, Vater des →Theseus, aus Kummer über dessen vermeintlichen Tod Selbsttötung durch Sturz in das (dann nach ihm benannte Ägäische) Meer

Αἴγινα, -ης Aigina (Ägina), →Ạttika vorgelagerte Insel mit berühmtem, ursprünglich der einheimischen Göttin Aphạia geweihtem Tempel

Αἰγινῆται, -ῶν (οἱ) (die) Aiginẹten (Äginẹten) 1. Einwohner von Ạigina 2. moderne Bezeichnung der Skulpturen des →Aphạia-Tempels

Αἰγύπτιοι, -ων (οἱ) (die) Ägypter

Αἴγυπτος, -ου (ἡ) Ägypten

Ἅιδης, -ου Hades, Bruder von →Zeus und →Posẹidon, Herrscher über die Unterwelt

Αἴθρα, -ας Aithra, Ehefrau des →Phalạnthos

Αἰνείας, -ου Ainẹias (lat. Aenẹas), Sohn der →Aphrodịte und eines →Prịamos-Vetters, Gründungsvater Roms

Αἴσωπος, -ου Aisọp (Äsọp), 6. Jh. v. Chr., frühester griechischer Fabeldichter

Αἴτνη, -ης (ἡ) (der) Ätna, 3263m hoher Vulkan im Nordosten →Siziliens

Ἀκαδήμεια, -ας (ἡ) (die) Akademịe, von →Platon um 387 v. Chr. nordwestlich vor den Mauern Athens gegründete Philosophenschule

Ἀκαρνανία, -ας Akarnạnien, westlichste Landschaft Mittelgriechenlands

Ἀκόντιος, -ου Akọntios, armer junger Mann aus →Keos, liebt →Kydịppe

Ἀκρόπολις, -εως (ἡ) (die) Akrọpolis, Oberstadt und Burgberg, besonders in Athen

Ἀλεξάνδρεια, -ας Alexạndrien, von →Alexạnder d. Gr. 331 v. Chr. an der Nilmündung gegründet, Zentrum von Handel, Kunst und Wissenschaft (Bibliothek)

Ἀλέξανδρος, -ου 1. Alexạnder, anderer Name von →Pạris 2. Alexạnder (der Große), König (R 336-323) der →Makedọnen, Eroberer eines Weltreiches

Ἀλιάκμων, -ονος (ὁ) Haliạkmon, Fluss in →Makedọnien

Ἀλικαρνασσεύς (ὁ) Bewohner der Stadt →Halikarnạss(os)

Ἀλικαρνασσός, -οῦ (ἡ) Halikarnạss(os), Stadt an der kleinasiatischen Südwestküste

Ἀλκαῖος, -ου Alkạios, um 600 v. Chr., lyrischer Dichter aus →Mytilẹne auf →Lesbos

Ἄλκηστις, -ιδος Alkẹstis, ist bereit, für ihren Mann →Admẹtos in den Tod zu gehen

Ἀλκιβιάδης, -ου Alkibịades (450-404), athenischer Politiker und Feldherr

Ἀλκιδάμας, -αντος Alkịdamas, Redner, Schüler des →Gọrgias, 1. Hälfte des 4. Jh.s v. Chr.

Ἀλκμαίων, -ωνος Alkmạion aus →Kroton, →Pythagorẹer, Naturforscher im 6. Jh. v. Chr.

Ἄλτις, -εως (ἡ) (die) Altis, dem Zeus heiliger Hain in →Olympia

Ἅλυς, -υος (ὁ) Halys, Grenzfluss zwischen →Lỵdien und Persien

Ἀλφειός, -οῦ Alphẹios, größter Fluss der →Peloponnẹs

Ἄμμων, -ωνος Ammon, ägyptischer Gott; er besaß ein berühmtes Orakel in der Oase Siwa; mit →Zeus gleichgesetzt

Ἀναξαγόρας, -ου Anaxạgoras (~500-428), Philosoph aus →Klazọmenai

Ἀναξιμένης, -ους Anaxịmenes aus →Milẹt, gest. um 525 v. Chr., Naturphilosoph, der als Urstoff die Luft annahm

Ἀνάχαρσις, -εως Anacharsis, vornehmer →Skythe, um 600 v. Chr., an griechischer Kultur sehr interessiert

Ἀνδρομάχη, -ης Andrọmache, Ehefrau →Hektors, nach →Troias Einnahme Sklavin des →Achilleus-Sohnes →Neoptọlemos

Ἀνθία, -ας Ạnthia, Frauenname

Ἄννων, -ωνος Hanno, karthagischer Seefahrer, unternahm um 500 v. Chr. eine Seefahrt entlang der westafrikanischen Küste

Ἀντιγόνη, -ης Antigone, Tochter des →Oidipus, Schwester der →Ismene, bestattet ihren gefallenen Bruder Polyneikes trotz staatlichen Verbotes, Tragödie des →Sophokles

Ἄξιος, -ου Ạxios, Hauptfluss von →Makedọnien

Ἀπόλλων, -ωνος Apọllon, Gott der Heilkunst und Musik

Ἀργινοῦσαι, -ῶν (αἱ) (die) Arginụsen, Inselgruppe bei →Lesbos

Ἀργολίς, -ίδος (ἡ) (die) Argolis, Gebiet im Osten der →Peloponnes

Ἀργοναῦται, -ῶν (οἱ) (die) Argonauten, holten unter der Führung des Iason auf dem Schiff Argo das Goldene Widderfell (Vlies) vom Schwarzen Meer

Ἀριστογείτων, -ονος Aristogeiton aus Athen, zusammen mit →Harmodios Mörder des →Hipparchos, des Bruders des Tyrannen →Hippias

Ἀριστοτέλης, -ους Aristoteles (384-322), Philosoph mit ungeheurer Nachwirkung, Geistes- und Naturwissenschaftler

Ἀριστοφάνης, ους Aristophanes, bedeutendster Dichter der sogenannten Alten Komödie, um 445 bis nach 388

Ἁρμόδιος, -ου Harmodios aus Athen, zusammen mit →Aristogeiton Mörder des →Hipparchos, des Bruders des Tyrannen →Hippias

Ἁρμονία, -ας Harmonia, Gattin des →Kadmos

Ἀρριανός, οῦ Arrianos (~95-~175), beschrieb nüchtern und auf alte Quellen gestützt den Feldzug →Alexanders des Großen

Ἀρταξέρξης, -ου Artaxerxes II. (R 404-359), persischer König, behauptete sich 401 v. Chr. gegen seinen Bruder →Kyros in der Schlacht von Kunaxa (am Euphrat)

Ἄρτεμις, -ιδος Artemis, Zwillingsschwester des →Apollon, Göttin der Jagd und der Vegetation

Ἀρτεμίσιον, -ου (τό) Artemision, Kap im Norden →Euboias, Ort einer Seeschlacht zwischen Griechen und →Persern 480, Fundort einer bekannten →Poseidon-Statue

Ἀρχίλοχος, -ου Archilochos (um 650 v. Chr.) aus →Paros, in Liebe und Hass leidenschaftlicher Dichter

Ἀρχιμήδης, -ους Archimedes (287-212) aus →Syrakus, Mathematiker, Physiker und Ingenieur

Ἀσία, -ας Asien, in der Antike der westliche Teil des heutigen Kleinasien

Ἀσιανός, -ή, -όν (klein)asiatisch

Ἀσκληπιός, -οῦ Asklepios, Gott der Heilkunst, Kultstätte in Epidauros

Ἀσπασία, -ας Aspasia aus →Milet, Lebensgefährtin des →Perikles

Ἀσσίναρος, -ου Assinaros, Fluss im Südosten →Siziliens

Ἄτταλος, -ου Attalos, Name mehrerer Könige von →Pergamon

Ἀττική, -ῆς (ἡ) Attika, Halbinsel um Athen

Αὔγη, -ης Auge, Tochter des Aleos, Mutter des →Telephos

Ἀφαία, -ας Aphaia, uralte Schutzgöttin von →Aigina, als Herrin des berühmten Tempels später von → Athene abgelöst

Ἀφροδίτη, -ης Aphrodite, Göttin der Schönheit und der Liebe

Ἀχαιοί, -ῶν (οἱ) (die) Achaier, Bezeichnung für die Griechen

Ἀχιλλεύς, -έως Achilleus, tapferster griechischer Kämpfer vor →Troia

Βαβυλών, -ῶνος (ἡ) Babylon, eine der bedeutenden Städte des Perserreiches am Euphrat

Βαρδησάνης, -ου Bardesanes (154-222) aus →Edessa, bedeutender Theologe

Βελλεροφόντης, -ου (Βελλεροφῶν, -ῶντος) Bellerophon, auf seinem →Pegasos Bezwinger der →Chimaira

Βερενίκη, -ης Berenike, besonders in der Dynastie der →Ptolemaier verbreiteter Frauenname (latinisiert Veronika)

Βοιωτία, ας Boiotien, Landschaft in Mittelgriechenland

Γάγγης, -ου Ganges, nordwestindischer Strom

Γαληνός, -οῦ Galen(os), bedeutendster Arzt der späteren Antike (nach 129-199)

Γῆ, Γῆς Gē, auch Gaia, Vergöttlichung der lebensspendenden Erde

Γίγαντες, -ων (οἱ) (die) Giganten, Söhne der →Gē, von den Göttern des →Olymp besiegt

Γοργίας, -ου Gorgias aus Leontinoi in Sizilien (~485-380), Redner, auch gleichnamiger Dialog →Platons

Δαίδαλος, -ου Daidalos, mythischer Baumeister im Dienste des Minos

Δάμων, -ωνος Damon, →Pythagoreer aus →Syrakus, lebte zur Zeit von → Dionysios dem Jüngeren

Δαρεῖος, -ου 1. Dareios I. (R 522-486), Perserkönig 2. Dareios III. (R 336-330), Gegner →Alexanders des Großen

Δάφνις, -ιδος Daphnis, mythischer Rinderhirt in →Sizilien, Erfinder der Hirtendichtung (Bukolik)

Δελφοί, -ῶν (οἱ) 1. Delphoi (Delphi), Stadt in der Landschaft Phokis mit →Apollon-Heiligtum und Orakelstätte 2. die Delphier, Einwohner von →1. Delphoi

Δήλιον, -ου Delion, Apollon-Heiligtum in →Boiotien, von den Athenern 424 v. Chr. als Stützpunkt befestigt

Δῆλος, -ου (ἡ) Delos, Insel in der Ägäis, Kultort für →Apollon und →Artemis

Δημήτηρ, -τρος Demeter, Göttin der Fruchtbarkeit und des Wachstums

Δημήτριος, -ου Demetrios, Zeitgenosse von →Paulus, Silberschmied in →Ephesos

Δημήτριος, -ου Demetrios mit Beinamen Πολιορκητής, -οῦ (= Städtebelagerer), König von →Makedonien, R 306-287

Δημόκριτος, -ου Demokrit (~460-371) aus →Abdera in →Thrakien, Philosoph, Mitbegründer der Atom-Lehre

Δημοσθένης, -ους Demosthenes (384-322), größter attischer Redner, politischer Gegner →Philipps II. von →Makedonien

Δίδυμα, -ων (τά) Didyma, Ort südlich von →Milet mit Orakelstätte des →Apollon

Διογένης Λαέρτιος Diogenes Laertios (3. Jh. n. Chr.), schrieb das wichtige Quellenwerk „Leben, Ansichten und Aussprüche der berühmten Philosophen“

Διόδοτος, -ου Diodotos, gemäßigter athenischer Politiker, Gegenspieler →Kleons

Διονύσια, -ων (τά) (die) (kleinen und großen) Dionysien, Feste für →Dionysos, in Athen mit Tragödien- und Komödienaufführungen

Διονύσιος, -ου Dionysios Vater (R ~405 -367) und Sohn (R 367-344), Tyrannen von →Syrakus

Δίων, -ωνος Dion (ermordet 354 v. Chr.), Verwandter von →Dionysios Vater und Sohn, Schüler →Platons

Δράκων, -οντος Drakon, Gesetzgeber in Athen, um 620 v. Chr., bekannt für seine harten, drakonischen Strafen

Δωδώνη, -ης Dodone, Ort in →Epeiros mit →Zeus-Tempel und alter Orakelstätte

Ἕβρος, -ου Hebros, Hauptfluss von →Thrakien

Ἔδεσσα, -ης Edessa, Stadt in Syrien

Εἰλείθυια, -ας Eileithyia, Tochter von →Zeus und →Hera, Geburtsgöttin, später mit →Artemis gleichgesetzt

Ἕκτωρ, -ορος Hektor, Sohn des →Priamos, Anführer der Troianer

Ἑλένη, -ης Helene (Helena), schönste Frau Griechenlands, Gattin des →Menelaos von →Sparta, von →Paris entführt

Ἐλευσίς, -ῖνος (ἡ) Eleusis, Stadt in →Attika mit berühmtem Mysterienkult

Ἑλλάς, -άδος (ἡ) Hellas, Name für Gesamtgriechenland

Ἕλλη, -ης Helle, thebanische Königstochter, Schwester des →Phrixos

Ἕλλην, -ηνος Hellen, mythischer Stammvater der Griechen (Ἕλληνες)

Ἕλληνες, -ων (οἱ) (die) Hellenen, Griechen

Ἑλληνικός, -ή, -όν hellenisch, d.h. griechisch

Ἑλλήσποντος, -ου Hellespont, Meerenge zwischen Ägäis und →Propontis, heute Dardanellen

Ἐμπεδοκλῆς, -έους Empedokles (~490-~430) aus Akragas (Sizilien), Philosoph, vielseitiger Wissenschaftler, Priester und Arzt

Ἐπικούρειοι, -ων (οἱ) (die) Epikureer, Anhänger der Philosophie des → Epikuros

Ἐπίκουρος, -ου Epikur(os) (341-270), Philosoph aus →Samos, tätig in Athen

Ἐπίκτητος, -ου Epiktet(os), bedeutender →stoischer Philosoph aus Kleinasien (ca. 50-120)

Ἐπίχαρμος, -ου Epicharmos, Komödiendichter des frühen 5. Jh.s

Ἐρατοσθένης,- ου Eratosthenes, bedeutender Geograf im 3. Jh. v. Chr.

Ἐρέχθειον, -ου (τό) (das) Erechtheion, Tempel auf der Akropolis

Ἑρμῆς, -οῦ Hermes, der Götterbote

Ἔρως, -ωτος (ὁ) Eros, Gott der Liebe, seit dem Hellenismus als „Putten" auch im Plural auftretend

Εὔβοια, -ας Euboia, Insel vor der Küste von →Boiotien und →Attika

Εὐθύδημος, -ου Euthydemos von → Chios, Sophist im 5. Jh., Titelfigur eines Platon-Dialogs

Εὐμένης, -ου Eumenes, Name mehrerer Herrscher von →Pergamon

Εὔξεινος Πόντος Euxeinos Pontos, „gast-freundliches Meer", Name für das Schwarze Meer

Εὐριπίδης, -ου Euripides (~480-406), Tragödiendichter

Εὐρυδίκη, -ης Eurydike, Ehefrau des →Orpheus

Ἐφέσιοι, -ων (οἱ) (die) Epheser, Einwohner von →Ephesos

Ἔφεσος, -ου (ἡ) Ephesos, Handelsstadt an der kleinasiatischen Küste mit berühmtem →Artemis-Tempel

Ἐχεναΐς, -ίδος Echenaïs, Nymphe, Geliebte des →Daphnis

Ζάκυνθος, -ου Zakynthos, Insel im ionischen Meer

Ζεύς, Διός Zeus, König der Götter

Ζέφυρος, -ου Zephyr(os), der (vergöttlichte) sanfte und feuchte Westwind

Ζήνων, -ωνος Zenon (~335-~262) aus Kition auf →Kypros; Begründer der Philosophenschule der → Stoiker

Ἥλιος, -ου Helios, Sonnengott

Ἦλις, -ιδος (ἡ) Elis, Landschaft im Nordwesten der →Peloponnes

Ἤπειρος, -ου (ἡ) Epeiros, Landschaft in Nordwestgriechenland

Ἥρα, -ας Hera, Schwester und Gattin des →Zeus, Göttin der Ehe

Ἡράκλειτος, -ου Herakleitos (Heraklit) (~525-480), Philosoph aus →Ephesos

Ἡρακλῆς, -έους Herakles, →Zeus-Sohn, griechischer Heros

Ἡρόδοτος, -ου Herodot (~485-425) aus →Halikarnass, erster abendländischer Historiker („Vater der Geschichtsschreibung")

Ἥφαιστος, -ου Hephaistos, Gott des Feuers

Θαλῆς, Θαλοῦ Thales (~624-546) aus →Milet, Naturphilosoph

Θάσιοι, -ων (οἱ) (die) Thasier, Bewohner der Insel →Thasos

Θάσος, -ου (ἡ) Thasos, Insel in der Nord-Ägäis, reich durch Goldgewinnung und Weinanbau

Θεμιστοκλῆς, -έους Themistokles, athenischer Politiker und Feldherr, Anführer der Athener beim Seesieg von →Salamis über die →Perser 480 v. Chr.

Θέογνις, -ιδος Theognis (2. Hälfte des 6. Jh.s v. Chr.), Aristokrat aus →Megara, Dichter von Elegien

Θεόφραστος, -ου Theophrast (372-287) aus Eresos (→Lesbos), Philosoph und Naturwissenschaftler, Schüler von →Platon und →Aristoteles

Θερμοπύλαι, -ῶν (αἱ) (die) Thermopylen, Engpass zwischen Meeresküste und hohen Bergen in Mittelgriechenland, benannt nach heißen Schwefelquellen

Θεσσαλία, -ας Thessalien, Landschaft im Nordosten Griechenlands

Θέτις, -ιδος Thetis, Meernymphe, Mutter des →Achilleus

Θεύθ Theuth, gemeinhin Thot(h) genannt, ibis- oder paviangestaltig, ägyptischer Gott des Mondes, des Kalenders, der Schrift und überhaupt der Weisheit

Θῆβαι, -ῶν Theben, Hauptort von →Boiotien

Θηβαῖοι, -ων (οἱ) (die) Einwohner von →Theben

Θησεύς, -έως Theseus, Sohn des →Aigeus, attischer National-Heros

Θουκυδίδης, -ου Thukydides (~455 - ~400), athenischer Historiker

Θρᾴκη, -ης Thrakien, Landschaft östlich von →Makedonien

Θρᾴξ, -κός Thraker, Bewohner der Landschaft →Thrakien

Θρινακία, -ας Thrinakia, mythische Insel, auf der die Rinder des →Helios weideten

Ἰησοῦς, -οῦ Jesus

Ἰθάκη, -ης Ithaka, Insel vor der Westküste Mittelgriechenlands, Heimat des →Odysseus

Ἰκαρία, -ας (ἡ) Ikaria, Insel westlich von →Samos

Ἴκαρος, -ου Ikaros, Sohn des →Daidalos

Ἰκτῖνος, -ου Iktinos, Miterbauer des Parthenon auf der Akropolis

Ἰλιάς, -άδος (ἡ) (die) Ilias

Ἴλιον, -ου (τό) = Ἴλιος (ἡ)

Ἴλιος, -ου (ἡ) (die) Ilios, anderer Name für →Troia

Ἰλισ(σ)ός, -οῦ Ilis(s)os, kleiner Fluss in →Attika

Ἰνδική, -ῆς (ἡ) ergänze γῆ, (das) Land am Indus (Ἰνδός), Indien

Ἰνώ, -οῦς Ino, Tochter von →Kadmos und →Harmonia, Stiefmutter von →Phrixos und →Helle

Ἰοβάτης, ου Iobates, mythischer König im kleinasiatischen Lykien

Ἰουδαῖοι, -ων (οἱ) (die) Juden

Ἵππαρχος, -ου Hipparchos, Sohn des →Peisistratos, ermordet 514 v. Chr.

Ἱππίας, -ου 1. Hippias aus →Elis, um 400 v. Chr., Sophist und Redner
2. Hippias, Sohn des →Peisistratos, Tyrann in Athen von 528/27 bis 510

Ἱπποκράτης, -ους Hippokrates aus →Kos, bedeutender Arzt, um 460 -370

Ἰσμένη, -ης Ismene, Schwester der →Antigone

Ἰσοκράτης, -ους Isokrates (436-338) berühmter athenischer Redner und Redelehrer

Ἰταλία, -ας Italien

Ἰωάννης, -ου Johannes, Verfasser des 4. Evangeliums, traditionell mit dem Apostel und Lieblingsjünger →Jesu gleichgesetzt

Ἴωνες, -ων (οἱ) (die) Ionier, Bewohner →Ioniens

Ἰωνία, -ας Ionien, Küstengebiet Westkleinasiens mit den vorgelagerten Inseln

Κάδμος, -ου Kadmos, Gründer von →Theben

Καῖσαρ, -αρος Cäsar (100-44)

Καλλίμαχος, -ου Kallimachos (~310 bis ~240) aus →Kyrene, als Literaturwissenschaftler und Dichter in →Alexandrien tätig

Κάρπαθος, ου (ἡ) Karpathos, Insel zwischen →Kreta und →Rhodos

Καρχηδών, -όνος (ἡ) Karthago

Κεκροπία, -ας Kekropia, Name der von →Kekrops erbauten ersten →Akropolis von Athen und des mythischen Athens

Κέκροψ, -οπος Kekrops, halb Mensch, halb Drache, mythischer erster König von →Attika

Κελτοί, -ῶν (οἱ) (die) Kelten, Völkerschaften aus Frankreich und Süddeutschland, die neue Wohnsitze suchten, u.a. in Italien, Griechenland und Kleinasien (Galater)

Κέος, -ου (ἡ) Keos, Insel im Westen der →Kykladen

Κεραμεικός, -οῦ Kerameikos, Töpfer-Viertel in Athen mit dem wohl bedeutendsten Friedhof der Stadt

Κίμων, -ωνος Kimon (~510-449), athenischer Politiker und Stratege, Aristokrat und Spartanerfreund

Κινέας, -ου Kineas, Thessalier (3. Jh. v. Chr.), Schüler des →Demosthenes, in diplomatischen Diensten von →Pyrrhos

Κίρκη, -ης Kirke, Tochter des →Helios, Göttin und Zauberin

Κλαζομεναί, -ῶν (αἱ) Klazomenai, Stadt an der kleinasiatischen Küste

Κλέαρχος, -ου Klearchos, Anführer der griechischen Söldner unter →Kyros

Κλεΐς, -ιδος Kleis, Tochter →Sapphos

Κλεῖτος, -ου Kleitos, General →Alexanders, von diesem im Jähzorn getötet

Κλεοπάτρα, -ας Kleopatra VII. (69-30), ab 51 v. Chr. Königin von →Ägypten

Κλέων, ωνος Kleon, radikaler athenischer Politiker und Demagoge zur Zeit des Peloponnesischen Krieges (431-404)

Κνήμων, -ονος Knemon, ein mürrischer alter Mann, wichtige Figur in →Menanders Komödie „Dyskolos"

Κόνων, -ωνος Konon (1. Hälfte des 3. Jh. v. Chr.) aus →Samos, Mathematiker und Astronom, Freund des →Archimedes

Κόρη, -ης Kore, Beiname der →Persephone

Κόρινθος, -ου (ἡ) Korinth, Handelsstadt am Isthmos zwischen Festland und →Peloponnes

Κρήτη, -ης Kreta, größte griechische Insel, Heimat der ältesten europäischen Hochkultur

Κρίτων, -ωνος Kriton aus Athen, wollte 399 v. Chr. →Sokrates aus dem Gefängnis befreien

Κροῖσος, -ου Kroisos, reicher König von →Lydien (R bis 547)

Κρότων, -ωνος (ἡ) Kroton, reiche und mächtige Stadt in Süditalien

Κροτωνιάτης, -ου Einwohner von →Kroton

Κυδίππη, -ης Kydippe, Name eines von →Akontios heiß geliebten und umworbenen Mädchens

Κύζικος, -ου (ἡ) Kyzikos, Stadt am Südufer der →Propontis

Κύθηρα, -ων (τά) Kythera, Insel südlich der →Peloponnes

Κυκλάδες, -ων (αἱ) (die) Kykladen, Inselgruppe in der Ägäis

Κύκλωπες, -ων Kyklopen, einäugige Riesen, am bekanntesten →Polyphem(os)

Κύλων, -ωνος Kylon (2. Hälfte des 5. Jh. v. Chr.) aus →Kroton, Zerstörer der dortigen →pythagoreischen Gemeinschaft

Κύπρος, -ου (ἡ) Zypern, Insel im östlichen Mittelmeer

Κυρήνη, -ης Kyrene, Hafenstadt in Nordafrika, von Königen regiert, kulturell bedeutend

Κῦρος, -ου Kyros der Jüngere, persischer Prinz, suchte seinen Bruder →Artaxerxes zu stürzen, fiel 401 v. Chr. in der Schlacht bei Kunaxa (am Euphrat)

Κῷοι, -ων (οἱ) (die) Koer, Einwohner der Insel →Kos

Κῶς, -ῶ (ἡ) Kos, Insel vor der südlichen kleinasiatischen Küste mit →Asklepios-Heiligtum und Ärzteschule des →Hippokrates

Λακεδαιμόνιος, -ου Lakedaimonier, Bewohner von →Lakedaimon

Λακεδαίμων, -ονος (ἡ) Lakedaimon, das Staatsgebiet von →Sparta

Λάμαχος, -ου Lamachos (gefallen 414 v. Chr. in →Sizilien), athenischer Stratege

Λάμψακος, -ου (ἡ) Lampsakos, Stadt an der Ostküste des →Hellespont

Λαοκόων, -οντος Laokoon, troianischer Priester des Poseidon; Hauptfigur einer berühmten Statuengruppe aus dem 1. vorchristlichen Jh.

Λάτιον, -ου (τό) Latium, Landschaft in Mittelitalien um Rom

Λαύρειον, -ου Laure(i)on, Hügelland im Südosten →Attikas mit reichen Silbervorkommen

Λαυρε(ι)ωτικός, -ή, -όν Adjektiv zu Laure(i)on

Λάχης, -ητος Laches (gefallen 418 v. Chr.), wohlhabender Athener, Stratege und Titelfigur eines platonischen Dialogs über die Tapferkeit

Λέσβιος, -ου / Λεσβία, -ας Lesbier(in), Einwohner(in) der Insel →Lesbos

Λέσβος, ου (ἡ) Lesbos, Insel vor der kleinasiatischen Küste, Heimat der Dichter →Sappho und →Alkaios

Λήμνιοι, -ων (οἱ) (die) Lemnier, Bewohner der Insel →Lemnos

Λῆμνος, -ου (ἡ) Lemnos, fruchtbare Insel in der Nord-Ägäis

Λητώ, -οῦς Leto, von →Zeus Mutter des →Apollon und der →Artemis

Λιβύη, -ης Libyen, westlich des Nils gelegener Teil Nordafrikas

Λουκᾶς, -ᾶ Lukas, einer der vier Evangelisten, 1. Jh. n. Chr.

Λουκιανός, -οῦ Lukian (~120-~180) aus Syrien, Wanderredner und Autor meist satirischer Bücher in attischer Sprache

Λυδία, -ας Lydien, Land im westlichen Kleinasien

Λύκιοι, -ων (οἱ) (die) Lykier, Einwohner der kleinasiatischen Landschaft Lykien, Verbündete der →Troer

Λυσιστράτη, -ης Lysistrate, Hauptfigur der gleichnamigen Komödie des →Aristophanes

Μαίανδρος, -ου (ὁ) Mäander, windungsreicher Fluss in Kleinasien, nach seinem Lauf wird ein Ziermuster benannt

Μακεδόνες, -ων (οἱ) (die) Makedonen, Bewohner von →Makedonien

Μακεδονία, -ας Makedonien, Landschaft im Norden Griechenlands

Μαραθών, -ῶνος Marathon, Ort im Nordosten →Attikas, dort 490 v. Chr. Sieg der Athener über die →Perser

Μαρδόνιος, -ου Mardonios, persischer Feldherr, Berater des →Xerxes bei seinem Zug nach Griechenland 480 v. Chr.

Μαρία ἡ Μαγδαληνή Maria von Magdala (Ort am See Genezareth), oft Maria Magdalena genannt, folgte →Jesu

Μάρκος, -ου Markus, einer der vier Evangelisten, 1. Jh. n. Chr.

Μάρκος Αὐρήλιος, -ου Marc(us) Aurel(ius), römischer Kaiser (R 161-180), Verfasser philosophischer Betrachtungen

Ματθαῖος, -ου Matthäus, einer der vier Evangelisten, 1. Jh. n. Chr.

Μέγαρα, -ων (τά) Megara, Stadt in Mittelgriechenland und Rivalin Athens

Μελήσιππος, -ου Melesippos, Spartiate, 430 zu letzten Friedensverhandlungen nicht in Athen eingelassen

Μελίτη, -ης Melite, die heutige Insel Malta

Μένανδρος, -ου Menander (~342 bis ~291), Komödiendichter aus Athen

Μενέλαος, -ου Menelaos, Bruder →Agamemnons, Ehemann der →Helena, König von →Sparta

Μεταπόντιον, -ου (τό) Metapont, Stadt in Unteritalien

Μήλιοι, -ων (οἱ) (die) Melier, Einwohner der Insel →Melos

Μῆλος, -ου (ἡ) Melos, westlichste Insel der →Kykladen, Kolonie von →Sparta

Μιλήσιος, -ου Milesier, Einwohner von Milet

Μίλητος, -ου (ἡ) Milet, Stadt an der Südwestküste Kleinasiens

Μιλτιάδης, -ου Miltiades, athenischer Politiker und Feldherr, Vater des →Kimon, Sieg über die Perser bei →Marathon 490 v. Chr.

Μίλων, -ωνος Milon aus →Kroton (Unteritalien), zwischen 532 und 512 als Ringer sechsmal →Olympia-Sieger

Μίνως, -ωος/ω Minos, Sohn des →Zeus und der Europe, mythischer König von →Kreta

Μινώταυρος, -ου Minotauros, Mischwesen aus Mann und Stier

Μοῖραι, -ῶν (αἱ) die Moiren, (meist drei) Schicksalsgöttinnen

Μοῦσαι, -ῶν (αἱ) (die) Musen, Töchter des →Zeus, Schutzgöttinnen der Künste und Wissenschaften, von →Apollon geleitet

Μυτιληναῖοι, -ων (οἱ) (die) Mytilenaier, Einwohner von Mytilene auf →Lesbos

Νάξος, -ου (ἡ) Naxos, größte Insel der →Kykladen

Ναυπλία, -ας Nauplia, Küstenstadt in der →Argolis

Νεοπτόλεμος, ου Neoptolemos, Sohn des →Achilleus, sollte zusammen mit →Odysseus den Bogen des →Philoktet nach →Troia bringen

Νέστωρ, -ορος Nestor, mythischer König von →Pylos in →Messenien

Νικίας, -ου Nikias (geb. vor 469, hingerichtet 413), athenischer Politiker und Stratege, einer der Befehlshaber der Sizilischen Expedition

Νικόδημος, -ου Nikodemos, Pharisäer, Mitglied des Hohen Rates in Jerusalem

Ξανθίππη, -ης Xanthippe, Frau des →Sokrates, wohl fälschlich, zumindest aber übertrieben zum Typ der zänkischen Ehefrau gemacht

Ξενοφῶν, -ῶντος 1. Xenophon (~430-354) aus Athen, Historiker und Schriftsteller, Schüler des →Sokrates 2. von →Ephesos, wahrscheinlich Pseudonym eines Romanautors des 2. oder des 3. Jhs. n. Chr.

Ξέρξης, -ου Xerxes (I.) (R 486-465), Perserkönig

Ὀδύσσεια, -ας (ἡ) (die) Odyssee, Epos (Heldengedicht) in 24 Gesängen über die Heimkehr des →Odysseus

Ὀδυσσεύς, -έως Odysseus, König von →Ithaka

Οἰδίπους, Οἰδίποδος Oidipus (Ödipus), König von →Theben

Οἰχαλία, -ας Oichalia, mythische Heimatstadt der Iole in →Thessalien

Ὀλυμπία, -ας Olympia, heiliger Bezirk in →Elis mit Sportanlagen; Austragungsort der Olympischen Spiele

Ὀλυμπιάς, -άδος Olympias (375-316), erste Ehefrau →Philipps II. von Makedonien, Mutter →Alexanders des Großen

Ὀλύμπιοι, -ων (οἱ) (die) Olympier, die olympischen Götter, die auf dem →Olymp wohnen

Ὄλυμπος, -ου Olymp, höchster Berg Griechenlands zwischen →Thessalien und →Makedonien

Ὅμηρος, -ου Homer, Dichter der →Ilias und wahrscheinlich auch der →Odyssee

Ὀξυάρτης, -ου Oxyartes, Adliger aus →Sogdiana, Gegner →Alexanders des Großen, Vater der →Roxane

Ὀρφεύς, -έως Orpheus, mythischer Sänger aus →Thrakien, versucht seine zu früh verstorbene Ehefrau →Eurydike vergeblich aus der Unterwelt zu befreien

Παναθήναια, -ων (τά) (die) Panathenäen, großes Fest in Athen zu Ehren der →Athene

Πάριοι, -ων (οἱ) (die) Parier, Bewohner der Insel →Paros

Πάρις, -ιδος Paris, Sohn des →Priamos und Entführer der →Helena; →Alexandros (1.)

Παρμενίων, -ωνος Parmenion, bedeutender Feldherr →Philipps II. und →Alexanders des Großen

Πάρος, -ου (ἡ) Paros, Insel der Kykladen, Heimat des →Archilochos, berühmt für ihren Marmor

Πάτροκλος, -ου Patroklos, Freund und Kampfgefährte des →Achilleus

Παῦλος, -ου Paulus (~5-~60 n. Chr.), Apostel

Παυσανίας, -ου Pausanias 1. spartanischer Feldherr, Sieger von →Plataiai (479 v. Chr.) 2. Schriftsteller (2. Jh. n. Chr.), wohl aus Kleinasien, Verfasser einer „Reisebeschreibung Griechenlands“ 3. Lieblingsjünger des →Empedokles

Πειραιεύς, -έως/ῶς (ὁ) Piräus, Hafen Athens

Πεισίστρατος, -ου Peisistratos, Tyrann von Athen, R ca. 560-528/27; Nachfolger waren die Πεισιστρατίδαι, Peisistratiden, nämlich seine Söhne →Hippias und →Hipparchos

Πελοποννήσιοι (οἱ) (die) Einwohner der →Peloponnes, bei →Thukydides Bezeichnung der Bundesgenossen Spartas

Πελοπόννησος, -ου (ἡ) (die) Peloponnes, bergige Halbinsel in Südgriechenland

Πέργαμον, -ου Pergamon, Burg und Stadt im nordwestlichen Kleinasien, 283-133 selbständiges Königreich

Περίανδρος, -ου Periandros (Periander), seit 627 v. Chr. Tyrann von →Korinth

Περικλῆς, -έους Perikles (~490-429), bedeutendster Politiker Athens

Πέρσαι, -ῶν (οἱ) (die) Perser, indoeuropäisches Volk im Gebiet des heutigen Iran

Περσεφόνη, -ης Persephone, Tochter des →Zeus und der →Demeter, von →Hades in die Unterwelt als Frau und Herrscherin geraubt

Πήγασος, -ου Pegasos, gefügeltes Pferd

Πηλεύς, -έως Peleus, Ehemann der →Thetis, Vater des →Achilleus

Πηνελόπη, -ης Penelope, Ehefrau des →Odysseus

Πιοδάσσης, -ου Piodasses („der freundlich Blickende“), anderer Name für den großen nordindischen König Ashoka (R 268-232)

Πλαταιαί, -ῶν (αἱ) Plataiai, Stadt in →Boiotien, bei der 479 v. Chr. die Griechen die →Perser besiegten

Πλάτων, -ωνος Platon (427-347) aus Athen, Philosoph; Schüler des →Sokrates

Πληιάδες (Πλειάδες), -άδων (αἱ) (die) Pleiaden, das für Seefahrt und Landwirtschaft wichtige „Siebengestirn“

Πλούταρχος, -ου Plutarch (~46 bis nach 119) aus →Chaironeia, vielseitiger Schriftsteller und Autor von 46 Parallelbiographien berühmter Griechen und Römer

Πόλλις, -ιδος Pollis (gest. 373 v. Chr.), spartanischer Flottenführer

Πολύκλειτος, -ου Polykleitos (Polyklet), neben →Pheidias bedeutendster antiker Bildhauer (um 450-410)

Πολυκράτης, ους Polykrates, Tyrann der Insel →Samos (R um 538-522)

Πολύφημος, ου Polyphem(os), →Kyklop, von →Odysseus geblendet
Πόντιος Πιλᾶτος, -ου Pontius Pilatus, römischer Statthalter der Provinz Judäa von 26-36
Ποσειδῶν, -ῶνος Poseidon, Gott der Meere
Ποτείδαια, -ας Poteidaia, Stadt auf der Halbinsel →Chalkidike, 431 vom attischen Seebund abgefallen
Πρίαμος, ου Priamos, mythischer König von →Troia, Vater von →Hektor und →Paris/Alexandros
Πριήνη, -ης Priene, Stadt am Golf von →Milet
Προῖτος, -ου Proitos, König von →Tiryns, Schwiegersohn des →Iobates, wollte den verleumdeten →Bellerophon vernichten
Προποντίς, -ίδος (ἡ) Propontis, heute Marmara-Meer
Πρωταγόρας, -ου Protagoras aus →Abdera, Begründer der Sophistik, um 480 bis 410 v. Chr.
Πτολεμαῖος, -ου 1. Ptolemaios III. Euergetes (Εὐεργέτης, -ου), 246-221 König von →Ägypten 2. Ptolemaios XIII. Philadelphos (Φιλάδελφος), 51-47 Mitregent seiner Schwestergemahlin →Kleopatra VII.
Πυθαγόρας, -ου Pythagoras (6. Jh. v. Chr.) aus →Samos, Philosoph, Mathematiker und „Guru"
Πυθαγόρειος, -ου Pythagoreer, Anhänger der Lehre bzw. Mitglied des Ordens des →Pythagoras
Πυθία, -ας Pythia, Priesterin im →Apollon-Tempel von →Delphoi
Πύρρος, -ου Pyrrhos (319-272), König in →Epeiros

Ῥήγιον, -ου Rhegion, Hafenstadt in Süditalien, heute Reggio di Calabria
Ῥόδιοι, -ων (οἱ) (die) Rhodier, Bewohner der Insel →Rhodos
Ῥόδος, -ου (ἡ) Rhodos, große Insel vor der Südwestküste Kleinasiens
Ῥώμη, -ης Rom
Ῥωμαῖοι, -ων (οἱ) (die) Römer
Ῥωξάνη, -ης Roxane, Tochter des →Oxyartes, Frau →Alexanders des Großen

Σαῖοι, -ων (οἱ) (die) Saier, ein Volksstamm, der in →Thrakien gegenüber der Insel →Thasos lebte
Σαλαμίνιοι, -ων (οἱ) (die) Salaminier, Bewohner der Insel →Salamis
Σαλαμίς, -ῖνος (ἡ) Salamis, Insel vor Athen; im Sund zum Festland 480 v. Chr. Seesieg der Griechen über die → Perser
Σάμιοι, -ων (οἱ) (die) Samier, Bewohner der Insel →Samos
Σάμος, -ου (ἡ) Samos, fruchtbare Insel vor der kleinasiatischen Küste
Σαπφώ, -οῦς Sappho, Lyrikerin um 600 v. Chr. auf der Insel →Lesbos
Σάρδεις, -εων (αἱ) Sardeis, Hauptstadt von →Lydien
Σάτυροι, -ων Satyrn, übermütige Wesen im Gefolge des →Dionysos; Menschengestalt mit Ohren, Schwanz und Hufen vom Pferd
Σειρῆνες, -ων (αἱ) (die) S(e)irenen, Mischwesen aus Frau und Vogel, die durch Gesang betörte Seeleute töteten
Σελινοῦς, -οῦντος, (ὁ) Selinunt, griechische Kolonie an der SW-Küste Siziliens
Σηστός, -οῦ (ἡ) Sestos, Stadt am →Hellespont gegenüber von →Abydos
Σικελία, -ας Sizilien
Σίμων, -ωνος Simon, Beiname Πέτρος („Fels"), Fischer, Jünger →Jesu, später Leiter der Gemeinde in Jerusalem und Märtyrer
Σίντιες, -ίων (οἱ) (die) Sintier, →thrakischer Stamm auf der Insel →Lemnos
Σίπυλος, -ου Sipylos, Gebirgszug in →Lydien
Σκύθης, -ου (ὁ) Skythe, Angehöriger einer Völkergruppe nördlich des Schwarzen Meeres
Σκῦρος, -ου (ἡ) Skyros, Insel in der nördlichen Ägäis
Σογδιανή, -ῆς Sogdiana, zum Perserreich gehörende Landschaft um Samarkand und Buchara im heutigen Tadschikistan/Usbekistan
Σόλων, -ωνος Solon (~640-560), Gesetzgeber in Athen
Σούνιον, -ου (τό) Sunion, Vorgebirge an der Südostspitze von →Attika mit →Poseidon-Tempel
Σοῦσα, -ων (τά) Susa, Hauptstadt des alten Reiches Elam, dann Residenzstadt der persischen Großkönige
Σοφοκλῆς, -έους Sophokles (~496-406) aus Athen, Tragödiendichter
Σπάρτη, -ης Sparta, Hauptort von Lakedaimon
Σπαρτιάτης, -ου der Spartiat, Angehöriger der spartanischen Kriegerklasse
Σπεύσιππος, -ου Speusipp(os), Neffe →Platons, von diesem als Schulhaupt der →Akademie bestellt
Στοά, -ᾶς (ἡ) (die) Stoa, eine nach ihrem Versammlungsort, der Stoa Poikile in Athen, benannte Philosophenschule, um 300 v. Chr. gegründet
Στύμφαλος, -ου (ἡ) Stymphalos, Stadt in Arkadien; in einem Sumpf dort soll →Herakles Menschen fressende Vögel erlegt haben
Στωικοί, -ῶν (οἱ) (die) Stoiker, Anhänger der Philosophenschule der →Stoa
Σύβαρις, -εως (ἡ) Sybaris, reiche, für ihr Luxusleben berüchtigte Stadt am Golf von →Tarent
Συβαρίτης, -ου Sybarit, Einwohner von →Sybaris
Συρακόσιος, -ου Syrakusaner
Συράκουσαι, -ῶν (αἱ) Syrakus, bedeutende Stadt in Sizilien
Συρία, -ας Syrien, Gebiet zwischen Euphrat und Mittelmeer
Σφίγξ, Σφιγγός (ἡ) (die) Sphinx, Fabelwesen vor →Theben
Σωκράτης, -ους Sokrates (470-399), Philosoph aus Athen
Σώστρατος, -ου Sostratos, junger verliebter Mann, wichtige Figur in →Menanders Komödie „Dyskolos"

Τάνταλος, -ου Tạntalos, mythischer König von →Lydien, der in der Unterwelt büßen musste (Tantalusqualen)

Τάρας, -αντος (ὁ) Tarẹnt, reiche Hafenstadt in Süditalien, Kolonie von →Sparta

Τένεδος, -ου (ἡ) Tẹnedos, Insel im →Ägäischen Meer südwestlich von →Troia

Τευθρανία, -ας Teuthrạnien, Landschaft im nordwestlichen Kleinasien

Τήλεφος, -ου Tẹlephos, Sohn des →Hẹrakles und der →Auge

Τίρυνς, -υνθος (ἡ) Tiryns, Burg und Siedlung der mykenischen Zeit in der →Ạrgolis

Τιτᾶνες, -ων (οἱ) (die) Titạnen, unterstützen in der Titanomachịe ihren Bruder Kronos gegen dessen Sohn →Zeus

Τροία, -ας Troia, auch →Ịlios (oder → Ịlion), Stadt im Norden Kleinasiens, Schauplatz der →Ịlias

Τρυγαῖος, -ου Trygạios, Name eines athenischen Bauern, Hauptfigur in der Komödie „Εἰρήνη" des →Aristọphanes

Τρῶες, -ων (οἱ) die Troer, Einwohner von →Troia (→ Ịlios)

Τυρταῖος, -ου Tyrtạios aus →Sparta, Politiker, Feldherr und Dichter (um 620 v. Chr.)

Ὕφασις, -ιος (ὁ) (der) Hỵphasis, Fluss im nordwestindischen Pandschab, heute Beas

Φαίδων, -ωνος Phaidon, Sklave aus →Elis, von einem Sọkrates-Anhänger freigekauft, Schüler des →Sọkrates

Φάλανθος, -ου Phalạnthos, →Spartiạt, um 700 v. Chr. Gründer von Tarẹnt (→Taras)

Φειδίας, -ου Ph(e)ịdias (tätig von 460-430), Bildhauer aus Athen

Φέρης, -ητος Pheres, Vater →Admets

Φθιῶτις, -ιδος (ἡ) Phthia, Landschaft in →Thessạlien, Heimat des →Achịlleus

Φίλιππος, -ου 1. Phịlipp II., König von →Makedọnien (R 359-336), Vater von →Alexạnder (2.) dem Großen 2. Philipp →Akarnạnier, Leibarzt →Alexạnders des Großen

Φιλοκτήτης, -ου Philoktẹt, griechischer Held, besaß Pfeile und Bogen des →Hẹrakles, von den Griechen wegen einer nicht heilenden Wunde auf der Insel →Lemnos ausgesetzt

Φιντίας, -ου Phịntias, →Pythagoreer, Freund des →Damon

Φοινίκη, -ης Phoinịkien, Küstenstreifen im heutigen Syrien und Libanon

Φρίξος, -ου Phrixos, thebanischer Königssohn, Bruder der →Helle

Φωκίς, -ίδος (ἡ) Phokis, Landschaft in Mittelgriechenland

Φωκίων, -ωνος Phọkion (402-318) aus Athen, genannt „der Gute", Politiker und Stratege, →Platon-Schüler

Χαιρώνεια, -ας Chaironeia, Stadt in →Boiotien, dort 338 v. Chr. Sieg →Philipps II. von →Makedọnien über Athener und →Thebạner

Χαλκιδική, -ῆς Chalkịdike, Halbinsel in →Makedọnien mit drei fingerartigen Landzungen

Χάρης, -ητος Chares aus Lindos auf →Rhodos, Bildhauer (Koloss von Rhodos), um 300 v. Chr.

Χαρμίδης, -ου Chạrmides, Onkel →Platons, Schüler des →Sọkrates

Χίμαιρα, -ας Chimạira, Mischwesen aus Löwe, Schlange und Ziege, von →Bellerophọn getötet

Χριστός, -οῦ Christus („der Gesalbte")

Ὠγυγία, -ας Ogỵgia, mythische Insel, Wohnsitz der Nymphe Kalypso, die den schiffbrüchigen →Odysseus aufnahm und sieben Jahre festhielt

Ὠκεανός, -οῦ Okẹanos, die Erdscheibe umschließender Weltstrom

Vokabelverzeichnis

ἀγαθός, -ή, -όν 13A	gut, tüchtig; nützlich
ἄγαλμα, τό 48A	das Götterbild, die Götterstatue
ἄγαν 37A	zu sehr, übermäßig
ἀγανακτέω 60B	(*m. Dat.*) ich ärgere mich, bin empört (über)
ἀγαπάω 85B	ich liebe; (*m. Dat.*) ich bin zufrieden mit
ἀγγέλλω 67A	ich melde
ἄγγελος, ὁ 5	der Bote
ἅγιος, -α, -ον 75B	heilig
ἀγνοέω 84B	ich weiß nicht, kenne nicht
ἄγομαι (γυναῖκα) 43B	ich führe (*als Frau*) heim, heirate
ἀγορά, ἡ 77A	der Marktplatz; die Versammlung
ἀγορεύω 38B, 70A	ich sage, spreche, rede
ἄγριος, -α, -ον 58B	ländlich; wild, grausam
ἀγρός, ὁ 8A	der Acker, das Feld; Land (<> *Stadt*)
ἄγω 4, 27A	ich führe; führe durch
ἄγων (Part.) 36B	mit
ἀγών, ὁ 34A	der Kampf, Wettkampf
ἀγωνίζομαι 20A	ich kämpfe, wetteifere
ἀδελφός, ὁ 15A	der Bruder
ἀδικέω 84B	(*m. Akk.*) ich tue Unrecht
ἀδικία, ἡ 16A	das Unrecht, die Kränkung
ἄδικος, -ον 55B	ungerecht
ἀδύνατος, -ον 51A	unmöglich; unfähig, machtlos
ᾄδω 9B	ich (be)singe
ἀεί 14A	immer
ἀήρ, ὁ 79B	die Luft
ἀθάνατος, -ον 37B	unsterblich
ἄθλιος, -ον 52B	elend, unglücklich
ἆθλος, ὁ 4	der Wettkampf; die Mühe
ἀθροίζω 30A	ich versammle
ἀθρόος, -α, -ον 71B	versammelt, dicht gedrängt
αἰδέομαι 60B	ich respektiere, habe Ehrfurcht (vor)
αἰδώς, ἡ 41A	die Scham, Ehrfurcht, der Respekt
αἴξ, ἡ 33B	die Ziege
αἱρέομαι 71A	ich nehme mir, wähle
αἱρέω 71A	ich nehme, ergreife, erobere
αἰσθάνομαι 14B, 27B	(*m. Gen. o. Akk.*) ich nehme wahr, bemerke
αἰσχρός, -ά, -όν 17A	hässlich; gemein
αἰσχύνη, ἡ 39B	die Schande, Schmach
αἰσχύνομαι 56A	(*m. Akk.*) ich schäme mich (vor); (*m. Part. oder Inf.*) ich schäme mich (zu)
αἰτέω, αἰτέομαι 68A	(*m. dopp. Akk.*) ich (er)bitte, fordere, verlange
αἰτία, ἡ 60A	der Grund, die Ursache; Schuld
αἰτιάομαι 79A	ich beschuldige
αἴτιος, -α, -ον 86B	(*m. Gen.*) schuld (an), verantwortlich (für), schuldig
ἀκόλαστος, -ον 79A	ungestraft, unverschämt
ἀκολουθέω 73B	ich folge
ἄκοντός τινος 37B	gegen den Willen von
ἀκούω 4	ich höre
εὖ (κακῶς) ἀκούω ὑπό 55A	(*m. Gen.*) ich stehe in gutem (schlechtem) Ruf (bei), habe einen guten (schlechten) Ruf (bei)
ἀκριβής, -ές 46A	sorgfältig, genau
ἄκων, -ουσα, -ον 35A	unfreiwillig, ungern, unabsichtlich
ἀλγεινός, -ή, -όν 37A	schmerzhaft; lästig
ἄλγος, τό 41A	der Schmerz, Kummer
ἀλήθεια, ἡ 28A	die Wahrheit, Wirklichkeit
(τῇ) ἀληθείᾳ 68A	in Wahrheit
ἀληθής, -ές 41B	wahr, wirklich; ehrlich
ἁλίσκομαι 74A	ich werde gefangen, erobert; (*m. Part.*) werde überführt
ἀλκή, ἡ 47A	die Wehrkraft, Verteidigung
ἀλλά 6B	aber, sondern
ἀλλάττω 74B	ich ändere, wechsle
ἀλλήλων 20B	einander, gegenseitig
ἄλλος, -η, -ο 13A	ein anderer
ἄλλος μέν ... ἄλλος δέ 65A	einer ... ein anderer
ἄλλοτε 56B	ein andermal
ἄλλοτε μέν ... ἄλλοτε δέ 56B	einmal ... ein andermal, bald ... bald
ἅλς, ὁ 33A	das Salz
ἅλς, ἡ 33A	das Meer
ἅμα 36B	zusammen, zugleich; (*m. Dat.*) zugleich mit, zusammen mit; (*m. Part.*) während
ἁμαρτάνω 89B	(*m. Akk. o. Gen.*) ich verliere (etwas), verfehle (etwas); mache einen Fehler, sündige
ἀμείνων, -ον 34B	tüchtiger; vorteilhafter, besser
ἀμελέω 59B	(*m. Gen.*) ich kümmere mich nicht (um), vernachlässige
ἀμήχανος, -ον 39A	unmöglich, unglaublich; unfähig
ἀμύνομαι 58B	(*m. Akk.*) ich wehre mich, verteidige mich (gegen)
ἀμύνω 11A	ich wehre ab, halte fern
ἀμφί m. Akk. 80B	um ... herum
ἀμφισβητέω (Impf. ἠμφεσβήτουν) 65B	ich bestreite, bezweifle
ἀμφότεροι, -αι, -α 20B	beide
ἄν 51A	*Modalpartikel*
ἀνά m. Akk. 28A	über (– hin); während
ἀναγιγνώσκω 74A	ich lese, lese vor
ἀναγκάζω 10B	ich zwinge
ἀναγκαῖος, -α, -ον 63B	notwendig

ἀνάγκη, ἡ 12A	der Zwang, die Notwendigkeit
ἀνάγκη ἦν 51B	es war nötig; es wäre nötig (gewesen)
ἀναιρέω 71A	ich hebe empor (und bringe weg); beseitige, töte; weissage
ἀναλαμβάνω 75A	ich nehme auf
(ἀνα-)μιμνῄσκομαι 79B	(*m. Gen. / Akk.*) ich erinnere mich (an)
(ἀνα-)μιμνῄσκω 90A	(*m. Gen.*) ich erinnere (an)
ἀναπαύομαι 61B	ich ruhe (mich) aus, erhole mich
ἀνδράποδον, τό 30B	der Sklave, die Sklavin
ἀνδρεία, ἡ 18B	die Tapferkeit
ἀνδρεῖος, -α, -ον 42B	mannhaft, tapfer
ἀνδριάς, ὁ 48B	die Statue, das Standbild (eines Menschen)
ἄνεμος, ὁ 9A	der Wind
ἄνευ m. Gen. 7B	ohne
ἀνέχομαι (Impf. ἠνειχόμην, Aor. ἠνεσχόμην) 72A	(*m. Gen. o. Akk. u. Part.*) ich halte aus, ertrage
ἀνήρ, ὁ 33A	der Mann
ἀνθρώπειος, -α, -ον 76B	menschlich
ἄνθρωπος, ὁ 4	der Mensch
ἀνίστημι 86A	ich stelle auf, richte auf
ἀνίσταμαι 86A	ich stehe auf, breche auf
ἀνόητος, -ον 35B	unvernünftig, unbegreiflich
ἀνόσιος, -ον 34B	unrecht, gottlos
ἀντί m. Gen. 15B	gegenüber; anstatt
ἄξιος, -α, -ον 18A	(*m. Gen.*) würdig, wert
ἄξιος θαυμάζειν 65A	bewundernswert
ἀξιόω 63A	ich fordere, bitte; (*m. Gen.*) ich halte würdig (für etwas)
ἀπαγορεύω (Aor. ἀπεῖπον) 65B, 87B	ich verbiete, ich werde müde (zu tun)
ἀπάγω (Aor. ἀπήγαγον) 56A	ich führe weg
ἀπαλλάττω 25A	(*m. Gen.*) ich entferne; befreie (von)
ἅπας, ἅπασα, ἅπαν 38B	all, ganz, jeder
ἀπατάω 75A	ich betrüge, täusche
ἀπέθανε(ν) (Aor.) 26A	er, sie, es starb, wurde getötet
ἀπεικάζω 58B	ich bilde ab, bilde nach
ἀπειλέω 90B	ich drohe (an)
ἄπειμι 43B	(*m. Gen.*) ich bin abwesend, weg, fern (von)
ἄπειρος, -ον 36A	unerfahren; unendlich
ἀπέχομαι 61B, 72A	(*m. Gen.*) ich halte mich fern (von), lasse die Hände (von); enthalte mich
ἀπέχω 72A	(*m. Gen.*) ich bin entfernt (von)
ἀπιστέω 60B	ich glaube nicht, misstraue
ἀπό m. Gen. 14B	von (– her); seit
ἀποβαίνει 73A	es ergibt sich, kommt heraus
ἀποβαίνω 73A	ich gehe weg
ἀποβάλλω 72B	ich werfe weg; verliere
ἀποδείκνυμι 88A	ich zeige, lege dar, beweise; (*m. dopp. Akk.*) mache zu
ἀποδημέω 72B	ich bin verreist; verreise
ἀποδίδομαι 82A	(*m. Gen.*) ich gebe (von mir) weg, verkaufe (für)
ἀποδιδράσκω 73B	(*m. Akk.*) ich laufe davon, entlaufe
ἀποδίδωμι 81A	ich gebe zurück; bezahle
ἀποθνῄσκει 10B, 26A	er, sie, es stirbt; wird getötet
ἀποκρίνομαι 34B	ich antworte
ἀποκτείνω 57B	ich töte
ἀπολαύω 52B	(*m. Gen.*) ich genieße, habe Vorteil (von)
ἀπολείπω 34B	ich verlasse, lasse zurück
ἀπόλλυμαι 88B	ich gehe zugrunde; gehe verloren
ἀπόλλυμι 88B	ich richte zugrunde; verliere
ἀπολογέομαι 85B	ich verteidige (mich)
ἀπολύω 11A	(*m. Gen.*) ich erlöse, befreie (von); gebe frei
ἀπορέω 70A	ich bin in Verlegenheit / Not; bin ratlos
ἀποστέλλω 69A	ich sende ab, schicke weg
(ἀπο-)στερέω 74B	(*m. Akk. u. Gen.*) ich (be)raube
ἀποτρέπω 32A	ich wende ab
ἀποφαίνομαι 67A	ich lege dar, äußere mich
ἅπτομαι 40A	(*m. Gen.*) ich berühre, fasse an; befasse mich mit
ἄρα 61A	also, folglich
ἆρα 7B	(*unübersetzte Fragepartikel*)
ἆρ' οὐ 7B	(etwa) nicht
ἆρα μή 7B	etwa
ἀργύριον, τό 35A	das Silber; Geld
ἀρέσκω 78B	ich gefalle
ἀρετή, ἡ 12B	die Tüchtigkeit, Tugend
ἀριθμός, ὁ 50A	die Zahl, Anzahl
ἀριστερός, -ά, -όν 49B	der (die, das) linke
ἄριστος, -η, -ον 42B	bester, tüchtigster
ἀρκέω 66B	ich bin stark genug, genüge
ἅρμα, τό 43B	der (zweirädrige) Wagen
ἀρνέομαι 65B	ich leugne, weigere mich
ἁρπάζω 25B	ich reiße an mich, raube
ἄρτι 23B	soeben, vor kurzem
ἀρχαῖος, -α, -ον 78A	alt, früher
ἀρχή, ἡ 47A	der Anfang; die Herrschaft; das Reich
ἄρχομαι 25A	(*m. Gen*) ich beginne (mit); (*m. Inf.*) ich beginne (zu tun)
ἄρχω 6A	(*m. Gen.*) ich beginne; herrsche
ἄρχων, ὁ 35A	der Anführer, Herrscher; Archont
ἀσθενής, -ές 51A	schwach, kraftlos, krank
ἀσκέω 83B	ich übe (aus)

ἀσπάζομαι 24A	ich empfange freundlich, begrüße
ἀσπίς, ἡ 56A	der Schild
ἀστός, ὁ 77B	der Bürger
ἄστρον, τό 5	der Himmelkörper, Stern; das Sternbild
ἄστυ, τό 44A	die Stadt (*besonders Athen*)
ἀσφαλής, -ές 47B	sicher, fest
ἅτε 36B	(*m. Part.*) da, weil (*objektiver Grund)*
ἄτη, ἡ 57A	das Unheil; die Verblendung
ἀτιμάζω 39B	ich entehre
ἄτοπος, -ον 59B	unpassend, seltsam
αὖθις 24B	wieder
αὐξάνω 89B	ich vermehre, fördere
αὐτάρκης, -ες 80B	eigenständig, unabhängig
αὐτίκα 29A	sogleich
αὐτός, -ή, -ό 17B	selbst; (*m. Art.*) der-, die-, dasselbe
αὐτός, ὁ m. Dat. / ὁ αὐτὸς καί 17B	derselbe wie
αὐτοῦ 42A	am selben Ort
ἀφαιρέομαι 71A	(*m. dopp. Akk.*) ich nehme (jdm. etwas) weg
ἀφανίζω 21B	ich lasse verschwinden; vernichte
ἀφίημι 85A	ich schicke weg, lasse los
ἀφικνέομαι (Aor. ἀφικόμην) 60B	ich komme an, gelange
ἀφ᾽ οὗ 58A	seitdem
ἄφρων, -ον 34B	unvernünftig
ἄχθομαι 80A	(*m. Dat.*) ich bin unwillig, ärgere mich (über)
βαίνω 73A	ich gehe
βάλλω 9B, 28B	ich (be)werfe, (be)schieße
βάρβαρος, ὁ 30B	der Nichtgrieche, Barbar
βαρύς, -εῖα, -ύ 86B	schwer, beschwerlich; (*von Tönen*) tief
βασιλεία, ἡ 32B	die Königswürde, das Königreich
βασιλεύς, ὁ 45A	der König
βασιλεύω 21A	(*m. Gen.*) ich bin / herrsche als König (über)
βέβαιος, -ον 35B	fest, dauerhaft, zuverlässig
βέλος, τό 58B	das Geschoss, der Pfeil
βέλτιστος, ὁ 46B	der *(moralisch)* beste
βελτίων, ον 46B	(*moralisch*) besser
βία, ἡ 19B	die Gewalt
βιάζομαι 27B	ich zwinge, überwältige
βιβλίον, τό 5	das Buch
βίος, ὁ 2	das Leben; der Lebensunterhalt
βιόω 63A	ich lebe
βλάβη, ἡ 65A	der Schaden

βλάπτω 23B	(*m. Akk.*) ich schädige, schade
βλέπω 19A	ich blicke, schaue
βοάω 64B	ich rufe, schreie
βοήθεια, ἡ 56B	die Hilfe
βοηθέω 77B	ich helfe
βούλευμα, τό 37B	der Rat, Plan; Beschluss
βουλεύομαι 14B	ich berate mich, überlege; beschließe
βουλή, ἡ 21A	der Wille, Plan, Rat; die Ratsversammlung
βούλομαι 14B	ich will
βουλόμενος, ὁ 17B	(der Wollende), der(jenige), der will; jeder Beliebige
βοῦς, ὁ / ἡ 45B	das Rind; der Ochse / die Kuh
βραχύς, -εῖα, -ύ 47B	kurz, wenig
βροτός, ὁ 56B	der Sterbliche; sterblich
βωμός, ὁ 15B	der Altar
γαμέω 59B	ich heirate (*eine Frau*)
γάμος, ὁ 5	die Hochzeit; Ehe
γάρ (*nachgestellt*) 3	denn, nämlich
γε (*nachgestellt*) 29A	(*Partikel*) 1. (*betonend*) gewiss, gerade 2. (*einschränkend*) wenigstens, jedenfalls
γέγονα 50B	ich bin geworden, geboren
γελάω 66B	ich lache (aus)
γενεά, ἡ 16A	die Nachkommenschaft; Abstammung, Geburt
γενναῖος, -α, -ον 22B	adelig; tüchtig; ehrenvoll
γεννάω 64B	ich zeuge; gebäre
γένος, τό 41A	das Geschlecht, die Gattung; Abstammung
γέρων, ὁ 35A	der alte Mann, Greis
γεωργός, ὁ 2	der Bauer
γῆ, ἡ 28A	die Erde; der Erdboden; das Land
γίγνεται 17A, 27B	er, sie, es entsteht, geschieht, ereignet sich
γίγνομαι 17A, 27B	ich werde (geboren)
γιγνώσκω 3	ich erkenne, weiß; beschließe
γλυκύς, -εῖα,-ύ 44B	süß; lieb, geliebt
γλῶττα, ἡ 74B	die Zunge; Sprache
γνώμη, ἡ 12A	die Einsicht; Meinung; der Ausspruch
γονεῖς, οἱ 45A	die Eltern
γόνυ, τό 67B	das Knie
γοῦν 23A	jedenfalls; zum Beispiel
γράμμα, τό 65A	der Buchstabe
γράφω 2	ich schreibe; zeichne
γυμνάζω 19B	ich übe, trainiere (*jdn.*)
γυμνάσιον, τό 5	der Sportplatz
γυμνός, -ή, -όν 20A	nackt, leicht bekleidet
γυνή, ἡ 33B	die Frau, Ehefrau

δαιμόνιος, -α, -ον 56A	göttlich, übermenschlich; unbegreiflich
δαίμων, ὁ / ἡ 85B	das göttliche Wesen, der (gute / böse) Geist
δάκρυον, τό 9A	die Träne
δέ 6B	(häufig unübersetzt); und; aber
δέδοικα / δέδια 50B, 76A	ich fürchte
δεῖ 32A	(*m. Inf. bzw. AcI*) man muss, es ist nötig
δεῖ μοι 32A	(*m. Gen.*) ich brauche (etwas)
δείκνυμι 88A	ich zeige, mache klar
δειλός, -ή, -όν 38A	feige; unglückselig, elend
δεινός, -ή, -όν 15A	gefürchtet: furchtbar; tüchtig, fähig
δεινὸς λέγειν 65A	fähig im Reden, redegewandt
δεῖπνον, τό 21B	das Abendessen
δέκα 40B	zehn
δέκατος (-η, -ον) 45B, 50B	der (die, das) zehnte
δένδρον, τό 9A	der Baum
δεξιός, -ά, -όν 65B	recht(s)
δέομαι 66A	(*m. Gen.*) ich brauche, habe nötig; bitte (um)
δέον 82B	da (obwohl, wenn) es nötig ist (war, wäre, gewesen wäre)
δέος, τό 47B	die Furcht, Angst
δεσμός, ὁ 14A	die Fessel; das Band
δεσπότης, ὁ 21A	der Herr, Herrscher
δεῦρο 7B	hierher
δεύτερος (-α, -ον) 24B, 50B	der (die, das) zweite
δέχομαι 16B	ich nehme an, nehme (*freundlich*) auf
δή *(nachgestellt)* 14A	(*Partikel*) offenbar, natürlich; *(Betonung des vorhergehenden Wortes)*
δῆλος, -η, -ον 13A	offensichtlich, klar
δῆλός εἰμι 40A	(*m. Part.*) offensichtlich
δηλόω 63A	ich mache klar, zeige
δημιουργός, ὁ 31B	der Handwerker, Schöpfer
δημοκρατία, ἡ 22A	die Demokratie
δῆμος, ὁ 3	das Volk
δημόσιος, -α, -ον (Adv. δημοσίᾳ) 81B	öffentlich, auf Staatskosten
δήπου 76A	doch wohl, sicherlich
δῆτα 52B	bestimmt
τί δῆτα; 52B	(*in Fragen*) Was denn?
διά m. Gen. 7B	durch (– hindurch)
διά m. Akk. 15A	wegen
διαβαίνω 71B	ich überschreite, überquere
διαβάλλω 69A	ich verleumde
διαβολή, ἡ 23A	die Verleumdung
διάγω 8B	ich verbringe (Zeit), verweile; lebe
διάγω 40A	(*m. Part.*) fortwährend, ununterbrochen
διαιρέω 84A	ich nehme auseinander, teile ein; analysiere
δίαιτα, ἡ 63A	die Lebensweise; der Lebensunterhalt
διάκειμαι 77B	(*oft m. Adv.*) ich bin (befinde mich) in einem Zustand
διαλέγομαι 18A	(*m. Dat.*) ich unterhalte mich (mit)
διαλλάττομαι 52A	(*m. Dat.*) ich versöhne mich (mit)
διαλλάττω 52A	ich versöhne
διαλύω 55A	ich löse auf, zerstöre
διανοέομαι 80A	ich denke, überlege, beabsichtige
διάνοια, ἡ 35B	der Gedanke, das Denken, die Absicht
διατελέω 77A	ich vollende; verharre; (*m. Part.*) tue andauernd
διατίθημι 83A	ich ordne; versetze in einen Zustand
διατρίβω 78A	ich verbringe die Zeit, beschäftige mich; (*m. Part.*) tue andauernd
διαφέρω 40A	(*m. Gen.*) ich unterscheide mich (von), zeichne mich aus (vor)
διαφθείρω 9A	ich zerstöre, vernichte; verderbe
διδάσκαλος, ὁ 84A	der Lehrer
διδάσκω 2	ich lehre
δίδωμι 81A	ich gebe
διέρχομαι 70B	ich gehe durch; erörtere
διηγέομαι 62B	ich erzähle, beschreibe
δικάζω 86B	ich spreche Recht, entscheide
δίκαιος, -α, -ον 22A	gerecht; berechtigt
δικαιοσύνη, ἡ 70A	die Gerechtigkeit
δικαστήριον, τό 84A	das Gericht
δικαστής, ὁ 41B	der Richter, Geschworene
δίκη, ἡ 34B	das Recht; der Prozess; die Strafe
δίκην δίδωμι 81A	(*m. Gen.*) ich zahle Strafe (für), werde bestraft (für)
διό 8B	daher, deshalb
δίς 48A	zweimal
διώκω 10B	ich verfolge; klage (gerichtlich) an
δοκεῖ μοι 59A	es scheint mir (gut)
δοκέω 59A	ich scheine; meine
δόξα, ἡ 28A	die Meinung; der (gute) Ruf, Ruhm
δόρυ, τό 56A	der Speer
δουλεία, ἡ 27B	die Sklaverei, Knechtschaft
δουλεύω 47B	ich bin Sklave, lebe in Knechtschaft

δοῦλος, ὁ 8A	der Sklave
δουλόω 63A	ich mache zum Sklaven, unterdrücke
δράκων, ὁ 42A	der Drache(n), die (*große*) Schlange
δράω 76B	ich tue
δρόμος, ὁ 20B	der Lauf, das Wettrennen; die Rennbahn
δύναμαι 87A	ich kann, bin imstande, vermag
δύναμις, ἡ 73A	die Kraft, Macht, Fähigkeit
δυνάστης, ὁ 43A	der Herrscher, Machthaber
δυνατὸν ἦν 51B	es war möglich; es wäre möglich (gewesen)
δυνατός, -ή, -όν 18B	fähig; mächtig; möglich
δύο 40B	zwei
δύομαι 74B	ich tauche (*selbst*) unter
δυστυχής, -ές 41B	unglücklich
δώδεκα 40B	zwölf
δῶρον, τό 9A	das Geschenk, die Gabe
ἐάν (= εἰ + ἄν) 54A	wenn
ἑαυτόν, - ήν / αὑτόν, - ήν 22A	sich (*Akk.*)
ἐάω (Impf. εἴων, Aor. εἴασα) 75B	ich lasse, lasse zu
ἔβαλον (Aor.) 28B	ich beschoss, bewarf; traf
ἐγένετο (Aor.) 27B	er, sie, es entstand, geschah, ereignete sich
ἐγενόμην (Aor.) 27B	ich wurde (geboren)
ἐγγύς (Adv.) 52B	nahe, in der Nähe
ἐγγύς m. Gen. 52B	nahe bei, in der Nähe von
ἐγείρομαι 69B	ich wache auf; erwache
ἐγείρω 69B	ich wecke; errege
ἐγκρατής, -ές 79B	(selbst-)beherrscht, enthaltsam
ἐγκωμιάζω 47A	ich preise, lobe
ἐγρήγορα (Perf.) 69B	ich bin wach
ἐγώ 21A	ich
ἔγωγε 29A	ich jedenfalls
ἔδει 51B	es war nötig; es wäre nötig (gewesen)
(ἐ)θέλω 7A	ich bin bereit, will
ἐθίζω 20A	ich gewöhne (*jdn.*)
ἔθνος, τό 61B	das Volk, der Volksstamm
ἔθος, τό 41A	die Sitte, Gewohnheit
εἰ 51A	wenn; ob
εἰ γάρ 55A	(*m. Opt.*) (häufig unübersetzt); hoffentlich (*m. Ind.*)
εἶδον (Aor.) 26A	ich erblickte, sah
εἶδος, τό 75B	die Gestalt, das Aussehen; die Idee
εἴδωλον, τό 31A	das Bild, Götterbild
εἴθε 55A	(*m. Opt.*) (häufig unübersetzt); hoffentlich (*m. Ind.*)
εἰκάζω 53B	ich vermute
εἴκοσι(ν) 48A	zwanzig
εἴκω, ὑπ-είκω 37B	ich weiche, gebe nach
εἷλκον (Impf.) 20A	ich zog, schleppte
εἰκών, ἡ 58B	das Bild, die Statue
εἵλκυσα (Aor. v. ἕλκω) 57A	ich zog, schleppte
εἱλόμην (Aor.) 52A	ich wählte
εἰμί 11A	ich bin
εἶμι 77B	ich werde gehen
εἶπον (Aor.) 27A	ich sagte, sprach
εἴργασται 49A	er, sie, es hat verfertigt (*Medium*), ist verfertigt, gearbeitet (*Passiv*)
εἴργω 34A	ich schließe ein; (*m. Gen.*) schließe aus (von etwas)
εἰρήνη, ἡ 30A	der Friede(n)
εἰς m. Akk. 9B	in (– hinein), zu / nach (– hin); bis zu (*zeitlich*)
εἰς Ἅιδου (οἶκον) 37B	in den Hades, in die Unterwelt
εἷς, μία, ἕν 40B	einer, eine, ein(e)s
εἰσίν, οἵ 53B	einige, manche (wörtl. es gibt welche, die)
εἴσω 58B	hinein; drinnen
εἴσω m. Gen. 58B	innerhalb
εἶτα 52A	da, dann; ferner
εἴτε ... εἴτε 72B	sei es dass ... oder dass; ob ... oder
εἶχον (Impf.) 20A	ich hatte, besaß, hielt (fest); verhielt mich
εἴωθα 50B	ich bin gewohnt, pflege (zu tun)
ἐκ, ἐξ m. Gen. 10A	aus ... heraus; seit; infolge
ἕκαστος, -η, -ον 25A	jeder
ἑκάστοτε 36A	jedes Mal, jeweils
ἑκάτερος, -α, -ον 79B	jeder von beiden
ἑκατόν 48A	hundert
ἑκατοστός (-ή, -όν) 50B	der (die, das) hundertste
ἐκβάλλω 28B	ich werfe hinaus, vertreibe, verbanne
ἐκεῖ 6A	dort
ἐκεῖνος, -η, -ο 26B	jener, jene, jenes
ἐκκλησία, ἡ 84A	die Volksversammlung; (in christl. Texten) die Kirche
ἑκόντος τινός 37B	mit Erlaubnis von
ἐκπλήττομαι 79B	ich erschrecke (*selbst*)
ἐκπλήττω 43A	ich erschrecke (*jdn.*)
ἑκών, -οῦσα, -όν 35A	freiwillig, gern, absichtlich
ἔλαβον (Aor.) 26A	ich nahm, ergriff; bekam
ἐλάττων, -ον 46B	kleiner, geringer, weniger
ἐλάχιστος, ὁ 46B	der kleinste, geringste, wenigste
ἔλεγχος, ὁ 84B	die Prüfung, Widerlegung, der Beweis
ἐλέγχω 38B	ich überführe, widerlege
ἐλεέω 79B	ich habe Mitleid, bedauere
ἔλεος, ὁ 19A	das Mitleid, Erbarmen
ἐλευθερία, ἡ 18B	die Freiheit

ἐλεύθερος, -α, -ον 20A	frei
ἐλευθερόω 63A	ich befreie
ἔλιπον (Aor.) 27A	ich verließ, ließ zurück, ließ übrig
ἕλκω 10B	ich ziehe, schleppe
Ἕλλην, ὁ 34A	der Grieche
ἐλπίζω 32A	(*m. Inf. Fut.*) ich hoffe, erwarte
ἐλπίς, ἡ 76B	die Hoffnung, Erwartung
ἔμαθον (Aor.) 27A	ich lernte, erfuhr; verstand
ἐμαυτόν, -ήν 22A	mich
ἐμός, -ή, -όν 22B	mein
ἐμπειρία, ἡ 84A	die Erfahrung
ἔμπειρος, -ον 38A	(*m. Gen.*) erfahren (in), kundig (in)
(ἐμ-)πίμπλημι 87A	(*m. Gen.*) ich fülle an (mit)
(ἐμ-)πίπτει 39B	(*m. Dat.*) es befällt
ἐμπίπτω εἰς 25B	(*m. Akk.*) ich falle in (– hinein); gerate (*in einen Zustand*)
ἔμπορος, ὁ 22A	der Kaufmann (*im Übersee-Handel*)
ἔμπροσθεν (Adv.) 81A	(*örtlich*) (von) vorne; (*zeitlich*) vorher, früher
(Präp. m. Gen.)	vor
ἐν m. Dat. 10B	in, an, auf (*Frage „wo / wann“*)
ἐν Ἅιδου (οἴκῳ) 37B	im Hades, in der Unterwelt
ἐν νῷ ἔχω 28B	ich habe im Sinn, habe vor
ἐναντιόομαι (Impf. ἠναντιούμην) 63B	ich widersetze mich, widerspreche
ἐναντίος, -α, -ον 65A	entgegengesetzt
ἐναντίος, ὁ 6A	der Gegner, Feind
ἐνδεής, -ές 41B	bedürftig; unterlegen
ἕνδεκα 40B	elf
ἔνδον 49A	drinnen, im Inneren
ἕνεκα m. Gen. (*nachgestellt*) 17A	zum Zweck von; wegen
ἔνθα 31B	hier
ἐνθάδε 29B	hier, hierher
ἐνθυμέομαι 80B	ich bedenke, überlege
ἐνιαυτός, ὁ 29B	das Jahr
ἔνιοι, -αι, -α 42A	einige
ἐνίοτε 8B	manchmal
ἐννέα 11B	neun
ἐννοέω 86B	ich (be)denke, erwäge; (be)merke
ἐνταῦθα 28B	hier
ἐντεῦθεν 79B	(*örtlich*) von hier, von dort; (*zeitlich*) von da an; (*übertragen*) daher
ἐντός m. Gen. 49B	innerhalb
ἐντυγχάνω 38A	(*m. Dat.*) ich treffe auf, gerate in
ἐν ᾧ 58A	während
ἕξ 40B	sechs
(ἐξ-)απατάω 75A	ich betrüge, täusche

ἐξαπίνης (Adv.) 15B	plötzlich
ἐξεργάζομαι 39B	ich vollende, setze durch, führe aus
ἔξεστι(ν) 18A	es ist möglich, erlaubt
ἐξετάζω 50A	ich prüfe
ἐξῆν 51B	es war möglich; es wäre möglich (gewesen)
ἑξῆς 52A	der Reihe nach
ἐξόν 82B	da (obwohl, wenn) es möglich ist (war, wäre, gewesen wäre)
ἐξ οὗ 58A	seitdem
ἐξουσία, ἡ 79A	die Erlaubnis, Möglichkeit; Willkür
ἔξω m. Gen. 44B	außerhalb
ἔοικα 50B	ich gleiche; scheine (zu sein / tun)
ἑορτή, ἡ 12B	das (*religiöse*) Fest
ἐπαγγέλλομαι 15A	ich verspreche
ἐπαινέω 66B	ich lobe
ἔπαινος, ὁ 35B	das Lob
ἐπανέρχομαι 36A	ich kehre zurück
ἐπεί, ἐπειδή 24A	als, nachdem; da, weil
ἐπειδάν 58A2	nachdem, wenn, sobald
ἐπεὶ πρῶτον 58A	sobald
ἔπειτα 16B	danach
ἐπεὶ τάχιστα 58A	sobald
ἐπέρχομαι 32A	(*m. Dat.*) ich gehe an etwas heran, greife an
ἔπεσον (Aor.) 26A	ich fiel
ἐπέχω 72A	(*m. Gen.*) ich halte fest, halte zurück (von); warte
ἐπί m. Gen. 14A, 33A	(oben) auf; in Richtung (von), bei, zur Zeit von
ἐπί m. Dat. 47A	(dicht) bei (*örtlich*); aufgrund, unter der Bedingung (*übertragen*)
ἐπί m. Akk. 15B	auf (– hinauf); zu (– hin); gegen
ἐπιβουλεύω 23A	(*m. Dat.*) ich plane einen Anschlag, führe (etwas) im Schilde (gegen)
ἐπιδείκνυμι (u. Med.) 88A	ich zeige vor, stelle zur Schau; schildere
ἐπι-θυμέω 75B	(*m. Gen.*) ich begehre, will
ἐπιθυμία, ἡ 63B	die Begierde, das Verlangen
ἐπικαλέω 59B	ich rufe herbei; (*m. Dat.*) mache Vorwürfe, beschuldige
ἐπίκουρος, ὁ 11B	der Helfer, Bundesgenosse
ἐπιλανθάνομαι 38A	(*m. Gen.*) ich vergesse
ἐπιμέλεια, ἡ 54B	die Sorge, Fürsorge
ἐπιμελέομαι 60A	(*m. Gen.*) ich kümmere mich, sorge mich (um)

ἐπίσταμαι 87A	(*m. Part. oder* ὅτι) ich verstehe, weiß (, *dass*); (*m. Inf.*) ich verstehe, weiß (zu tun), kann
ἐπιστήμη, ἡ 35B	das Wissen, die Wissenschaft; Erkenntnis
ἐπιστολή, ἡ 22B	der Brief
ἐπιτήδειος, -α, -ον 51A	geeignet, passend; befreundet
ἐπιτηδεύω 47A	ich betreibe eifrig
ἐπιτίθημι 83A	ich lege darauf, füge (hin)zu
ἐπιτιμάω 62A	(*m. Dat.*) ich werfe vor, tadle
ἐπιτρέπω 21A	ich überlasse, vertraue an; gestatte
ἐπιχειρέω 76A	(*m. Dat.*) ich versuche, unternehme; greife an
ἕπομαι (Impf. εἱπόμην) 54A, 72B1	(*m. Dat.*) ich folge; befolge, gehorche
ἔπος, τό 65A	das Wort
ἑπτά 40B	sieben
ἐπυθόμην 29B	(*m. Gen.*) ich erkundigte mich; erfuhr
ἐράω 62A	(*m. Gen.*) ich liebe, begehre
ἐργάζομαι 31A	ich arbeite, verfertige; erwerbe
ἔργον, τό 4	das Werk, die Tätigkeit, Tat
(τῷ) ἔργῳ 68A	in Wirklichkeit
ἔρημος, -η, -ον 13A	einsam, verlassen
ἐρίζω 41B	(*m. Dat.*) ich streite, wetteifere (mit)
ἔρις, ἡ 79A	der Streit, Wettstreit
ἔρχομαι 30B, 70B	ich komme, gehe
ἔρως, ὁ 56B	die Liebe, das Verlangen
ἐρωτάω 70A	ich frage
ἐσθής, ἡ 46A	das Kleid, die Kleidung
ἐσθίω 41B, 70A	ich esse
ἐσθλός, -ή, -όν 68B	vornehm, edel; tüchtig
ἑσπέρα, ἡ 66A	der Abend
ἑστᾶσιν 76A	sie haben sich gestellt, stehen
ἕστηκα (Perf.) 76A	ich habe mich gestellt, stehe
ἔστην (Aor.) 73A	ich stellte mich hin, trat hin
ἔστι(ν) 11A	er, sie, es ist vorhanden, existiert; es ist möglich, erlaubt
ἐστί(ν) 11A	(*m. Gen.*) es ist Aufgabe, Pflicht, Eigenschaft (von); es ist Eigentum (von), gehört; (*m. Dat.*) es ist Eigentum (von), gehört
ἔστιν, οἵ / εἰσίν, οἵ 53B	einige, manche (wörtl. es gibt welche, die)
ἔσχατος, -η, -ον 67B	äußerster, letzter
ἑταῖρος, ὁ 25A	der Gefährte, Kamerad
ἕτερος, -α, -ον 22B	der eine, der andere (*von zweien*)
ἔτι 13B	noch
ἔτι δέ 20B	noch dazu, außerdem

ἔτυχον (Aor.) 28B	ich erhielt, bekam
ἕτοιμος, -η, -ον 79B	bereit
ἔτος, τό 63B	das Jahr
ἐτράπην (Aor. Pass.) 87B	ich wurde in die Flucht geschlagen, floh
εὖ (Adv.) 7A	gut
εὖ ἀκούω ὑπό 55A	(*m. Gen.*) ich stehe in gutem Ruf (bei), habe einen guten Ruf (bei)
εὐδαιμονία, ἡ 74A	das Glück, die Glückseligkeit, der Wohlstand
εὐδοκιμέω 59B	ich bin berühmt, habe einen guten Ruf
εὐεργέτης, ὁ 51B	der Wohltäter
εὐθύ(ς) (Adv.) 61B	sofort
εὐλαβέομαι 60B	(*m. Akk.*) ich nehme mich in Acht, hüte mich (vor); (*m. Inf.* + μή) hüte mich (davor) (zu tun)
εὐμενής, -ές 52A	wohlwollend, freundlich
εὔνοια, ἡ 81A	das Wohlwollen, die Zuneigung
εὑρίσκω 26A	ich finde, erfinde
εὖρος, τό 48B	die Breite
εὐσεβής, -ές 55B	fromm, pflichtbewusst, gewissenhaft
εὐτυχής, -ές 57B	glücklich, vom Schicksal gesegnet
εὐφραίνω 6B	ich erfreue
εὐχή, ἡ 12B	das Gebet; die Bitte
εὔχομαι 15B	(*m. Dat.*) ich bete (zu); wünsche
ἔφη 38A	er, sie, es sagte
ἐφίεμαι 85A	(*m. Gen.*) ich strebe (nach)
ἔφυγον (Aor.) 26A	ich floh, entkam
ἐχθρός, ὁ 11A	der Feind
ἐχθρός,-ά,-όν 25B	feindlich, verhasst
ἔχω 6A, 11A, 72A	ich habe, besitze, halte (fest); (*m. Adv.*) verhalte mich
ἔχων (Part.) 36B	mit
ἕως 37A	solange, während; bis
ζηλόω 63A	(*m. Akk.*) ich eifere nach, bewundere; erstrebe eifrig
ζημία, ἡ 29B	die Strafe
ζημιόω 64B	ich (be)strafe
ζητέω 59A	ich suche, untersuche; versuche
ζήω 64A	ich lebe
ζωή, ἡ 52B	das Leben
ζῷον, τό 63B	das Lebewesen, Tier
ἤ 20B	oder
ἤ 24A	(*bei Steigerung*) als
ἤγαγον (Aor.) 27A	ich führte; führte durch
ἢ ... ἤ 70A	entweder ... oder
ἡγεμονία, ἡ 76A	die Vorherrschaft, Führung

ἡγεμών, ὁ 34A	der Führer, Anführer, Feldherr
ἡγέομαι 60A	(*m. Gen.*) ich führe; (*m. AcI*) glaube; (*m. dopp. Akk.*) halte für
ἡδέως (Adv.) 46A	angenehm; gern, mit Freuden
ἤδη 19A	schon, bereits
ἥδομαι 21A	(*m. Dat.*) ich freue mich (über)
ἡδονή, ἡ 63B	die Lust, Freude, das Vergnügen
ἡδύς, -εῖα, -ύ 44B	angenehm, erfreulich
ἦθος, τό 53A	der Charakter, die (*innere*) Haltung, Gewohnheit
ἥκω 12A	ich bin gekommen, bin da
ἦλθον (Aor.) 26A	ich kam, ging
ἡλικία, ἡ 43A	das Alter
ἥλιος, ὁ 3	die Sonne
ἡμεῖς 21A	wir
ἡμέρα, ἡ 29B	der Tag
ἡμέτερος, -α, -ον 22B	unser
ἤνεγκον (Aor.) 29A	ich trug, brachte; ertrug
ἡνίκα 55A	als, nachdem, sobald
ἤπειρος, ἡ 25B	das Festland
ἥρως, ὁ 45B	der Held; Halbgott
ᾐσθόμην (Aor.) 27B	*(m. Gen. / Akk.)* ich nahm wahr, bemerkte
ἡσυχία, ἡ 21B	die Ruhe, Stille
ἡττάομαι 62B	(*m. Gen.*) ich bin schwächer (als), bin unterlegen
ἥττων, -ον 46B	schwächer, weniger
ηὗρον (Aor.) 26A	ich fand
θάλαττα, ἡ 28A	das Meer, die See
θάνατος, ὁ 3	der Tod
θάπτω 37B	ich bestatte, begrabe
θαρρέω 78B	ich bin mutig, zuversichtlich
θάττων, -ον 46B	schneller
θαῦμα, τό 48A	das Wunder, die Sehenswürdigkeit
θαυμάζω 3	ich staune, wundere mich; bewundere
θαυμάσιος, -α, -ον 53A	erstaunlich, seltsam; bewundernswert
θαυμαστός, -ή, -όν 13A	erstaunlich, seltsam; bewundernswert
θεά, ἡ 17B	die Göttin
θέα, ἡ 49A	das Anschauen; der Anblick
θεάομαι 62B	ich schaue an, betrachte
θέατρον, τό 5	das Theater
θεῖος, -α, -ον 17A	göttlich
(ἐ)θέλω 7A	ich bin bereit, will
θεός, ὁ / ἡ 4, 17B	der Gott / die Göttin
θεραπεύω 4	ich bediene, verehre; pflege, heile
θερμός, -ή, -όν 67B	warm, heiß

θέω 66A	ich laufe, eile
θεωρέω 59B	ich betrachte, bin Zuschauer; besuche
θηρίον, τό 9A	das Tier
θησαυρός, ὁ 48B	die Schatzkammer, das Schatzhaus; der Schatz
θνητός, -ή, -όν 46A	sterblich
θορυβέω 90B	ich lärme
θρασύς, -εῖα, -ύ 44B	mutig; trotzig, frech
θρόνος, ὁ 5	der Sessel, (Ehren)-Sitz, Thron
θυγάτηρ, ἡ 45A	die Tochter
θυμός, ὁ 39B	das Herz, der Geist; der Mut; die Wut
θύρα, ἡ 16A	die Türe, das Tor
θύω 5	ich opfere
ἰάομαι 79A	ich heile
ἰατρός, ὁ 4	der Arzt
ἰδίᾳ (Adv.) 83B	persönlich, privat
ἴδιος, -α, -ον 17A	eigen; privat
ἰδιώτης, ὁ 81A	der Privatmann, Laie
ἱδρύω 48B	ich errichte, erbaue; gründe
ἱέρεια, ἡ 28A	die Priesterin
ἱερεύς, ὁ 81B	der Priester
ἱερόν, τό 12A	das Heiligtum, die Tempelanlage
ἱερός, -ά, -όν 30A	(*m. Gen.*) heilig, geweiht
ἵημι 85A	ich setze in Bewegung, schicke, werfe, lasse (los)
ἱκανός, -ή, -όν 37A	geeignet, ausreichend, fähig
ἱκετεύω 12A	ich flehe an, bitte (inständig)
ἱμάτιον, τό 27A	das Obergewand
ἵνα m. Konj. 52B	damit
ἵνα μή m. Konj. 52B	damit nicht
ἵππος, ὁ 10B	das Pferd
ἴσος, -η, -ον 74A	gleich; gerecht
ἵσταμαι 86A	ich stelle mich (hin), trete (hin); ich stelle für mich (hin / auf)
ἵστημι 86A	ich stelle (hin / auf), bringe zum Stehen
ἱστορία, ἡ 89A	die (Geschichts-)Forschung, die Geschichtswissenschaft; das Geschichtswerk
ἰσχυρός, -ά, -όν 18B	kräftig; mächtig
ἰσχύς, ἡ 44A	die Stärke, Kraft; Macht
ἰσχύω 51B	ich bin stark; mächtig
ἴσως 87A	gleich; vielleicht, wahrscheinlich
καθαιρέω 71A	ich reiße nieder, vernichte
καθαίρω 13B	ich reinige
καθεύδω 12B	ich schlafe
κάθημαι 31B	ich sitze
καθίζομαι 14B	ich setze mich; sitze

καθίσταμαι 86A	ich stelle mich hin, gelange nach / zu, gerate in; ich stelle für mich hin, ordne
καθίστημι 86A	ich stelle hin; (*m. dopp. Akk.*) ich setze ein als, mache zu; (*m.* εἰς) ich versetze in
καθοράω 70B	ich sehe herab; bemerke, sehe ein
καί 2	und; auch, sogar
καὶ δὴ καί 25B	und auch, und sogar
καί ... καί 2	sowohl ... als auch
καινός, -ή, -όν 24A	neu, neuartig
καίπερ 15A	(*beim Part.*) obwohl, auch wenn
καιρός, ὁ 4	der rechte Zeitpunkt, günstige Augenblick
καίτοι 83B	und doch
καίω 66A	ich zünde an, (ver)brenne (*etwas*)
κακία, ἡ 21B	die Schlechtigkeit, Verdorbenheit
κακόν, τό 9A	das Übel, Leid, Unglück
κακός, -ή, -όν 13B	schlecht, schlimm, böse
κακοῦργος, ὁ 10A	der Übeltäter, Verbrecher
κακῶς ἀκούω ὑπό 55A	(*m. Gen.*) ich stehe in schlechtem Ruf (bei), habe einen schlechten Ruf (bei)
καλά, τά 13B	die schönen Dinge, das Schöne
καλέω 59B	ich rufe, nenne
κάλλος, τό 41A	die Schönheit
καλοκἀγαθία, ἡ 89A	die moralische Vortrefflichkeit, edle Gesinnung
καλόν, τό 13B	das Schöne
καλός, -ή, -όν 13A	schön; gut
καλὸς κἀγαθός 65B	schön und gut (*körperlich und moralisch*), vortrefflich
καλούμενος, ὁ 60B	der sogenannte
καλύπτω 81B	ich verhülle, bedecke
κάμνω 34A, 40A	(*m. Part.*) ich mühe mich ab, werde müde; bin krank
καρδία, ἡ 16A	das Herz
καρπός, ὁ 75A	die Frucht
κάρτα 39B	sehr, heftig, stark
καρτερέω 87B	ich bin standhaft, halte aus, ertrage
καρτερός, -ά, -όν 37A	stark, gewaltig, fest
κατά m. Gen. 78A	von ... herab; gegen
κατά m. Akk. 11B	über ... hin, überall in / auf; während; gemäß
καταγέλαστος, -ον 35B	lächerlich
καταλαμβάνω 27A	ich ergreife; treffe an, überrasche
καταλέγω 49A	ich zähle auf; erzähle
καταλείπω 61A	ich lasse zurück, hinterlasse
καταλύω 47B	ich löse auf, zerstöre
κατασκευάζω 22A	ich richte ein
καταφρονέω 60A	(*m. Gen.*) ich denke gering (von), verachte
καταψηφίζομαι 85B	(*m. Gen. u. Akk.*) ich verurteile (jdn. zu / wegen etwas)
κατεργάζομαι 32B	ich bewirke, vollende, setze durch; töte
κατέχω 37A	ich halte nieder, halte fest
κατηγορέω 78A	(*m. Gen.*) ich klage an
κατορθόω 63A	ich richte auf; führe erfolgreich durch
κάτω 44B	unten; nach unten
κεῖμαι (Fut. κείσομαι) 77B	ich liege; bin gestellt / gesetzt / gelegt
κέκλημαι (Perf. Pass. zu καλέω) 66B	ich heiße
κέκτημαι (Perf.) 67B	ich besitze (= ich habe mir erworben)
κελεύω 10A	(*m. Akk.*) ich befehle
κενός, -ή, -όν 60B	leer; nutzlos
κέρδος, τό 44B	der Gewinn, Vorteil
κεφαλή, ἡ 54A	der Kopf
κήδομαι 20A	(*m. Gen.*) ich sorge (für)
κῆρυξ, ὁ 34A	der Herold, Kultdiener
κηρύττω 30A	ich verkünde, gebe bekannt
κινδυνεύω 7A	ich bin in Gefahr; scheine
κίνδυνος, ὁ 8A	die Gefahr
κινέω 59A	ich bewege
κλαίω 45B	ich weine, beweine
κλέος, τό 41A	der Ruhm
κλέπτω 14A	ich stehle
κλίνω 69B	ich neige (mich), beuge
κοινῇ (Adv.) 51A	gemeinsam, öffentlich, im Staatsinteresse
κοινός, -ή, -όν 19B	gemeinsam
κολάζω 6A	ich bestrafe; zügle
κομίζω 12A	ich bringe, transportiere
κόρη, ἡ 14A	das Mädchen, die Tochter
κοσμέω 81B	ich ordne, schmücke
κόσμος, ὁ 5	die Ordnung; der Schmuck; die Welt
κρατέω 87A	ich (be)herrsche; (*m. Akk.*) ich besiege
κρατήρ, ὁ 72B	der Mischkrug
κράτιστος, -η, -ον 24B	stärkster; bester
κράτος, τό 42B	die Stärke, Macht
κρείττων, -ον 35B	stärker, besser
κρήνη, ἡ 13B	die Quelle
κρίνω 19A	ich (be)urteile; richte; unterscheide,
κρίσις, ἡ 44A	die Entscheidung, das Urteil
κρύπτω 9B	ich verberge, verstecke, verheimliche
κτάομαι 67B	ich erwerbe (mir)
κτῆμα, τό 51A	der Besitz
κτίζω 80A	ich gründe
κυβερνήτης, ὁ 77B	der Steuermann

κύκλος, ὁ 86B	der Kreis
κύριος, ὁ 8A	der Herr, Hausherr
κωλύω 26B	ich hindere, verhindere
κώμη, ἡ 18A	das Dorf
λαμβάνω 4, 26A	ich nehme, ergreife; bekomme
λαμπρός, -ά, -όν 17A	leuchtend; berühmt
λανθάνω 38B	(*m. Akk.*) ich bin verborgen (vor), entgehe
λανθάνω 40A	(*m. Part.*) heimlich, unbemerkt (von)
λεγόμενος, ὁ 17B	der sogenannte
λέγω 2	ich spreche, sage, nenne
λείπω 27A	ich verlasse, lasse zurück, lasse übrig
λευκός, ή, -όν 74B	weiß
λέων, ὁ 45A	der Löwe
λίθος, ὁ 42B	der Stein
λιμήν, ὁ 70A	der Hafen
λογίζομαι 24A	ich rechne; überlege, bedenke
λόγος, ὁ 2	das Wort, die Rede, der Sinn; die Vernunft
(τῷ) λόγῳ 68A	dem Wort nach
λοιπός, -ή, -όν 50A	übrig
λυπέω 85B	ich betrübe, füge Schmerz zu
λύπη, ἡ 66A	das Leid, der Kummer
λυπηρός, -ά, -όν 39A	schmerzlich, traurig
λυσιτελεῖ 86B	es nützt
λύω 2	ich löse, beseitige, zerstöre
μάθημα, τό 65A	der Unterrichtsgegenstand; die Kenntnis
μαίνομαι 46A	ich bin verzückt, in Ekstase; wüte
μακάριος, -α, -ον 30B	glückselig, selig
μακρός, -ά, -όν 23B	lang, groß
μάλα 32B	sehr
μάλιστα 59A	am meisten, besonders
μᾶλλον 24A	mehr, eher, lieber
μανθάνω 5, 27A	ich lerne, erfahre; verstehe
μαντεῖον, τό 49B	die Orakelstätte; der Orakelspruch
μαντεύομαι 24B	ich weissage; lasse mir weissagen
μάντις, ὁ 53B	der Seher, Wahrsager
μάρτυς, ὁ 33A	der Zeuge
μάτην 39A	vergeblich, umsonst
μάχη, ἡ 22B	der Kampf, die Schlacht
μάχομαι 17A	(*m. Dat.*) ich kämpfe (mit)
μέγας, μεγάλη, μέγα 14A	groß
μέγεθος, τό 53A	die Größe
μέγιστος, -η, -ον 20A	(der, die, das) größte
μεθίημι 85A	ich lasse los; (*m. Gen.*) ich lasse ab (von)
μείγνυμι 88B	ich mische, vermische
μείζων, -ον 46B	größer
μέλει 32B	(*m. Dat. u. Gen.*) es liegt jdm. etwas am Herzen, jdm. macht etwas Sorgen
μελέτη, ἡ 49B	die Fürsorge; die Übung
μέλλοντα, τά 50B	die Zukunft
μέλλω 32A	(*m. Inf. Fut.*) ich will, soll; zögere
μέλλων, -ουσα, -ον 50B	zukünftig
μέλος, τό 41A	das Lied; Glied
μέμνημαι 79B	(*m. Gen. / Part.*) ich erinnere mich
μέμφομαι 14B	ich tadele, werfe vor
μέν ... δέ 6B	(zwar) ... aber; einerseits ... andererseits
μέντοι 24B	jedoch, allerdings
μένω 44B	ich bleibe; warte, erwarte
μέρος, τό 54B	der Teil, Anteil; die Aufgabe
μέσος, -η, -ον 74A	der mittlere; (*präd.*) mitten
μετά m. Gen. 21A	(gemeinsam) mit
μετά m. Akk. 17A	nach (*zeitlich*)
μετὰ δὲ ταῦτα 26B	danach
μεταβαίνω 73A	ich gehe hinüber, übersiedle
μεταβάλλω 86B	ich werfe um, (ver)ändere; ändere mich
μεταδίδωμι 81B	(*m. Gen.*) ich gebe Anteil (an), lasse teilnehmen (an)
(μετ-)αλλάττω 74B	ich ändere, wechsle
μεταμέλει 90B	(*m. Dat. u. Gen.*) (etwas) reut (jdn.), (jd.) bereut (etwas)
μεταξύ m. Gen. 36B	in der Mitte, dazwischen; zwischen, während; (*m. Part.*) während
μεταπέμπομαι 15A	ich lasse kommen
μετέχω 46A	(*m. Gen.*) ich habe Anteil (an), nehme teil (an)
μετέωρα, τά 59B	die Himmelserscheinungen
μέτρον, τό 50A	das Maß; das rechte Maß
μέχρι(ς) m. Gen. 58A	bis (zu)
μέχρι (οὗ) 58A	solange (als), bis
μή 7A, 52A	nicht; damit nicht
μηδείς, -μία, -έν 40B	niemand, keiner
μηκέτι 7A	nicht mehr
μῆκος, τό 48B	die Länge
μήν 21B	gewiss, tatsächlich
μήποτε 18A	niemals, nie
μήπω 47B	noch nicht
μήτε ... μήτε 18A	weder ... noch
μήτηρ, ἡ 33A	die Mutter
μηχανάομαι 75A	ich denke (mir) aus, bewerkstellige
μηχανή, ἡ 26B	das Mittel, der Trick; die Maschine
μιαίνω 68A	ich färbe; beschmutze, entweihe
μικρός, -ά, -όν 18A	klein

μικροῦ (δεῖν) 51B	beinahe
μιμέομαι 79A	ich ahme nach
μιμνῄσκομαι 79B	ich erinnere mich an
μισέω 73B	ich hasse
μισθός, ὁ 33B	der Lohn, Sold
μνήμη, ἡ 47A	das Gedächtnis, das Andenken; die Erwähnung
μνημονεύω 16B	(*m. Gen. / Akk.*) ich erinnere mich (an); erwähne
μόγις, μόλις 38A	mit Mühe, kaum; ungern
μοῖρα, ἡ 28A	der Anteil; das Schicksal
μόνον 11B	nur
μόνος, -η, -ον 17B	allein, einzig
μῦθος, ὁ 5	die Erzählung, Sage
μύριοι, -αι, -α 48A	zehntausend
μυρίος, -α, -ον 56A	unzählig, unendlich viel, unendlich groß
ναός, ὁ 12B	der Tempel
ναῦς, ἡ 45B	das Schiff
νεανίας, ὁ 18B	der junge Mann
νεκρός, ὁ 45B	der Leichnam, die Leiche
νέμομαι 51A	ich bebaue (*Ackerland*), bewohne; nähre mich
νέμω 69B	ich teile zu; besitze, verwalte
νέος, ὁ 7B	der junge Mann
νέος, -α, -ον 25A	neu; jung
νῆσος, ἡ 25B	die Insel
νικάω 62A	ich siege, besiege
νίκη, ἡ 16A	der Sieg
νοέω 59B	ich denke, beabsichtige, erkenne
νομίζω 11B	ich glaube, meine
νόμιμος, -η, -ον 76A	gesetzmäßig, gesetzlich
νόμος, ὁ 3	das Gesetz; der Brauch
νόσος, ἡ 25B	die Krankheit, Seuche
νοῦς, ὁ 28B	der Verstand; die Gesinnung, Absicht
νῦν 10A	nun, jetzt
νύξ, ἡ 66A	die Nacht
ξένος, ὁ 3	der Gastgeber, Gastfreund; der Fremde
ξίφος, τό 57A	das Schwert
ξύλον, τό 71B	das Holz
ὁ δέ, ἡ δέ, τὸ δέ 12B	dieser aber, diese aber, dieses aber
ὅδε, ἥδε, τόδε 27A	dieser, diese, dieses; der, die, das folgende
ὁδός, ἡ 25B	der Weg; Marsch, die Reise
ὀδούς, ὁ 42A	der Zahn
ὀδύρομαι 55B	ich (be)klage, jammere
ὅθεν 31B	woher (*relativ*)
οἷ 31B	wohin (*relativ*)
οἶδα 76B	ich kenne, ich weiß; (*m.* ὅτι *oder Part.*) ich weiß, dass

οἴκαδε 32B	nach Hause, heim
οἰκεῖος, -α, -ον 25A	zum Haus / zur Familie gehörig; verwandt
οἰκέτης, ὁ 21B	der Hausgenosse; Sklave
οἰκέω 80A	ich wohne, bewohne
οἰκία, ἡ 16A	das Haus
οἰκοδομέω 63B	ich baue (ein Haus)
οἴκοι 23B	zu Hause, daheim
οἶκος, ὁ 8B	das Haus; der Haushalt, die Familie
οἶνος, ὁ 4	der Wein
οἴομαι 14B	ich glaube, meine
οἷον 49A	(wie / so) zum Beispiel
οἷος, -α, -ον 31A	wie beschaffen, was für ein (*relativ*)
οἷός τέ εἰμι 37B	ich kann, bin imstande
οἴχομαι 40A	ich gehe fort, bin fort; (*m. Part.*) fort, weg
ὀκνέω 61A	ich zögere
ὀκτώ 40B	acht
ὄλβιος, -α, -ον 82A	glücklich, gesegnet, reich
ὄλεθρος, ὁ 38A	das Verderben, der Untergang, Tod
ὀλίγος, -η, -ον 13A	wenig, gering
ὀλίγου (δεῖν) 51B	beinahe
ὀλίγῳ 38A	(*m. Komp.*) (ein) wenig
ὀλιγωρέω 78A	(*m. Gen.*) ich schätze gering, verachte
ὅλος, -η, -ον 25A	ganz
ὁ μέν ... ὁ δέ 36B	der eine ... der andere
ὁμιλέω 59B	(*m. Dat.*) ich habe Umgang (mit), verkehre (mit)
ὄμμα, τό 39A	das Auge
ὄμνυμι 88B	(*m. Akk.*) ich schwöre (bei einem Gott), bekräftige durch Eid
ὅμοιος, -α, -ον 57B	gleich, ähnlich
ὁμολογέω 73B	ich stimme überein, stimme zu
ὁμοῦ 55B	(*Adv.*) zusammen, zugleich; (*m. Dat.*) zusammen mit, zugleich mit
ὅμως 17B	dennoch, trotzdem
ὀνειδίζω 43A	ich tadle, werfe vor
ὄνειρος, ὁ 13B	der Traum
ὄνομα, τό 33B	der Name, Ruf
ὀνομάζω 24A	ich nenne, benenne
(τῷ) ὀνόματι 68A	dem Namen nach
ὄντως 46A	wirklich, tatsächlich
ὀξύς, -εῖα, -ύ 57A	scharf; hitzig; (*von Tönen*) hoch, schrill
ὁπλίτης, ὁ 19B	der Schwerbewaffnete, Hoplit
ὅπλον, τό 42B	die Waffe; das Werkzeug
ὁπόταν 58A	(*immer*) wenn, sooft
ὁπότε 58A	als, wenn
ὅπως 52B	damit
ὅπως μή 52B	damit nicht

ὁράω (Impf. ἑώρων) 62A, 70B	ich sehe
ὄργανον, τό 4	das Werkzeug, (Musik-) Instrument
ὀργή, ἡ 16B	der Zorn
ὀργίζομαι 15A	ich bin zornig, zürne
ὀρέγομαι 23B	(*m. Gen.*) ich strebe (nach), begehre
ὀρέγω 38A	ich strecke aus, reiche hin, gebe
ὀρθός, -ή, -όν 50A	gerade, aufrecht; richtig
ὁρίζω 24A	ich begrenze; setze fest, definiere
ὅρκος, ὁ 75B	der Eid, Schwur
ὁρμάω = ὁρμάομαι 64A	ich setze mich in Bewegung, breche auf
ὄρνις, ὁ / ἡ 41B	der Vogel
ὄρος, τό 41A	der Berg
ὅς, ἥ, ὅ 30A	der, die, das; welcher, welche, welches
ὅσιος, -α, -ον 34B	fromm, heilig, recht
ὅσοι, -αι, -α 31A	wie große, wie viele (*relativ*); alle, die
ὅσος, -η, -ον 31A	wie groß (*relativ*)
ὅστις, ἥτις, ὅ τι 30B	(wer / was auch immer) jeder, der, jede, die, alles, was, (*Plural*) alle, die
ὅταν 58A2	wenn (immer), sooft
ὅτε 25A	(*zu der Zeit*) als, wenn
ὅτι 7B	dass; weil
οὐ, οὐκ, οὐχ 7A	nicht
οὗ 31B	wo (*relativ*)
οὐδαμῶς 37B	keineswegs, auf keinen Fall, niemals
οὐδέ 8B	und nicht; auch nicht, nicht einmal
οὐδείς, -μία, -έν 40B	niemand, keiner
οὐδέτερος, -α, -ον 76B	keiner von beiden
οὐκέτι 7A	nicht mehr
οὔκουν 65B	also nicht, folglich nicht
οὐκοῦν 79A	nicht wahr?; also, folglich
οὖν 10B	(*anknüpfend*) dann; (*folgernd*) daher, also
οὔποτε 18A	niemals, nie
οὔπω 47B	noch nicht
οὐρανός, ὁ 4	der Himmel
οὐσία, ἡ 87B	das Wesen, Sein; Vermögen
οὔτε ... οὔτε 18A	weder ... noch
οὔ τοι / οὔτοι 84B	bestimmt nicht, keinesfalls
οὗτος, αὕτη, τοῦτο 26B	dieser, diese, dieses
οὕτω(ς) 11A	so, auf diese Weise
οὔ φημι 77A	(*m. Inf. / AcI*) ich leugne; (*m. Inf. Fut.*) ich weigere mich
ὄφελος, τό 84B	der Nutzen
ὀφθαλμός, ὁ 13B	das Auge
ὄχλος, ὁ 88A	die (ungeordnete) Menge, das (gemeine) Volk
ὀψέ 57B	(zu) spät
ὄψις, ἡ 72B	die Sehkraft; das Aussehen
πάθος, τό 41A	das Erlebnis; Leid(en); die Leidenschaft
παιδεία, ἡ 19A	die Erziehung, Bildung
παιδεύω 4	ich erziehe, bilde
παιδίον, τό 23A	das (*kleine*) Kind
παίζω 39A	ich scherze, spiele
παῖς, ὁ / ἡ 33B	das Kind; der Junge; das Mädchen
παῖς ὤν 36B	als Kind
πάλαι 29A	vor langer Zeit, früher
παλαιός, -ά, -όν 18A	alt
πάλιν 9B	wieder; zurück
παντάπασι(ν) (Adv.) 84B	völlig, ganz und gar; (als Antwort) ja natürlich
πανταχοῦ 11B	überall
παντοῖος, -α, -ον 23B	verschiedenartig, allerlei
πάντως 54B	ganz (und gar), gewiss
πάνυ 36B	ganz, durchaus
παρά m. Gen. 18B	von (– her)
παρά m. Dat. 43A	bei, neben
παρά m. Akk. 62B	zu (jdm.) hin; entlang an; während; gegen
παραβαίνω 44A	ich übertrete, überschreite
παραγίγνομαι 30B	(*m. Dat.*) ich finde mich ein, bin dabei
παράδειγμα, τό 53A	das Beispiel, Vorbild
παρακαλέω 87A	ich rufe herbei, fordere auf
παραινέω 78B	(*m. Dat.*) ich rede zu, empfehle, ermuntere
παρακελεύομαι 23B	(*m. Dat.*) ich fordere auf, ermuntere
παρασκευάζω 6B	ich verschaffe, liefere; bereite (vor)
παρατίθημι 83A	ich setze daneben, setze vor; (*m. Akk. u. Dat.*) ich vergleiche (jdn. m. jdm. / etwas)
πάρειμι 43B	ich bin anwesend, da(bei); helfe
παρέρχομαι 70B	ich gehe vorbei; ich vergehe
πάρεστι(ν) 43B	er, sie, es ist vorhanden; es ist erlaubt, möglich
παρέχω 6B	ich gebe, gewähre
παρῆν 51B	es war möglich; es wäre möglich (gewesen)
παρθένος, ἡ 25B	das Mädchen, die junge Frau; die Jungfrau
παρόν 82B	da (obwohl, wenn) es möglich ist (war, wäre, gewesen wäre)
πᾶς, πᾶσα, πᾶν 38B	all, ganz, jeder
πάσχω 29A	ich erlebe; erleide
πατήρ, ὁ 33A	der Vater

πατρίς, ἡ 78A	die Heimat, das Vaterland
παύομαι 39B	(*m. Gen.*) ich höre auf (mit), lasse ab (von); (*m. Part.*) ich höre auf zu
παύω 9A	ich beende
πεδίον, τό 56A	die Ebene, das freie Feld
πείθομαι 14B	ich gehorche
πείθω 4	ich überrede; überzeuge
πειθώ, ἡ 45B	die Überredung, Überredungskunst
πειράομαι 62B	ich versuche
πέμπτος (-η, -ον) 30A, 50B	der (die, das) fünfte
πέμπω 7A	ich schicke, sende
πενία, ἡ 78B	die Armut
πέντε 40B	fünf
πέποιθα 50B	ich vertraue
περαίνω 67A	ich vollende
περί m. Gen. 22B	über (*Thema*), wegen
περί m. Akk. 57B	um (– herum); hinsichtlich
περὶ πολλοῦ (πλείονος / πλείστου) ποιέομαι 60A	ich schätze hoch (höher / am höchsten) ein, halte für wichtig (wichtiger / am wichtigsten)
περιγίγνομαι 30B	(*m. Gen.*) ich bin überlegen; überlebe, bleibe übrig
περιττός, -ή, -όν 53A	übermäßig, überflüssig
πέτρα, ἡ / πέτρος, ὁ 62B	der Fels, Stein
πέφυκα (Perf. zu φύομαι) 75B	ich bin (von Natur aus), bin veranlagt, bin begabt
πιέζω 27B	ich drücke; bedränge, quäle
πικρός, -ά, -όν 55A	bitter, widerwärtig; scharf
πίνω 71B	ich trinke
πίπτω 10B, 26A	ich falle
πιστεύω 53A	ich glaube, vertraue
πίστις, ἡ 68B	die Treue, das Vertrauen
πιστός, -ή, -όν 52B	treu, zuverlässig, glaubwürdig
πλανάομαι 64B	ich verirre mich, irre umher
πλάττω 31B	ich bilde, forme; erdichte
πλεῖστοι, οἱ 46B	die meisten, sehr viele
πλείων, πλέον 46B	mehr
πλεονεκτέω 76B	ich bin überlegen, im Vorteil; will mehr haben
πλέω 66A	ich fahre (*mit einem Schiff*)
πλῆθος, τό 45A	die Menge, große Anzahl
πλήν m. Gen. 69B	außer
πλήρης, -ες 64A	voll
πλησίον m. Gen. 38B	nahe (bei), in der Nähe (von)
πλήττω (Aor. Pass. ἐπλήγην) 57B	ich schlage
πλοῖον, τό 40A	das (Last-)Schiff
πλοῦς, ὁ 28B	die Fahrt (*auf einem Schiff*)
πλούσιος, -α, -ον 36B	reich
πλοῦτος, ὁ 69A	der Reichtum
πόθεν 31B	woher?
ποῖ 8B	wohin?
ποι 31B	irgendwohin
ποιέω 59A	ich tue, mache, verfertige; dichte; (*m. dopp. Akk.*) ich mache zu
ποιητής, ὁ 18B	der Dichter
ποικίλος, -η, -ον 13A	bunt, kunstvoll; listig
ποῖος, -α, -ον; 31A	wie beschaffen? was für ein?
πολεμέω 78A	ich führe Krieg
πολέμιος, ὁ 19B	der Feind (*im Krieg*)
πόλεμος, ὁ 16A	der Krieg
πόλις, ἡ 44A	die Stadt, der Stadtstaat, die Bürgerschaft
πολιτεία, ἡ 23B	die Verfassung, der Staat
πολιτεύομαι 23B	ich bin politisch tätig
πολίτης, ὁ 18B	der Bürger
πολιτικός, -ή, -όν 68B	zu einer Polis gehörig; politisch
πολλὰ στάδια 15B	viele Stadien (weit)
πολλάκις 6A	oft, häufig
πολλοί, οἱ 14A	die meisten, die große Masse
πολλοῦ δεῖ 32A	weit gefehlt
πολλῷ 38A	(*m. Komp.*) um vieles, viel
πολὺν χρόνον 15B	lange (Zeit)
πολύς, πολλή, πολύ 14A	viel, zahlreich
πονέω 67B	ich arbeite hart; habe Schmerzen
πονηρός, -ά, -όν 29A	schlecht, böse
πόνος, ὁ 6A	die Mühe, Strapaze; Not
πόντος, ὁ 3	das Meer
πορεύομαι 22A	ich reise; marschiere
πορίζω 54B	ich verschaffe
πόρρω 61A	weiter; (*m. Gen.*) weit (hinein) in; weit entfernt von
πόσοι, -αι, -α; 31A	wie große? wie viele?
πόσος, -η, -ον; 31A	wie groß?
ποταμός, ὁ 33B	der Fluss
ποτέ (*enkl.*) 23A	irgendeinmal, irgendwann
πότε 31B	wann?
ποτέ 31B	irgendwann, (irgend)einmal
πότερος, -α, -ον 72B	welcher (*von zweien*)?
πότερον ... ἤ 72B	*dir. Frage* (*unübersetzt*) ... oder; *indir. Frage* ob ... oder
ποῦ 11A	wo?
που 31B	irgendwo
που 64A	irgendwo; wohl, vielleicht
πούς, ὁ 48B	der Fuß; als Längenmaß: ca. 30 cm
πρᾶγμα, τό 69B	die Tat; Sache
πράγματα, τά 69B	die Verhältnisse, Angelegenheiten
πράγματα παρέχω 86B	ich mache Schwierigkeiten
πρᾶξις, ἡ 44A	die Handlung, Tätigkeit
πράττω 7A	(*m. Adv.*) ich handle, betreibe, tue; befinde mich (*in einem Zustand*)
πρέπει 45A	es gehört sich, ist angemessen

πρέπον 82B	da (obwohl, wenn) es sich gehört (gehörte, gehört hätte)
πρέσβεις, οἱ 70A	die Gesandten
πρεσβευτής, ὁ (Pl. οἱ πρέσβεις) 70A	der Gesandte
πρίν 58B	ehe, bevor
πρό m. Gen. 15A	vor
προαιρέομαι (Aor. προειλόμην) 60B	(*m. Akk. u. Gen.*) ich ziehe vor, will lieber
πρόβατον, τό 57B	das Schaf
πρόγονος, ὁ 83B	der Vorfahr, Ahnherr
προδίδωμι 81B	ich gebe preis, liefere aus, verrate
προθυμέομαι 60A	ich bin bereit; bemühe mich
πρόθυμος, -ον 61A	bereitwillig, eifrig
πρός m. Gen. 55B	von (– her); (*bei Schwüren*) bei
πρός m. Dat. 53B	bei; außer
πρός m. Akk. 19A	zu (– hin); gegen
πρὸς τούτοις 53B	außerdem
προσέρχομαι 51B	ich gehe hin, nähere mich; greife an
προσέχω 72A	ich lenke hin
προσέχω (τὸν νοῦν) 72A	(*m. Dat.*) ich achte (auf), kümmere mich (um)
προσήκει 76A	es kommt zu, gehört sich
προσῆκον 82B	da (obwohl, wenn) es sich gehört (gehörte, gehört hätte)
πρόσθεν 45A	vorher, früher
προσποιέομαι 88A	ich tue so, als ob
προστάττω 21B	ich befehle, trage auf
πρόσωπον, τό 9A	das Gesicht
πρότερον 28A	früher, eher
προτρέπω 20B	ich treibe an, sporne an
πρῶτον 16B	zuerst
πρῶτος (-η, -ον) 22A, 50B	der (die, das) erste, als Erster
πυκνός, -ή, -όν 36A	dicht; klug
πυνθάνομαι 22B, 29B	(*m. Gen.*) ich erkundige mich (bei); ich erfahre (von)
πῦρ, τό 53B	das Feuer
πῶς; 31B	wie? wieso?
πως 31B	irgendwie
πως (enkl.) 51B	irgendwie; ungefähr
ῥᾴδιος, -α, -ον 54A	leicht
ῥᾷστος, -η, -ον 54A	leichtest
ῥᾴων, ῥᾷον 54A	leichter
ῥεῖ 73B	er, sie, es fließt, strömt
ῥῆμα, τό 49B	das Wort, der Ausspruch
ῥήτωρ, ὁ 33A	der Redner, Redekünstler
ῥίπτω 19A	ich werfe, schleudere (weg)
ῥώμη, ἡ 12A	die Kraft; Macht
σ(ε)αυτόν, -ήν 22A	dich

σαφής, -ές 50A	deutlich, klar
σέβομαι (σέβω) 35A	ich verehre
σελήνη, ἡ 74A	der Mond
σεμνός, -ή, -όν 29A	ehrwürdig, würdevoll
σῆμα, τό 64A	das Zeichen; Grab(mal)
σημαίνω 55B	ich zeige (an), gebe ein Zeichen; befehle
σημεῖον, τό 53B	das Zeichen, Vorzeichen
σιγάω 62A	ich schweige, verschweige
σιγή, ἡ 19B	das Schweigen
σίδηρος, ὁ 37A	das Eisen
σῖτος, ὁ 8A	das Getreide; die Nahrung, Speise
σκέπτομαι 31B	ich prüfe, betrachte
σκεύη, τά 71B	die Ausrüstung, das Gepäck
σκεῦος, τό 71B	der Ausrüstungsgegenstand
σκηνή, ἡ 14A	das Zelt; die Bühne
σκιά, ἡ 48A	der Schatten
σκοπέω 59A	ich betrachte, prüfe
σκοπέω, ὅπως (μή) 71B	(*m. Ind. Fut. / Konj. / Opt.*) ich achte darauf, dass (nicht)
σός, σή, σόν 22B	dein
σοφία, ἡ 21B	die Weisheit, Klugheit
σοφιστής, ὁ 83B	der Sophist; der Weise, Gelehrte
σοφός, -ή, -όν 13B	weise, klug
σπείρω 42B	ich streue (aus), säe
σπεύδω 9B	ich eile, beeile mich; bemühe mich
σπουδάζω 30B	ich beeile mich; bemühe mich ernsthaft
σπουδή, ἡ 30B	der Eifer, Ernst
στάδιον, τό 4	die Rennbahn; das Stadion (Längenmaß 172-196 m)
στάσις, ἡ 69A	der Aufstand, die Revolution
στενός, -ή, -όν 40A	eng
στερέω 74B	ich (be)raube
στέφανος, ὁ 35A	der Kranz, Siegeskranz
στοά, ἡ 48A	die Säulenhalle
στοιχεῖον, τό 75A	das Element, der Urstoff; Buchstabe
στόλος, ὁ 7B	der Kriegszug; das Heer, die Flotte
στόμα, τό 73B	der Mund
στρατεία, ἡ 87B	der Feldzug
στρατεύω 7B	ich unternehme einen Feldzug
στρατηγός, ὁ 47A	der Feldherr, Heerführer
στρατιώτης, ὁ 42B	der Soldat
στρατόπεδον, τό 15B	das Heerlager
στρατός, ὁ 47B	das Heer
στρέφω 75A	ich drehe, wende
σύ 21A	du
συγγίγνομαι 84A	(*m. Dat.*) ich komme / bin zusammen (mit)
συγγνώμη, ἡ 72B	die Verzeihung, Nachsicht
συγχωρέω 61B	ich gestehe zu, erlaube

συλλαμβάνω 89B	(*m. Akk.*) ich nehme zusammen; nehme fest; (*m. Dat.*) (packe mit an =) ich helfe (jdm.)
συλλέγω 8B	ich sammle, versammle
συμβαίνει 73A	es ereignet sich, passiert
συμβάλλω 77B	(*m. Dat.*) ich werfe / bringe zusammen; vergleiche (mit)
συμβεβηκός, τό 73A	das (zufällige) Ereignis, Geschehen
συμβουλεύω 7A	ich rate, gebe einen Rat
σύμμαχος, ὁ 58B	der Verbündete, Bundesgenosse
σύμπας, -πασα, -παν 38B	all, ganz, jeder
συμπόσιον, τό 61B	das Trinkgelage
συμφέρει 65B	es nützt
συμφέρον, τό / συμφέροντα, τά 65B	der Vorteil, Nutzen
συμφορά, ἡ 32A	das Unglück, schicksalhafte Ereignis
σύν m. Dat. 18A	(zusammen) mit
σύνειμι 43B	(*m. Dat.*) ich bin zusammen, habe Umgang (mit)
συνεχής, -ές 47A	zusammenhängend, andauernd
συνίημι 85A	ich verstehe, nehme wahr
σύνοιδα ἐμαυτῷ 76B	(*m. Part.*) ich bin mir bewusst, dass
συνουσία, ἡ 81B	das Zusammensein, der Umgang
συντίθημι 83A	ich setze / stelle / fasse zusammen, verfasse
συχνός, -ή, -όν 42A	zahlreich; lang
σφάλλω 10A	ich bringe zu Fall; täusche
σφόδρα 16B	sehr, heftig
σχεδόν 25A	fast, beinahe
σῴζω 5	ich rette, bewahre
σῶμα, τό 37A	der Körper
σωτηρία, ἡ 16A	die Rettung; das Wohlergehen
σωφροσύνη, ἡ 43A	die Besonnenheit, Selbstbeherrschung
σώφρων, -ον 34B	vernünftig, besonnen
τάξις, ἡ 44A	die Aufstellung; Anordnung, Vorschrift
ταράττω 6A	ich wühle auf, verwirre
τάττω 43A	ich stelle auf; ordne an, befehle
ταῦρος, ὁ 8B	der Stier
ταῦτα 26B	diese Dinge, dies
τάφος, ὁ 49B	das Grab
ταχύς, -εῖα, -ύ 46B	schnell
τε (*enkl. nachgestellt*) 23A	und
τεθνήκασιν / τεθνᾶσιν 76A	sie sind tot

τέθνηκε(ν) 50B	er, sie, es ist gestorben, tot
τείνω 69A	ich dehne, spanne, strecke
τεῖχος, τό 51A	die Mauer
τεκμήριον, τό 64B	das Kennzeichen, der Beweis
τέκνον, τό 9A	das Kind
τέκτων, ὁ 34A	der Baumeister; Handwerker
τελευτᾷ 62A	er, sie, es stirbt
τελευταῖος, -α, -ον 69A	letzter
τελευτάω 62A	ich beende; (*intrans.*) ende
τελέω 66B	ich vollende; bezahle
τέλος (Adv.) 17B	schließlich, zuletzt
τέμνω 36A	ich schneide (ab); verwüste
τέρπομαι 56B	(*m. Dat.*) ich freue mich (über)
τέταρτος (-η, -ον), ὁ 50B	der (die, das) vierte
τέτταρες, -α 40B	vier
τέχνη, ἡ 13B	das Handwerk, die Kunst; List
τί; 7A, 29A	was? warum? – welches?
τι (*enkl.*) 29B	(irgend)etwas, irgendein, (*im Plural*) irgendwelche, einige
τί δῆτα 52B	(*in Fragen*) Was denn?
τίθημι 83A	ich setze, stelle, lege; (*m. dopp. Akk.*) mache (jdn. zu etwas)
τίκτω 20B, 27A	ich zeuge, gebäre; erzeuge
τιμάω 62A	ich ehre
τιμή, ἡ 12B	die Ehre
τιμωρέω / τιμωρέομαι 89A	(*m. Dat.*) ich räche mich für; helfe; (*m. Akk.*) ich räche mich an; bestrafe
τιμωρία, ἡ 16A	die Strafe; Rache
τίνω 89A	ich bezahle, büße, werde bestraft
τίς; 11B, 29A	wer? – welcher?
τις (*enkl.*) 29B	(irgend)jemand, irgendein(e), (*im Plural*) irgendwelche, einige
τοι (*enkl.*) 75B	sicher, gewiss
τοιόσδε, τοιάδε, τοιόνδε 83B	so beschaffen, ein solcher
τοιοῦτος, -αύτη, -οῦτο 31A	so beschaffen, ein solcher
τολμάω 62A	ich wage, nehme auf mich
τὸ νῦν εἶναι 65A	für den Augenblick
τόξα, τά 26B	der Bogen und Pfeile; die Pfeile
τόξον, τό 26B	der Bogen (*zum Schießen*)
τόπος, ὁ 30A	der Ort, Platz, die Gegend
τοσοῦτοι, -αῦται, -αῦτα 31A	so große, so viele
τοσοῦτος, -αύτη, -οῦτο 31A	so groß
τότε 16B	da; damals, früher
ποτέ 56B	(irgend)einmal
τοτὲ μέν ... τοτὲ δέ 56B	einmal ... ein andermal, bald ... bald
τραῦμα, τό 90A	die Wunde

τραχύς, -εῖα, -ύ 82A	rau, uneben; hart, streng
τρεῖς, τρία 40B	drei
τρέπομαι (Aor. ἐτραπόμην) 70A	ich wende mich, fliehe
τρέπω 70A	ich wende; schlage in die Flucht
τρέφω 19A	ich ernähre, ziehe auf
τρέχω 70B	ich laufe, renne
τρίπους, ὁ 49B	der dreifüßige Kessel, Dreifuß
τρίς 48A	dreimal
τρίτος (-η, -ον), ὁ 50B	der (die, das) dritte
τρόπος, ὁ 3	die Art (und Weise); die Sitte, der Charakter
τυγχάνω 28B	(*m. Gen.*) ich erhalte, bekomme
τυγχάνω 40A	(*m. Part.*) (unübersetzt), gerade, zufällig
τύπτω 80B	ich schlage
τυραννίς, ἡ 77A	die Tyrannenherrschaft
τύραννος, ὁ 3	der Gewaltherrscher, Tyrann
τυφλός, -ή, -όν 13A	blind
τύχη, ἡ 12A	der Zufall; das Schicksal; Glück
ὑβρίζω 14A	ich misshandle; verhöhne
ὕβρις, ἡ 44A	der Hochmut, Trotz; die Misshandlung
ὑγιαίνω 4	ich bin gesund
ὑγίεια, ἡ 54B	die Gesundheit
ὑγιής, -ές 54B	gesund
ὕδωρ, τό 42A	das Wasser
υἱός, ὁ 8A	der Sohn
ὑμεῖς 21A	ihr
ὑμέτερος, -α, -ον 22B	euer
ὑμνέω 74A	ich besinge, preise
ὑπακούω 7A	ich gehorche
ὑπάρχει 61B	er, sie, es steht zur Verfügung, ist vorhanden; macht den Anfang
ὑπείκω 37B	ich weiche, gebe nach
ὑπέρ m. Gen. 19B	oberhalb, über, für
ὑπέρ m. Akk. 78B	über ... hinaus
ὑπερέχω 36A	(*m. Gen.*) ich übertreffe, rage hinaus (über)
ὑπεσχόμην (Aor.) 33A	(*m. Inf. Fut.*) ich versprach
ὑπισχνέομαι 89A	ich verspreche
ὕπνος, ὁ 3	der Schlaf
ὑπό m. Gen. 10A	von (*Handelnder im Passiv*); unter (*Frage: wo?*)
ὑπολαμβάνω 89B	ich vermute; ergreife das Wort, entgegne
ὑπομένω 8B	ich nehme auf mich, halte aus
ὑποπτεύω 9B	ich vermute, befürchte; verdächtige
ὕστερον 24B	später
ὑψηλός, -ή, -όν 48B	hoch

φαίνομαι 60B	ich zeige mich, erscheine
φαίνω 67A	ich mache sichtbar, zeige
φανερός, -ά, -όν 21B	sichtbar, deutlich
φανερός εἰμι 40A	(*m. Part.*) offensichtlich
φάρμακον, τό 5	das Zaubermittel, Heilmittel; Gift
φάσκω 52B	ich sage
φαῦλος, -η, -ον 61A	wertlos, schlecht
φείδομαι 39B	(*m. Gen.*) ich schone, spare
φέρομαι 43B, 71A	(ich werde getragen) ich eile, fahre schnell
φέρω 2, 71A	ich trage, bringe; ertrage
φέρων (Part.) 36B	mit
φεύγω 8B, 26A	(*m. Akk.*) ich fliehe vor, vermeide; gehe in die Verbannung
φημί 77A	ich sage, behaupte
οὔ φημι 77A	(*m. Inf. / AcI*) ich leugne; (*m. Inf. Fut.*) ich weigere mich
φθονέω 85A	(*m. Dat. u. Gen.*) ich beneide (jdn. wegen / um etwas), missgönne (jdm. etwas)
φθόνος, ὁ 43A	der Neid, die Missgunst
φιλέω 77A	ich liebe; (*m. Inf.*) ich pflege zu tun, tue gewöhnlich
φιλία, ἡ 68B	die Zuneigung, Freundschaft
φίλος, ὁ 2	der Freund
φίλος, -η,-ον 38B	lieb, freundlich
φιλοσοφέω 59A	ich philosophiere, strebe nach Wissen / Weisheit
φιλοσοφία, ἡ 60A	die Philosophie, Liebe zur Weisheit
φιλόσοφος, ὁ 2	der Philosoph
φιλότιμος, -ον 57A	ehrliebend, ehrgeizig
φοβέομαι 70A	ich fürchte
φοβέομαι μή (οὐ) 71B	(*m. Konj. / Opt.*) ich fürchte, dass (nicht)
φοβερός, -ά, -όν 36A	furchtsam, ängstlich; furchtbar
φόβος, ὁ 3	die Furcht, der Schrecken
φονεύω 16B	ich ermorde
φόνος, ὁ 17A	der Mord
φράζω 17A	ich zeige; sage
φρήν, ἡ 57A	das Denken, der Verstand; das Gefühl
φρονέω 60A	ich (be)denke; habe Verstand
φρόνιμος, -ον 35B	vernünftig, klug
φροντίζω 10A	(*m. Gen.*) ich kümmere mich (um etwas)
φυγή, ἡ 77A	die Flucht; Verbannung
φυλακή, ἡ 81A	die Wache, Bewachung
φυλάττομαι 14B	(*m. Akk.*) ich hüte mich (vor)
φυλάττω 2	ich bewache, beschütze
φύομαι 74B	ich wachse, entstehe
φύσει 68A	von Natur (aus)
φύσις, ἡ 44A	die Natur, natürliche Beschaffenheit, Wesensart

φύω 74B	ich lasse wachsen / entstehen, erzeuge
φωνή, ἡ 27B	der Ton, die Stimme
φῶς, τό 72B	das Licht
χαῖρε 1	freue dich! sei gegrüßt!
χαίρω 3, 6A	(*m. Dat.*) ich freue mich (über)
χαλεπαίνω 56B	ich zürne, bin verärgert
χαλεπός, -ή, -όν 55A	schwer, schwierig; hart
χαλκός, ὁ 49B	das Kupfer; die Bronze
χαρίζομαι 28B	ich erweise einen Gefallen
χάριν Postposition m. Gen. 78A	um ... willen, zuliebe
χάριν ἀποδίδωμι 81A	(*m. Gen.*) ich statte Dank ab (für), bedanke mich (für), danke (für)
χάρις, ἡ 33B	die Gefälligkeit, der Dank, die Anmut, der Charme
χειμών, ὁ 55A	der Winter; der Sturm; die Not
χείρ, ἡ 33A	die Hand
χειρόομαι 79A	ich unterwerfe, überwältige
χείρων, -ον 46B	geringer, schlechter
χέω 66A	ich (ver)gieße, schütte
χίλιοι, -αι, -α 48A	tausend
χορός, ὁ 2	Tanz; Tanzgruppe, Chor
χρεία, ἡ 39A	das Bedürfnis, der Mangel; der Gebrauch, Nutzen
χρεών 82B	da (obwohl, wenn) es nötig ist (war, wäre, gewesen wäre)
χρή 11B	es ist nötig, man muss
(ἐ)χρῆν 33A, 51B	es war nötig, man musste; es wäre nötig (gewesen)
χρῆμα, τό 38B	die Sache, das Ding
χρήματα, τά 38B	die Güter, das Geld, der Besitz
χρήομαι 64A	(*m. Dat.*) ich befrage (*einen Gott oder ein Orakel*); gebrauche, habe Umgang (mit)
χρήσιμος, -η, -ον 76B	nützlich, brauchbar, tüchtig
χρησμός, ὁ 24B	der Orakelspruch, die Weissagung
χρηστός, -ή, -όν 36A	brauchbar, tüchtig
χρήω 64B	ich gebe (*als Gott*) ein Orakel, prophezeie
χρόνος, ὁ 5	die Zeit
χρυσός, ὁ 35A	das Gold
χώρα, ἡ 17B	das Land, die Gegend
χωρέω 71B	ich weiche; gehe
χωρίον, τό 40A	der Raum, Platz, das Gelände; die Burg
χωρίς m. Gen. 54A	getrennt von, ohne
ψέγω 34B	ich tadele
ψεύδομαι 29B; 79B	ich lüge; täusche mich
ψῆφος, ἡ 90A	der Stimmstein; die Abstimmung, der Beschluss
ψυχή, ἡ 54B	die Seele; das Leben
ὧδε 23A	so, auf folgende Weise
ᾠδή, ἡ 74A	der Gesang, das Lied; Gedicht
ὦμος, ὁ 26B	die Schulter
ὥρα, ἡ 62B	die Jahreszeit; Blütezeit, rechte Zeit
ὡς 7B	dass; weil
ὡς 8B	wie
ὡς 36B	(*beim Part.*) in der Meinung, dass (*m. Konj.*); als ob (*subjektiver Grund*)
ὡς 39A	(*m. Part. Fut.*) damit, um zu
ὡς 46A	(*m. Superlativ*) möglichst
ὡς 58A	als, nachdem
ὡσαύτως 55B	ebenso
(ὡς) ἐμοὶ δοκεῖν 65A	wie mir scheint, meiner Meinung nach
ὡς (ἔπος) εἰπεῖν 65A	sozusagen
ὥσπερ 8A	genau (so) wie
ὡς (τάχιστα) 58A	sobald
ὥστε 28B, 37B	sodass; (*im Hauptsatz*) daher, demnach
ὠφελέω 80A	(*m. Akk.*) ich unterstütze, nütze, helfe
ὠφελία, ἡ 51B	der Nutzen, Vorteil, die Hilfe
ὠφέλιμος, (-η), -ον 76B	nützlich

Abbildungsnachweis:
Archiv i.motion gmbh, Bamberg – Einband, S. 17 (2), 29, 63, 87; Agenzia Luisa Ricciarini, Mailand – S. 67; Archiv für Kunst und Geschichte, Berlin – S. 14, 27, 35, 77, 83, 91, 98, 100, 103; Archiv für Kunst und Geschichte / Cameraphoto, Berlin – S. 24, 52, 92; Archiv für Kunst und Geschichte / Peter Connolly, Berlin – S. 69, 70, 73, 74; Archiv für Kunst und Geschichte / De Agostini Pict. Lib., Berlin – S. 74; Archiv für Kunst und Geschichte / Electa, Berlin – S. 96; Archiv für Kunst und Geschichte / Werner Forman, Berlin – S. 102; Archiv für Kunst und Geschichte / John Hios, Berlin – S. 74, 86; Archiv für Kunst und Geschichte / Andrea Jemolo, Berlin – S. 93; Archiv für Kunst und Geschichte / Erich Lessing, Berlin – S. 12, 15, 23, 25, 26, 34, 41, 56, 68 (2), 92; Archiv für Kunst und Geschichte / Nimatallah, Berlin – S. 55, 58, 86; Archiv für Kunst und Geschichte / Rabatti Domingie, Berlin – S. 65; Archivio White Star, Mailand – S. 50, 55 (2), 67 (2), 74, 87 (2); Bildarchiv Cinetext, Frankfurt – S. 90; Corbis / Atlantide Phototravel, Massimo Borchi, Düsseldorf – S. 41, 46; Corbis / Ann Johansson, Düsseldorf – S. 62; Corbis / Hubert Stadler, Düsseldorf – S. 46; dpa Picture-Alliance / A 0001-UPI, Frankfurt – S. 31; Fotocommunity, Bonn – S. 16, 28, 54, 66; Klaus Gallas, Weimar – S. 50 (3), 51, 99; http://www.wikipedia.org – S. 29; Martin-von-Wagner-Museum, Würzburg – S. 19; Herbert Meyerhöfer, Nürnberg – S. 47; Melo Minnella, Palermo – S. 41; J.S. Morrison / J.E. Coates, Die athenische Triere, Mainz 1990, Tf. 14, Tf. 3.2 – S. 62(2); Musei Vaticani, Rom – S. 79, 87; Museumslandschaft Hessen Kassel, Schloß Wilhelmshöhe, Kassel – S. 29; Üval Ozis – S. 17; Photo Scala, Florenz – S. 11, 20, 32, 41, 44, 64, 97, 103; Photo Scala / Courtesy of the Ministero Beni e Att. Culturali, Florenz – S. 81; Picture-Press, Hamburg – S. 36; Preußischer Kulturbesitz / Antikensammlung, SMB, Johannes Laurentius, Berlin – S. 17; Staatliche Antikensammlung und Glyptothek, München – S. 67 (2), 101 (3); The British Museum, London – S. 62; Ullstein-Bild / The Granger Collection, Berlin – S. 94; University of Oxford – S. 63 (2).

2. Jt. v. Chr.

Mit der minoischen Kultur (labyrinthartige Paläste; Stierkult) liegt auf Kreta die Wiege der europäischen Kultur.

um 1300

Um 1300 (Späte Bronzezeit) war Troja eine bedeutende Stadt am Eingang der Dardanellen – aber ob es den Trojanischen Krieg wirklich gab, ist ungewiss.

um 1250

Das um 1250 entstandene monumentale Löwentor demonstriert Reichtum und Macht der mykenischen Kultur.

776

Für das Jahr 776 werden die ersten Olympischen Spiele bezeugt, nach denen die Griechen die Jahre berechnen.

750 bis 550

Die Griechen besiedeln große Teile des Mittelmeer- und Schwarzmeerraumes (griechische Kolonisation); das um 600 gegründete Poseidonia (Paestum) ist berühmt wegen seiner drei Tempel im dorischen Baustil.

ca. 600

Auf der Insel Lesbos blüht mit Sappho und Alkaios die frühgriechische Lyrik.

585

Thales gilt als Begründer der ionischen Naturphilosophie; exakt für den 28. 5. 585 berechnete er eine Sonnenfinsternis voraus.

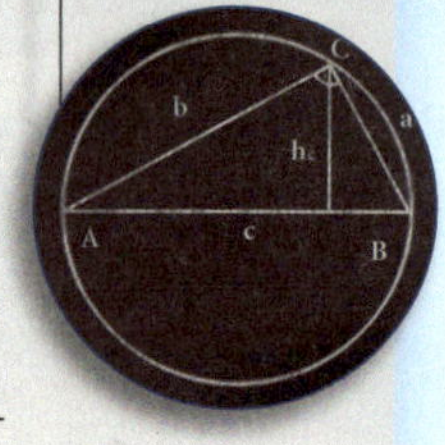

500 bi

In de
gegen
konnt
schen
ihre F
Unab
bewa
allem
te aus
von M
(490)
(480)
Selbst

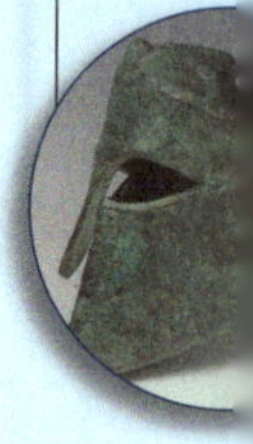

Neben Ol
Delphi de
dem sich
der griec
Kultur au
noch erle